D1617979

Walter Wenzel

Oberlausitzer Ortsnamenbuch

Mit einem Exkurs zur Siedlungsgeschichte und 12 mehrfarbigen Karten

Domowina-Verlag

Bibliografische Information der Deutschen Nationalbibliothek
Die Deutsche Nationalbibliothek verzeichnet diese Publikation
in der Deutschen Nationalbibliografie; detaillierte bibliografische Daten
sind im Internet über *http://dnb.d-nb.de* abrufbar.

ISBN 978-3-7420-2067-3

1. Auflage
© Domowina-Verlag GmbH Ludowe nakładnistwo Domowina
Bautzen 2008
Gefördert von der Stiftung für das sorbische Volk,
die jährlich Zuwendungen des Bundes,
des Freistaates Sachsen und des Landes Brandenburg erhält.
Lektor: Michael Nuck
Karten: Andreas Häffner
Gestaltung: Isa Brützke
Satz: Simone Zimmermann
Druck und Binden: Druckhaus Gera GmbH
1/1333/08

Inhaltsverzeichnis

Vorwort

Nach Erscheinen des »Niederlausitzer Ortsnamenbuches« bat mich der Domowina-Verlag, ein in gleicher Weise gestaltetes populärwissenschaftliches »Oberlausitzer Ortsnamenbuch« zu verfassen. Ich übernahm diese Aufgabe gern, denn das allgemeine Interesse an Namen hat in den letzten Jahren stark zugenommen. Darüber hinaus bietet der in der Oberlausitz erreichte Stand der Ortsnamenforschung beste Voraussetzungen für die Schaffung eines Nachschlagewerkes, das auch breiten Kreisen der Bevölkerung leicht zugänglich und verständlich ist. Die wissenschaftlichen Grundlagen verdanken wir ERNST EICHLER und HANS WALTHER durch ihr zweibändiges »Ortsnamenbuch der Oberlausitz«, das nicht nur in jeder Hinsicht dem modernen Stand der Namenforschung gerecht wurde, sondern diesen maßgeblich bestimmte. Die Autoren werteten erstmals in vollem Umfang die einschlägigen Quellen aus, die archivalischen inbegriffen, berücksichtigten die mundartlichen Lautungen und gelangten auf Grund ihrer langjährigen methodischen Erfahrungen zu sicheren Deutungen auch oft sehr schwer erklärbarer Namen. Die im zweiten Band vorgenommene systematische Beschreibung des untersuchten Namenschatzes lieferte nicht nur wichtige Erkenntnisse für die Sprachwissenschaft, speziell die Sorabistik, sowie die Sprachkontaktforschung, sondern auch für die Siedlungsgeschichte. Als Herausgeber und Mitautoren des 2001 in drei Bänden erschienenen »Historischen Ortsnamenbuches von Sachsen« brachten sie die Oberlausitzer Ortsnamenkunde auf den neuesten Stand. Nicht unerwähnt bleiben darf das fundamentale Werk von ERNST EICHLER »Slawische Ortsnamen zwischen Saale und Neiße. Ein Kompendium«, Bände I-III, A-S. In Anbetracht dieses Sachverhaltes mutet unser eigener wissenschaftlicher Beitrag recht bescheiden an. Wir übernahmen aus den genannten Werken die historische Dokumentation sowie die Namenerklärungen, wobei wir jedoch alle Deutungen, gestützt auf die neuesten Ergebnisse der deutschen und internationalen, insbesondere der polnischen Namenforschung, nochmals kritisch überprüften und in einer Anzahl von Fällen bei slawischen Namen neue Deutungsvorschläge unterbreiten konnten. Eine ganz andere Gestaltung als bisher erfuhr aber der siedlungsgeschichtliche Teil mit seinen Karten, die auf anschauliche Weise weiterführende Erkenntnisse zur Namentypologie, -geographie und -stratigraphie sowie zum historischen Ablauf der slawischen und deutschen Besiedlung der Oberlausitz bieten.

Abschließend bleibt Dank zu sagen. Zu danken habe ich meiner Tochter BARBARA für mancherlei Hinweise bei der Arbeit mit dem Computer sowie meinem Schwie-

gersohn ANDREAS HÄFFNER, der die mühevolle Reinzeichnung der von mir ent-
worfenen Karten übernahm und ihnen den Oberlausitzer Teil der Bodenwertkarte
aus dem »Atlas zur Geschichte und Landeskunde von Sachsen« unterlegte. Die Ge-
nehmigung hierzu erteilte dankenswerter Weise das Landesvermessungsamt Sachsen
in Dresden. Dank gilt des Weiteren dem Domowina-Verlag für die seit vielen Jahren
von ihm gepflegte fruchtbare Zusammenarbeit sowie die Annahme des Manuskriptes
in einem größeren als ursprünglich vorgesehenen Umfang mit zwölf mehrfarbigen
Karten.

Leipzig, im Juli 2007
Walter Wenzel

1. Einleitung

1.1. Abkürzungen und Zeichen

ahd.	= althochdeutsch (ca. 500–1050)
ähnl.	= ähnlich
aksl.	= altkirchenslawisch (älteste slawische Schriftsprache, entstanden im 9. Jh., Sprachdenkmäler aus dem 10. und 11. Jh.)
apoln.	= altpolnisch (12.–15. Jh.)
aruss.	= altrussisch (11.–14. Jh.)
atschech.	= alttschechisch (11.–14. Jh.)
anso.	= altniedersorbisch (11.–12. Jh.)
aoso.	= altobersorbisch (11.–12. Jh.
asächs.	= altsächsisch (altniederdeutsch, 800–1150)
aso.	= altsorbisch (11.–12. Jh.)
BachN	= Bachname
beloruss.	= belorussisch
BerufsN	= Berufsname
christl.	= christlich
dt.	= deutsch
FamN	= Familienname
FlurN	= Flurname
FlussN	= Flussname
frühnhd.	= frühneuhochdeutsch (1350–1650)
GewässerN, GewN	= Gewässername
griech.	= griechisch
hebr.	= hebräisch
HerkN	= Herkunftsname (Bei- oder Familienname, der auf einen Ortsnamen zurückgeht)
Jh.	= Jahrhundert
Kop.	= Kopie (einer Urkunde)
KoseF	= Koseform
KurzF	= Kurzform
lat.	= lateinisch
md.	= mitteldeutsch (Mundarten, die im Süden an das Oberdeutsche, im Norden an das Niederdeutsche grenzen)
mhd.	= mittelhochdeutsch (1050–1350)
MischN	= Mischname (siehe Kap. 1.5.2., S. 23 f.)

mnd.	= mittelniederdeutsch (1150–1600)
mundartl.	= mundartlich
nhd.	= neuhochdeutsch
nso.	= niedersorbisch
omd.	= ostmitteldeutsch
OrtsN	= Ortsname
oso.	= obersorbisch
PersN	= Personenname
poln.	= polnisch
RodungsN	= Rodungsname
RufN	= Rufname
russ.	= russisch
russ.-ksl.	= russisch-kirchenslawisch
serb.-ksl.	= serbisch-kirchenslawisch
serbokr.	= serbokroatisch
slaw.	= slawisch
slowak.	= slowakisch
sorb.	= sorbisch
SpottN	= Spottname
tschech.	= tschechisch
ÜberN	= Übername (siehe Kap. 1.6., S. 26)
ukrain.	= ukrainisch
urslaw.	= urslawisch, hier späturslaw. (rekonstruierte slawische Grundsprache, ca. 400 n. Chr. bis ins 8. Jh., den Beginn der Herausbildung der slaw. Einzelsprachen)
VergleichsN	= Vergleichsnamen
vgl.	= vergleiche
VölkerN	= Völkername
VollN	= Vollname (siehe Kap. 1.6.,S. 25)
WaldN	= Waldname
*	= Sternchen, markiert eine rekonstruierte Namenform
<	= das Zeichen gibt an, dass sich eine jüngere Form aus einer älteren Form entwickelt hat, z. B. *Horka* < *Gorka*
>	= das Zeichen gibt an, dass eine ältere Form in eine jüngere Form übergegangen ist, z. B. *Gorka* > *Horka*
†	= Wüstung, d. h. untergegangene Siedlung

1.2. Ausgewählte slawische Buchstaben und ihre Aussprache

nso.	oso.	poln.	tschech.	urslaw./aksl.	annähernde Aussprache im Deutschen
s	s	s	s	s	stimmloses *s* wie in besser, Hass
z	z	z	z	z	stimmhaftes *s* wie in Rose
š	š	sz	š	š	stimmloses hartes *sch* wie in **Sch**ule
ž	ž	ż	ž	ž	stimmhaftes hartes *sch* wie in **J**ournal
ś		ś			stimmloses weiches *sch,* ähnlich wie in **sch**ielen
ź		ź			stimmhaftes, weiches *sch,* ähnlich wie in **G**enie
c	c	c	c	c	*ts,* wie deutsches *z* in **Z**aun
č	č	cz	č	č	hartes *tsch* wie in **Tsch**uktsche
ć	ć	ć			weiches *tsch,* ähnlich wie in ha**tsch**i!, im Oso. wie č = hartes *tsch*
ń	ń	ń	ň		weiches *n,* wie *n* verschmolzen mit *j,* im Oso. *j+n*
ŕ					weiches *r,* wie *r* verschmolzen mit *j*
	ř	rz	ř		im Poln. und Oso. *sch,* in der oso. Verbindung tř manchmal wie deutsches *z;* im Tschech. wie *r,* verschmolzen mit *sch*
ch	ch	ch	ch	ch	Ach-Laut wie in (er) la**ch**t, im Sorb. nach ě, *i* Ich-Laut wie in Li**ch**t, im Oso. am Wortanfang *k* wie in **Ch**or
ł	ł	ł			im Sorb. *w,* nach Vokalen in geschlossener Silbe *u* (Gleiches gilt für das sorb. *w*); im Poln. hartes *l* oder unsilbisches *u*
ó	ó	ó			im Sorb. ein Laut zwischen *o* und *u,* im Nso. aber sehr variierend, auch *y* oder *e,* im Poln. kurzes *u* wie in St**u**rm
ě	ě		ě	ě	im Sorb. vom *i* zum *e* gleitender Laut, ähnlich wie in m**i**r; im Tschech. *je;* im Urslaw. und Aksl. offenes *e*

Nur im Poln., Urslaw. und Aksl. kommen Nasalvokale vor:

		ą		ǫ	*o* mit Nasenresonanz wie in **Bonbon**
		ę	ę	ę	*e* mit Nasenresonanz wie in Terr**ain**

Im Tschech. sind mit einem Strichlein versehene Vokalbuchstaben, also *í, ý, é, á, ó, ú* sowie der Buchstabe *ů* lang auszusprechen, ohne Strichlein bzw. Ringlein jedoch kurz. Das *y* wird wie *i* artikuliert.

Nur im Urslaw. und Aksl. begegnen die reduzierten Vokale ь und ъ. Der vordere reduzierte Vokal ь wurde als ein sehr kurzer Laut zwischen *i* und *e* gesprochen. Der hintere reduzierte Vokal ъ war ebenfalls ein sehr kurzer Laut, ähnlich dem deutschen *e* in Gab**e**, aber dunkler. Es ist ferner zu beachten, dass der Buchstabe *s* in den slawischen Buchstabenverbindungen *sch*, *sp* und *st* als *s* wie in ›be**s**ser‹ gesprochen wird. Die Buchstabenverbindung *ck* ist als *tsk* zu artikulieren, und das slaw. *r* wird gewöhnlich als gerolltes Zungenspitzen -*r* hervorgebracht.

In den Kapiteln 3.1. bis 3.3. und 3.6., den Orts- und Personennamenverzeichnissen, wird in Bezug auf die slawischen Namen folgende alphabetische Reihenfolge angewandt: a, b, c, č, ć, d/ď, dź, e, ě, f, g, h, ch, i, j, k, l, ł, m, n, ń, o/ó, p, r/ŕ, ř, s, š, ś, t/ť, u, w, y, z, ž, ź.

1.3. Die lautliche Entwicklung vom Altobersorbischen zum heutigen Obersorbischen

Um die lautlichen Veränderungen der aoso. OrtsN, wie sie für die Zeit des 11. und 12. Jh. rekonstruiert wurden, bis in die Neuzeit verstehen zu können, ist es notwendig, die wichtigsten historischen Lautgesetze kurz darzulegen. Diese Übersicht dient gleichzeitig dem besseren Verständnis der bei der Namenbildung sich vollziehenden Lautprozesse.

Im Bereich des Vokalismus ist es der vereinzelt zu beobachtende Wandel *e* > *o* nach weichen vor harten Vorderzungenkonsonanten sowie im Wortauslaut: aoso. *Sedło > *Śodło (Zodel); aoso. *Grodišče > *Hrodźišćo, 1700 *Hrodźischczo* (Gröditz/Hrodźišćo). Umgekehrt gab es den Übergang von *o* > *e* vor *j* und weichen Konsonanten: aoso. *Dolane > *Delane (Döhlen/Delany). Unter bestimmten Bedingungen kam es zu der Veränderung *o* > *ó*: *Bork > *Bórk (Burk/Bórk); *Chrost > *Chróst (Crosta/Chróst); *Słońkowici > *Słóńkowici, mit dem PersN *Słońk (Schlungwitz/Słónkecy). Nach weichen Konsonanten bestand die Tendenz zum Wandel von *u* > *i*: *Lubobyl (Liebon/Liboń). Der nicht immer konsequent durchgeführte Übergang von aoso. *y* > *u* nach *w* zeigt sich bei *Wysoka, 1374/82 *Wysok*, 1719 *Woßoka*, 1848 *Wußoka* (Weißig/Wysoka). Er konnte auch in das Sorb. gelangte dt. OrtsN mit anlautendem *Wī erfassen: 1228 *Wizenburg*, 1700 *Wusberg* (Weißenberg/Wóspork). Eine spezielle Anmerkung verlangen die im Spätursław. noch vorhandenen reduzierten Vokale ь und ъ. Im Aoso. waren beide in sog. »schwacher Stellung«, d. h. im Auslaut und vor einer Silbe mit einem Vollvokal, bereits geschwunden. Als vorderer reduzierter Vokal hatte ь die Erweichung des vorangehenden Konsonanten bewirkt, sodass wir für das Aoso. *Kameńć für urslaw. *Kamenьcь ansetzen müssen (Kamenz/Kamjenc). Das einst weiche -*ń*- verhärtete meist wieder, so wie das auch bei *Dubьcь, aoso. *Dubć geschah (Daubitz/Dubc), manchmal blieb die Weichheit erhalten, so bei *Jabłonьcь, aoso. *Jabłońc, oso. Jabłońc (Gablenz). Bei einigen vor ь stehenden Konsonanten gingen diese Veränderungen, wie wir

unten sehen werden, noch viel weiter, so bei *Lugъkъ, das zu *Łužk wurde (Lauske/
Łusk). In »starker Stellung« hatten sich bereits im Aoso. ь > e und ъ > o entwickelt. Die
reduzierten Vokale begegnen oft in Suffixen, so in -ьcь, -ъkъ, -ъka, -ъkъ, -ъna, -ъno,
-ьnica, -ьnikъ, -ъskъ.

In der späteren Entwicklung trat im absoluten Wortanlaut ein prothetisches w- vor
die Vokale o- und u-: Aoso. *Osěk, 1336 Osseg, 1719 Woßek (Ossig, Deutsch-/Němski
Wosyk); *Ujězd, 1418 Ugezd, um 1430 zum Wugisde, 1489 zum Wuyest (Uhyst (Klein)/
Delni Wujězd). Dieses w- konnte in den oso. Mundarten mit h- wechseln. So lässt sich
die Entwicklung von aoso. *Oẃnow zu 1684/98 Huynow, 1843 Hownjow erklären (Oehna/
Wownjow). Umgekehrt trat manchmal für ursprüngliches h- ein w- ein, wie das bei der
Eingliederung von Hoyerswerda in das Oso. geschah: 1268 Hoyerswerde, 1693 polla
Worez, 1719 Wojereze, heute oso. Wojerecy.

Im Bereich des Konsonantismus ist besonders auffallend der Wandel g > h, durch
den sich das Oso. vom Nso. unterscheidet. Der Übergang dürfte nach Aussage der Ortsnamen im 13. Jh. erfolgt sein, denn bis dahin enthalten die Quellen nur Namen mit -g-,
wobei nach der Eindeutschung dieses -g- bis in die Gegenwart erhalten blieb und sich
der Wandel nur in der sorb. Überlieferung widerspiegelt, die aber erst spät einsetzt:
aoso. *Gustk, 1241 Gusc, 1648 ff. Huska (Gaußig/Huska); aoso. *Gorka, 1272 Goric,
1430 czu Gorg, 1700 Hohrna Hohrka (Gurig, Ober-/Hornja Hórka). Die frühesten Nachweise für g > h liefern: aoso. *Gorka, 1305 Horka (Horka, Mittel-, Nieder-, Ober-/Hórka);
aoso. *Gоrnica, 1366 Hörnicz, 1369 Hurnicz (Hörnitz, Alt-, Neu-); der MischN Holtendorf, 1325 Hollothendorph, mit dem PersN *Holata < aoso. *Golata.

Zu tiefgreifenden Veränderungen der Konsonanten kam es durch das Einwirken der
ihnen nachfolgenden Vokale i, e, ě, ь sowie des j. Diese Vokale werden, ebenso wie das
j, im vorderen Mundraum gebildet, weshalb man sie vordere Vokale nennt. Durch sie
wurden die vorangehenden Konsonanten erweicht, d. h. sie erhielten durch Vorverlage-
rung der Zunge zum vorderen harten Gaumen, dem Palatum, einen höheren Eigenton.
Diese erweichten (palatalisierten) Konsonanten werden außer vor i und ě heute durch
ein nachgestelltes -j oder mit einem Strichlein gekennzeichnet: aoso. *Nechań < *Nechanjь (Nechen/Njechań). Eine Anzahl von Konsonanten verliert bei der Erweichung
(Palatalisation) ihren ursprünglichen Charakter und geht in eine andere Klasse von
Konsonanten über. Das betrifft eine Reihe von Lautveränderungen, die schon im Urslaw. stattfanden, aber auch später bei der Wortbildung noch nachwirkten. Zu den
wichtigsten von ihnen gehören: k > č: *Panъkici > *Pančici (Panschwitz/Pančicy); g > ž:
*Lugъkъ > *Łužk (Lauske/Łusk); ch > š: *Porchici > *Poršici (Purschwitz/Poršicy). Bei
den durch -j- hervorgerufenen Veränderungen verdient die Lautgruppe -dj- besondere
Erwähnung, da bei mehreren Namen im Auslaut durch das Suffix *-jь der Wandel
dj > dź > ź verursacht wurde: *Tuchoradjь mit dem PersN *Tuchorad führte zu aoso.
*Tuchoradź > *Tuchoraź (Tauchritz/Tuchoricy, mit späterer Angleichung an die Namen
auf -icy), *Miloradjь > *Miłoradź > *Miłoraź, wonach das auslautende weiche -ź zu z

verhärtete (Mühlrose/Miłoraz). Schon im Aoso. waren *t* und *d* vor den oben genannten vorderen Vokalen *i*, *e* usw. erweicht worden, ohne dass die dt. Schreiber davon Notiz nahmen. Die spätere Entwicklung, die von *t'* > *ć* und *d'* > *dź* führte, spiegelt sich in der älteren Überlieferung nicht durchgehend wider, erst die später aufgezeichneten sorb. Lautungen dokumentieren konsequent diese Veränderungen: Aoso. *Tichonici, 1303 *Thichenicz*, 1700 *Cżichonze* (Teichnitz/Ćichońca), im Gegensatz zu *Tisow, das schon 1401 als *Czissaw* überliefert wird (Zeißholz/Ćisow); *Diwotici, 1374/82 *Dewecicz*, 1387 *Dybyticz*, 1493 *Dywetitz*, 1580 *Syweschitz*, 1617 *Dziwoczicz* (Siebitz/Dźiwoćicy). Zu Umgestaltungen kam es des Weiteren bei verschiedenen aoso. Lautgruppen. Vor den vorderen Vokalen *i*, *e* usw. erfolgte der Wandel *pŕ*, *tŕ*, *kŕ* > *př*, *tř*, *kř*: Aoso. *Priwitici, 1250 *Priwiticz*, 1800 *Pschiwczitzy* (Preititz/Přiwćicy); *Krišow, um 1305 *Chrisow*, 1350 *Kryshow*, 1767 *Ksischow*, 1800 *Kschischow* (Buchholz bzw. Krischa/Křišow). In diesen Zusammenhang gehört auch die Entwicklung der Konsonantengruppe *str* > *tř* in aoso. *Jastreb´e, 1419 *Jetrzrebie*, 1630 *Jastzebe*, 1648 *z Yaczěba* (Jetscheba/Jatřob). Vor den Vokalen *o* und *u* kam es zur Vereinfachung *str* > *tr*: aoso. *Ostrow, 1319 *Oztrow*, 1700 *Wotrow* (Ostro/Wotrow); aoso. *Strupin lässt sich vielleicht aus 1380 *Trupin* erschließen (Truppen/Trupin). Die lautliche Entwicklung des häufigen Suffixes *-owici* > *-ecy* verlief wie folgt: Das vor *-i* stehende und damit erweichte *ẃ* fiel aus, *o* kam vor *i* zu stehen und ging zusammen mit ihm in *e* über, während das auslautende *-i*, das ursprünglich bei diesen patronymischen OrtsN den Nominativ anzeigte, durch die Akkusativform auf *-y* verdrängt wurde: Aoso. *Miłkowici, 1394 *Milkewicz*, 1800 *Miwkezy*, 1843 *Miłkecy* (Milkwitz/Miłkecy). Durch die starke Betonung der ersten Silbe im Oso. konnte eine der nachfolgenden Silben reduziert werden oder ganz ausfallen. Betroffen war vor allem die zweite Silbe: *Golica, später *Holica, 1767 *Holca* (Golenz/Holca).

1.4. Die Eindeutschung der altobersorbischen Ortsnamen und deutsche historische Lautentwicklungen

Bei der Eingliederung der aoso. OrtsN in das dt. Sprach- und Namensystem kam es zu einer Reihe lautlicher Veränderungen, von denen nur die wichtigsten hier kurz genannt werden sollen.

Aoso. *ě* wurde wie ein Laut zwischen *e* und *i* gesprochen, weshalb ihn die dt. Schreiber bald mit *e*, bald mit *i*, *ie*, *y* wiedergaben: *Běla, 1374/82 *Bele*, 1524 *Byle*, *Bile*, 1547 *Biele* (Biehla/Běla).

Aoso. *ch*: Da das Mittelhochdt. und das Frühneuhochdt. kein anlautendes *ch* besaßen, trat für diesen Laut fast stets *k* ein, sehr selten *g*, wobei im Schriftbild statt *k* oft die Schreibvariante *c* steht: *Chrostici, 1225 *Crostiz*, 1338 *Krosticz* (Crostwitz/Chróśćicy); *Chrost(y), 1353 *Grust*, 1461 *Croste*, 1526 *Kroste* (Crosta/Chróst).

Aoso. *s* wurde im Anlaut vor Vokal durch *s* ersetzt, in ältester Zeit durch *c* (= ts): *Sup´e, 1419 *Suppe* (Suppo/Supow); *Sokow, 1238 *de Zokowa*, 1364/78 *Czokaw*, 1588 *Tzockaw* (Zockau/Cokow, mit Übernahme des *c* (= ts) in die sorb. Aussprache). Vor Konsonanten erfolgte die Eindeutschung von *s* mit einem *s*-artigen Laut, der dann in *š* überging: *Słóńkowici, 1363 *Slonkewicz*, 1489 *Schlunckewicz* (Schlungwitz/Słóńkecy); *Smokotici, 1391 *Smochticz*, 1500 *Schmogkticz* (Schmochtitz/Smochćicy); *Swojanici, 1306 *Swoynicz*, 1533 *Schwenitz* (Schweidnitz, Groß-/Swóńca).

Aoso. *z* wurde durch mittelhochdt. *ż*, einen stimmhaften *sch*-Laut, wiedergegeben, der sich zu *z* weiterentwickelte und in den Quellen als stimmhaftes *s* erscheint, manchmal als *z*, im Inlaut auch mit *-ss-* und *-ß-* wiedergegeben: Aoso. *Zabrod, 1380 *Zabrod*, 1401 *Sabrod* (Sabrodt/Zabrod); *Brezina, 1237 *Bresin*, 1341 *Brezin*, 1519 *Breßen* (Briesing/Brězynka).

Aoso. *š* fand seine Entsprechung sowohl in *š* (=sch) als auch in s, manchmal als *ß* oder *ss* geschrieben, wobei Belege nur für den In- und Auslaut vorliegen: Aoso. *Těškow, 1387 *Teskow*, 1482 *Teschke* (Deschka/Deško); *Dobišici, 1330 *Dobeshicz*, 1394 *Debeschicz*, 1408 *Dobssiz*, 1529 *Dobesycz* (Döbschütz/Dobšicy); *Dobruš, 1421 *Dobrus*, 1363 *Dobrusch* (Doberschau/Dobruša).

Aoso. *ž* glich dem mittelhochdt. *ż*, einem stimmhaften *sch*-Laut, der später im Wortanlaut vor Vokal und im Inlaut zwischen Vokalen ein stimmhaftes *s* ergab, wofür in den älteren Quellen *z* steht, später gewöhnlich *s*, daneben auch *sch*: Aoso. *Žurici, 1357 *Zuricz*, 1419 *Suritz* (Säuritz/Žuricy); *Strožici, 1419 *Stroschitz*, 1440 *Strosicz*, 1513 *Strozitz*, 1571/73 *Stroßchitz* (Strohschütz/Stróžišćo).

Aoso. *c* wurde als *c* (= ts), in den Quellen *cz, c, tz, z* geschrieben, eingedeutscht: Der Laut kommt nicht im Anlaut vor, dafür sehr häufig in den Suffixen *-ici, -owici, -ica, -´nica* und auslautend als *-´c*: Aoso. *Grubotici, 1419 *Groptitz*, 1473 *Gropticz*, 1486 *Grobtiz* (Grubditz/Hrubóćicy); *Dubc, 1400 *Dubcz*, 1500 *Dauptz* (Daubitz/Dubc).

Aoso. *č* gaben die deutschen Schreiber gewöhnlich mit *cz*, aber auch mit *czsch, tsch, tzsch, zsch, sch, sc, tz* wieder: Aoso. *Čakowici, 1400 *Czakewicz*, 1562 *Scheckwitz*, 1588 *Szeckwitz* (Scheckwitz/Šekecy); *Čorna, 1381 *Czornau*, 1448 *Zcorn*, 1557 *Czscherne*, 1562 *Tscharne*, 1572 *Tzorn*, 1613 *Zscharne* (Zschorna/Čornjow); *Rěčica, 1362 *Reczicz*, 1421 *Reczhidz, Retschitcz*, 1499 *zcum Rytzschen*, 1578 *Riczschen* (Rietschen/Rěčicy).

Aoso. *šč* fand in den Quellen in älterer Zeit seine Entsprechung in *st*: Aoso. *Lubogošč, 1419 *Lubegast* (Liebegast/Lubhozdź). Ähnlich verhält es sich mit den Namen auf *-išče*, die in späterer Zeit auch mit anderen Buchstabenverbindungen niedergeschrieben wurden: Aoso. *Trebišče, 1007 *Trebista*, 1071 *Trebiste* († Trebista); *Grodišče, 1333 *Greist*, 1350 *Grac*, 1381 *Grodis*, 1469 *Grodiss*, 1498 *Groditz* (Gröditz/Hrodźišćo). Hier haben die zahlreichen OrtsN auf *-itz* mit eingewirkt.

Die weitere Entwicklung der eingedeutschten aoso. sowie der dt. OrtsN wurde nachhaltig von den dt. historischen Lautgesetzen bestimmt. Wir beschränken uns hier auf einige wenige Erscheinungen mit aoso. Beispielen. Im Bereich des Vokalismus ist es u. a.

schon in älterer Zeit der Umlaut: *a* > *e* oder *ä* und *o* > *ö* vor *i* oder *j*: Aoso. *Dažin, 1242 *Desen*, 1306 *Theesyn*, 1342 *Desin* (Dehsa, Groß-/Dažin); *Jašici, 1365 *Jesshicz* (Jeschütz/ Ješicy); *Dobrikowici, 1466 *Debreckwitz*, 1617 *Döbriketz* (Döberkitz/Debrikecy, wobei *ö* zu *e* entrundet wurde und in die oso. Form eindrang). Zu zahlreichen Veränderungen führte die neuhochdeutsche Diphthongierung: langes *i* > *ei*: Aoso. *Lip´e, 1401 *Leippe* (Leippe/Lipoj); langes *u* > *au*: *Łužica, 1391 *Lusicz*, 1505 *Luschitz*, 1558 *Lauschitz* (Lauske/Łusč); langes *ü* > *eu*: *Lutowici, 1374/82 *Luthewicz* (langes *ü* wird hier noch mit *u* wiedergegeben), 1488 *Lewtitz*, 1768 *Leutwitz* (Leutwitz/Lutyjecy). Darüber hinaus gibt es noch zahlreiche weitere Vokalveränderungen, darunter auch Schwankungen der Schreiber bei der Wiedergabe einzelner Vokale, die z. T. auf mundartliche Eigenheiten zurückzuführen sind.

Im Bereich des Konsonantismus wurden in der Oberlausitz die stimmlosen und stimmhaften Konsonanten im allgemeinen deutlich voneinander geschieden, sodass es nur selten zur Verwechslung von *p-b*, *t-d*, *k-g* kam: *Porkow, 1312 *in Purcowe*, 1379 *Burckaw* (Burkau/Porchow), wobei hier Angleichung an dt. Burg im Spiel sein kann; *Těškow, 1387 *Teskow*, 1427 *Desschkaw* (Deschka/Deško), mit Beeinflussung der sorb. Lautform; *Kiselica, 1400 *Kyseliz*, 1545 *Geiselitz* (Geißlitz/Kislica).

In einigen dt. Mundarten kam es zum Wandel *g* > *j*. Diese Veränderung verunsicherte die Schreiber in Bezug auf die richtige Wiedergabe der Laute *g* und *j*, sodass manchmal *g* für ursprüngliches *j* gebraucht wurde: *Jabłońc, 1268 *Gabelenze* (Gablenz/Jabłońc); *Jedl´e, 1374/82 *Jedle*, 1503 *Gedell* (Gödlau/Jědlow); *Ujězd, 1418 *Ugezd*, 1678 *Vhyst* (Uhyst/Delni Wujězd).

Für Deutsche schwer aussprechbare aoso. Konsonantenverbindungen wurden des Öfteren vereinfacht oder durch im Dt. übliche Lautfolgen ersetzt. Das betraf z. B. die Umgestaltung der Anlautgruppe *pt* > *t* in *Ptačowici, 1280 *Tazwiz* (Tätzschwitz/Ptačecy), *zg* > *g* in *Zgorělc, 1241 *Zgorliz*, *Gorliz* (Görlitz/Zhorjelc). Die auslautenden Konsonantengruppen *-stk* und *-zdk* wurden zu *-sk* vereinfacht und gegebenenfalls an Wörter auf *-ik*, *-ig* oder *-ke* angeglichen: *Gustk, 1241 *Gusc*, 1299 *Guzick*, 1684 *Huska* (Gaußig/ Huska); *Gozdk, 1374/82 *Gosik*, 1486 *Gossk*, 1768 *Hoßcke* (Hoske/Hózk). In *Gozdna trat für *-zdn-* im Dt. *-sen*, *-sn-* ein: 1420 *Hosen*, 1501 *Hoßna* (Hosena/Hóznja).

Zu weiteren nachhaltigen Veränderungen kam es durch die Tendenz zur Reduktion der Silbenzahl, bedingt durch die Gegenüberstellung von Lang- und Kurzvokalen im Dt., durch Änderungen in Bezug auf die Silbenstruktur sowie die Silbengrenze und nicht zuletzt durch die starke Betonung der ersten Silbe und Abschwächung der unbetonten Silben, besonders der zweiten. Infolgedessen begegnen nach der Eindeutschung keine sechs-, fünf- oder viersilbigen aoso. OrtsN mehr, sondern überwiegend zweisilbige sowie in geringer Anzahl dreisilbige: *No-wo-sed-li-ci (6) > Nauß-litz (2); *Bu-do-sto-wi-ci (5) > Post-witz (2). Selten sind einsilbige Namen: *Smo-lin (2) > Schmölln (1). Umgekehrt entwickelte sich manchmal ein aoso. einsilbiger OrtsN zu einem zweisilbigen: *Lěsk (1) > Lies-ke (2), *Brěžk, 1568 *Breschk* (1) > 1585 *Prießke*, 1791 *Brischko* (2). In diesen Fällen kommt noch hinzu, dass auslautendes -*sk* und -*žk* bzw. -*šk* im Dt. ganz un-gewöhnlich sind. Abschließend können wir also feststellen, dass im Dt. recht unter-schiedliche Faktoren bei der Eingliederung der aoso. OrtsN in das dt. Sprach- und Namensystem wirkten und zu tiefgreifenden Umgestaltungen der aoso. Ausgangs-formen führten.

1.5. Herkunft, Bildung und Bedeutung der Ortsnamen

Die OrtsN der Oberlausitz lassen sich ihrer Herkunft nach in drei große Gruppen ein-teilen: in oso. OrtsN, in dt. OrtsN und in sog. Mischnamen, also Namen, die aus einem slaw. und einem dt. Element bestehen und die infolge des oso.-dt. Sprachkontaktes aufkamen.

1.5.1. Obersorbische Ortsnamen

Die oso. OrtsN gliedern sich in OrtsN aus PersN und OrtsN aus Appellativen (= Gat-tungsbezeichnungen, Dingwörtern). Darüber hinaus können einige OrtsN auf Ge-wässerN beruhen. In Abhängigkeit von den verschiedenen Suffixen oder Präfixen, die an die jeweiligen PersN oder Appellative bzw. GewässerN treten, werden Ortsnamen-typen unterschieden. Auf GewässerN beruhende aoso. OrtsN werden in Kap. 3.2., dem Verzeichnis der rekonstruierten altobersorbischen Ortsnamen, durch Unterstreichung jeweils hervorgehoben. Die bei der Ortsnamenbildung verwendeten Suffixe bietet Kap. 3.3., das Rückläufige Verzeichnis der rekonstruierten altobersorbischen Ortsnamen, in ihrer Gesamtheit dar. Viele der unten behandelten OrtsN sind in Kap. 5. auf Karten verzeichnet und werden in den dazugehörigen Kommentaren unter siedlungsgeschicht-lichem Aspekt untersucht. Hierbei erscheinen die einzelnen Bildungsweisen durch ihre Projektion in den geographischen Raum in einem neuen Licht und lassen bis zu einem gewissen Grade ihre zeitliche Abfolge erkennen.

– 1. Ortsnamen aus Personennamen

OrtsN mit dem Suffix -*j* < urslaw *-jь*, daneben ursprünglich auch weiblich *-ja* und sächlich *-je*, wobei es im Aoso. wahrscheinlich schon bald zu einer Vereinheitlichung kam, sodass wir allein *-jь* ansetzen können. Es handelt sich um ein possessivisches (besitzanzeigendes) Suffix, das an VollN, aus diesen gewonnene Kurzformen sowie an ÜberN treten konnte: *Lubogošč < *Lubogost + jь, wobei sich das auslautende -*st* vor *j* zu -*šč* wandelte (Liebegast/Lubhozdź); *Luboš < *Luboš + jь oder *Luboch + jь, da -*ch* vor *j* zu *š* werden musste (Laubusch/ Lubuš); *Běgań < *Běgan + jь (Biehain/Bě-hany). OrtsN mit dem Suffix *-jь* gehören nach den Erkenntnissen der slaw. Namenforschung zu den älteren Ortsnamenschichten, kamen später aber aus dem Gebrauch und an ihre Stelle traten andere Namentypen. Der in einem solchen OrtsN enthaltene PersN bezog sich auf den Ortsgründer, den Anführer der betreffenden Siedlergruppe, den Sippenältesten, der die Auswahl des Siedelplatzes vornahm und die Anlage der Siedlung leitete. In diesem Sinne lässt sich ein OrtsN wie *Liebegast*, aoso. *Lubogošč, als ›Siedlung des Lubogost‹ bestimmen. Zur räumlichen Verbreitung dieser Namen siehe Kap. 5., Karte 1.

OrtsN mit dem Suffix -*ow*, das aus den urslaw. Suffixen *-*ovъ*, *-*ova*, *-*ovo*, nach weichen Konsonanten *-*evъ*, *-*eva*, *-*evo*, hervorging. Für das Aoso. ist eine Vereinheitlichung zu -*ow* vorauszusetzen, weshalb unten im Wörterbuch stets nur -*ow* angesetzt wird. Dieses Suffix, das gewöhnlich an PersN mit konsonantischem Auslaut tritt, bildete in einem Falle einen OrtsN aus einem unechten VollN, *Zawidow < *Zawid (Seidau, Klein/Zajdow), meist aber aus Kurz- und Koseformen von VollN, so z. B. *Lubochow < *Luboch, KurzF von *Lubosław oder ähnl. VollN (Lubachau/Lubochow), *Rašow < *Raš, KoseF von *Radosław, *Ratisław oder ähnl. VollN (Rascha/Rašow). Einer beträchtlichen Anzahl von OrtsN liegen ÜberN zugrunde: *Sokow < *Sok, zu oso. sok ›Linse‹ (Zockau/Cokow). Diese Namen können sich manchmal mit gleichlautenden OrtsN aus Appellativen überschneiden, so z. B. *Komorow < *Komor ›Siedlung des Komor‹ oder aus dem Appellativum komor ›Mücke‹, also ›Siedlung in einer mückenreichen Gegend‹ (Commerau/Komorow). Dasselbe Problem begegnet bei den OrtsN auf -*in*. Siehe hierzu weiter unten und Kap. 5., Karte 6, wo auch *Sokow und *Komorow mit erfasst sind. In zwei Fällen ist der zu Grunde liegende PersN mit der Negationspartikel *ne*- gebildet, so bei dem mit Vorbehalt rekonstruierten *Neznamirow < *Neznamir (Eiserode/Njeznarowy). Eine kleine Gruppe bilden OrtsN aus christl. RufN: *Krišow < *Kriš, einer KoseF von Christian (Buchholz, früher Krischa/Křišow). Sie haben als Mischnamen zu gelten. Die Namen auf -*ow* gehören im Vergleich zu den Bildungen auf *-*jь* einer späteren Schicht an. Das gilt insbesondere für solche Namen wie *Krischa*, die erst nach der Christianisierung entstanden sein können. Als allgemeine Bedeutung der OrtsN auf -*ow* kann ›Siedlung des Luboch‹, d. h. des Ortsgründers, des Anführers der Siedlergruppe, des Familienoberhauptes, angegeben werden. Zur räumlichen Verbreitung dieses Ortsnamentyps siehe Kap. 5., Karte 4 sowie Karte 10 (MischN).

OrtsN mit dem Suffix -*in*, hervorgegangen aus urslaw. *-*inъ*, *-*ina*, *-*ino*, wobei für das Aoso. auch hier ein vereinheitlichtes -*in* anzunehmen ist. Dieses Suffix tritt gewöhnlich an PersN, die auf -*a* enden. Dabei kann es sich um KurzF von VollN handeln, wie z. B. *Chotin < *Chota, KurzF von *Chotěmir (Kotten/Koćina), häufiger aber um ÜberN, z. B. *Smolin < *Smoła (Schmölln/Smělna). Bei den auf ÜberN beruhenden OrtsN ergibt sich, wie schon oben bei den Namen auf -*ow*, ein Problem dadurch, dass man einige dieser Namen unmittelbar von Appellativen ableiten könnte. *Smolin ließe sich dann nicht als ›Siedlung des Smoła‹ sondern als ›Siedlung, bei der Harz gewonnen, Pech gesotten wurde‹ auffassen, zu oso. smoła ›Harz, Pech‹. In jenen Fällen, wo in der näheren oder weiterer Umgebung eines solchen Ortes ein entsprechender PersN, in den Quellen meist als Bei- oder Familienname überliefert, vorkommt, ist mit großer Sicherheit auf eine Ableitung von einem PersN und nicht von einem Appellativ zu schließen. Siehe hierzu unten Kap. 5., Karte 6, die auch *Smolin mit erfasst. Da viele oso. OrtsN genaue Entsprechungen im Poln., im Tschech. oder in einer anderen slaw. Sprache haben, wurden die dortigen Deutungen bei der Entscheidungsfindung mit berücksichtigt. Gesondert zu nennen sind zwei OrtsN aus PersN mit der Negationspartikel *Ne-* bzw. *Ni-*, da diese Namen oft ein hohes Alter für sich beanspruchen können: *Nechorin < *Nechora (Nechern/Njechorń) und *Nikrošin < *Nikrocha (mit dem Wandel *ch > š* vor *i*) (Hagenwerder, früher Nickrisch). Zur räumlichen Verbreitung der Namen auf *-in* siehe Kap. 5., Karte 5. Die Suffixe *-ici* und *-owici* dienten ursprünglich nicht zur Benennung einer Siedlung, sondern einer Menschengruppe, denn wir haben es hier mit sog. patronymischen Suffixen zu tun, welche die Zusammengehörigkeit von Menschen nach der Blutsverwandtschaft in direkter Linie, also die Abstammung vom Familienvater, die Zugehörigkeit zu einer Familie, einer Sippe ausdrückten. Es waren also anfangs typische Personennamensuffixe, die noch heute im Nieder- und Obersorb. bei der Benennung von Söhnen und Töchtern Verwendung finden. Wie die Niederlausitzer Kirchenbücher des 17. und 18. Jahrhunderts ausweisen, wurden aber nicht nur Familienangehörige im engeren Sinne, sondern auch Knechte und Mägde, sog. »Hausgenossen« u. a. auf diese Weise benannt, d. h. es kommt hier durch *-ici* und *-owici* eine soziale Bindung an den Hofbesitzer zum Ausdruck. OrtsN vom Typ *Boleborici (Bolbritz/Bolborcy) und *Drogobudowici (†Drogobudowitz) sind als ›Sippenangehörige oder Leute des Bolebor bzw. des Drogobud‹ zu erklären. Man spricht gewöhnlich von ›Leuten‹ deshalb, weil auch Personen ohne eine direkte verwandtschaftliche Beziehung, z. B. Untertane, Mägde und Knechte, dieser Gemeinschaft angehören konnten. Erst im Laufe der Zeit ging die Benennung der Personengruppe auf die von ihr angelegte und bewohnte Siedlung über, entwickelten sich die ursprünglichen Personennamensuffixe zu Ortsnamensuffixen. Danach wurden die einstigen Nominativformen *-ici* und *-owici* durch die Akkusativformen ersetzt, die im heutigen Oso. als *-icy* und *-ecy* erscheinen. Die Bildung der OrtsN erfolgte mit den betreffenden Suffixen von VollN, z. B. *Radomirici < *Radomir (Radmeritz, Klein-/Małe Radměrcy), von aus VollN gewonnenen Kurz- und Koseformen, z. B. *Miłotici < *Miłota (Miltitz/Miłoćicy), *Kašici < *Kaš (Kaschwitz/Kašecy), *Lutowici < *Lut (Luttowitz/Lutobč), *Lešowici < *Leš (Weinhübel, früher Leschwitz). Oft liegen ÜberN zugrunde, z. B. *Nosatici < *Nosat(a) ›Einer mit großer Nase‹ (Nostitz/Nosaćicy), *Uškowici < *Uško ›Einer mit kleinen Ohren‹ (Auschkowitz/Wučkecy). In zwei Fällen trat *-ici* an PersN, die man als »Abwehrnamen« zu bezeichnen pflegt. Sie sind mit der Negationspartikel *ne-* ›nicht‹ gebildet, z. B. *Nerad ›nicht gern‹ in *Neradici, *Neradowici (Neraditz/Njeradecy). Damit sollten die bösen Geister und Dämonen von dem so benannten Kind abgelenkt und getäuscht werden. In ihrer Bedeutung unterscheiden sich *-ici* und *-owici*, die auf urslaw. *-itjo und *-ovitjo zurückgehen, zwar nicht, jedoch dürfte -ici im Vergleich zu -owici, das ja erst aus diesem durch Vorsetzen des be-sitzanzeigenden Elementes -ow- hervorging, etwas älter sein. Die Namen mit den beiden Suffixen gehören zu den ältesten Ortsnamenschichten, jedoch dienten -ici und -owici auch in späterer Zeit noch zur Bildung von OrtsN, darunter auch von MischN, die ja erst nach der dt. Eroberung entstanden sein können. In einer Anzahl von Fällen ist schwer zu entscheiden, ob die Suffixe -ici bzw. -owici oder -ica bzw. -owica vorliegen, denn die Eindeutschung erfolgte jeweils mit -itz und -(o)witz. So ist aus der historischen Überlieferung nicht zu entnehmen, ob *Rakowici ›Siedlung der Leute des Rak‹ oder *Rakowica ›Siedlung, in deren Nähe es viele Krebse gibt‹ vorliegt. Wie schon oben bei den Namen auf -ow und -in haben wir uns bei der Entscheidungsfindung auf eventuell in der Nähe vorkommende PersN sowie auf VergleichsN aus anderen slaw. Sprachen gestützt. Siehe hierzu Kap. 5., Karte 6, die auch *Rakowici (Königswartha/Rakecy) mit verzeichnet. Vereinzelt trat -ici nicht an einen PersN, sondern an andere Wörter, z. B. bei *Nowosedlici ›Einwohner der neu angelegten Siedlung, Niederlassung der Neu-siedler‹, aoso. *nowe sedło ›neue Siedlung‹ (Naußlitz/Nowoslicy). Ähnlich verhält es sich bei *Podgrodici ›Siedler unterhalb der Burg‹, zu aoso. pod ›unter(halb)‹ und grod ›Burg‹ (Boderitz /Bodricy). Von der Bezeichnung eines kirchlichen Würdenträgers ist das erst sehr spät überlieferte *Biskopici abgeleitet (Bischdorf, Bischheim, Bischofs-werda, jeweils oso. *Biskopicy). Zur räumlichen Verteilung der OrtsN auf -ici und -owici siehe Kap. 5., Karten 2 und 3, zu *Nowosedlici Karte 5.

– 2. Ortsnamen aus Appellativen

Auch hier sind in Abhängigkeit von den bei der Namenbildung verwendeten Suffixen und Präfixen oder dem Fehlen solcher Ableitungselemente verschiedene Namentypen zu unterscheiden. Die aus Appellativen hervorgegangenen OrtsN nehmen Bezug auf die Gestalt der Landschaft, auf Bodenerhebungen oder -vertiefungen, auf Gewässer, auf die Pflanzen- und Tierwelt, dabei besonders häufig auf Wald, Bäume und Sträucher, aber auch auf die Siedeltätigkeit des Menschen, auf die Urbarmachung des Landes durch Rodung, speziell Brandrodung, auf die Eigenheiten einer Siedlergruppe und die Umgebung, in der sie sich niedergelassen hat.

In einer Anzahl von Fällen wurde das Ausgangsappellativ ohne formale Kenn-zeichnung in die Funktion eines OrtsN überführt. Man spricht bei solchen Namen auch manchmal von »Bildungen mit einem 0-Suffix«, z. B. bei *Chołm, zu oso. chołm ›Hügel, Anhöhe‹ (Kollm/Chołm). Hier kann man des Weiteren solche aus Adjektiven gewonnene OrtsN unterbringen wie z. B. *Běla, zu oso. běly ›weiß‹, zu ergänzen wahrscheinlich *woda ›Wasser‹ oder *rěčka ›Flüsschen‹, also ein ursprünglicher BachN‹ (Biehla/Běla). Unter den mit Suffixen abgeleiteten OrtsN stehen die auf -ow mit an erster Stelle. Das Suffix -ow, urslaw. *-ovъ, *-ova, *-ovo, nach weichen Konsonanten *-evъ, *-eva, *-evo, trat gewöhnlich an ein Appellativ, das auf einen Konsonanten auslautete, z. B. *Bukow ›Siedlung bei der Buche, bei den Buchen‹, zu oso. buk ›Rotbuche‹ (Bocka/Bukowka).

Große Verbreitung erlangten die -*n*-Suffixe, die infolge der Eindeutschung gewöhn-lich als -*en* erscheinen, sodass sich in vielen Fällen nicht mehr feststellen lässt, ob ur-sprünglich ein Suffix *-inъ, *-ina, *-ino, *-ьnъ, *-ьna oder *-ьno vorlag. An dieser Stelle sei nochmals darauf hingewiesen, dass die mit -*i*- oder -*ь*- anlautenden Suffixe eine Er-weichung des vorangehenden Konsonanten bewirkten, wobei nach Ausfall des -*ь* die Weichheit des betreffenden Konsonanten durch ´ gekennzeichnet wird, so wie bei *Jaḿno < *Jamьno ›Siedlung bei einer Bodenvertiefung‹, zu oso. jama ›Grube, Vertie-fung, Höhle‹ (Jahmen/Jamno). Manchmal kommt es dabei zu einem solchen Konsonan-tenwechsel wie *k > č, g > ž, ch > š*, so z. B. bei *Ostrožna < *Ostrožьna, aus urslaw. *ostrogъ, poln. ostróg ›Bollwerk, Schanze, Festung‹ (Ostritz/Wostrožna). An typischen Beispielen mit -*n*-Suffixen seien noch genannt: *Brezina ›Siedlung am Birkenhain‹, zu oso. brěza ›Birke‹, wegen oso. brězyna ›Birkenbusch‹, könnte der Name auch oben bei den Bildungen mit 0-Suffix eingereiht werden; *Kołpin ›Siedlung, wo es Schwäne gibt‹, zu oso. kołṕ ›Schwan‹ (Kolpen/Kołpin); *Gozḋna < *Gvozdьna, später *Hozḋna, *Hozna ›Siedlung am/im Walde‹, zu nso. gózd, gózda ›trockener Wald, Bergwald (Ho-sena/Hóznja).

Das Suffix -*ica* diente nicht nur zur Bildung von OrtsN, sondern auch von GewässerN, auf die nicht selten OrtsN zurückgehen: *Korytica ›Siedlung in/an einer muldenartigen Geländevertiefung, Talrinne‹, zu oso. korto ›(Futter)trog, Rinnstein‹, nso. koryto ›Trog, Flussbett, Rinne‹, ursprünglich wohl BachN (Kortitz/Kortecy); *Golica ›Siedlung in der Heide, am/im Walde‹, zu nso. góla ›Heide, Waldung, bes. Nadelwald‹, als FlurN gó-lica ›die Heide, der kahle Platz‹, oso. hola ›Heide‹ (Golenz/Holca). Bei einigen Namen auf -*itz* ist schwer zu entscheiden, ob eine Ableitung mit dem Suffix -*ica* von einem Appellativum oder mit -*ici* von einem PersN vorliegt. Setzen wir *Chrostica ›Siedlung bei Sträuchern‹ oder *Chrostici ›Siedlung der Leute des Chrost‹ an (Crostwitz/Chrós-ćicy)? Da ganz in der Nähe des Ortes der PersN *Chrost* vorkommt und es entsprechende OrtsN im Poln. und Tschech. gibt, entschieden wir uns im Gegensatz zu der bisherigen Deutung für *Chrostici, womit auch die heutige oso. Form übereinstimmt. Siehe hierzu Kap. 5., Karte 6.

Das Suffix -*nica* < *-ьnica, eigentlich eine Suffixkombination aus -*ьn* + *ica*, bildet ne-ben OrtsN bevorzugt GewässerN: *Drewnica ›Siedlung, wo es Holz gibt, Siedlung am/im Walde‹, wegen des dort vorbeifließenden Baches wahrscheinlich ›Siedlung am Waldbach‹, zu oso. drjewo ›Holz‹, älter auch ›Baum‹ (Drebnitz, Groß-/Drjewnica); *Głuš-nica < *Gluchьnica ›Siedlung am/im dichten Wald‹, zu nso. głuchy ›taub‹, głušyna ›der dichte, finstere Wald, das Waldesdickicht‹, oso. hłuchi ›taub‹ (mit dem Wandel *ch > š* vor *ь* bzw. *i*), wegen der Lage am heutigen *Luggraben* wohl ursprünglich GewässerN (Glauschnitz/Hłušnica); *Łužnica < *Lugьnica (mit dem Wandel *g > ž* vor *ь*) ›Siedlung am Wiesensumpfbach‹, zu nso.ług, oso. łuh ›(Gras)sumpf, sumpfige Niederung‹ (Lauß-nitz). Zu den OrtsN aus GewN siehe Kap. 3.2., Verzeichnis der rekonstruierten aoso. OrtsN, in dem alle vermutlich aus GewN hervorgegangenen OrtsN unterstrichen sind.

Eine Anzahl von Namen ist mit der Suffixkombination -*owica* gebildet: *Bukowica ›Siedlung am Buchenhain‹, zu oso. buk ›Rotbuche‹ (Bockwitz/Bukowc); *Bagnowica ›Siedlung am/im sumpfigen Gelände‹, zu oso. bahno, nso. bagno ›Sumpf‹ (Pannewitz/ Banecy).

Das Suffix -*sk* < *-ьskъ ist in relativ wenigen OrtsN vertreten: *Łomsk ›Siedlung am (Wind)bruch, am Sumpfgebüsch‹, zu nso. łom ›(Wind)bruch‹ (Lomske/Łomsk). Durch die Eindeutschung und die historische Entwicklung ist das -*sk*-Suffix in manchen OrtsN heute nicht mehr zu erkennen. An seiner Stelle erscheint manchmal -*ig*, wie bei *Gbelsk ›Siedlung an einer Flussbiegung‹, zu urslaw. *gъbъ ›biegsam‹, *gъbnǫti ›biegen‹ (Gebelzig/Hbjelsk). Zur geographischen Verbreitung dieser OrtsN siehe Kap. 5., Karte 7.

Das Suffix -*c* < *-ьcь gehört ebenfalls nicht zu den häufigen Ableitungselementen: *Dubc ›Siedlung am/im Eichenwäldchen‹, zu oso. dub, Verkleinerungsform dubc ›Eiche‹ (Daubitz/Dubc); *Jabłońc ›Siedlung bei den Apfelbäumen‹, zu oso. jabłoń ›Apfelbaum‹ (Gablenz/Jabłońc). Zur räumlichen Ausbreitung dieser Namen siehe Kap. 5., Karte 7.

Das Suffix -*k* < *-ъkъ tritt des Öfteren an Appellative, wobei nicht immer klar ist, ob es sich um ein speziefisch ortsnamenbildendes oder appellativisches Bildungselement handelt, das eine Verkleinerung ausdrücken konnte. Es findet sich u. a. bei Baum- und Waldnamen: *Bork ›Siedlung am (kleinen) Kiefernwald‹, zu oso. (veraltet) bór ›Kiefer, Kiefernwald‹ (Burk/Bórk); *Lěsk ›(Rodungs)siedlung am/im (kleinen) Walde‹, zu oso. lěs ›Busch, Wald, Forst‹ (Lieske/Lěskej). Das Vorkommen dieser Namen in der Oberlausitz zeigt in Kap. 5., Karte 7. Des Weiteren dient -*k* zur Unterscheidung gleichnamiger Orte entsprechend dt. *Groß- – Klein-*: *Budyšin – *Budyšink ›Siedlung des Budych(a), Budyš(a)‹ (Bautzen/Budyšin – Kleinbautzen/Budyšink).

Ähnlich wie bei -*k* verhält es sich bei -*ka* < *-ъka: *Dubrawka ›kleine Siedlung am/ im Eichenwald‹, zu nso. dubrawa ›Eichenwald‹, oso. älter dubrawka ›Eichenwäldchen‹ (Dubrauke/Dubrawka). Daneben gibt es ein Suffix -*ka* < *-ьka, verwendet z. B. bei der Unterscheidung von *Chojnica und *Chojnička ›Siedlung am/im Kiefernwald oder Kiefernbach‹ (Großkunitz/Chójnica – Kleinkunitz/Chójnička).

Zu den seltenen Suffixen gehört -*nik* < *-ьnikъ: *Jawořnik ›Siedlung am Ahornwald‹, zu oso. jawor ›Spitzahorn‹ (Jauernick/Jawornik). Siehe Kap. 5., Karte 7.

Eine Anzahl von Namen endet auf -´*e* < *-ьje. Dieses Suffix mit einer kollektiven Bedeutung weist auf das Vorhandensein einer Menge von etwas hin, die für die Siedlung oder deren Umgebung charakteristisch ist, wobei es sich oft um Tiere handelt, aber auch um Bäume: *Kozel´e < *Kozьlьje ›Siedlung, wo es Ziegenböcke gibt‹, zu oso. kozoł, urslaw. *kozьlъ ›Ziegenbock‹ (Cosel/Kózły); *Jedl´e ›Siedlung in einer Gegend, wo es Tannen gibt‹, zu oso. jědla ›Tanne‹ (Gödlau/Jědlow). Dieser Ortsnamentyp ist in Kap. 5 auf Karte 7 verzeichnet.

Einige wenige Namen sind mit dem Präfix *za*- ›hinter‹ und dem Suffix -´*e* gebildet: *Zarěče < *Zarěčьje < *Zarěkьje (mit dem Wandel von *k* > *č* vor ь) ›Im Gelände hinter dem Fluss gelegene Siedlung‹, zu oso. rěka ›Fluss‹ (Saritsch/Zarěč); *Zagoŕe ›Siedlung

hinter dem Berg‹, zu nso. gora, oso. hora ›Berg‹ (Sagar/Zahor). Diese OrtsN mit ursprünglich sächl. Geschlecht verloren später das auslautende -e und nahmen männl.
Geschlecht an. Nur ein Präfix aber kein Suffix besitzt *Zabrod ›Siedlung hinter der
Furt‹, zu oso. bród ›Furt‹ (Sabrodt/Zabrod). Zur räumlichen Verbreitung dieser Namen
siehe Kap. 5., Karte 7.

Eine eigene kleine Gruppe bilden die *Zweiwortnamen*, bestehend meist aus einem
Adjektiv und einem Substantiv: *Běła gora ›Siedlung am weißen Berge‹, entsprechend
dt. *Weißenberg*, zu oso. běły ›weiß‹ und oso. hora, nso. gora ›Berg‹ (Belgern/Běła Hora);
*Łysa gora ›Siedlung am kahlen Berge‹, zu einer im Sorb. nicht mehr vorhandenen
Entsprechung von poln. łysy, tschech. lysý ›kahl‹ und gora ›Berg‹ (Lissahora/Liša Hora).
Zur Lage dieser Namen siehe Kap. 5., Karte 7. Daneben tauchen in späterer Zeit eine
Reihe weiterer Zweiwortnamen auf, meist nach dt. Vorbild entstanden, so. *Nowa łuka
›Neue Siedlung an/auf der Wiese‹, zu oso. nowy ›neu‹ und łuka ›Wiese‹ (Neuwiese/No-
wa Łuka); *Sokola hora ›Falkenberg‹, zu oso. sokoł ›Falke‹ und hora ›Berg‹ (Socula-
hora/Sokolca).

Im Unterschied zu den oben behandelten Namen, die unmittelbar auf die Gestalt
der Landschaft, die Pflanzen- und Tierwelt usw. Bezug nehmen, erfolgt bei den sog.
»Bewohnernamen« auf -*jane* die Benennung nach einer Menschengruppe und der Umgebung, in der sie siedelte, wobei aber auch hier Gestalt und Beschaffenheit der Landschaft, typischer Pflanzenwuchs usw. eine Rolle spielen: *Dolane, ursprünglich ›Talbewohner‹, dann *Dolany ›Siedlung der Talbewohner‹, zu oso. doł ›Tal‹, nso. dolan ›Talbewohner‹ (Döhlen/Delany). Die Formen mit -*jane* stellen den Nominativ dar, den später
der Akkusativ -*jany* ablöste, deshalb heute im Oso. *Delany*, wobei es hier des Weiteren
zum Wandel o > e kam. Die OrtsN dieses Typs gehören mit zu den ältesten Namenschichten. Sie sind in Kap. 5. auf Karte 1 verzeichnet.

Abschließend seien die *Komposita auf -y* angeführt. Es sind zusammengesetzte Namen, welche die Ortseinwohner nach einer Tätigkeit charakterisieren und in der Mehrzahlform erscheinen: *Žornosěky < *Žьrnosěky ›Siedlung der Mühlsteinhauer‹, zu
urslaw. *žьrny ›Mühlstein‹ und urslaw. *sěk- in *sěkti ›hauen, schneiden‹ (Sornßig/Žorno-
syki). Diese altertümlichen Bildungen, die auch manchmal den Charakter von Spott-
namen haben, sind in der Oberlausitz nur durch 5 Namen vertreten, alle eingetragen in
Kap. 5. auf Karte 1.

1.5.2. Mischnamen

Unter MischN sind solche OrtsN zu verstehen, die aus zwei ihrer sprachlichen Herkunft
nach unterschiedlichen Elementen bestehen, einem obersorb., das sich bis in das Urslaw.
zurückverfolgen lässt, und einem deutschen. In vielen Fällen sind es OrtsN mit einem
slaw. PersN als Bestimmungswort und dem dt. Grundwort -*dorf*, z.B. *Kottmarsdorf* ›Dorf
des Chotěmir‹. Neben aoso. VollN kommen in den MischN auch KurzF von VollN und

ÜberN vor, so z. B. in *Radgendorf* ›Dorf des Radka‹, in *Maukendorf/Mučow* ›Dorf des Muka‹. Eine weitere Gruppe stellen die OrtsN mit den slaw. Suffixen *-ici* oder *-owici* dar, die an einen dt. oder christl. RufN oder einen ÜberN traten, wobei diese PersN vorher meist schon sorabisiert worden waren, z. B. *Hainitz/Hajnicy*, *Hajnici ›Siedlung der Leute des Heine oder Hajna‹ mit dem PersN aus dt. Heinrich; *Kumschütz/Kumšicy*, *Kunišowici ›Siedlung der Leute des Kuniš‹ mit dem PersN aus dt. Konrad; *Jannowitz/ Janecy*, *Janowici ›Siedlung der Leute des Jan‹ mit dem PersN aus dem christl. RufN Johannes, vermittelt durch das Dt. Komplizierter liegen die Verhältnisse bei *Mulkwitz/ Mułkecy*, *Mulkowici ›Siedlung der Leute des Mulka‹, denn der ÜberN *Mulka* beruht auf einem Lehnwort aus dem Dt., nso. mula, Verkleinerungsform mulka ›Maul, Mund‹, aus md. oder mnd. mūle ›Maul‹. Man kann deshalb nicht von einem rein slaw. Namen sprechen. Er liegt übrigens weit außerhalb des *-owici*-Areals, wie es sich auf Karte 3, Kap. 5., darstellt. Eine kleinere Gruppe bilden die MischN mit dem slaw. Suffix *-ow*, das sich an dt. oder christl. RufN anschließt, die ebenfalls schon sorabisiert sein können: *Brauna/Brunow* *Brunow ›Siedlung des Brun‹; *Krischa/Křišow* (jetzt Buchholz), *Krišow ›Siedlung des Kriš‹ mit dem PersN aus Christian. Jeweils eine Sonderstellung nehmen *Dreikretscham/Haslow*, *Jänkendorf/Jeńkecy*, *Michalken/Michałki* und *Niesendorf/Niža Wjes* ein. Die MischN verzeichnet Karte 10 in Kap. 5.

1.5.3. Deutsche Ortsnamen

Bei der Mehrzahl der dt. OrtsN handelt es sich um Zusammensetzungen, bestehend aus einem Bestimmungswort und einem Grundwort, meist *-dorf*, so z. B. *Waltersdorf* ›Dorf des Walter‹.

Als Bestimmungswort dient in den zusammengesetzten OrtsN vorwiegend ein PersN, in erster Linie ein dt. RufN, nach Ausweis der ältesten Überlieferung gewöhnlich ein VollN: *Arnsdorf*, 1366 *Arnoldisdorf*. Die in den OrtsN enthaltenen dt. PersN sind in Kap. 3.7. zusammengestellt. In weit geringerer Anzahl begegnen in der Funktion eines Bestimmungswortes christl. RufN: *Baarsdorf*, mit *Bar* < *Bartholomäus*. Eine weitere Gruppe bilden OrtsN mit Bestimmungswörtern aus StammesN, ÜberN und BerufsN: *Beiersdorf* ›Dorf des Baier, eines Mannes aus Bayern‹, *Schöpsdorf* ›Dorf des Scheub‹ (ÜberN für einen hageren Menschen), *Kringelsdorf* ›Dorf des Klinge‹ (Name für den Hersteller von Klingen (des Schwertes, Messers). Als Bestimmungswörter treten des Weiteren solche Bezeichnungen weltlicher und geistlicher Würdenträger wie *Bischof* in *Bischofswerda*, *Mönch* in *Mönchswalde*, *König* in *Königswartha* auf. Daneben kommen auch andere Substantive zur Verwendung, so *Mücke* in *Mückenhain*. Die Funktion eines Bestimmungswortes üben oft Adjektive aus, so *schön* in *Schönau*, *Schönbach*, *reich* in *Reichenau*, *Reichenbach* u. a. Mehrere Namen sind schon in älterer Zeit mit *nau* und *neu* gebildet worden, viele weitere mit *neu* folgen später: *Naundorf*, *Neudorf*, *Neustadt*, *Neuwiese*, *Neusorge* usw.

Unter den Grundwörtern steht an der Spitze *-dorf*, so in *Arnsdorf* und zahlreichen weiteren. Daneben finden *-au*, *-bach*, *-berg*, *-hain*, *-walde* und einige andere Verwendung, so in *Liebenau*, *Reichenbach*, *Weißenberg*, *Petershain*, *Cunewalde*. Alle OrtsN mit den genannten Grundwörtern sind in Kap. 5. auf den Karten 11 und 12 verzeichnet.

Den vielen Zusammensetzungen stehen relativ wenige einfache, d. h. aus nur einem Wortstamm bestehende Bildungen gegenüber. Zu ihnen gehört *Berg*. Einige Namen werden mit einem Suffix abgeleitet, so *Häslich*, von mhd. hasel mit dem Kollektivsuffix mhd. *-ech*. Öfters tritt an einen ursprünglich einfachen Namen später durch Bestrebungen zur Vereinheitlichung seitens der Amtsschreiber und unter dem Einfluss benachbarter OrtsN im Auslaut ein *-a* hinzu, manchmal anstelle von *-e*, so bei *Teicha* für *Teich*, bei *Linda* für *Linde*. Unter dem Einfluss der zahlreichen Namen auf *-au* entwickelte sich das ursprüngliche *Eibe* zu *Eibau*. Viele der einfachen Namen sind auf Karte 12 zu finden.

1.6. Herkunft, Bildung und Bedeutung der in den Ortsnamen enthaltenen Personennamen

1.6.1. Obersorbische Personennamen

Die oso. PersN gliedern sich in VollN, in von ihnen abgeleitete Kurz- und Koseformen, in Namen mit Ne- oder Ni-, in ÜberN, in BerufsN sowie in PersN aus christl. RufN.

VollN bestehen aus zwei Namengliedern, einem Vorder- und einem Hinterglied, die durch einen Bindevokal zusammengehalten werden: *Lubogost mit dem Vorderglied *Lub- aus urslaw. *ľubъ ›lieb, wert, teuer‹ und dem Hinterglied *-gost aus urslaw. *gostь ›Gast‹, *gostiti ›bewirten, sich als Gast bei jem. aufhalten‹ (*Lubogošč, Liebegast/Lub-hozdź). Vereinzelt wird das Vorderglied des VollN gekürzt, wie das bei *Bosław geschah, wobei die ungekürzte Form *Bogusław, *Bojesław, *Bolesław oder *Borisław gelautet haben konnte (*Bosławici, Postwitz, Klein-/Bójswecy). Mitunter dient als Vorderglied ein Präfix (Vorsilbe), so bei *Prebud mit dem Vorderglied aus urslaw. *per-, oso. pře ›wegen, um, vor, über‹, und dem Hinterglied *-bud aus urslaw. *buditi ›wecken‹ oder *byti, *bǫdǫ ›sein, existieren‹ (*Prebuź, Priebus, Klein-/Přibuzk). Man nennt diesen Bildungstyp auch »unechte VollN«. Die VollN stellen die älteste Namenschicht dar, die schon im Urslaw. existierte und deren Bildungsprinzipien aus dem Urindogermanischen ererbt worden waren, weshalb dieser Namentyp noch in vielen anderen indogerman. Sprachen vorkommt, darunter, wie wir unten sehen werden, auch im Deutschen. Ursprünglich hatten diese Bildungen die Bedeutung von Wunschnamen, die dem Neugeborenen auf zauberhafte und magische Weise positive Eigenschaften, Ehre, Ruhm, Tapferkeit, Kampfkraft, Friedfertigkeit usw. auf den künftigen Lebensweg mitgeben sollten.

Im Familien- und Freundeskreis pflegte man von VollN abgeleitete Kurz- und Koseformen zu gebrauchen. Viele KurzF entstanden durch Weglassen des Hintergliedes: *Lut aus *Lutobor oder ähnl. VollN mit dem Vorderglied aus urslaw. *ľutъ ›streng, grimmig‹ (*Lutici, Lautitz/Łuwoćicy). Oft trat an eine solche KurzF ein Suffix hinzu, wie das bei *Luboch geschah, mit der KurzF *Lub aus *Lubosław oder ähnl. VollN, siehe oben *Lubogost (*Lubochow, Lubachau/Lubochow). Die Kürzung konnte so weit gehen, dass nur die offene (auf einen Vokal auslautende) erste Silbe eines VollN übrig blieb, an die sich ein Suffix -ch oder -š anschloss: *Luch aus *Lubosław oder *Lutobor, siehe oben (*Luchow, Laucha/Luchow); *Boš aus *Bogomił, *Bojesław, *Bolesław oder *Borisław (*Bošowici, Baschütz/Bošecy). Manchmal lässt sich nicht entscheiden, ob der PersN auf -ch oder -š ausging, so vor -i (wegen des Wandels ch > š), weshalb *Jašici auf *Jach oder *Jaš beruhen kann (Jeschütz/Ješicy). Auf diese Weise entstanden mit Hilfe der Suffixe -ch und -š KoseF, in der Fachsprache auch Hypokoristika genannt.

Eine recht altertümliche Gruppe stellen die PersN mit der Verneinungspartikel ne- oder ni- dar. Dazu gehören *Nerad, zu urslaw. *ne ›nicht‹ und urslaw. *radъ ›gern, lieb, froh‹ (*Neradici, *Neradowici, Neraditz/Njeradecy). Dieser PersN lässt sich als »Abwehrname« deuten: Der Namengeber wollte die bösen Geister täuschen, die Dämonen vom Neugeborenen ablenken, indem er es als ein Wesen hinstellte, das man nicht gern hat, nicht mag, das man verabscheut. Etwas anders verhält es sich bei *Neswad oder *Niswad, zu urslaw. *ne oder *ni ›nicht‹ und *sъvadъ, *sъvada ›Zank, Streit, Zwietracht‹ (*Neswaź, Neschwitz/Njeswačidło). Der Name sollte den so Benannten in Zukunft vor Zank und Streit bewahren, weshalb man ihn mit zur Gruppe der Wunschnamen rechnen kann, die außer den schon oben behandelten VollN durch eine Reihe weiterer, bedeutungsmäßig ähnlicher Bildungen im Aoso. vertreten sind.

Einer beträchtlichen Anzahl von OrtsN liegen ÜberN zugrunde. Diese sagten im Akt der Namengebung etwas über körperliche, geistige oder charakterliche Eigenheiten eines Menschen aus, über seine Gewohnheiten, auffällige Verhaltensweisen usw. Motivierend wirkten oft Haar- und Hautfarbe: *Běliš oder Běloš, zu nso. oso. běły ›weiß, hell‹ (*Bělišowici oder *Bělošowici, Ebendörfel/Bělšecy); *Čorn, zu oso. čorny ›schwarz‹ (*Čornowici, Zscharnitz/Čornecy). Für einen kahlen Menschen verwendete man von urslaw. *golъ, nso. goły, oso. hoły ›nackt, kahl, bloß‹ abgeleitete Namen: *Gołyš (*Gołyšow, Holscha/Holešow). Eine geistige Eigenschaft drückt *Głupon aus, zu nso. głupy, oso. hłupy ›dumm‹ (*Głuponici, Glaubnitz/Hłupońca). Oft spielen bei der Entstehung von ÜberN Vergleiche mit Tieren eine Rolle, deren Bezeichnungen wegen ähnlicher oder gleicher Merkmale auf den Menschen übertragen wurden, des Weiteren konnten bestimmte Beziehungen einer Person zu Gegenständen oder Erscheinungen ihrer Umwelt Anlass zur Benennung sein: *Komor, zu oso. älter komor ›Mücke‹ (*Komorow, Commerau/Komorow); *Kot, zu nso. kót ›Kater‹ (*Kotowici, Kotitz/Kotecy); *Lemeš oder *Lemiš, ein BerufsüberN, zu poln. lemiesz, tschech. lemeš ›Pflugschar,-eisen‹ (*Lemešow, *Lemišow, Lömmischau/Lemišow).

Sehr selten sind OrtsN aus BerufsN hervorgegangen: *Kozaŕ, zu oso. kozaŕ ›Ziegen-halter, -hirt‹ (*Kozarici , Caseritz/Kozarcy), der Name wurde aber auch appellativisch als ›Siedlung der Leute eines Ziegenhirten‹ gedeutet.

Eine kleine Anzahl von OrtsN beruht auf von den Deutschen vermittelten und dann sorabisierten christl. RufN: *Janiš, aus Johannes (*Janišowici, Jenschwitz/Jeńśecy); *Kriš, aus Christian (*Krišow, Buchholz/Křišow). Auch bei diesen PersN kam es zur Kürzung der betreffenden Ausgangsform, zur Bildung von Kurz- und Koseformen.

Soweit die Karten in Kap. 5. OrtsN aus PersN verzeichnen, wird auf ihnen stets zwischen OrtsN aus aoso. VollN, Kurz- und Koseformen, Namen mit *Ne*- und *Ni*-, ÜberN sowie sorabisierten christl. RufN unterschieden.

Viele der in den OrtsN enthaltenen aoso. PersN sind uns später als FamN überliefert, so die oben genannten *Luboch, Luch, Jaš, Nerad, Běłoš, Čorn, Gołyš, Lemiš, Janiš* und zahlreiche weitere. Hierauf wird bei der Erklärung der betreffenden PersN im Ortsnamenwörterbuch, Kap. 2.2., stets hingewiesen. Die in den OrtsN enthaltenen aoso. PersN sind in Kap. 3.6. aufgelistet.

1.6.2. Deutsche Personennamen

Ähnlich wie bei den oso. PersN unterscheiden wir auch bei den dt. Namen VollN, Kurz- und Koseformen, ÜberN sowie PersN aus christl. RufN. VollN bestehen aus zwei Namengliedern, einem Vorder- und einem Hinterglied, die jeweils auf althochdt. Wörtern beruhen: *Arnold, aus ahd. arn ›Adler‹ und walt ›Gewalt, Macht‹ (Arnsdorf/Warnoćicy). In 7 OrtsN begegnet *Konrad, aus ahd. kuoni ›kühn, tapfer, stark‹ und rāt ›Rat(schlag), Entscheidung, Beschluss‹ (Cunnersdorf/Hlinka u. a.). Die zahlreichen dt. OrtsN auf -*dorf* enthalten als Bestimmungswörter fast ausschließlich VollN.

Aus VollN konnten, wie bei den aoso. PersN, Kurz- und Koseformen gebildet werden, z. B. duch Weglassen des zweiten Namengliedes: *Bern aus Bernhard, zu ahd. bero- bzw. bern- ›Bär; Held, Krieger‹ und hart ›hart, streng‹ (Bernsdorf /Njedźichow); *Kuno, aus Konrad, s. oben (Cunewalde/Kumwald). KurzF begegnen in OrtsN relativ selten.

ÜberN sind in den dt. OrtsN nur vereinzelt und da auch lediglich als BerufsüberN vertreten: *Klinge, zu mhd. klinge ›Klinge des Schwertes, Schwert, Messerklinge‹, für den Hersteller ders. (Kringelsdorf/Krynhelecy). Auf einer Berufs- bzw. Amtsbezeichnung beruht *Scherge, zu mhd. scherge, scherje ›Gerichtsperson, Amtsvorsteher, Henker, Scherge‹ (Schirgiswalde/Šěrachow). Aus einem StammesN ging *Schwab(e) hervor, zu mhd. Swāp, Swāb(e) ›Mann aus Schwaben‹ (Schwosdorf).

PersN aus christl. RufN kommen in den OrtsN nur in geringer Anzahl vor: *Martin, *Mertin, aus dem röm. BeiN Martīnus (Merzdorf/Łućo); *Peter, aus lat. Petrus bzw. griech. Pétros (Petershain).

Die in den OrtsN enthaltenen dt. PersN sind in Kap. 3.7. zusammengestellt. Ihre räumliche Verbreitung ist indirekt aus den Karten 10, 11 und 12 in Kap. 5. ersichtlich.

2. Ortsnamenwörterbuch

2.1. Aufbau der Namenartikel

An der Spitze eines jeden Namenartikels steht die heute amtliche dt. Namenform, nach einem Schrägstrich, falls vorhanden, die oso. Form. Die Lokalisierung des betreffenden Ortes erfolgt durch Bezugnahme auf die nächst gelegene Stadt. Es schließen sich die historischen Belege mit jeweils dem Jahr der Überlieferung an. Ein Schrägstrich trennt die von den Sorben gebrauchten, also genuin oso., nicht eingedeutschten Namenformen, von den dt. bzw. eingedeutschten Namen. OrtsN, die als HerkN, d. h. als Namen von Personen in den Quellen erscheinen, werden als solche jeweils gekennzeichnet. Um die Entwicklung eines jeden Namens im Laufe der Jahrhunderte bis zum Erreichen der heutigen Namenform verfolgen zu können, galt es, außer den ältesten Zeugnissen auch zahlreiche Nachweise aus späterer Zeit mit aufzunehmen, die nicht zuletzt für die Familiennamenforschung bei der Identifizierung von FamN aus HerkN von Bedeutung sind. Auf eine genaue Quellenangabe musste im Rahmen dieser populärwissenschaftlichen Darstellung verzichtet werden. Alle Belege sind den im Literaturverzeichnis genannten Büchern entnommen, soweit diese ein * (Sternchen) kennzeichnet. Erst auf diesem Wege lassen sich die Originalquellen erschließen und die einzelnen Belege dort überprüfen. Nach einem Querstrich folgt die Erklärung des Namens mit Angaben zu Herkunft und Bedeutung. Vergleichsnamen aus anderen slaw. Sprachen können hier nicht mit angeführt werden, obgleich sie zur Absicherung der Deutung stets Berücksichtigung fanden. In der Fachliteratur werden manchmal mehrere Erklärungen für ein und denselben Namen gegeben. Wir wählten dann nach eingehender Prüfung die wahrscheinlichste aus oder gaben eine neue Deutung. Man sollte nicht vergessen, dass das hier untersuchte Namenmaterial, speziell die oso. Namen, tausend und mehr Jahre alt ist und dass sich in Anbetracht der oft lückenhaften sowie späten Überlieferung bei allen Fortschritten der modernen Namenforschung eindeutige Erklärungen nicht immer erzielen lassen.

2.2. Wörterbuch

A

Adolfshütte/Adolfowa Hěta   Werksiedlung n. Bautzen, Gem. Groß Dubrau, 1904 *Adolfshütte*, 1952 *Adolfshütte*. – 1831 gründete Graf *Adolf von Einsiedel* auf Milkel ein Schamottewerk, das sich bis 1904 zu einem Kaolin-, Ton- und Kohlewerk entwickelte und bis 1923 bestand. Die dazu gehörende Siedlung wurde nach dem Gründer des Werkes benannt.

Altmarkt   siehe unten Diehsa.

Altstadt   s. Ostritz, zur Stadt Ostritz, 1007 (castellum) *Ostrusna* (Zuweisung unsicher), 1245 *Antiqua Oztrosen*, 1337 *in antiqua civitate Ostros*, 1346 *Antiquum Oppidum*, 1555 *Alte Stat*, 1732 *Altstadt*. – Dt., ›Alte Stadtsiedlung‹, das Bestimmungswort beruht auf ahd. mhd. alt ›alt, vergangen‹, wofür zeitweise auch lat. antiquus ›alt‹ gebraucht wurde. Das Grundwort gehört zu ahd. mhd. stat ›Stätte, Ort, Platz, Wohnstätte‹, seit dem 12. Jh. dann ›Siedlung, Ortschaft, Bürgersiedlung, Rechtsstadt‹ im Gegensatz zum Dorf. *Altstadt* ist der Name für das ältere *Ostritz*, das eine Zeit lang Stadt (oppidum, civitas) war, nachdem die Stadtgerechtigkeit aber auf das neue *Ostritz*, 1326 *Novum Ostros*, übergegangen war, wieder Dorf wurde. Siehe unten Ostritz.

Altwiese   siehe unten Wiesa s. Niesky.

Arnsdorf/Warnoćicy   sw. Bautzen, 1363 *Arnoldisdorf*, 1464 *Arnstorff*, 1552 *Arnsdorff*, 1759 *Arnsdorff*. / 1700 *Warnoczicze*, 1800 *Warnozizy*, 1848 *Warnaczizy*, 1954 *Warnoćicy*. – Dt., ›Dorf des Arnold‹. Der RufN Arnold beruht auf ahd. arn-walt ›Adler‹-›Gewalt‹. / Warnoćicy ist ein MischN, hervorgegangen aus *Arno(l)tici ›Siedlung der Leute des Arnold‹, wobei -dorf durch das Suffix -ici ersetzt wurde.

Arnsdorf/Warnołcicy   ö. Weißenberg, 1366 *Arnoldisdorf*, 1376 *Arnsdorf*, 1420 *Arnstorff*, 1526 *Arnßdorff*, 1755 *Arnssdorff*. / 1831/45 *Warnołcicy*. – Siehe oben Arnsdorf, sw. Bautzen.

Arnsdorf/Warnołćicy   s. Ruhland, 1455 *Arnsdorf*, 1486 *Arnßdorff*, 1604 *Arnßdorff*, 1727 *Arnßdorff*, 1791 *Arnsdorf*. / 1800 *Warnozizi*, 1843 *Warnaćicy*, 1885 *Warnoćicy*. – Siehe oben Arnsdorf, sw. Bautzen. Auszugehen ist wohl auch hier vom RufN Arnold, der dann zu Arn verkürzt wurde, wie das in den ersten beiden Arnsdorf geschah.

Attendorf/Oćicy   s. Niesky, 1239 *Ottindorf*, 1245 *Ottendorph*, 1280 *Ottindorff*, 1427 *Clein Ottendorff*, 1497 *Ottendorff*, 1555 *Attendorff*, 1597 *Attendorff*, 1791 *Attendorf*. / 1866 *Oćicy*, 1920 *Oćicy*. – Dt., ›Dorf des Otto, Otte‹. Otto bzw. Otte ist eine KurzF aus RufN mit dem Namenglied ahd. ōt ›Reichtum, Besitz‹. / Oćicy ist ein spät aus dem dt. OrtsN mit Hilfe des Suffixes -icy umgeformter MischN, vgl. oben Arnsdorf/Warnoćicy.

Auritz/Wuricy   sö. Bautzen, 1391 ff. (Familie von) *Uwirwicz, Uwirricz, Vwericz, Uwricz, Uricz*, 1419 *Weritz*, 1453 ff. *Auwericz, Awricz, Awericz, Auwirwitcz*, 1447 *Uwericz*, 1496 *Awritz*, 1534 *Auritz*, 1544 *Awericz*, 1791 *Auritz*. / 1800 *Wurizy*, 1843 *Wuricy, -ic*, 1866 *Wuricy*, 1954 *Wuricy*. – Aoso. *Uwěrici ›Siedlung der Leute des Uwěr‹. Der PersN beruht auf der urslaw. Vorsilbe *u- ›ab-, weg-‹ und dem Namenglied *věr-, zu urslaw. *věra, nso. wěra

›Glaube‹, *věriti, nso. wěriś ›glauben‹. Möglicherweise aber lautete der OrtsN aoso. *Uwirica ›Siedlung an einer Flusskrümmung‹, zu atschech. uvirý ›krumm, gekrümmt‹, was den örtlichen Gegebenheiten entspricht. / Wuricy beruht auf einer eingedeutschten historischen Form.

Auschkowitz/Wučkecy nö. Bischofswerda, 1365 *Uskewicz*, 1370 ff. (Familie) *Uskewicz*, *Vschkewicz*, 1374 *Vskewicz*, 1377 *Uschkowicz*, 1419 *Ußkewitz*, seit 1428 *Vskewicz*, *Ußkewicz*, *Auskewicz*, *Außkewicz*, *Awschkewicz*, 1447 *Ußkewicz*, 1513 *Außkewicz*, 1572 *Auschkewicz*, 1617 *Vtzschkewicz*, 1791 *Auschkowitz*, *Utschkowitz*. / 1565 *Wuczschkicz*, 1647 *Wuschkiz*, 1800 *Wutzkecze*, 1866 *Wučkecy*, 1886 *Wučkecy*. – Aoso. *Uškowici ›Siedlung der Leute des Uško‹. *Uško, ein ÜberN, ist uns schon 1530 aus Großthiemig, sö. Elsterwerda, als *Uschko* überliefert, im Sorb. dann später *Wuško*. Er kommt auch im Poln. sowie Tschech. oft vor und beruht auf urslaw. *ucho, oso. wucho, Verkleinerungsform wuško ›Ohr‹. / Bei *Wučkecy* kam das inlautende -*č*- unter dt. Einfluss auf, das anlautende *W*- beruht auf dem vor *U*- üblichen sorb. *W*-Vorschlag.

B

Baarsdorf/Bartecy s. Niesky, als HerkN: 1398 *Ticze Barsdorff*; 1419 *Barsdorff*, 1440 *Barsdurff*, 1462/63 *Barisdorff*, 1567 *Barßdorff*, 1597 *Parschdorff*, 1719 *Baarsdorff*. / 1886 *Bartecy*, 1920 *Bartecy*. – Dt., ›Dorf des Bar‹. Bar ging aus dem christl. RufN Bartholomäus hervor und diente auch als FamN. / Die erst spät bezeugte

oso. Form wurde von Bart < Bartholomäus abgeleitet.

Baruth/Bart nw. Weißenberg, 1216/1234 (Familie) *de Baruth*, *Barut*, *Barud*, 1234/1280 *de Baruth*, *Barut*, *Baruht*, 1285 ff. *de Baruth*, 1319 (castrum) (= lat. ›Burg‹) *Baruth*, 1334 *Baruth*, 1376 ff. *Barot*, 1400 *Barut*, 1439 *Baruth*, 1442 *Barud*, 1496 *Barrudt*, 1524 *Barutth*, 1658 *Baruth*. / 1719 *Bart*, 1800 *Barth*, 1835 *Bart*, 1886 *Bart*. – Der Name konnte bisher noch nicht einwandfrei erklärt werden. Man dachte mit Vorbehalt an eine Personennamenbasis Bart aus dem christl. RufN Bartholomäus, an die das slaw. Suffix -*ut* trat, aber auch an eine slaw. Ableitungsbasis *bara, vertreten in russ.-ksl. bara ›Sumpf‹, ukrain. bar ›feuchter Ort zwischen zwei Hügeln‹, slowak. bára ›Sumpf, Morast‹. Ganz ungewöhnlich wäre bei dieser Bildung das Suffix -*ut*. Möglicherweise liegt ein german. *Barund- zu Grunde, gebildet mit dem Suffix -*und*, das im Slaw. -ǫd-, später -*ud* ergab, im Auslaut dann -*ut*. Die Basis *Barließe sich auf ein german. Substantiv *bar-a, *bar-az ›Schlamm, Sumpf‹ zurückführen, wobei bei der Übernahme ins Slaw. der Kurzvokal -*a*-, der sonst -*o*- ergab, sich an -*a*- in dem oben behandelten slaw. bara angeglichen haben müsste. Aber auch diese Deutung bleibt hypothetisch.

Bärwalde/Bjerwałd ö. Hoyerswerda, um 1400 *Berwalt*, 1418 *Bernwald*, 1608 *Berenwalde*, 1626 *Beerwalde*, 1658 *Beerwalda*, 1770 *Beerwalde*. / 1835 *Běrwałd*, 1885 *Bjerwałd*. – Dt., ›Siedlung am/im Wald des Bero‹. Der PersN beruht auf ahd. bero, bern ›Bär; Held, Krieger‹, mhd. ber ›Bär‹. Man könnte den OrtsN vielleicht auch als ›Wald, in dem es Bären oder Beeren gibt‹

erklären, zu mhd. ber ›Bär‹ bzw. mhd. ber ›Beere‹.

Basankwitz/Bozankecy   nö. Bautzen, 1365 ff. (Familie) *Bosenkewicz, Bosinkewicz*, 1396 *Bosankwicz*, 1419 *Bosankewitz*, 1534 *Basinkwicz*, 1759 *Baßankiz*, 1810 *Bosankitz*. / 1696 *Bosonkiz*, 1700 *Bosankeze*, 1712 *Basankez*, 1719 *Bozańkeze*, 1800 *Bosankezy*, 1843 *Bozankecy*. – Aoso. *Bozankowica ›Siedlung, in deren Nähe es Holunderbeeren bzw. Holundersträucher gibt‹, zu oso. bóz ›Holunder‹, bozanka, gewöhnl. in der Mehrzahl bozanki ›Holunderbeeren; Holunderstrauch‹. *Bozankowici ›Siedlung der Leute des Bozanka‹ ist weniger wahrscheinlich. Der PersN, ein ÜberN, müsste aus bozanka ›Holunder‹ hervorgegangen sein, ist uns aber als FamN nicht überliefert.

Baschütz/Bošecy   ö. Bautzen, 1349 *Poswicz*, 1363 ff. (Familie) *Boschewicz, Bosschewicz, Bossewicz*, 1407 *Bossowicz*, 1447 *Boschicz*, 1486 *Boßewicz, Bosschwicz*, 1510 *Bosschitz, Boschytz*, 1516 *Boschetz, Bosschitz, Bosschytz*, 1529 *Baschiz*, 1562/63 *Boschitz, Paschicz, Baschicz*, 1634 *Baschitz*, 1791 *Baschütz*. / 1800 *Boschezy*, 1835 *Baschizy, Boschezy*, 1866 *Bošecy*. – Aoso. *Bošowici ›Siedlung der Leute des Boš‹. Boš ist eine KoseF von solchen VollN wie Bogomił mit dem Vorderglied aus urslaw. *bogъ ›Reichtum, Wohlstand; Anteil‹, später ›Gott‹, von Bolesław mit dem Vorderglied aus urslaw. *boľe ›mehr, besser‹, oder von Borisław mit dem Vorderglied aus urslaw. *borti (sę) ›kämpfen‹. Boš begegnet im Sorb. und in anderen westslaw. Sprachen auch als FamN.

Baselitz, Deutsch-/Němske Pazlicy   nö. Kamenz, 1937–1946 *Großbaselitz*, 1225

Pazeliz, als HerkN: 1338 *Petrus Pazelicz*; 1374/82 *Pazelicz Theothunico*, 1432 *Paselitcz*, 1486 *Dewtsche Paselicz, Dewtsche Passelitz*, 1504 *Deutzschpaselitz*, 1529 *Basliz*, 1658 *Baseliz*, 1721 *Teutsch Poßlitz*, 1791 *Deutsch Baselitz*. / 1800 *Basliczy*, 1843 *Njemske Bazlicy*, 1866 *Pazlicy*. – Bisher als aoso. *Paslica ›Siedlung, wo Fallen aufgestellt sind‹ gedeutet, zu oso. nso. pasle ›Falle‹. Oder vielleicht *Paslici ›Siedlung der Leute des Pasł, Pasła oder Pasło‹. Diese PersN, ÜberN, sind im Poln. als FamN bezeugt und werden von poln. paść ›weiden, füttern‹ abgeleitet, oso. pasć ›hüten, weiden‹. Ein *Pazalici ›Siedlung der Leute des Pazala, Pazała o. ä.‹ kommt weniger in Frage. Pazala und Pazała sind poln. FamN, abgeleitet von einer mehrdeutigen Wurzel paz-, paź-, paż-.

Baselitz, Groß-   siehe oben Baselitz, Deutsch-.

Baselitz, Klein-   siehe Baselitz, Wendisch-.

Baselitz, Wendisch-/Serbske Pazlicy   ö. Kamenz, 1937–1946 *Kleinbaselitz*, 1374/82 *Pazelicz slavicum*, 1438 (Kop. 1580) *zu Windischem Baseliz*, 1524 *Wenndisch Paßlitz*, 1542 *Windisch Baßlitz*, 1768 *Wendisch Baselitz*, 1908 *Wendischbaselitz*. / 1800 *Serbske Baßlicze*, 1886 *Serbske Pazlicy*. – Siehe oben Baselitz, Deutsch-.

Bautzen/Budyšin   Stadt, (1002) 1012/18 *Budusin, Budisin*, 1144 *castrum* (= lat. ›Burg‹) *Budesin*, 1160 *pagus* (= lat. ›Gau‹) *Bvdessin*, um 1226 *terra* (= lat. ›Land‹) *Budeshyn*, 1245 *Budissin*, 1319 (*civitas*) (= lat. ›Stadt‹) *Budischin*, 1359 *Budsin*, 1394 *Budissynn*, 1419 *Bawdissin*, 1420 *Pawdeschin*, 1491 *Bawczen*, 1508 *Pawczenn*, 1511 *Bawtzen*, 1559 *Bauczen*, 1590–1868 amt-

licher Name: *Budissin*, danach *Bautzen*. /
1719 *Budischin*, 1767 *Budyschin*, 1835 *Budyšin*, *Budeschin*, *Budyšno*, 1866 *Budyšin*.
– Aoso. *Budyšin ›Siedlung des Budych(a)
oder Budyš(a)‹. Diese PersN sind KurzF
von Budisław und ähnl. VollN mit dem
Vorderglied aus urslaw. *buditi, oso. budźić ›wecken‹, oder aus urslaw. *byti ›sein,
existieren‹, in der Ich-Form *bǫdǫ, oso.
być, budu ›sein, ich werde sein‹. Budych und
Budyš kommen im Sorb. als FamN vor.

Bautzen, Klein-/Budyšink nö. Bautzen,
1419 *Bawdessen*, 1440 (*villa*) (= lat. ›Dorf‹)
Budissin, 1447 (*villa*) *Budessin*, 1484 *Baw-
dessin*, 1510 *Baudeßin*, 1569 *Baudissingk*,
1572 *Baudissing*, 1580 *Klein Baudissen*,
1736 *Klein Bautzen*. / 1767 *Maly Budy-
schinck*, 1843 *Budešink*, 1866 *Budyšink*. –
Siehe oben Bautzen, im Unterschied zu
diesem im Dt. mit dem differenzierenden
Zusatz *Klein* versehen, im Oso. mit dem
Verkleinerungssuffix -*k*.

Bederwitz/Bjedrusk nö. Schirgiswalde,
1370 ff. (Familie) *Bederwicz*, *Bedirwicz*,
1419 *Bederwitz*, 1433 *Bedirwicz*, 1484 *Be-
dirwitz*, 1526 *Biderwitz*, 1535 *Behederwitz*,
1596 *Pederwitz*, 1759 *Bederwiz*. / 1800 *Bedrusk*, 1843 *Bedrusk*, 1866 *Bjedrusk*. –
Aoso. *Bedrowici ›Siedlung der Leute des
Bedro‹. Bedro, ein ÜberN, beruht auf oso.
bjedro ›Hüfte, Lende‹, im Poln. öfters als
FamN Biodra, Biedra usw. nachgewiesen. /
Die oso. Namenform stellt eine Umgestaltung des aoso. Namens dar, vielleicht
in Anlehnung an oso. bjedruško, der Verkleinerungsform von bjedro ›Lende‹. Auch
das Suffix -*sk* könnte in diese Namenform
mit hineingespielt haben.

† Behmsdorf zwischen Jauernick und
Schönau a. d. Eigen, nö. Bernstadt, 1242

Beheimsdorf, *Behmisdurff*, *Behemisdorff*,
1357 *Beheimsdorf*, 19. Jh. *der Biesdorf*. –
Dt., ›Dorf des Böhm(e), Behm(e)‹. Böh-
me ist ein HerkN und bedeutete ›einer aus
Böhmen‹.

Beiersdorf/Bejerecy w. Löbau, n. Neusalza, 1272 *Begerstorf*, *Beyerstorp*, 1355
Beyersdorf, 1368 *Beygirstorf*, 1419 *Beierß-
dorff*, 1433 *Beierstorff*, 1504 *Beyerßdorf*,
1536 *Beyersdorff*. / 1835 *Bejerezy*, 1866
B(j)ejerecy. – Dt., ›Dorf des Beier/Beyer,
Bayer‹. Der PersN beruht auf dem StammesN der Bayern.

Belgern/Běla Hora w. Weißenberg, 1360
Belligern, 1419 *Belgern*, 1439 *Belgern*, 1483
Belgern, 1510 *Belgern*, 1658 *Belgern*. / 1700
Byla Hohra, *Biela Hohra*, 1843 *Bjeła Hora*,
1886 *Běla Hora*. – Aoso. *Běla gora ›Siedlung am weißen Berge, Weißenberg‹, zu
oso. nso. běly ›weiß‹ und oso. hora, nso.
gora, urslaw. *gora ›Berg‹. Die Siedlung
liegt am *Schanzberg*, 174 m.

Bellwitz/Bělecy n. Löbau, 1312 *de Be-
lenwicz*, 1348 *von Belewicz*, 1390 *Belwicz*,
Bellowicz, 1429 *Belewicz*, 1504 *Merten von
Belwicz*, 1529 *Belbitz*, 1656 *Bölbitz*, 1791
Bellwitz. / 1700 *Bieleze*, *Bieleza*, 1800 *Bje-
lecy*, 1866 *Bělecy*. – Aoso. *Běłowici oder
(nach dem ersten Beleg) *Bělanowici
›Siedlung der Leute des Běł, Běła, Běło
oder Bělan‹. Diese PersN, ÜberN, kommen in der Lausitz recht oft vor und beruhen auf oso. nso. běly ›weiß‹.

Belmsdorf/Bjelmanecy, Bald(rij)anecy
sö. Bischofswerda, 1227 *de Baldewines-
dorf*, *Baldewinesdorph*, 1397, 1411 *Baldwi-
gistorff*, 1490 *Belmysdorff*, 1495 (zu 1412)
Belmßdorff, 1526 *Belwigisdorff*, 1551 *Bel-
meßdorff*, 1552 *Belwigsdorff*, 1559 *Belms-
dorff*, 1791 *Belmsdorf*. / 1835 *Bałd(rij)a-*

nezy, 1843 *Bałdrijancy* 1866 *Bałd(rij)anecy*, *Bjelmanecy*. – Dt., ›Dorf des Baldewin oder Baldewig‹. Die VollN Baldewin bzw. Baldewig erklären sich aus ahd. baldwini ›kühn, mutig, stark‹-›Freund, Geliebter‹, das Hinterglied -wig aus ahd. wīg ›Kampf; Streit, Krieg‹. / *Bałdrijanecy* ist vielleicht aus *Baldwijanecy entstanden, wobei eine Angleichung an oso. bałdrijan ›Baldrian‹ erfolgte. *Bjelmanecy* beruht möglicherweise auf Verwechslung mit Bellmansdorf ö. Görlitz.

Belschwitz   siehe Ebendörfel.

Berg/Hora   sw. Muskau, 1392 *Hans von dem Berge*, 1452 (Kop. 17. Jh.) *zu dem Berge*, 1456 *vor Muskau auf dem Berge*, 1463 *von Berge*, 1552 *Bergk*, 1597 *Dorff Bergk*, 1791 *Bergk*. / 1800 *Hohra*, 1843 *Hora (Góra)*, 1886 *Hora*. – Dt., ›Siedlung an/auf dem Berge‹, zu mhd. berc ›Berg‹. / Oso. Hora, dass.

Berge/Zahor   n. Schirgiswalde, 1419 *Berge*, 1482 *das dorff Perig*, 1486 *dorff gnant der Berck*, 1486 *Dorff Bergk*, 1525 *Bergk*, 1600 *Berge*, 1791 *Berge*. / 1719 *Zahor*, *Sahor*, 1800 *Hora*, 1843 *Zahoŕ*, 1848 *Sahoŕ*, 1886 *Zahoŕ*, 1969 *Zahor*. – Dt., siehe oben Berg. / Aoso. *Zagor´e, später *Zahoŕ ›Siedlung hinter dem Berge‹, zu oso. za ›hinter‹ und oso. hora ›Berg‹. Die Siedlung liegt östl. vom Mönchswalder Berg.

Bergen/Hory   n. Hoyerswerda, 1744 *Bergen, auch Ober-Neuwiese genannt*, 1768 *Bergen*, 1791 *Bergen, wird auch Oberneuwiese genannt*, 1831/45 *Bergen*. / 1719 *Hohra*, 1744 *Horow*, 1835 *Hory, Horow*, 1885 *Hory*. – Siehe oben Berg. / *Hory* ist die Mehrzahlform von Hora, siehe oben Berg.

Bernbruch/Bambruch   n. Kamenz, 1225 *de villis ... (= lat. ›von den Dörfern‹) Be-*renbruche, 1315 *Bernbruch*, 1351 *Bernbruch*, 1355 *Berinbruch*, 1374/82 *Bernbruch*, 1432 *Bernbruch*, 1486 *Bernbroch*, 1721 *Beerenbach*, 1759 *Berenbruch*. / 1800 *Barnbrucha*, 1835 *Barnbrycha*, *Barbuk*, 1848 *Bambruch*, 1886 *Bambruch*. – Dt., ›Siedlung am/im Bärenbruch‹, d. h. am/im Sumpfgebiet, wo Bären hausen, zu mhd. ber ›Bär‹ und mhd. bruoch ›Bruch, mit Bäumen und Sträuchern bewachsenes Sumpfland‹, oder ›im Bruch gelegene Siedlung des Bero‹. Zu diesem PersN siehe oben Bärwalde. Der Ort liegt in den Uferwiesen des Schwosdorfer Wassers. / *Barnbruch* usw. sind sorabisierte Formen des dt. Namens. *Barbuk* gilt auch für *Bärenbrück*, *Bärenbruch, nö. Cottbus.

Bernsdorf/Njedźichow   Stadt, n. Kamenz, 1438 (Kop. um 1580) *Bernsdorf*, 1494 *Bernsdorff*, 1523 *Bernßdorff*, 1658 *Bernßdorff*, 1774 *Wendisch Bernsdorf*. / 1719 *Nischichow*, 1767 *Njeschkow*, 1800 *Nischnowa*, um 1810 *Nischichow*, 1835 *Ńedźichow*, 1843 *Ńedźichow*, *Ńeżkow*, 1831/45 *Nedźichow*, *Nicźichowje*, 1866 *Njedźichow*. – Dt., ›Dorf des Bern oder Bernhart‹. Der VollN Bernhart, später auch Bernhard, erklärt sich aus ahd. bero- bzw. bern-hart ›Bär; Held, Krieger‹-›hart, streng‹. Der Ort ist nach einem der Herren von Kamenz benannt, die in dieser Gegend Siedlungen anlegten (*Bernhard I. von Kamenz*, bezeugt zuerst als *Bernhard von Vesta*, 1191 – vor 1220). / Vielleicht aoso. *Nezděchow oder *Nizděchow ›Siedlung des Nezděch, Nizděch‹. Der PersN besteht aus der Negationspartikel urslaw. *ne, oso. nje- ›nicht‹ oder *ni ›nicht‹, oso. in der verneinenden Konjunktion ani – ani ›weder – noch‹, sowie der KurzF

*Zděch aus solchen VollN wie *Zděsław mit dem Vorderglied zu urslaw. *jьzděti ›tun, machen‹ oder aksl. sъděti ›herstellen, hervorbringen‹. Im Oso. gibt es die FamN Zděch und Zděchan, im Poln. Zdziech mit zahlreichen Ableitungen. *Wohl eher aoso. *Nižichow ›Siedlung des Nižich‹ mit der KoseF Žich aus Žirosław oder Žitomir.

† **Bernsdorf** bei Großnaundorf, s. Königsbrück, dicht nö. Pulsnitz, 1309 *Bernhardisdorf*, 1350 *Bernhardesdorf, Bernhardisdorf*. – Dt., ›Dorf des Bernhard‹. Der Ort wurde wahrscheinlich nach dem 1225 bezeugten *Bernhard von Pulsnitz* benannt. Zum PersN siehe oben Bernsdorf n. Kamenz.

Bernsdorf a. d. Eigen, Alt-/Stare Bje(r)naćicy sw. Görlitz, ö. Bernstadt, 1234 *Bernhardistorf*, 1290 *Bernhardsdorph*, 1374/82 *Bernhardisdorf*, 1403 *von Bernsdorff von dem Eygen*, 1422 *Perenarzdorf*, 1430 (Kop. um 1580) *Alde Bernstorff*, 1791 *Altbernsdorf*. / 1719 *Stare Bernadźize*. – Dt., ›Dorf des Bernhart‹. Zum PersN siehe oben Bernsdorf n. Kamenz. / MischN, *Bernhartici* oder *Bernhardici*, daraus dann Bjernaďzicy bzw. Bje(r)naćicy, vgl. unten Bernstadt a. d. Eigen.

Bernstadt a. d. Eigen/Bje(r)nadźicy Stadt sö. Löbau, 1234 *Bernhardistorf* (oder Altbernsdorf?), 1245 *Bernardistorf*, 1280 *civitas* (= lat. ›Stadt‹) *Bernhartstorf*, 1290 *opidum* (= lat. ›Stadt‹) *Bernhardsdorph*, 1307 *oppidum Bernhardestorph*, 1352 *Stetchin Bernhartsdorff*, 1374/82 *civitas, stat Bernhardisdorf*, 1401 *Bernstorph*, 1425 *Bernsdurff*, 1497 *Bernstat*, 1538 *Bernstadt*, 1566 *Bernstettel*, 1791 *Bernstadt oder Bernstädtel*. / 1619 *z Biarnatschitz*, 1700 *Ber-*

nadzize, 1719 *Benadźice*, 1835 *Bernaźicy*, 1866 *Bjernaćicy, Bjernadźicy*. – Dt., ursprünglich ›Dorf des Bernhart‹, in der 2. Hälfte d. 15. Jh. Ersatz von *-dorf* durch *-stadt*. Zum PersN siehe oben Bernsdorf n. Kamenz. / Zu Bjernaćicy siehe oben Bernsdorf a. d. Eigen, Alt-. Vermutlich nach einem der Herren von Kamenz (*Bernhard I.–IV.*) benannt, Stadtgründung wahrscheinlich unter *Bernhard III.*, dem späteren Bischof von Meißen, um die Mitte des 13. Jh. Der Zusatz *auf dem Eigen* (zu mhd. eigen ›Eigentum, ererbtes Grundeigentum‹ im Gegensatz zu *Lehen*) bezieht sich auf den seit 1261 nach und nach zum Kloster Marienstern gekommenen *Eigenschen Kreis* um Bernstadt.

Berthelsdorf sö. Löbau, 1317 *Bertoldistorf*, 1390 *Bertoldisdorff*, 1408 *Bertoltsdorff*, 1419 *Bertildesdorff*, 1495 *Bertelßdorff*, 1678 *Bertelsdorff*, 1719 *vulgo* (= lat. ›volkssprachlich‹) *Bettelsdorf*, 1791 *Berthelsdorf*, 1908 *Neuberthelsdorf*. – Dt., ›Dorf des Bertold‹. Der PersN beruht auf ahd. berahtwalt(an) ›hell, strahlend, glänzend‹-›(be)herrschen, mächtig sein, walten‹. Die Siedlung wurde eventuell nach *Bertold v. Kittlitz* benannt. Ein junger Ortsteil erhielt den unterscheidenden Zusatz *neu*.

Bertsdorf w. Zittau, 1352 *Bertramy villa* (= lat. ›Dorf‹), 1363 *Bertranivilla*, 1375 *Pertramivilla*, 1380/81 *Bertramsdorf*, 1391 *Bertrampstorf*, 1415 *Bertramsdorff*, 1453 *Bertsdorff*, 1768 *Bertsdorf bey Zittau*. – Dt., ›Dorf des Bertram‹. Der PersN erklärt sich aus ahd. beraht-hraban ›hell, strahlend, glänzend‹-›Rabe‹.

Berzdorf a. d. Eigen sw. Görlitz, 1969/70 wegen Braunkohlentagebaus abgebrochen, 1280 *Bertoldistorf*, 1285 *Bertoldis-*

dorf, 1317 *Bertoldistorf*, 1374/82 *Bertoldis-dorf*, 1449 *Bertoldisdurff*, 1472 *Bertilsdorf*, 1509 *Bertelsdorff uffem Eygen*, 1600 *Bertz-dorff*, 1791 *Bertsdorf bey Bernstädtel*. – Dt., ›Dorf des Bertold‹. Zum PersN siehe oben Berthelsdorf sö. Löbau. Vielleicht nach *Bertold von Kittlitz* benannt. Zu dem Zusatz *auf dem Eigen* siehe oben Bernstadt a. d. Eigen.

Biehain/Běhany   ö. Niesky, 1412 *Behain*, 1423 *zum Behayn*, 1494 *Behayn*, 1533 ff. *Behayn*, 1590 *Pihan*, 1697 *Byhan*, 1732 *Pi-han*, 1759 *Byhahn*, 1791 *Biehayn, Byhayn*. / 1886 *Běhany*, 1894 *Běhany*. – Aoso. *Bě-gań, später *Běhań, ›Siedlung des Běgan‹. Běgan, ein ÜberN, beruht auf urslaw. *bě-gati, nso. běgaś, oso. běhać ›laufen‹ und kommt öfters als FamN vor.

Biehla/Běla   n. Kamenz, 1225 *Bel*, 1374/82 *von der Bele*, 1419 *die Bele*, 1452 *zur Bele*, 1524 *Byle, Bile*, 1547 *Biele*, 1658 *Biehla, Biehlen*. / 1719 *Biela*, 1800 *Bi-weje*, 1835 *Bjeleje*, 1843 *Běla, Běleje*, 1886 *Běla*. – Aoso. *Běla, zu ergänzen wahrscheinlich *woda oder *rěčka ›Siedlung am weißen, hellen, klaren Wasser oder Flüsschen‹, zu oso. běły ›weiß‹. Vgl. sö. davon Zschornau. Fraglich ist *Běl ›Siedlung bei einer feuchten Wiese, Niederung, einem niedrig gelegenen, sumpfigen Wald‹, zu apoln. biel ›feuchte Wiese‹, poln. mundartl. biel ›Niederung, niedrig gelegener, sumpfiger Wald‹, beloruss. bel´ ›versumpfte, niedrige Stelle‹.

Biehlen/Bělno   nö. Ruhland, 1398 *Bel-hen*, 1455 *Belen*, 1529 *Bylen*, 1604 *Bielen*, 1689 *Bühlen*, 1727 *Biehlen*, 1761 *Bülow bey Ruland*, 1791 *Biehlen*. / 1831/45 *Belnach*, 1843 *Bjelno*, 1884 *Bělno*. – Aoso. *Bělina, *Bělna oder *Bělno ›Siedlung am hellen,

klaren Wasser oder bei einer sumpfigen Niederung‹, siehe oben Biehla n. Kamenz. Diese Benennung entspricht gut der Lage zwischen der Schwarzen Elster und dem südl. des Ortes vorbeiführenden Bach.

Biesig/Běžik   n. Reichenbach, heute dazu, 1419 *Besak*, 1499 *Byßing*, 1525 *Bischicz*, 1533 ff. *Besack*, 1581 *Biesig*, 1759 *Biesitz*, 1814 *Biesig, Pies(e)k, Biesitz*, 1831/45 *Bie-sig*. / 1719 *Piesk aut* (= lat ›oder‹) *Pisek*, 1886 *Běžik*. – Vielleicht aoso. *Bezďak, zu oso. bjezdźak ›unwillkürlich, wider Willen, ungern, gezwungen, ohne Dank zu wissen‹, nso. bźezdźěk ›ohne Dank, zu Undank, ungern, wider Willen‹, für eine Siedlung in ungünstiger Lage, deren Fluren nicht ergiebig waren, sich als »undankbar« erwiesen. Oder vielleicht aoso. *Bežak ›Siedlung, wo es Holunder gibt‹, zu oso. bóz., nso. baz, bez, urslaw. *bъzъ ›Holunder‹, und Suffix *-jakъ.

Biesnitz, Groß-/Běžnica   sw. Görlitz, jetzt zu Görlitz, 1012/18 *urbs magna* (= lat. ›große Stadt‹) *Businc*, 1315 ff. (Familie von dem, der) *Bisent, Bisencz, Bysenth, Besint, Besenicz*, 1345 *major villa dicta* (= lat. ›größeres Dorf genannt‹) *Bysint*, 1412 *Bese-nicz*, 1448 *zu Grossem Besenicz*, 1533 ff. *Groß Byßnitz bey der Landskron*, 1595 *Gros Bißnitz*, 1791 *Groß-Bießnitz*. / 1719 *Wulka Biesniza*, 1920 *Běžnica*. – Eine überzeugende Deutung wurde bis jetzt noch nicht gefunden. Wahrscheinlich besteht ein Zusammenhang mit dem beim Bayerischen Geographen 844/862 genannten StammesN *Besunzane*, der ebenfalls noch nicht geklärt ist. Möglicherweise liegt ein vorslaw. Name zugrunde, gebildet mit einem *-nt-* oder *-nd*-Suffix. Die späteren Belege zeigen eine Angleichung an die slaw. OrtsN auf *-itz*. Zur Unterscheidung von *Kleinbiesnitz* verwendete man neben dt. *groß* in älterer Zeit die differenzierenden Zusätze lat. *magnus*, weibl. *magna* ›groß‹ bzw. *maior* ›größer‹.

Biesnitz, Klein- sw. Görlitz, zu Görlitz, um 1320 *Vorwerk zu deme Bisencz*, 1360 *Vorwerk zu dem Besint*, 1437 *das kleyne Besenitcz*, 1443 *Clein Besenicz*, 1551 *Klein Byßnitz*, 1589 *Klein Bießnitz*, 1791 *Klein Bießnitz*. – Siehe Biesnitz, Groß-.

Binnewitz/Bónjecy sö. Bautzen, 1242 *de Bunowicz*, 1280 *de Binuize*, 1311 *de Bunnwitz*, 1365 *Benewicz*, 1419 *Benewitz*, 1437 *Benewicz*, 1474 *Benewitcz*, 1534 *Binewitz*, 1569 *Binnewitz*, 1732 *Binewitz*. / 1719 *Boneze, Buneze*, 1800 *Bonjezy*, 1866 *Bónjecy, Bynjecy*. – Aoso. *Bunowici ›Siedlung der Leute des Bun oder Buna‹. Die ÜberN Bun und Buna kommen auch als FamN vor und gehen auf urslaw. *buniti, *buněti ›brausen, sausen, toben, lärmen; aufhetzen, aufwiegeln‹, russ. bunet´, bunit´ ›brüllen, dröhnen‹, zurück.

Birkau/Brěza w. Bautzen, 1377 *Berka*, 1430 *czur Bircke, Birke*, 1469 *Bircke*, 1559 *das Dorf die Bircke*, 1588 *Birckaw*, 1732 *Bürck*, 1759 *Bürckau*. / 1835 *Brjesna*, 1848 *Brjesa*, 1866 *Brěza*. – Dt., ›Siedlung bei der Birke‹, zu mhd. birke, mnd. berke ›Birke‹. / Oso. *Breza ›Siedlung bei der Birke‹, zu oso. brěza, nso. brjaza ›Birke‹, ist eine späte Übersetzung des dt. Namens.

Birkenheim siehe unten Brischko.

Birkenrode/Brězyšćo Häusergruppe (Kolonie) in der Flur Medewitz ö. Bischofswerda, entstanden um 1750, um 1800 *Birckenrode*, 1836 *Birkenroda*. / 1886 *Brězyšćo*. – Dt., ›Rodung am Birkenwäldchen‹. / *Brězyšćo, zu oso. brězyšćo ›Birkenort‹.

Bischdorf/Biskopicy ö. Löbau, 1227 *de Biscofisdorf*, 1281 *in episcopali villa nostra* (= lat. ›in unserem bischöflichen Dorf‹) *Bisschofesdorph, Byesschofestorph*, 1317 *Biscopistorf*, 1367 *Bisschofsdorf*, 1416 *Bischofsdorff*, 1427 *Bischdorf*, 1511 *Bischdorff*, 1732 *Bischdorff*. / 1700 *Biskopize*, 1843 *Biskopicy*, 1886 *Biskopicy*. – Dt., ›Das dem Bischof gehörende bzw. in seinem Auftrag angelegte Dorf‹, zu ahd. biscof, mhd. bischof ›Bischof‹. / Aoso. *Biskopici ›Siedlung der Leute auf dem Grund des Bischofs‹, zu oso. biskop, älter auch biskup ›Bischof‹.

Bischheim/Biskopicy sw. Kamenz, 1225 *de Bischofesheim*, 1304 *de Bichschofheym, Bischovisheim, Bichsofzheym*, 1338 *Bysschofsheym*, 1376 *Bisschofisheim*, 1420 *Bischofsheym*, 1495 *Bischofsheym*, (zu 1507) 1589 ff. *bey Bischem*, 1658 *Bischeimb*, 1732 *Bischem*. / 1835 *Biskopizy*, 1866 *Biskopicy*. – Dt., ›Dem Bischof gehörende Siedlung‹. Das Grundwort beruht auf mhd. heim ›Wohnstätte, Haus, Heimat›, ursprünglich ›Heimat, Wohnort, Wohnplatz, Dorf, Haus, Wohnung‹. Es kommt meist im Altland vor, östl. von Saale und Elbe relativ selten, sodass hier gegebenenfalls mit einer Namenübertragung zu rechnen ist. / Zu Biskopicy siehe oben Bischdorf.

Bischofswerda/Biskopicy Stadt, w. Bautzen, 1227 *Biscofiswerde*, 1272 *de Bisc(h)opeswerde*, um 1276 *de Bischofeswerde*, 1282 *de Bischoueswerde*, 1290 *de Biscofiswerde*, 1320 *Bischofiswerde*, 1411 *Bischoffswerde*, 1434 *zcu Bisschoffwarten*, 1460 *Bischwerde*, 1506 *Bischoffswerde*, 1530 *vom Bischwerdt*, 1671 *Bischoffswerda*. / 1700 *Biskopize*, 1761 *Bischkupiza*, 1830 *Bischkupiza*, 1843 *Biskopicy*, 1886

Biskopicy. – Dt., ›Auf erhöhtem, wasserfreiem Land gelegene, dem Bischof gehörende Siedlung‹. Wahrscheinlich von Bischof Bruno II. von Meißen angelegte Stadtsiedlung in einer Talweitung der Wesenitz. Das Grundwort beruht auf mhd. wert, Genitiv werdes, werder ›Insel, Halbinsel, erhöhtes wasserfreies Land zwischen Sümpfen, Ufer‹. Vgl. unten Hoyerswerda. / Zu Biskopicy siehe oben Bischdorf.

Bleichenau siehe unten Noes.

Bloaschütz/Błohašecy w. Bautzen, 1296, 1304 *de Bloschwicz*, *Blochsuicz*, 1419 *Bloschitz*, 1498 *Bloschitz*, 1502 *Bloschwitz*, 1515 *Bloeschitz*, 1556 *Bloaschicz*, 1578 *Bloaschitz*, 1580 *Blowaschitz*, 1732 *Bloaschitz*, 1791 *Bloaschütz*, *wird auch Haberdörfel geschrieben*. / 1800 *Boaschezy*, 1843 *Błohašecy*, 1886 *Błowašecy*. – Aoso. *Błogašowici, später *Błohašowici ›Siedlung der Leute des Błogaš bzw. Błohaš‹. Błogaš erklärt sich als KurzF von Błogosław und ähnl. VollN mit dem Vorderglied zu urslaw. *bolgъ ›gut, lieb; glücklich‹, altpoln. błogo ›gut‹, nso. älter błožki ›selig, glückselig‹. Die ältesten Belege ließen *Błošowici und *Błošici vermuten, es dürften hier aber bei der Eindeutschung verkürzte Formen von *Błogašowici bzw. *Błohašowici vorliegen. Błoš wäre sonst als eine KoseF von Błogosław aufzufassen. In der Lausitz gibt es die FamN Błogoš, Błoguš, Błohaš, Błoš u. a. Das im 18. und 19. Jh. auf Karten und in Ortsverzeichnissen öfters vorkommende *Haberdörfel* spielt auf den vornehmlichen Anbau von Hafer oder dessen Abgabe an den Grundherren an, möglicherweise aber auch auf die Armut der Dorfbewohner.

Blösa/Brězow sö. Bautzen, als HerkN: um 1400 *Blesaw*; 1419 *Bleßaw*, 1436 *Ble-*saw, 1466 *Blese*, 1498 *zcu Blesenn*, 1534 *Blesaw*, 1732 *Brese*, 1748 *Blöse*, *auch Briesens genannt*, 1759 *Ploesa*, 1791 *Blösau*. / 1684 *z Brězowa*, 1800 *Briesow*, 1835 *Brjesow*, 1843 *Brjezow*, 1866 *Brězow*. – Bisher als aso. *Blěžov- zum PersN *Blěž gedeutet, der angeblich mit -*j*- von *Blěd, zu nso. oso. blědy ›blaß, bleich‹ abgeleitet wurde. Diese Bildungsweise des PersN ist ungewöhnlich, obgleich es im Poln. einen OrtsN Bledzew, 1312 *Blessowe*, gibt mit dem PersN Bledz aus blady ›blaß, bleich‹. Vielleicht eher MischN *Blezow ›Siedlung des Blez‹, mit dem PersN aus dem christl. RufN Blasius, durch Umlaut im Dt. Blesius. / *Blezow wurde im Oso. an brěza ›Birke‹ angeglichen und zu Brězow.

Bluno/Bluń n. Hoyerswerda, 1936–1947 *Blunau*, 1401 *der Blunde*, 1568 *Blun*, vor 1635 *Bluem*, *Bluhmen*, 1658 *Bluyne*, 1670 *Bluno*, 1697 *von Bluno (wott Blunow)*, 1791 *Bluno*, 1938 *Bluno, heißt jetzt Blunau*. / 1744 *Blune*, 1767 *Bluno*, 1800 *Blunjow*, 1831/45 *Blujn*, 1835 *Blunjo(w)*, 1843 *Bluń*, 1866 *Blunjo*, 1885 *Bluń*. – Aoso. *Bluń ›Siedlung an einer Stelle, wo Wasser hervorquillt‹, zu oso. älter bleć, in der ich-Form bluju ›brechen, sich erbrechen, speien‹, nso. bluwaś ›sich übergeben, sich erbrechen‹, urslaw. *blьvati, *blĭujǫ, urverwandt mit lat. fluere ›fließen, strömen‹, griech. φλεῖν (phleīn) ›quellen, sprudeln, überfließen usw.‹ *Bluń entspräche einem urslaw. *blĭunь. Erst spät trat in Anlehnung an andere OrtsN im Auslaut -*o* bzw. -*ow* hinzu.

Boblitz/Bobolcy s. Bautzen, 1290 *de Bobelicz*, 1345 *de Boblicz*, 1362 *Bobelicz*, 1419 *Bobelitz*, 1423 *Bobelicz*, 1534 *Bobelitz*, 1759 *Boblitz*. / 1700 *Bobol(i)ze*, *Bo-*

bel(i)ze, 1800 *Bobolcy*, 1835 *(Wulke) Bo-bolzy*, 1886 *Bobolcy*. – Aoso. *Bobolici ›Siedlung der Leute des Bobol oder Bobola‹. Der PersN, ein ÜberN, ist mit dem Suffix *-ol* bzw. *-ola* von urslaw. *bobъ, oso. nso. bob ›Bohne‹ abgeleitet. Auf bob gehen zahlreiche sorb., poln. und tschech. FamN zurück.

Boblitz, Klein-/Małe Bobolcy s. Bautzen, seit 1877 Ortsteil von Mönchswalde, bis dahin Ortsteil von Boblitz, 1519 *Cleynbobelitz*, 1777 *Kleinboblitz*, 1804 *Klein Boblitz*, 1836 *Klein-Boblitz*. / 1843 *Małe Bobolcy*, 1886 *Małe Bobolcy*. – Siehe oben Boblitz. Zur Differenzierung von diesem diente im Dt. der Zusatz *Klein-*, im Oso. Małe, die Mehrzahlform von mały ›klein‹.

Bocka/Bukowka Häusergruppe in der Flur Luppa, n. Bautzen, 1353 *Buckow*, 1419 *Bocckaw*, 1492 *Bucke*, 1522 *Bucko*, 1571 *Bocko*, 1626 *Bocka*, 1732 *Bucka*. / 1835 *Boko(w)*, 1848 *Bukojka*, 1866 *Bukowka*. – Aoso. *Bukow ›Siedlung bei der Buche, den Buchen‹, zu oso. buk ›Rotbuche‹. / Bei Bukowka wurde erst spät an Bukow das Verkleinerungssuffix *-ka* angefügt.

Bocka/Bukowc ö. Elstra, 1357 *Buckow*, 1374/82 *Buckow*, 1508 *Bocko*, 1521 *Bockow*, 1559 *Buckewitz*, 1658 *Bocka*, 1732 *Bucke*. / 1800 *Buckowz*, 1866 *Bukowc*. – Siehe oben Bocka, n. Bautzen. / An Bukow trat das Verkleinerungssuffix *-c*, das sich schon im Beleg von 1559 als *-itz* widerspiegelt.

Bocka, Hohen-/Bukow ö. Ruhland, 1451 *Bugkow prope* (= lat. ›nahe bei‹) *Ruland*, 1455 *Bockow*, 1529 *Bockaw*, 1590 *Bucke*, um 1600 *Hohe Bucka*, 1627 *Hohenbuckau*, 1685 *Hohen Bucke*, 1701 *von Bocke (wott Bukowej)*, 1757 *Hohenbocka*, 1761 *Hohen-*

bucka, 1831/45 *Hohenbocka*. / 1719 *Bukow*, 1843 *Bukow*, 1831/45 *Wossoki Buckow*, 1885 *Bukow*. – Siehe oben Bocka n. Bautzen. / Dem unterscheidenden Zusatz *Hohen-* ›hoch gelegen‹ entspricht im Beleg von 1831/45 oso. wysoki, nso. wusoki.

Bockwitz/Bukowc jetzt Stadtteil von Lauchhammer, sw. Senftenberg, 1267 *Buckuwicz*, 1276 *Buckewicz*, 1418 *Bugkenwicz*, 1491 *Bugkewiz*, als HerkN: aus Rauno 1501 *Bugkowicz*; 1502 *Buckwitz*, 1540 *Bockwitz*, 1578 *von Buckowitz*, 1583 *von Buckwitz*, um 1600 *Bückwitz*, 1791 *Bockwitz*. / 1911 *Bukowc*. – Aoso. *Bukowica ›Siedlung am Buchenhain‹, siehe oben Bocka n. Bautzen. / Die erstmals bei A. Muka angeführte Form setzte ein *Bukówc voraus, worauf die historischen Belege nicht hindeuten.

Boderitz/Bodricy w. Elstra, (1420) 1453 *Poderitz*, 1503 *Boderitz*, 1732 *Poderich*, 1759 *Podritz*, 1791 *Podritz*, 1800 *Boderitz*. / 1954 *Bodricy*. – Aoso. *Podgrodici, später *Podhrodici ›Siedlung der Leute unterhalb der Burg‹, zu oso. pod ›unter, unterhalb‹ und aoso. *grod, oso. hród ›Burg, Schloss‹. Der Ort liegt unterhalb eines Ringwalles auf dem Kälberberg. Diese Deutung stützt sich auf die Belegreihen von Baderitz nö. Döbeln, 1313 *Podegraditz*, 1445 *Paderitz*, 1543 *Poderitz*, und Baderitz sw. Mügeln, 1221 *Podgrodis*, 1551 *Baderitz*. / Bodricy ist sekundär und beruht auf einer eingedeutschten historischen Form.

Bohra nw. Königsbrück, 1938 geräumt und dem Truppenübungsplatz Königsbrück angegliedert, jetzt Naturschutzgebiet, 1350 *de Bor*, 1353 *Borow*, 1376 *Bora*, 1406 *Paraw*, 1475 *Baro*, 1503 *Poraw*, 1504

Bohr, 1547 *Bora*, 1732 *Borau*, 1759 *Bora*, 1791 *Bohra*. – Aoso. *Borow oder *Bor ›Siedlung am/im Kiefernwald‹, zu oso. nso. veraltet *bór* ›Kiefer‹, nso. auch ›Kiefernwald‹. Ein *Borow ›Siedlung des Bor‹ wäre zwar möglich, bleibt aber unwahrscheinlich. Zum PersN Bor siehe unten Bolbritz und Bornitz.

Bolbritz/Bolborcy w. Bautzen, 1283, 1296, 1301 *de Bolberitz*, 1419 ff. *von Bolb(e)ricz*, 1486 *von Bulbritz*, 1535 *Bollberitz*, 1548 *Bolbritz*, 1598 *Balbritz*, 1658 *Bolbriz*, 1759 *Bolbriz*. / 1800 *Bolborzy*, 1843 *Bólbeŕcy*, 1866 *Bolbor(i)cy*, 1959 *Bolborcy*. – Aoso. *Boleborici ›Siedlung der Leute des Bolebor‹. Der VollN Bolebor besteht aus dem Vorderglied Bole-, zu urslaw. *bolʹe ›mehr, besser‹, und dem Hinterglied -bor, zu urslaw. *borti (sę) ›kämpfen‹.

Borda Häusergruppe (Kolonie) in der Flur Meuselwitz, nw. Reichenbach, 1238 *Porode*, 1239 *Porode*, 1245 *Porode*, 1419 *Porrod*, 1455 *Porrede*, 1463 *Pordo*, 1559 *Borth*, 1759 *Porta*, 1791 *Burda*, *Porda*, 1831/45 *Borda*. – Bisher als aoso. *Porady ›Siedlung der Leute des Porad‹ gedeudet. Der PersN erklärt sich aus der Partikel *po, die hier eine Steigerung im Sinne von ›sehr‹ ausdrückt, und dem Namenglied -rad, zu urslaw. *radъ ›froh‹, oso. ›gern, bereitwillig‹. FamN mit Rad- sind im Sorb. häufig. Vgl. auch unten solche OrtsN wie Radibor usw. Wegen der Schreibung mit -o- in der zweiten Silbe möglicherweise *Porody ›Siedlung der Leute des Poroda‹. Dieser im Poln. vorkommende PersN wird aus porodzić ›gebären‹, poroda ›Geschlecht, Generation‹ erklärt.

Bornitz/Boranecy n. Bautzen, 1280 *de Borenwiz*, 1370 ff. (Familie) *Baranewicz*, *Baranicz*, 1419 *Boranewitz*, 1455 *Bornewitz*, 1519 *Boranewitz*, 1539 *Bornewitz*, 1637 *Bornewitz*, 1732 *Bornitz*. / 1667 ff. *Boranetz*, 1800 *Boranezy*, 1843 *Boranecy*. – Aoso. *Boranowici ›Siedlung der Leute des Boran‹. Der PersN Boran, der im Oso. auch als FamN vorkommt, ist eine KurzF von solchen VollN wie Borisław mit dem Vorderglied aus urslaw. *borti (sę) ›kämpfen‹.

Boxberg/Hamor s. Weißwasser, 1366 (*mit dem hammer zu*) *Boksberg*, 1400, 1408 *keyn* (= gegen) *dem Boxberge*, 1407 *von Bocsberge*, 1418 *Poksperk*, 1422 *kein deme Bokesberge*, 1469 *vom Boxssberge*, 1479 *gein Bochsberge*, 1510 *uffen Bocksbergk*, 1552 *Pockßbergh*, 1597 *Buxberg*, 1791 *Boxberg*. / 1800 *Hamory*, 1843 *Hamor*, 1885 *Hamor*. – Dt., ›Siedlung am Berg, benannt nach einem Reh-, Ziegen- oder Schafbock‹. Auch ›Siedlung am Berg des Bock‹, also einer Person, ist möglich. Man dachte ferner an eine Umdeutung von *Pochsberg*, der Bezeichnung für den Hammerwerksbetrieb, sowie an *Bock* als Hammerwerksgestell (*Bock* ›vierbeiniges hölzernes Gestell‹). / *Hamor* bezieht sich auf den spätmittelalterlichen Eisenhammer, den Kern der Siedlung.

Brand/Spalene sö. Bad Muskau, 1777 *Brand*, 1791 *Brand, ein neu angelegtes Dörfchen bey Mußkau*. / 1800 *Spaleny*, 1835 *Spaleny*, 1843 *Spaleno*, 1885 *Spalene*. – Dt., ›Auf einer Brandstätte errichtete Siedlung‹. Die Siedlung wurde seit 1768 nach einem größeren Waldbrand angelegt. / *Spalene* ist eine Form des passiven Vergangenheitspartizipiums von oso. spalić, spaleć ›verbrennen‹.

Brandhofen siehe unten Spohla.

Brauna/Brunow w. Kamenz, 1225 *Brunowe*, 1263 *Brunowe*, 1284 ff. *de Brunouwe*, 1374/82 *Brunow*, 1430 *Brunaw*, 1450 *Brawno*, 1469 *Brawna*, 1497 *Brawnne*, 1518 *Braun*, 1524 *Braunaw*, 1547 *Brawne*, 1563 *Brauna*, 1732 *Braune*, 1759 *Braunau*. / 1843 *Bruna*, 1866 *Bruna, Brunjow*, 1886 *Brunow*. – Wahrscheinlich MischN, *Brunow(o)* ›Siedlung des Brun‹. Der PersN beruht auf ahd. brūn ›braun‹.

Brehmen/Brěmjo nnö. Bautzen, 1419 *Brehnn*, 1519 *Brehmen*, 1574 *Brenno*, 1599 *Brenn*, 1647 (Kop. 1780) *Bremen*, 1759 *Brehmen*. / 1684 *Brěměn*, 1800 *Brjemjo*, 1843 *Brjemjo, Brěmjo*, 1866 *Brěmjo*. – Wahrscheinlich aoso. *Bren ›Siedlung in sumpfiger Gegend‹, zu einer Wurzel *bren-, urslaw. *brьnъ ›Sumpf, Kot, Ton, Lehm‹. Eine Verbindung mit oso. brěmjo ›Bürde, Last‹, urslaw. *bermę, hier vielleicht mit Bezug auf schwere oder minderwertige Böden, kommt wegen der meisten alten Belege kaum in Frage. / Da eine Form *Bren nicht verständlich war, wurde sie volksetymologisch zu Brěmjo umgedeutet. Anderenfalls müsste man der zweiten Deutung den Vorzug geben, was von der Motivation her sowie wegen fehlender Vergleichsnamen unwahrscheinlich ist.

Breitendorf/Wujězd nw. Löbau, 1252 *Wgest*, 1390 *Breytendorff*, 1419 *Breitendorff*, 1428 *Breitindorff*, 1470 *Breitendorff, villa plana* (= lat. villa ›Dorf‹, plana, weibl. Form von plānus ›flach, eben, glatt‹), 1491 *Breitendorff*, (15. Jh.) *Breitendorff superior* (= lat. ›ober‹), *Breitendorff inferior* (= lat. ›nieder‹), 1513 *Breytendorff*, 1543 *Breyttendorff*, 1791 *Breitendorf*. / 1719 *Wujesd*, 1767 *Wujesd*, 1800 *Wujesd*, 1843 *Wujezd*. – Dt., ›Zum breiten Dorf‹, im Ge-

gensatz zu den sorb. Altsiedlungen ›breit angelegtes Dorf‹. / Aoso. *Ujězd ›Siedlung auf durch Umreiten abgegrenztem, für die Rodung bestimmtem Land‹. Der Grenzumritt war gleichzeitig mit der Besitzergreifung verbunden. In dieser Bedeutung wurde atschech. ujězd sehr oft in der Ortsnamengebung gebraucht, im Oso. jězdźić ›fahren‹, älter auch ›reiten‹. Nur bedingt zu vergleichen ist oso. wujězd ›das Davonfahren, Fortreiten, Ausfahrt‹, nso. hujězd ›das Ausfahren, die Ausfahrt; die Umfahrt‹. Mit *Ujězd wurden in Böhmen, Mähren, Polen usw. oft Ausbausiedlungen benannt. Vgl. unten Uhyst (Klein) und Uhyst a. Taucher. Eine ähnliche Bedeutung hat in der Niederlausitz Drachhausen/Hochoza: ›Durch Umgehen, Abschreiten eingegrenztes, für die Rodung bestimmtes Land bzw. Waldstück‹.

Bremenhain n. Rothenburg, 1403 *Bremenhayn*, 1408 *zum Bremenhain*, 1419 *Bremenhayn*, 1455 *Bremenhan*, 1512 *Bremenhayn*, 1551 *Brämenhain*, 1753 *Brehmenhan*, 1814 *Brehmenhain, Bremenhain*. – Dt., ›Siedlung am/im bremsenreichen (stechmückenreichen) Wald‹, zu mhd. breme, brem ›Bremse, Stechfliege‹ und mhd. hagen, im Spätmhd. kontrahiert zu hain ›Dornbusch, Einfriedung, umfriedeter Ort‹, md. hain wird oft zur Benennung von Rodungssiedlungen gebraucht.

† **Bresen** (Breske) ö. Bautzen, s. Jenkwitz, auf der Gemeindeflur Kubschütz, 1542 *Brehsenn*, 1607 *Breßko*, 1608 *Bresko*, 1835 *Brasse(n)*, 1886 *Brosa*. – Nach dem ersten und vierten Beleg wahrscheinlich aoso. *Brezina ›Siedlung am/im Birkenwald‹, nach den anderen Belegen *Brezka oder *Breza ›Siedlung bei der (kleinen)

Birke‹, zu oso. brěza ›Birke‹, brězyna ›Birkenbusch‹.

Breßluck   siehe unten Halbendorf n. Weißwasser.

Bretnig   sö. Pulsnitz, 1350 *Breiteneichech*, 1445 *Bretheneiche*, 1455 *Breytnicht*, 1517 *Breittenich*, 1534 *Bretenicht*, 1577 *Bretnich*, 1580 *Brettnigk*, 1692 *Bretnig*. – Dt., ›Siedlung am/im breit ausgedehnten Eichenwald‹, zu mhd. breit ›weit, ausgedehnt, breit‹ und mhd. eichach ›Eichenwald‹.

Briesing/Brězynka   nö. Bautzen, 1237 *Bresin*, 1341 *Brezin*, 1360 ff. (Familie (von)) *Bresin, Bhresyn, Bresyn, Brezin*, 1363 *Bresin maius*, 1465 *Bresin*, 1488 *in magno Bresin*, 1519 *Breßen magnum*, 1528 *Breßenick*, 1534 *Bresinka*, 1562 *Bresigk*, 1598 *Brising*, 1658 *Brysincka*, 1732 *Briesing*. / 1684 *z Brězanki*, 1712 *Breßnick, Brezinck*, 1719 *Briesenkze*, 1800 *Brjesynka*. – Aoso. *Brezina ›Siedlung am/im Birkenwald‹, siehe oben Bresen. Zeitweise erscheinen in den Quellen die Zusätze lat. *maius* ›größer‹ sowie *magnum* (sächl.) ›groß‹. Im 16. Jh. kam die Verkleinerungsform *Brězynka auf. Vgl. unten Brösang.

Brießnitz/Brězecy   w. Weißenberg, nö. Bautzen, 1413 *Bresewicz*, 1419 *Bresewicz*, 1498 *Bresitz*, 1572 *Bresytz*, 1615 *Bresitz*, 1653 *Brissetz, Bristz*, 1653 *Prießnitz*, 1711 *Brößnitz*, 1732 *Bresnitz*. / 1719 *Brieseze*, 1866 *Brězecy*. – Aoso. *Brezowica ›Siedlung bei den Birken‹, zu oso. brěza ›Birke‹. Unter dem Einfluss der Nachbarorte Cortnitz und Saubernitz entstanden Formen auf -*nitz*.

Brischko/Brěžki   ö. Wittichenau, 1936–1947 *Birkenheim*, als HerkN: 1374/82 *Heyne Bresken*; 1516 *Brzezen*, 1568 *Breschk*, 1585 *Prießke*, vor 1635 *Brischkau*, 1658

Brißka, 1746 *Brescken*, 1791 *Brischko*. / 1719 *Brieska*, 1744 *Brischko*, 1831/45 *Brischki*, 1835 *Brjóžki*, 1843 *Brježki*, 1866 *Brěžki*. – Aoso. *Brežk ›Siedlung am kleinen Uferhügel‹, zu oso. brjóh ›Ufer, Hügel‹, brjóžk ›kleines Ufer, Hügel; Böschung‹, urslaw. *bergъ, urverwandt mit ahd. berg ›Berg‹.

† **Broditz**   ehemaliges, seit dem 14. Jh. in der Stadt Bautzen aufgegangenes Dorf, heutige Töpferstraße, 1372 *in der Brodicz*, um 1400 *Brodicz(gasse)*, 1428 ff. *in (der) Brodicz*, 1498 *wff der Brodicz*. – Aoso. *Brodica oder vielleicht *Broďc < *Brodьcь ›Siedlung bei der Furt‹, zu oso. bród ›Furt‹. Gemeint ist die Überquerung der Spree durch die einst in west-östl. Richtung verlaufende alte Handels- und Salzstraße. Unwahrscheinlich ist deshalb *Brodici ›Siedlung der Leute des Broda‹, obgleich der PersN Broda häufig im Sorb. vorkommt und sich im Poln. der OrtsN Brodzice, heute Brudzice, aus diesem PersN nachweisen lässt.

Brohna/Bronjo   sö. Königswarta, 1290 *de Bronowe*, 1414 *vom Bron*, 1517 *Brohn*, 1519 *Bronaw*, 1522 *Brone*, 1540 *Brun(e)*, 1658 *Bronau*, 1746 *Bron*, 1791 *Brana*, *Bröna*, 1866 *Brahne*, 1908 *Brohna*. / 1712 *Bron*, 1800 *Bronje*, 1835 *Broń*, 1843 *Bron*, *Bronje*, 1866 *Broń*, 1886 *Bronjo*. – Aoso. *Broń ›Siedlung bei/mit einer Wehranlage‹, zu oso. broń ›Waffe, Rüstung, Wehr, Gewehr‹, atschech. bran, braň ›Waffe, Wehranlage, Schutz, Verteidigung, Widerstand‹, urslaw. *bornь. Das Dorf liegt bei einer Wallanlage. Einige Belege weisen aber auf *Bronow ›Siedlung des Bron‹ hin, mit einer genauen Entsprechung in poln. Bronów, tschech. Branov. *Bron ist eine KurzF von

Bronisław oder ähnl. VollN mit dem Vorderglied zu urslaw. *borniti, nso. broniś (se) ›wehren, verteidigen, schirmen, (sich) wappnen‹, oso. brónić ›rüsten, bewaffnen‹. Bron kommt öfters unter den sorb. FamN mit mehreren Ableitungen vor. Das auslautende *-owe* bzw. *-aw, -au* einiger Belege kann durch Angleichung an die zahlreichen OrtsN auf *-ow* aufgekommen sein, sodass – auch wegen des Sachbezuges – die erste Deutung vorzuziehen ist.

Brösa/Brězyna nö. Bautzen, 1433 *Cleynen Bresin*, 1454 *von der Cleyn Bresin*, 1461 *Kleine Breßen*, 1519 *Breßin*, 1545 *Bresen*, 1559 *Brose*, *Bressen*, 1671 *Brösa*, 1732 *Briese*, 1791 *Brösa*. / 1719 *Briesena*, 1800 *Brjesyna*, 1835 *Brjesyna*, 1886 *Brězyna*. – Aoso. *Brezina ›Siedlung am/im Birkenwald‹, siehe oben Bresen.

Brösang/Brězynka sw. Bautzen, 1419 *Breßen*, 1473 *Bressinke*, 1546 *Bresenke*, 1588 *Briesincke*, 1591 *Bresencke*, 1600 *Brosincka*, *Bresenckaw*, 1658 *Bresingka*, 1669 *Brösanck*, 1759 *Prisancke*, 1767 *Brösinck*, 1827 *Brösang*. / 1684 ff. *z Brezanki*, 1719 *Briesenka*, 1835 *Brjesynka*, 1843 *Brjezank*, 1866 *Brězynka*. – Aoso. *Brezinka › Siedlung am/im kleinen Birkenwald‹, siehe oben Briesing und Bresen.

Brösern, Groß-/Přezdřeń (Wulki Přezdřeń) nw. Bautzen, 1419 *Breßen magnum*, 1488 *in magna Bresin*, 1535 *Presern*, 1615 *Brösern*, 1617 *Bresern*, 1658 *Bresern*, 1759 *Groß Presen*, 1791 *Groß Brößern*. / 1580 *Psssysdrin*, *Pschisdrin*, 1684 ff. *Pschězdřeń*, 1843 *Pšezdrjeń*, 1866 *Přezdrjeń*, 1886 *Přezdřeń*, 1959 *Wulki Přezdřeń*. – Wahrscheinlich aoso. *Prezdřeń ›Siedlung bei einem Walddurchbruch‹, zu oso. přez(e) ›durch, über‹ und dřeć ›zerren, reißen, schinden‹, davon wurde ein passives Vergangenheitspartizipium přezdřeń gebildet, vgl. auch oso. drjeny ›gerissen‹. Die ersten Belege sind an die zahlreichen ähnlich geschriebenen Formen von *Brezina angeglichen worden.

Brösern, Klein-/Mały Přezdřeń Häusergruppe in der Flur Großbrösern, 1419 *Breßen koßmanni*, 15. Jh. *Breßin schibani*, 1658 *Klein Bresern*, 1759 *Kl. Presen*, 1791 *Klein Brößern*. / 1848 *Mały Pschjesdrjen*, 1886 *Mały Přezdrjeń*, 1927 *Přezdřeńk*. – Siehe oben Brösern, Groß-. Bei den ältesten Belegen wurden zur Unterscheidung von Großbresern *Koßmann* und *Schiban* hinzugefügt, wohl die Namen von Besitzern oder Dorfältesten.

Bröthen/Brětnja w. Hoyerswerda, 1401 *Pritthun*, 1554 *Broden*, 1568 *Brittin*, 1590 *Brethen*, vor 1635 *Bröttin*, *Brettin*, 1658 *Bretten*, 1664 *von Brethen*, 1744 *Briten*, 1791 *Bröthen*. / 1719 *Brietna*, 1800 *Bröttna*, 1831/45 *Brjetnja*, 1835 *Brětna*, *Bratna*, 1866 *Brětnja*. – Bisher als aoso. *Bret-n- oder *Prět-n- ›Siedlung des Bret(a) oder Prět(a)‹ gedeutet. Der PersN Bret(a) wurde zu atschech. Břetislav mit einem nicht eindeutig geklärten Vorderglied gestellt, Prět(a) auf atschech. přěta ›Verbot, Drohung‹ zurückgeführt. Möglicherweise *Bratin ›Siedlung des Brat(a)‹. Der PersN, im Poln. als Brat und Brata bezeugt, beruht auf dem Vorderglied solcher VollN wie Bratomił, aus urslaw. *bratъ, *bratrъ, oso. bratr ›Bruder‹. Nach der Eindeutschung konnte Umlaut a > e eintreten und sich in einigen Belegen -e- an das nachfolgende -i- angleichen.

Buchholz, bis 1936 **Krischa/Křišow** ö. Weißenberg, um 1305 *Chrisow*, um 1330

Kryskow, 1375 *Cryschow*, 1406 *Krischow*, 1450 *Krische*, 1458 *Krischaw*, 1461 *zu Kryssche*, 1543 *Krischa*, 1692 *Krischa*; 1936 *Buchholz*. / 1767 *Ksischow*, 1800 *Kschischow*, 1835 *Czkischo*, 1843 *Kšišow*, 1920 *Křischow*. – Aoso. *Krišow ›Siedlung des Kriš‹. Kriš ist eine KoseF des christl. RufN Christian und mehrmals als FamN belegt. Zur Zeit des Nationalsozialismus wurde der sorb. Name durch dt. *Buchholz* ›Siedlung am Buchenwald‹ ersetzt.

Buchwalde/Bukojna nw. Weißenberg, um 1280 *de Buchinwalde*, 1345 *de Buchwalde*, 1381 *de Buchwalde*, 1433 *Buchwalde*, 1455 *zum Buchwalde*, 1506 *Buchwalld*, 1534 *Buchwalde*, 1551 *Puchwald*, 1658 *Buchwalda*. / 1684 ff. *z Bukowneye*, 1719 *Bukownia*, 1800 *Bukojna*, 1843 *Bukojna*. – Dt., ›Siedlung am/im Buchenwald‹, zu mhd. buoche ›Rotbuche‹ und mhd. walt ›Wald, Waldgebirge, Baumbestand‹, oft für Rodungssiedlungen gebraucht. / Aoso. *Bukowina oder vielleicht *Bukowńa ›Siedlung am/im Buchenwald‹, zu oso. buk ›Rotbuche‹, bukowina ›Buchenwald‹.

† **Buchwalde/Bukojna** ö. Wittichenau, 1929 bis 1932 wegen Braunkohlentagebaus abgebrochen, lag im Bereich des heutigen Knappensees, 1401 *Buchwalt*, 1418 *Buchwalde*, 1547 *Buchwalde*, 1552 *Buchwaldt*, vor 1635 *Buchwaldt*, 1791 *Buchwalda*. / 1719 *Bukownia*, 1843 *Bukojna*. – Siehe oben Buchwalde nw. Weißenberg.

Bühlau sw. Bischofswerda, 1262 *villa Bela*, 1451 *Belen*, 1528 *Belaw*, 1559 *Behla*, 1578 *Biela*, 1588 *Bihlaw*, 1599 *Bile*, 1622 *Bühla*, 1754 *Biela*, 1768 *Bühlau*. – Aoso. *Běla, wahrscheinlich ›Siedlung am hellen, klaren Bach‹, zu oso. běły ›weiß, hell, licht‹, im übertragenen Sinne auch ›rein‹.

Es dürfte sich bei dem betreffenden Bach um den heutigen *Pfarrbach* handeln, der bei der *Bühlauer* Mühle in die *Wesenitz* mündet. Vgl. oben Biehla n. Kamenz.

Bulleritz nw. Kamenz, hierher vielleicht 1280 *apud* (= lat. ›bei‹) *Tazwiz* (falls nicht Tätzschwitz, siehe dass.), 1374/82 *Vogelerdorf, Bullerycz*, 1430 *gein Vogeler(s)dorff*, Ende 15. Jh. *Bullerycz*, 1514 *Bulleritzs*, 1540 *Bulleritz*, 1567 *Bulleritz*, 1573 *Bul(l)eritz*, 1732 *Bulleritz*. – Aoso. *Bularici ›Siedlung der Leute des Bulař‹. Bulař, ein ÜberN, enthält dieselbe Wurzel wie nso. bulaś ›kollern, rollen‹ und begegnet mehrmals als FamN. Das Niederdorf hieß seit dem 14. Jh. *Vogelerdorf*, vielleicht weil hier mehrere Vogelfänger ansässig waren. Oder es handelt sich um eine Verdeutschung von aoso. *Ptačowici bzw. *Ptačkowici ›Siedlung der Leute des Ptače bzw. Ptačk‹. Auch *Ptačowica ›Siedlung, wo es viele Vögel gibt‹ ist möglich. Siehe unten Tätzschwitz nw. Hoyerswerda.

Burg/Bórk ö. Hoyerswerda, 1401 *Borg*, 1568 *Burgk*, 1612 *Burcka*, vor 1635 *Burgk*, 1759 *Wendisch Burg*, 1791 *Burgk*. / 1835 *Bórk*, 1843 Bórk, 1885 *Bórk*. – Aoso. *Bork ›Siedlung am/im kleinen Kiefernwald‹, gebildet mit dem Verkleinerungssuffix -k aus oso. (veraltet) bór ›Kiefer, Föhre‹, nso. bór ›Kiefer, Kiefernwald‹. Vgl. in der Niederlausitz Burg/Borkowy.

Burghammer/Bórkhamor Werksiedlung nö. Hoyerswerda, 1596 *Hammerwerk zum Burgk*, 1612 *Hammer* (mit *Burcka* genannt), 1658 *Burker Hammersleuthe*, 1732 *Burcker Hammer*, 1791 *Burckhammer, m. 1 hohen Ofen … bey Burgk; Burgk, mit Burghammer … Eisenhammer mit einigen Häuslern*, 1800 *Burghammer*. / 1835

Bórkamor, 1858 *s Sprejcy a Burkhamori*, 1885 *Bórkhamor.* – ›Hammerwerk bei dem Dorf Burg‹, siehe oben Burg. / Sorabisierte Form von Burghammer.

Burk/Bórk nö. Bautzen, 1225 *de Borc*, *Borc*, 1249 *de Boric*, 1282 *de Borch*, *Borck*, 1283 *de Borc*, 1261 *in villa Borch*, 1329 *villa Bork*, 1396 *Burk*, 1425 *zcu Borg*, 1534 *Burgk*, 1732 *Burck*, 1791 *Burcka*. / 1767 *Bork*, 1800 *Bork*, 1843 *Bórk*, 1886 *Bórk.* – Aoso. *Bork, siehe oben Burg ö. Hoyerswerda.

Burkau/Porchow n. Bischofswerda, 1312 *in Purcowe*, 1350 (Kop. 18. Jh.) *Burkow*, 1379 *Burckaw*, 1391 *Burgkow*, 1408 *Porkow*, 1448 *Purko*, 1453 *Porkaw*, 1519 *Borkau*, 1532 *Burgkow*, 1533 *Purgk*, 1551 *Purcka*, 1583 *von Porcke*, 1658 *Purcka*, 1746 *Ober- und Nider Burck*, 1759 *Ober-*, *Nieder-Burcka*, 1791 *Nieder Burckau*, *Ober Burkau.* / 1835 *Porchow*, 1843 *Porchow*, 1886 *Porchow.* – Wahrscheinlich aoso. *Porkow ›Siedlung des Pork‹. Pork, ein ÜberN, lässt sich aus oso. *porać* ›(fort)schaffen, hinbringen‹, nso. *póraś* ›schaffen, in Bewegung setzen, auffordern, nötigen‹ erklären. Auch ein Anschluss an oso. *pórać* ›laut fisten, Winde laut streichen lassen‹ wäre möglich. Hierzu gibt es die sorb. FamN Porač, Porak, Porik, Pork(e) und Porawa, nso. auch Pyrka, historisch *Purcka*. / Porchow kam wahrscheinlich unter dem Einfluss einiger dt. historischer Formen sowie durch Angleichung an oso. *porchawa* ›Bowist‹ oder *porchać* ›fauchen‹ auf.

Burkersdorf n. Ortrand, heute zu diesem, 1498 *Burckersdorff*, 1543 *Burkerssdorff*, 1551 *Burckersdorff*, 1604 *Burckerßdorff*, 1791 *Burckersdorf.* – Dt., ›Dorf des Burghard‹. Der PersN ging aus ahd. burg-hart

›Burg, befestigter Ort, Stadt‹-›hart, streng‹ hervor.

Burkersdorf sw. Ostritz, 1324 *Burkhardsdorff*, 1396 *Burkhardsdorf*, 1416 *Borkersdorff*, 1456 *Burckersdorff*, 1558 *Burkersdorf*, 1791 *Burckersdorf.* – Dt., ›Dorf des Burghard‹. Zum PersN siehe oben Burkersdorf n. Ortrand. Die Siedlung wurde vielleicht nach *Burchard von Kittlitz* benannt.

Buschbach, bis 1936 **Niecha** s. Görlitz 1389 *Nechow*, 1408 *czu Neche*, 1416/17 *Henil*, *Hennyl von Nychaw*, *Nechaw*, 1454 *Nechow*, 1459 *zu Neche*, 1469 *zu Nyche*, 1499 *zu Niche*, 1535 *Nichaw*, 1590 *Niche*, 1768 *Niecha.* – Aoso. *Nechow ›Siedlung des Nech‹. Nech stellt eine KoseF zu solchen VollN wie Nedamir mit der Verneinung Ne-, urslaw. *ne, oso. nje ›nicht‹, dar. Unter den oso. FamN finden sich die KurzF Neda und Nedo. Vgl. auch unten die OrtsN Nedaschütz und Neraditz. *Buschbach* ist eine Neubildung aus der Zeit des Nationalsozialismus.

Buscheritz/Bóšericy w. Bautzen, mit dem Ortsteil Puschermühle, 1377 *Byschericz*, 1492–1513 *Bysserwitz*, *Beischeritz*, *Beyschzeritz*, *Weytzscheritz*, *Beytzscheritz*, *Weischeritz*, 1538 *Beitzscheritz*, 1559 *Beischeritz*, 1564 *Mühle zu Puscher*, 1617 *Bischeritz*, 1754 *Puscheriz*, 1791 *Buscheritz.* / 1843 *Bóšericy*, 1848 *Buscherizy*, 1866 *Bóšoricy.* – Aoso. *Byšerici ›Siedlung der Leute des Byšer‹. Der sehr seltene und sicherlich alte PersN kann aus solchen VollN wie Bytomir mit dem Vorderglied zu urslaw. *byti ›sein, existieren‹, oso. być ›sein‹, hervorgegangen sein, wobei an die anlautende Silbe By- die Suffixe -š und -er, urslaw. *-erъ, traten.

C

Callenberg/Chemberk nö. Schirgiswalde, 1360 *in Kalynberge*, 1408 *Calenberg*, 1433 *zu Kalmberge*, 1478 *Kalemberg*, 1506 *Callenberg*, 1520 *zcum Callenberge*, 1571 *Kalenbergk*, 1657 *Callenberg*, 1800 *Kahlenberg*. / 1800 *Kemberk*, 1835 *Khemberk*, 1843 *Khemberk*, 1920 *Khełmberk*, 1959 *Chemberk*. – Dt., ›Siedlung am kahlen Berge‹. Denselben Namen trägt eine Höhe südl. des Ortes. / Man nimmt an, dass die oso. Form aus der dt. entstanden ist.

Camina/Kamjenej n. Bautzen, als HerkN: 1381 *Camyn*, um 1400 *Kamyn*; 1419 *Camyn prope* (= lat. ›bei‹) *Radebor*, 1534 *Camyn prope Radebor*, 1571 *Camena*, 1732 *Gamine*, 1768 *Camina*. / 1684 ff. *z Kaměně, z Kameńeye*, 1712 *Cammena*, 1800 *Kamena*, 1835 *Kamina*, 1843 *Kaḿena*, 1886 *Kamjenna*, 1959 *Kamjenej*. – Aoso. *Kameńńa ›Siedlung in steinigem Gelände‹, zu oso. kamjeń ›Stein‹, nso. älter kamjenny ›von Stein, steinern‹, vielleicht war zu ergänzen zemja ›Erde, Boden, Land‹, wjes ›Dorf‹, woda ›Wasser‹ oder rěčka ›Flüsschen‹ (entsprechend dt. ›Steinbach‹). Die Siedlung liegt in der Nähe eines kleinen Baches. Die oso. Formen auf -*ej* stellen den in den Nominativ überführten Lokativ dar, der heute *Kamjeneji* lautet.

Caminau/Kamjenej n. Königswartha, 1532 *Camen*, 1732 *Camina*, 1759 *Camina*, 1768 *Caminau an der Elster*, 1800 *Caminau*. / 1800 *Kaminau*, 1835 *Kaminawa*, 1843 *Kaḿenej*, 1866 *Kamjenej*, 1886 *Kamjennej*. – Aoso. *Kameńńa, siehe oben Camina.

Canitz-Christina/Konjecy ö. Bautzen, 1361 *Conewicz*, 1419 *Coynewitz cristani*, 1441 *Konewicz*, 1455 *Conitz*, 1472 *Cone-*

witcz, 1488 *Cannitz, Conit(c)z*, 1532 *Kanetz*, 1534 *Coynitz*, um 1550 *Canabitz Cristina*, 1552 *Canitz*, 1752 *Canitz-Christina*, 1768 *Canitz Christina*, 1791 *Canitz, wird insgemein Christina genannt.* / 1684 ff. *z Koněcz*, 1800 *Konjezy*, 1835 *Końezy*, 1843 *Kanicy*, 1886 *Konjecy*. – Aoso. *Końowica ›Siedlung, wo Pferde gezüchtet werden‹, zu oso. kóń ›Pferd‹.

Cannewitz/Skanecy w. Weißenberg, 1368 *Kanewicz*, 1390 *Canewicz*, 1472 *Canewitcz*, 1510 *Canewitz*, 1572 *Can(e)witz*, 1658 *Cannwitz*, 1768 *Cannewitz*. / 1800 *Skanetzy*, 1843 *Skanecy*, 1866 *Skanecy*. – Aoso. *Kanowici oder *Kańowici ›Siedlung der Leute des Kan oder Kańa‹. Kan stellt eine KurzF von Kanimir und ähnlichen VollN mit dem Vorderglied zu urslaw. *kaniti ›bewirten, einladen, auffordern‹ dar. Die Basis Kan- kommt auch in sorb. FamN vor. Daneben ist ein ÜberN Kańa, zu oso. kanja ›Roter Milan‹, nso. kanja ›Weihe, Rohr- und Sumpfweihe‹, möglich. Kanja ist im Sorb. mehrmals als FamN bezeugt. / Die mit *S*- anlautenden Formen erklären sich aus der vorgesetzten Präposition oso. z ›aus, von‹.

Cannewitz/Chanecy nö. Bischofswerda, 1222 *villula* (= lat. ›das kleine Dorf‹) *Chanowiz*, 1227 *Matheus miles de* (= lat. ›Ritter von‹) *Chanewiz, dominicale* (= lat. ›Herrschaftsbesitz, Fronhof‹) *Chanewiz, Chanuiz*, 1245 *Chanowiz, Canowiz*, 1368 *Kanewicz*, 1419 *Canewitz*, 1453 *Canewicz*, 1482 *Canewitcz*, 1559 *Kannewitz, Cannewitz*, 1768 *Cannewitz*. / 1700 *Kanaza, Kaneze*, 1835 *Kańezy*, 1866 *Kanecy*, 1886 *Khanecy*, 1959 *Chanecy*. – Aoso. *Kanowici oder Kańowici, siehe oben Cannewitz w. Weißenberg.

Cannewitz/Kanecy ö. Elstra, 1331 *Ca-newicz*, 1355 *Canewicz*, 1357 *Canewicz*, 1374/82 *Canewicz*, 1469 *Kanewicz*, 1732 *Cannowitz*, 1791 *Canitz, Cannewitz, Can-witz.* / 1700 *Kaneze, Kaniz*, 1800 *Kah-necze*, 1835 *Kańezy*, 1843 *Kanecy*, 1886 *Ka-necy.* – Aoso. *Kanowici oder Kańowici, siehe oben Cannewitz w. Weißenberg.

Carlsberg nö. Schirgiswalde, 1800 *Carls-berg*, um 1800 auch *Neu-Halbendorf*, 1836 *Carlsberg.* – Diese am Ende des 18. Jh. ent-standene Siedlung wurde wahrscheinlich nach ihrem Gründer, einem Mitglied der damaligen Familie der Halbendorfer Guts-herren benannt. An dessen Namen *Karl* trat *-berg*, ein Grundwort, das in vielen anderen OrtsN vorkommt. Auf die Bezie-hung zur Halbendorfer Gutsherrschaft weist auch das zeitweise gebrauchte *Neu-Halbendorf* hin.

Carlsbrunn/Karlowa Studnja n. Löbau, 1777 *Carlsbrunn*, 1791 *Carlsbrun ... einige neu erbaute Häuser*, 1800 *Carlsbrunn*, 1836 *Carlsbrunn.* / 1886 *Karlowa studzeń*, 1920 *Karlowa studźeń.* – Um 1750 von böhmischen Exulanten angelegte Sied-lung, benannt nach dem Ortsgründer Karl von Hund, dem damaligen Besitzer des Rittergutes Kittlitz. / *Karlowa Studnja* ist eine Übersetzung des dt. Namens, zu oso. studnja neben studźeń ›Brunnen‹.

Carlsdorf/Karlicy Häusergruppe nö. Bischofswerda, Nebensiedlung von Roth-naußlitz, 1783 *Carlsdorf*, 1836 *Carlsdorf.* / 1886 *Karlicy*, 1920 *Karlicy.* – Wahrschein-lich benannt nach dem Ortsgründer, einem Besitzer des Rittergutes Rothnaußlitz um 1750 mit dem RufN *Karl.* / Bei der Bil-dung der oso. Form ersetzte man *-dorf* durch das Suffix *-icy*.

Carlsruhe Nebensiedlung von Nieder-sohland, sö. Schirgiswalde, 1788 *Carlsruhe*, 1804 *Carlsruhe*, 1836 *Carlsruhe.* – Die Sied-lung wurde nach einem herrschaftlichen (Graf Solms'schen) Jäger namens *Carl* be-nannt. Das Grundwort *-ruhe* erscheint oft bei Namen von Schlössern, Residenzen und Sommersitzen, wobei sich als Namen-geber der betreffende Feudalherr erweist.

Caseritz/Kozarcy onö. Elstra, osö. Kamenz, 1327 *Kosericz*, 1350 *Kozericz*, 1374/82 *Kozericz, Kosericz*, 1410 *Lutoldus de Kosericz*, 1494 *Heinrich von Kößeritz*, 1545 *Kosseritz*, 1721 *Coseritz*, 1791 *Case-ritz, Coseritz.* / 1692 *Kozarycz*, 1703 *Co-sariz*, 1800 *Koßarcze, Caseritzy*, 1835 *Ko-ßarzje*, 1866 *Kozaŕcy.* – Aoso. *Kozarici ›Siedlung der Leute des Kozaŕ‹. Der PersN, zu oso. kozaŕ ›Ziegenhalter, -hirt‹, begegnet im Sorb. mehrmals als FamN.

Caßlau/Koslow sw. Königswartha, 1374/82 *Kosslow*, 1473 *zcur Kasselaw*, 1503 *Cosslo*, 1519 *Costelaw*, 1572 *Koslo*, 1652 *Cassel*, 1717 *Caßel*, 1732 *Caslau*, 1768 *Ca-ßelau.* / 1800 *Kaßlow*, 1835 *Kaßłow*, 1843 *Kaslow*, 1866 *Koslow.* – Wahrscheinlich aoso. *Kozłow ›Siedlung des Kozoł‹. Der ÜberN Kozoł ist gleichzeitig ein häufiger sorb. FamN, zu oso. kozoł, nso. kózoł, ur-slaw. *kozьlъ ›Ziegenbock‹, bereits 1489 in Lübbenau *Kosßol*, in Buchwalde 1501 *Kosol*, 1529 *Kosel*, ders. *Koßoll*, ders. *Ko-sal.* Man lehnte aber diese Deutung des OrtsN bisher aus lautlichen Gründen ab (wegen seiner Schreibungen mit *-ss-* und *-ß-*, da sie auf ein ursprüngliches *-s-* hin-deuten könnten). Poln. Kozłowo, Kozłów und tschech. Kozlov sind häufige OrtsN.

Coblenz/Koblicy w. Bautzen, 1222 *Co-buliz*, 1245 *Kobliz, Gobliz*, 1350 *Kobelicz*,

1374/82 *Kobelicz*, 1506 *Cobelitz*, 1559 *Köblitz*, *Koblitz*, 1588 *Coblitz*, 1601 *Coblitz*, 1658 *Coblenz*, 1768 *Coblenz*. / 1800 *Coblitzy*, 1843 *Koblicy*, 1866 *Koblicy*. – Aoso. *Kobylica ›Siedlung, wo es Stuten gibt, wo Pferdezucht betrieben wird‹, zu oso. kobła, mundartl. und älter auch koboła, nso. kobyła, urslaw. *kobyla ›Stute‹, oso. koblica ›Stuterei‹, koblеńc ›Stutenstall‹. *Kobylici ›Siedlung der Leute des Kobyła‹ kommt kaum in Frage, obgleich man poln. Kobylice so erklärt. Im Sorb. ist ein entsprechender PersN nicht sicher nachweisbar. Vgl. unten Köblitz nö. Schirgiswalde.

Cölln/Chelno   nnw. Bautzen, 1459 *Colen*, 1460 *Coln*, 1496 *Collen an der Sprew*, 1519 *Cöln*, 1569 *Collen*, 1571 *Cöllen(n)*, 1590 *Coln an der Sprew*, 1658 *Cölln*. / 1684 ff. *z Kĕlna*, 1700 *Kôlna*, *Kôlnow*, *Kolna*, *Kolnia*, 1800 *Keln*, 1835 *Khelno*, 1843 *Khelno*, 1886 *Khelno*. – Aoso. *Kolna oder *Kolno, wahrscheinlich ›Mit Pfählen, Palisaden umgebene Siedlung‹, zu oso. koł ›Pfahl‹, nso. koł ›Pfahl, bes. Zaunpfahl, Stab, Stock, speziell Planke, Palisade usw.‹ Man dachte auch an eine Verbindung mit oso. kólnja ›Schuppen, Raum zum Unterstellen von Wagen und landwirtschaftlichen Geräten‹, also ›Siedlung bei/mit den Schuppen‹.

Commerau/Komorow   nw. Königswartha, 1374/82 *Comerow*, 1419 *Comeraw*, als HerkN: 1441 *Kommeraw*; 1537 *Commeraw*, 1570 *Comoraw*, 1658 *Commeraw*, 1732 *Gumerau*. / 1719 *Rostorhany Komorow*, 1800 *Komerow*, 1843 *Roztorhany Komorow*, 1920 *Roztorhany Komorow*, 1959 *Komorow p.* (= oso. pola ›bei‹) *Rakec*. – Aoso. *Komorow ›Siedlung des Komor‹. Da in der Nähe der PersN *Komor*, ein ÜberN aus oso. älter komor ›Mücke‹, öfters belegt ist, kommt *Komorow ›Siedlung in einer mückenreichen Gegend‹ weniger in Betracht. / Bei *Komorow* diente der Zusatz *roztorhany* ›zerrissen, lumpig‹ zur Unterscheidung von *Zły Komorow* (*Senftenberg*) und *Commerau b. Klix*. Vgl. auch unten † Kommerau.

Commerau b. Klix/Komorow pola Klukša   nnö. Bautzen, 1399 ff. *Komeraw*, 1419 *Comeraw*, 1430, 1445 *Kummeraw*, 1479 *Comerow*, 1658 *Commeraw*, 1759 *Kümmeraw*, 1768 *Commeraw*. / 1719 *(Dobry) Komorow*, 1843 *Dobry Komorow*, 1920 *Dobry Komorow*, 1959 *Komorow p. Klukša*. – Siehe oben Commerau, nw. Königswartha. Zur Unterscheidung von diesem und *Zły Komorow* (*Senftenberg*) zeitweise mit den Zusätzen *Dobry* ›gut‹ und gegenwärtig mit *b. Klix/pola Klukša* gebraucht.

Cortnitz/Chortnica   nw. Weißenberg, 1407/08 *Cortenicz*, 1419 *Corticz*, 1490 *Korttenicz*, 1545 *Kortnitz*, 1572 *Kortennitz*, 1597 *Korttnitz*, 1658 *Corthnitz*, 1768 *Kortnitz*. / 1800 *Krotniza*, 1835 *Kortniza*, 1843 *Kortnicy*, 1866 *Kortnica*, 1959 *Chortnica*. – Aoso. *Korytnica ›Siedlung an/in einer muldenartigen Geländevertiefung‹, zu oso. korto ›Trog, Futtertrog; Rinnstein‹, nso. koryto ›Trog, Krippe; Flussbett, Rinne‹. Das Suffix *-ьnica weist auf einen BachN als Grundlage hin. Im Poln. kommt mehrmals Korytnica vor, darunter einige von ihnen ursprüngliche GewN.

Cosel/Kózły   n. Königsbrück, sö. Ruhland, um 1400 *die Kosela*, 1455 *zur Kosele*, 1525 *Kôssel*, *Koesel*, 1539/40 *Kosell*, 1558 *von der Kosel*, *Kosell*, 1650 *Coßla*, 1658 *Cosel*, *Koßel*, *Kosel*. / 1719 *Koslow*, 1843 *Kózle*, 1866 *Kózły*. – Aoso. *Kozel´e <

*Kozьłje ›Siedlung, wo es Ziegenböcke gibt‹, zu oso. kozoł ›Ziegenbock‹, urslaw. *kozьłъ. Weniger in Frage kommt *Kozły mit dem ÜberN Kozoł, also ›Siedlung der Kozołs‹ oder *Kozły ›Siedlung, wo es Ziegenböcke gibt‹. / Die älteste Form zeigt Angleichung an die vielen OrtsN auf -ow, auch die Form auf -y kann sekundär sein. Vgl. unten Cosul und Kosel (Nieder-, Ober-) sowie in der Niederlausitz Casel.

Cossern/Kosarnja ö. Bischofswerda, 1355 *Coserin*, 1430 *Cassirn, Kosserin*, 1460 *Kosserin*, 1472 *von Kasserin*, 1493 *zw Gossern*, 1559 *Koßernn*, 1588 *Kossern*, 1768 *Coßern*, 1836 *Cossern*. / 1767 *Koßerna*, 1835 *Koßarny*, 1866 *Kosernja*, 1886 *Koserńja*, 1959 *Kosarnja*. – Vielleicht aoso. *Kosarin ›Siedlung des Kosař‹. Der ÜberN Kosař, auch als FamN gebraucht, beruht auf oso. kosař ›Sensenschmied‹. Es liegt aber wohl eher aoso. *Kosorin ›Siedlung des Kosoŕ‹ vor, mit genauer Entsprechung des OrtsN als Kosořín in Böhmen. Der PersN, auf den sich möglicherweise 1416 *Koser*, 1420 *Kosur*, ders. 1422 *Kosor* aus Bautzen und 1416 *Koser*, ders. *Kosor* aus Goschwitz beziehen und die bisher als *Kozař ›Ziegenhirt‹ gedeutet wurden, lautete *Kosoŕ, zu aksl. kosorь ›Sense, Sichel‹. / Bei Kosarnja erfolgte eine Angleichung an die oso. Substantive auf -na, -nja.

Cosul/Kózły ssö. Bautzen, 1404 *von der Kosela*, 1419 *Coßelaw*, um 1435 *zur Kosele*, 1453 *zur Kosil*, 1503 *Koßil*, 1531 *zur Koßel*, 1535 *zur Kosell*, 1545 *Kossule*, 1552 *Kosoll*, 1565 *Kosel*, 1657 *Cosel*, 1768 *Cosel*, 1836 *Cosel im Gebirge*, 1843 *Kosula*. / 1719 *Koslow*, 1800 *Kosly, Koslowy*, 1848 *Kósly*, 1866 *Kózły, Kózłow*. – Aoso. *Kozel´e, siehe

oben Cosel. Die Form von 1552 kam wahrscheinlich unter dem Einfluss von oso. kozoł ›Ziegenbock‹ auf, dessen hartes -ł wohl dann die Schreibungen mit -u- bewirkte, so 1545, 1843 und das heutige *Cosul*.

Crosta/Chróst n. Bautzen, 1353 *Grust*, 1461 *Croste*, 1526 *Kroste*, 1541 *zur Crusta, Crosta*, 1596 *Crosta*, 1638 *zur Crost*, 1759 *Crusta*, 1768 *Krosta*. / 1800 *Krost*, 1835 *Krosty*, 1843 *Khróst*, 1959 *Chróst*. – Aoso. *Chrost(y) ›Siedlung bei Sträuchern‹, zu oso. älter chróst ›Gesträuch, Reisig‹, in der Mehrzahl chrosty ›Gestrüpp‹.

Crostau/Chróstawa onö. Schirgiswalde, um 1400 *Crostow, Crostaw*, (1419) *Crostaw*, 1474 *ken der Croste*, 1535 *Krostaw*, 1551 *Crostaw*, 1579 *Krostaw*, 1658 *Crostaw*, 1768 *Crosta*, 1791 *Krostau*. / 1700 *Krostawa*, 1767 *Krostowa*, 1800 *Krostawa*, 1843 *Khróstawa*, 1959 *Chróstawa*. – Aoso. *Chrostawa, siehe oben Crosta. Wahrscheinlich ursprünglich Name des durch den Ort zur Spree führenden Baches, also ›durch Sträucher, Gebüsch fließender Bach‹. Das urslaw. Suffix *-ava diente vor allem zur Bildung von GewN.

Crostwitz/Chróścicy onö. Elstra, sö. Kamenz, 1225 *Henricus de Crostiz*, 1248 *Crosticz*, 1264 *Crostiz*, 1290/91 *Crosticz*, 1338 *Krosticz*, 1355 *Crosticz*, 1374/82 *Crosticz*, 1482 *Crostitcz*, 1499 *Krostewitz*, 1534 *Crostitz*, 1571 *Krostwitz*, 1791 *Crostwitz, Krostewitz*. / 1634 *z Kroßćiz*, 1800 *Kroszizy*, 1843 *Khróśćicy*, 1866 *Khróścicy*, 1959 *Chróścicy*. – Aoso. *Chrostici ›Siedlung der Leute des Chrost‹. Der PersN Chrost, der im Oso. auch als FamN vorkommt und im Poln. Chrost, Chrosta, im Tschech. Chrást, Chrasta und Chrásta lautet, beruht auf urslaw. *chvorstъ, oso. chróst ›Gesträuch, Reisig‹.

Cunewalde/Kumwałd mit den Dorfteilen Nieder-, Mittel- und Obercunewalde, onö. Schirgiswalde, 1222 (Kop. um 1550) *Cunewalde*, 1242 *de Chunewalde*, 1272 *Kunewalde*, 1317 *de Cunewalde*, 1336 *Kunewal*, 1408 *Kunewalde*, 1419 *Cunewald superior*, *Cunewald inferior*, 15. Jh. *Cunewalde superior*, *Cunewalde inferior*, *Cunewalde medium*, 1512 *Kunewalde*, 1624 *Kunewalda*, 1657 *Mittel-*, *Nieder-*, *Ober-Cunewalde*. / 1767 *Kumaud*, 1835 *Kumałd*, 1843 *Kumałd*. – Dt., ›Rodungssiedlung des Kuno‹. Kuno ist eine KurzF des VollN Konrad, zu dessen Erklärung siehe unten Cunnersdorf/Hlinka. Zum Grundwort *-walde* siehe oben Buchwalde. Die drei Teile dieses langgezogenen Dorfes wurden zeitweise durch lat. *superior* ›obere‹, *inferior* ›untere‹ und *medium* ›mittlere‹ unterschieden. / *Kumwałd*, durch Angleichung von *m* und *w* sowie die *u*-artige Aussprache von *ł* auch *Kumaud* gesprochen, stellt die sorabisierte dt. Namenform dar.

Cunnersdorf/Hlinka nw. Kamenz, 1225 *Cunratesdorf*, 1263 *Cunradisdorf*, 1362 *von Cunradstorf*, 1374/82 *Kunradisdorf*, *Cunradisdorf*, 1430 *Cunerstorff by Heynersdorff*, 1508 *Cunerßdorff bey Camentz*, 1658 *Cunnerßdorff*. / 1848 *Linka*, 1886 *Hlinka*, 1920 *Hlinka*. – Dt., ›Dorf des Konrad‹. Der VollN Konrad ist aus ahd. kuoni-rāt ›kühn, tapfer, stark‹-›Rat, Ratschlag; Entscheidung, Beschluss‹ hervorgegangen. / Hlinka ›Siedlung in einer Gegend mit lehmhaltigem Boden‹, zu oso. hlina, Verkleinerungsform hlinka ›Lehm‹, hlinina ›Lehmboden‹.

Cunnersdorf, Nieder-/Kundraćicy s. Löbau, 1221 *Cunradisdorf prope opidum* (= lat. ›bei der Stadt‹) *Lubaw*, 1306 *ambae* (= lat. ›beide‹) *Conradesdorpp*, 1375 *Connyrsdorf prope Lubauiam*, 1399 *Kunnersdorf inferior*, 1399 *Kunnirsdorf nedirste*, 1419 *Conradstorff inferior*, 1438 *Cunerstorff*, 1497 *Nieder Cunerßdorff*, 1547 *Nidder Kunerßdorff*, 1657 *Nieder Cunnersdorff*. / 1835 *Kundraczizy*, 1866 *Kundraćicy*. – Dt., ›Dorf des Konrad‹. Zur Erklärung von Konrad siehe oben Cunnersdorf/Hlinka. Die Zusätze *inferior* und *nieder* dienen zur Unterscheidung von Obercunnersdorf. Beide bildeten eine Zwillingssiedlung, was schon 1306 durch lat. *ambae* ›beide (zusammen)‹ zum Ausdruck kommt. / Die erst spät bezeugte Sorabisierung des dt. OrtsN erfolgte durch Ersatz von *-dorf* durch *-ici* bzw. *-icy* sowie lautliche Umgestaltung von *Konrad*, älter *Kuonrāt*.

Cunnersdorf, Ober- s. Löbau, 1306 *ambae* (= lat. ›beide‹) *Conradesdorpp*, 1399 *Kunirsdorff obirste*, 1399 *Kunersdorf superior*, 1419 *Conradstorff superior*, 1472 *Obirkunerßdorff*, 15. Jh. *Cunradistorff superior*, 1547 *Ober Kunnerßdorff*, 1657 *Ober Cunnersdorff*. – Siehe oben Cunnersdorf, Nieder-.

Cunnersdorf, Wendisch/Serbske Kundraćicy nö. Löbau, 1317 *Conradisdorf slavicalis*, 1419 *Conradstorff slavicum*, 1443 *zu Windischekunersdorff*, 1491 *Windische Kunerßdorff*, 1519 *Conradstorff slawica*, 1732 *Wendisch Cunnersdorff*, 1768 *Wendisch Cunnersdorf*. / 1700 *Konraczize*, 1848 *Sserbske Kundraczizy*, 1886 *Serbske Kundraćicy*. – Siehe oben Cunnersdorf, Nieder-/Kundraćicy. Der differenzierende Zusatz *Wendisch* bzw. lat. *slavicus*, *slavica(lis)* kennzeichnet, so wie bei dem benachbarten *Wendisch Paulsdorf*, den sorb. Charakter dieser Siedlungen nö. Löbau, im Gegensatz zu den von Deutschen bewohnten *Cunnersdorf* und *Kunnersdorf* südl. bzw. sö. Löbau.

Cunnewitz/Konjecy ssö. Wittichenau, 1264 *Kvnewiz*, 1291 *Cvnewitz*, 1374/82 *Conewicz*, 1486 *Conewicz*, 1703 *Convitz*, 1768 *Cunnewitz*. / 1684 *z Konĕcz*, 1719 *Koinze*, 1800 *Kohnecze*, 1843 *Kóńecy*, 1886 *Konjecy*. – Wahrscheinlich aoso. *Końowica ›Siedlung, wo Pferde gehalten werden‹, zu oso. kóń ›Pferd‹. Vgl. oben Canitz-Christina. Oder vielleicht MischN *Kunowici ›Siedlung der Leute des Kūn‹, worauf die ersten Belege hindeuten. Kūn ist eine KurzF von Konrad, siehe oben Cunnersdorf/Hlinka. Aoso. *Końowici ›Siedlung der Leute des Koń‹ ist unsicher, wenn auch die späten oso. Formen diese Deutung stützen. *Koń wäre ein ÜberN aus oso. koń ›Pferd‹, der im Sorb. als FamN aber nicht vorkommt.

Cunnewitz, Alt-/Stara Chójnica, mit dem Ortsteil **Cunnewitz, Neu-** sö. Weißenberg, 1486 *Kunewicz*, 1538 *Konewitz*, 1759 *Cunnewitz*, 1791 *Cunnewitz bey Lautitz*, 1836 *Cunnewitz (Alt- und Neu-)*. / 1700 *Kunwiza*, 1848 *Kunwiza*, 1886 *Khójnica*, 1959 *Stara Chójnica*. – Aoso. *Końowica oder MischN *Kunowici, siehe oben Cunnewitz. / Die heutige oso. Form ist durch Angleichung an chójna ›Kiefer‹ entstanden.

D

Dahlowitz/Dalicy n. Bautzen, 1391 *de Dalewicz*, um 1400 *Dalicz*, als HerkN: 1406 *Kirstan Dalewycz*; 1419 *Dalitz*, 1519 *Dalitz*, 1558 *Tallawitz*, 1605 *Dalewicz*, 1663 *Dallwitz*, 1768 *Dahlowitz*. / 1684 ff. *z Da-*

licz, 1800 *Dalizy*, 1843 *Dalicy*, 1866 *Dalicy*. – Aoso. *Dalici neben *Dalowici ›Siedlung der Leute des Dal‹. Dal ist eine KurzF von *Dalebog und ähnl. VollN mit dem Vorderglied aus urslaw. *daľe ›weiter, ferner‹, oso. dale ›weiter‹. FamN mit der Basis *Dal- kommen bes. in der Niederlausitz oft vor, darunter Dal, Dalibog, Daldan, Dalĕj, Dalik u. a. / *Dalici ›Siedlung der Leute des Dal‹. Vgl. Dahlitz in der Niederlausitz.

Dahren/Darin w. Bautzen, als HerkN: 1373 ff. *Daryn, Darin, Daren*; 1377 *Daryn*, 1387 *Daryn*, 1447 *Daryn*, 1493 *Tarenn*, 1556 *Tharann, Daren*, 1585 *Darn*, 1608 *Darrenn*, 1658 *Dahren*. / 1719 *Darin*, 1843 *Darin*, 1866 *Darin*. – Aoso. *Darin ›Siedlung des Dara‹. Dara ist eine KurzF von Bezdar, Bogodar und ähnl. VollN mit dem Hinterglied aus urslaw. *darъ ›Gabe, Geschenk; Opfer‹. Im Sorb. begegnen vereinzelt die FamN Daran, Darik und Dariš, im Poln. auch Dara.

Daranitz/Torońca sö. Bautzen, 1419 *Torgenitz*, 1419 (Kop. 18. Jh.) *Torganitz*, 1430/33 *Tornicz*, 1519 *Torgenitz*, 1534 *Torgenitz*, 1589 *Darentz*, 1759 *Darenz*, 1791 *Daranitz*. / 1800 *Toronza*, 1835 *Taronza, Doronza, Torhonza*, 1843 *Daranicy*, 1886 *Torońca*. – Aoso. *Torgonici ›Siedlung der Leute des Torgon‹. Der PersN, ein ÜberN, beruht auf urslaw. *tъrgati ›reißen, zerren, raufen‹, oso. torhać ›reißen, raufen‹. Im Poln. gibt es als Entsprechungen die PersN Targon, Targoń, Targan u. a., im Tschech. Trhoň.

Dauban/Dube w. Niesky, als HerkN vielleicht: 1377 ff. *Duban*, um 1400 *Tupan*; 1482 *zu der Taupe*, 1490 *Daubin*, 1658 *Dauben*, 1732 *Tauben*, 1768 *Tauban*, 1831/45

Dauban, Tauban. / 1719 *Dabon, Dubow,* 1800 *Duby,* 1835 *Dubo, Dubow, Duby,* 1843 *Dubo,* 1866 *Duby, Dubo,* 1885 *Dubo.* – Vielleicht aoso.*Duban oder *Duban, zu oso. duban, dubjan ›Eichen-‹, wozu vielleicht lěs ›Wald‹, doł ʃTalʿ oder Ähnliches zu ergänzen wäre, also ›Siedlung am/im Eichenwald, -tal‹, zu oso. dub ›Eiche‹. Oder wohl eher *Dubane ›Siedlung der Eichenwaldbewohner‹. / Einige oso. Formen zeigen den Einfluss der zahlreichen OrtsN auf *-ow,* erscheinen aber auch z. T. in der Mehrzahl auf *-y.*

Daubitz/Dubc   n. Niesky, 1398 *vom Ducz,* 1400 ff. *de, vom Dubcz(k),* 1401/05 *keyn* (= gegen) *dem, von dem Ducze,* 1415 *Dawpcz,* 1416 *zum Dupbicz,* 1428 *kein dem Dawpczk,* 1453 ff. *Dupczgk, zum Dupczik,* 1500 *Dauptzig, Dauptz,* 1513 *zum Dawbptz, Daubptz, Dawpitz,* 1709 *Daubitz.* / 1700 *Dubic, Dubc, Dubz,* 1767 *Dubz,* 1800 *Dubz,* 1843 *Dubc,* 1866 *Dubc.* – Aoso. *Dubc ›Siedlung am/im Eichenwäldchen‹, zu oso. dub, Verkleinerungsform dubc ›Eiche‹. Nach Aussage einiger Belege trat zeitweise das Suffix *-k* an.

Dehsa, Groß-/Dažin   w. Löbau, 1242 *de Dyzin, Desen,* 1306 *ambae* (= lat. ›beide‹) *Theesyn,* 1336 *de Desen,* 1346 *von der Deysen,* 1362 ff. *Desen, Desin, Dezen, Deze, Dezin, Tesin, Teczin, von der Dhesen,* 1419 *Deßen magnum,* 1426 *zur Dese,* 1491 *grosse Desen,* 1525 *zur Deße, czur grossen Deße,* 1572 *Desaw, Dese magna,* 1657 *Gros Dehsa.* / 1700 *Wu(l)ki Tažen, Dažen,* 1800 *Wulki Dazin,* 1835 *Dažnij,* 1843 *Dažin,* 1866 *Wulki Dažin.* – Aoso. *Dažin ›Siedlung des Daga‹. Der PersN Daga kommt im Poln. vor und wird von urslaw. *dagněti ›brennen, in Flammen stehen‹ abge-

leitet. *Dažin ergab durch Umlaut im Dt. *Dežin, später erfolgte in einigen Fällen Gleichsetzung mit dem aus dem Slaw. ins Dt. entlehnten Wort *Dese* ›Backtrog‹. Zur Unterscheidung unseres Ortes von *Kleindehsa* wurden neben dt. *groß* lat. *magnum* (männl. Form) bzw. *magna* (weibl. Form) sowie oso. *wulki* gebraucht.

Dehsa, Klein-/Dažink   w. Löbau, 1306 *ambae Theesyn,* 1419 *Deßen nitze,* 1432 *die blinde Desse,* 1491 *kleine Desen,* 1514 *zcur kleynen Dese,* 1657 *Klein Deßa,* 1721 *Klein Däße.* / 1700 *Ma(ly) Tažen, Maly Dažen,* 1800 *Maly Dazin,* 1835 *Dažink,* 1866 *Dažink, Mały Dažin.* – Aoso. *Dažink, siehe oben Dehsa, Groß-. Zur Unterscheidung von diesem gebrauchte man im 15. Jh. *blind,* zu mhd. blint ›versteckt, nicht zu sehen, nichtig‹, später *klein,* in gleicher Bedeutung oso. *mały,* meist aber das Verkleinerungssuffix *-k.* Das 1419 dem Namen nachgesetzte *nitze* geht vielleicht auf oso. nic ›nichts‹ zurück.

Demitz/Zemicy   ö. Bischofswerda, 1374/82 *Semicz* (*S* später durch *d* überschrieben), *Semicz,* 1413 *Demitcz,* 1486 und 15. Jh. *Dhemicz, Demicz,* 1580 *Sdemnitz,* um 1600 *Demitz,* 1721 *Themitz,* 1791 *Demitz ... zum Kloster Marienstern geh. Dorf.* / 1800 *Zemicze, Semizy,* 1835 *Demicy,* 1843 *Demicy,* 1848 *Semizy,* 1866 *Zemicy.* – Bisher als aoso. *Demici ›Siedlung der Leute des Dem(a)‹ gedeutet, ohne die Herkunft des PersN erklären zu können. Nimmt man dt. Umlaut *a > e* an, so lässt sich der MischN *Damici ›Siedlung der Leute des Dam oder Dama‹ ansetzen. Dam und Dama beruhen auf dem christl. RufN Damian und sind im Poln. und Tschech. sicher belegt. Im Poln. gibt es die OrtsN

Damice und Damijanice (heute Damie-
nice), im Tschech. Damnice und Daměni-
ce. Das anlautende *D*- der eingedeutschten Form *Demitz* wandelte sich im Oso.
zu *dź*- und wurde danach durch *z*- ersetzt,
wobei, wie die Form von 1580 vermuten
lässt, auch die Präposition oso. *z* ›aus, von‹
eine Rolle gespielt habe könnte.

Denkwitz/Dźenikecy s. Bautzen, 1361,
um 1400 *(de) Denkewicz*, 1455 *Denkewitz*,
1460 *Dinkhwitz*, 1510 *Denckewicz*, 1534
Denkewitz, 1732 *Denckwitz*, 1791 *Denckwitz ... der Stadt Budißin geh. Dorf*. / 1700
Dżenekeze, Dżenckeze, 1800 *Dzenekezy*,
1835 *Dzenekezy, Dźeńkezy*, 1843 *Dźeńkecy*,
1866 *Dźenikecy*. – Wahrscheinlich aoso.
*Danikowici ›Siedlung der Leute des Da-
nik‹. Danik erklärt sich als KurzF von Daldan oder Bogdan u. ähnl. VollN mit dem
Hinterglied zu urslaw. *danь ›Gabe, Abgabe‹ oder *danъ, passives Vergangen-
heitspartizip von *dati ›geben‹. Dan, Danik, Daniš, die auch auf den christl. RufN
Daniel beruhen können, sind im Sorb. zusammen mit Daldan als FamN vertreten.
Diese Deutung des OrtsN setzt voraus,
dass das im Dt. durch Kürzung des Namens später ausgefallene *-i-* der zweiten
Silbe Umlaut *a* > *e* bewirkte. / Die oso.
Lautung wurde durch eingedeutschte Formen mit verursacht.

Deschka/Deško s. Rothenburg, n. Görlitz, 1387 *Teskow*, als HerkN: 1389 *Teske*,
ders. 1412 *Tesco*, 1482 *Teschke*; 1398 *Tesko*,
1407 *de Teschkaw*, 1414 *Teskaw*, 1427
Desschkaw, 1449 *Deschko*, 1594 *Deschkau*,
1732 *Deschke*, 1791 *Deschka*. / 1920 *Deš-
ko*. – Aoso. *Těškow ›Siedlung des Těšk‹.
Těšk ist eine KurzF solcher VollN wie Těšimir mit dem Vorderglied aus urslaw. *tě-

šiti ›erfreuen, trösten, stillen‹, dazu oso.
ćěšić ›stillen, säugen‹, tschech. těšit ›(er)-
freuen‹. / Das sehr spät überlieferte *Deš-
ko* stellt eine sorabisierte eingedeutschte
Form dar.

Diebsdorf siehe unten Tiefendorf.

Diebsdörfel siehe unten Neudörfel, sw.
Zittau.

Diehmen/Demjany sw. Bautzen, 1241
Dymin, Dimin, um 1400 *Demyn*, 1419 *Dy-
wen parvum* (= lat. ›klein‹), 1433/37 *De-
men*, 1519 *Dymen*, 1564 *Tymen*, 1569 *Die-
men*, 1576 *zum Dihmen*, 1658 *Diehmen*. /
1767 *Demiane*, 1800 *Dymeny*, 1843 *Demjany*, 1866 *Demjany*. – Wahrscheinlich
aoso. *Dymina ›(Oft) im Dunst liegende
Siedlung‹, zu oso. dym ›Qualm, Rauch;
Dunst‹. Weniger in Frage kommt *Dymin
›Siedlung des Dyma‹. Dyma könnte auf
oso. dymać ›Hauch ausblasen‹ zurückgehen und hätte solche FamN wie poln. Dyma und tschech. Dýma zur Seite. / *Dyma-
ne ›Bewohner einer dunstigen Gegend‹.

Diehsa/Dźěže sw. Niesky, 1936–1947 *Altmarkt*, 1380 *Deze*, 1400 *keyn* (= gegen) *der
Dese*, 1421 *von der Desen*, 1422 *von der
Dezen*, 1423 *zu der Dessin*, 1451 *zu der Dese*, 1495 *Dese*, 1523/24 *von der Dyse, Diße*,
1546 *zur Dise*, 1551 *zur Diese*, 1597 *Diesa*,
1791 *Diehsa*. / 1800 *Dzjeze*, 1843 *Džježje*,
1866 *Dźěže*. – Vielleicht aoso. *Děža ›Siedlung in einer Mulde, einer Bodenvertiefung‹, zu oso. dźěža ›Backtrog‹. Eine Deutung wie oben bei *Dehsa, Groß-*, dürfte
hier nicht in Frage kommen.

Dittelsdorf nö. Zittau, 1369 *Ditlichstorf*,
1406 *Dytrichsdorff*, 1410 *Dythleybsdorff*,
1420 *Dittelsdorf*, 1424 *Dytrichsdorff alias
S. Pancracii*, 1424 (Pfarrer Johannes von)
Pankraz, 1437 *in Pankraz*, 1558 *Dittelsdorf*,

1732 *Dittelsdorff*, 1791 *Dittelsdorf*. – Dt., ›Dorf des Dietlieb‹. Einige Schreiber deuteten das seltenere *Dietlieb* zu dem häufigeren *Dietrich* um. Dietlieb ging aus ahd. diot-liob ›Volk‹-›lieb‹ hervor. Zu Dietrich siehe unten Dittersbach. Zeitweise vertrat der Name des heiligen *Pankratius*, eingedeutscht *Pankraz*, als Weihename (Patrozinium) der örtlichen Kirche den OrtsN.

Dittersbach, auch *Dittersbach auf dem Eigen* sö. Bernstadt, 1261 *Diterisbach*, 1283 *Ditherichsbach*, 1285 *Ditherichsbach*, 1315 *Dittrichsbach vfm Eygen*, 1374/82 *Ditherichspach*, *Dytherichspach*, 15. Jh. *Thitrichsbach*, 1430 *Diettirsbach*, 1486 *Dittersbach*, 1791 *Dittersbach ... ein Pertinenzstück vom Eygenen Creyße, zwischen Bernstadt und Ostritz*. – Dt., ›Am Bach gelegene Siedlung des Dietrich‹. Dietrich geht auf ahd. diot-rīh(h)i ›Volk‹-›Herrscher; Macht; reich, mächtig, prächtig‹ zurück. Vielleicht wurde die Siedlung nach *Dietrich* von Kittlitz benannt. Zum Zusatz *auf dem Eigen* siehe oben *Bernstadt auf dem Eigen*.

Dittmannsdorf nw. Reichenbach, 1280 *Dithmarstorf*, 1285 *Dithmarstorf*, um 1320 *Ditmaresdorph*, 1419 *Ditmarssdorff*, 1525 *Diettmersdorf*, 1759 *Dittmannsdorff*. – Dt., ›Dorf des Dietmar‹. Dietmar erklärt sich aus ahd. diot-māri ›Volk‹-›bekannt, berühmt; herrlich; groß, erhaben‹.

Dittmannsdorf, Klein- w. Pulsnitz, 1309 *Dytwinsdorf*, 1350 *Dytwinsdorf*, 1375 *Ditwinsdorf*, 1393 *Dythwinstorff*, 1445 *Ditmanstorf*, 1517 *Ditmeßdorff*, 1555 *Ditmanßdorff*, 1704 *Dittmannsdorff*, 1768 *Klein-Dittmannsdorf*. – Dt., ›Dorf des Dietwin‹. Dietwin beruht auf ahd. diot-wini ›Volk‹-›Freund, Geliebter‹. Das sonst seltene Hinterglied -win wurde im 15. Jh. durch das sehr häufige -man, zu ahd. man ›Mensch; Mann, Kriegsmann‹, ersetzt. Der Zusatz *Klein-* unterschied den Ort von *Großdittmannsdorf* n. Dresden.

Döberkitz/Debrikecy w. Bautzen, 1466 *Debreckwitz*, 1475 *Debergwicz*, 1535 *Dobriketz*, *Debriketz*, 1569 *Doberkitz*, 1571/73 *Dobirckitz*, 1600 *Deberkitz*, 1617 *Döbriketz*, 1768 *Döberkitz*. / 1800 *Debrikezy*, 1835 *Deberkezy*, *Debrikezy*, 1866 *Debrikecy*. – Aoso. *Dobrikowici ›Siedlung der Leute des Dobrik‹. Dobrik ist eine KurzF von Dobrosław u. ähnl. VollN mit dem Vorderglied aus urslaw. *dobrъ ›gut‹, im Oso. dobry ›gut‹. Von diesem Vollnamenglied sind viele sorb. FamN abgeleitet, so Dobr, Dobrak, Dobraš, Dobrik, Dobroš u. a. Historisch bezeugt sind auch sorb. Dobrosław und Dobromysł.

Doberschau/Dobruša sw. Bautzen, 1221, 1241 *de Dobirus*, *Dobrus*, 1241 *burquardus Dobrus*, 1250 (1276) *de Doberscowe*, *Doberschowe*, 1363 *de Dobrusch*, 1407 *Dobrucz*, 1430 *Dobrusch*, 1476 *Doberisch*, 1487 *Dobirsch*, 1559 *Dobersche*, *Doberscha*, 1589 *Doberse*, *Dobrische*, 1768 *Doberschau*. / 1843 *Dobruša*, 1866 *Dobruša*, 1886 *Dobruš*. – Aoso. *Dobruš ›Siedlung des Dobruch oder Dobruš‹. Zur Erklärung der PersN Dobruch bzw. Dobruš siehe oben Döberkitz. / *Dobruša* verdankt das auslautende -a eingedeutschten Formen.

Doberschütz/Dobrošicy sw. Königswartha, 1350, 1373 *de Doberswicz*, *von Dobirswicz*, 1447 *Dobirswicz*, 1519 *Doberßwitz*, 1559 *Doberschiz*, *Doberschütz*, 1569 *Doberschitz*, 1658 *Doberschitz*, *Doberschüz*, 1768 *Doberschütz bey Königswartha*. / 1684 ff. *z Dobrežicz*, 1800 *Dobro-*

schetzy, 1835 *Dobroschezy*, 1843 *Doberši-cy*, 1866 *Dobrošicy*. – Aoso. *Dobrošowici ›Siedlung der Leute des Dobroš‹. Zur Er-klärung von Dobroš siehe oben Döberkitz.

Doberschütz/Dobrošecy nö. Bautzen, 1280 *de Doberswizc*, 1334 *de Dobirswiz*, 1374 ff. *de Dobirswicz*, *Dobris(ch)wicz*, *Dobirschwicz*, als HerkN: 1421 *Hans Do-birswicz*, 1473 *Hans Doberschicz*; 1503 *Doberschwitcz*, 1519 *Dobirschitz*, 1768 *Do-berschütz bey Nieder-Gurig*. / 1700 *Dobr-žeze*, 1800 *Dobraschezy*, 1843 *Doberšecy*, 1866 *Dobrašecy*, 1959 *Dobrošecy*. – Aoso. *Dobrašowici ›Siedlung der Leute des Dobraš‹. Zur Erklärung von Dobraš sie-he oben Döberkitz.

Döbra/Debricy nö. Kamenz, 1374/82 *Dobyr*, 1432 *zcur Dobre*, 1441 *zcur Dabir*, 1453 *zur Deber*, *Dober*, 1479 *von der Da-ber*, 1529 *Döber*, 1566 *Döbraw*, 1579 *Do-ber*, 1791 *Döbra*. / 1835 *Dobra*, 1848 *De-berzy*, 1866 *Debricy*. – Aoso. *Dobŕ ›In einem Tal oder an einem Graben gelege-ne Siedlung‹, zu urslaw. *dъbrъ, *dъbra ›Schlucht, Tal (mit Wald bewachsen)‹, alt-poln. debrz, poln. mundartl. auch debra, debrza ›Graben, Schlucht; Wald‹, atschech. debř ›Tal‹. Der Ort liegt an der Schwarzen Elster. / Einige spätere oso. Formen wur-den mit dem Suffix -icy abgeleitet.

Dobranitz/Dobranecy nö. Bischofs-werda, 1222 *Dobranewiz*, 1227 *de Dobra-newiz*, *Dobranuiz*, 1245 *Dobranwiz*, *Do-branowiz*, 1374/82 *Doberanwicz*, *Dobran-wicz*, 1559 *Dobrantzsch*, 1562 *Doberantz*, 1569 *Dobranitz*, 1768 *Dobranitz*. / 1843 *Dobranicy*, 1866 *Dobranecy*. – Aoso. *Do-branowici ›Siedlung der Leute des Do-bran‹. Zur Erklärung von Dobran siehe oben Döberkitz.

Dobrig/Dobrik sw. Elstra, (1420) 1453 *Doberack*, 1732 *Dobrich*, 1768 *Dobrig*, 1777 *Dobrigau*, 1791 *Dobrig*, 1800 *Do-brig*. / 1886 *Dobrik*, 1959 *Dobrik*. – Bisher als *Doběrak ›Siedlung des Nachnehmers, Restnehmers, Erbes‹ gedeutet, zu oso. dobjerak ›Restnehmer, Erbe‹. Man dach-te auch an einen PersN *Dobrak, der un-mittelbar zum OrtsN erhoben wurde. Wohl eher *Dobŕak oder *Dobrik ›Siedlung an/ in einem Tal‹, siehe oben Döbra.

Döbschke/Debiškow w. Bautzen, 1376 *de Debiscow*, 1377 *Debiscow*, 1381 *De-bischko*, 1516 *Döbeschky*, 1566 *Debischko*, 1569 *Dobischk*, 1572 *Debischke*, 1624 *De-bischka*, 1658 *Döbßke*, 1732 *Döbschke*. / 1800 *Debischkow*, 1843 *Debsk*, 1866 *De-biškow*. – Aoso. *Debiškow ›Siedlung des Debišk‹. Der PersN lässt sich aus oso. debić ›zieren, schmücken, putzen‹, deba ›Schmuck, Zier(art)‹ erklären. Als FamN begegnet mehrmals Debik.

Döbschütz/Dobšicy nw. Reichenbach, 1280 *Dobswicz*, um 1330 *Dobeshicz*, 1334 *Dobitswicz*, 1394 *Debeschicz*, 14. Jh. *von Dobeschicz*, 1399 *kein* (= gegen) *Dobe-schicz*, *Debischicz*, 1408 *Dobssiz*, 1413 *Do-beschiz*, 1449 *Dobschitcz*, 15. Jh. *Dobischit*, 1523 *Debschitz*, 1529 *Dobesycz*, 1578 *Do-beschitz*, 1768 *Döbschütz*. / 1920 *Debšk*, *Dobšicy*. – Aoso. *Dobišici ›Siedlung der Leute des Dobiš‹. Dobiš erklärt sich als KurzF von Doběslaw und ähnl. VollN mit dem Vorderglied aus urslaw. *dobъ, ›tap-fer, mutig, tüchtig‹ und kommt neben Do-bak, Dobik u. a. im Sorb. als FamN vor. Die Formen von 1280 und 1334, die auf -wicz enden, entstanden sicherlich unter dem Einfluss anderer OrtsN auf -witz und lassen nicht auf ein *Dobišowici schließen.

Döbschütz, Groß-/Debsecy s. Bautzen, 1437 *Dabeschicz*, 1448 *Dobeschitz*, 1466 *Dabschitz*, 1473 *Dabeschicz*, 1496 *Dabischitcz*, 15. Jh. *Dobischitz*, 1534 *Dobschitz*, 1732 *Döbschiz*, 1759 *Groß Debschwitz*, 1768 *Groß-Döbschütz*. / 1700 *Debseze*, 1719 *Tepßez*, 1800 *Wulke Debßezy*, 1835 *Debschezy*, 1866 *Wulke Debsecy*. – Aoso. *Dobišici ›Siedlung der Leute des Dobiš‹, siehe oben Döbschütz nw. Reichenbach. / Die oso. Schreibungen seit 1700 beruhen auf eingedeutschten Formen.

Döbschütz, Klein-/Małe Debsecy Nebensiedlung von Groß-Döbschütz, s. Bautzen, 1759 *Klein-Debschwitz*, 1791 *Klein Döbschütz*, 1836 *Kleindöbschütz*. / 1800 *Male Debßezy*, 1866 *Małe Debsecy*. – Siehe oben Döbschütz, Groß-.

Döhlen/Delany sö. Bautzen, 1416 *Delin*, als HerkN: 1416 *Delan* (aus Bautzen); 1433 *Delan*, als HerkN: 1501 *Delen*; 1564 *Dhelen*, 1569 *Doelenn*, 1574 *Dählen*, 1657 *Döhlen*. / 1719 *Delan*, 1800 *Delany*, 1843 *Delany*, 1866 *Delany*. – Aoso. *Dolane, später *Delany ›Siedlung der Talbewohner‹, zu oso. doł ›Tal, Vertiefung‹. In *Dolane wandelte sich vor dem durch -*j*- (in -*jane*) erweichten -*l*- ursprüngliches *o* zu *e*.

Dolgowitz/Dołhaćicy nö. Löbau, 1241 *Dolgawiz*, *Dolgauiz*, *Dolgawitz*, 1394 *Dolgewicz*, 1405 *Dolgewicz*, *Dulgewicz*, 1432 *Dolgewicz*, 1434 *Dulgewicz*, 1568 *Dollgewicz*, 1657 *Dollwitz*, 1768 *Dolgowitz*. / 1700 *Dolhaize*, 1835 *Dołhazizy*, 1843 *Dołhaćicy*, 1866 *Dołhaćicy*. – Aoso. *Dołgowici ›Siedlung der Leute des Dołg‹. Dołg erklärt sich entweder als KurzF von *Dołgomił, im Altpoln. Długomił, im Atschech. *Dlugomil* und *Dluhemil*, mit dem Vorderglied aus urslaw. *dьlgъ ›lang‹, dazu oso. dołhi,

nso. älter *dlugi*, poln. dlugi, tschech. dlouhý ›lang‹. Möglicherweise geht Dołg als ÜberN direkt auf dieses Adjektiv zurück und benannte einen hoch gewachsenen Menschen. In der Oberlausitz kommt mehrmals der FamN Dołhi vor.

Dörgenhausen/Němcy s. Hoyerswerda, 1264 *Dvringenhvsen*, 1290 *Duringenhusen*, 1374/82 *Doringenhuzen*, 1440 *Doringenhausen*, 1445 *zu Doringishusse*, 1486 *Doringenhawsen*, 1719 *Türckenhausen*, 1791 *Dörgenhausen*, *Türckenhausen*, *Thüringshausen*. / 1719 *Niem(e)z*, 1744 *Nymez*, *Nimzach*, *Nimzech*, 1800 *Nemcze*, 1843 *Njemcy = Němcy*, 1866 *Němcy*. – Dt., ›Siedlung der Thüringer oder eines Thüringers‹. Das Bestimmungswort beruht auf dem Stammes- bzw. Landschaftsnamen Thüringen. Das Grundwort -hausen, aus mhd. hūs ›Haus, Gebäude, Wohnung, Hütte‹, später auch ›festes, steinernes Haus, Burg‹, steht hier im Dativ der Mehrzahl und hatte die Bedeutung ›aus mehreren Häusern bestehende Siedlung‹. Die Form *Türckenhausen* v. J. 1791 stellt wahrscheinlich eine spottende Umbenennung dar. / *Němci, später Němcy ›Die Deutschen, Siedlung der Deutschen‹, zu oso. Němc ›der Deutsche‹.

Döschko/Daški w. Weißwasser, Ortsteil von Neustadt, 1568 *Deschke*, vor 1635 *Desskaw*, *Desko*, 1732 *Deschke*, 1759 *Deschke*, 1814/25 *Deschko*, *Deßkov*, *Döschko*, 1831 *Däschko*, 1866 *Daschko*, 1925 *Döschko*. / 1831/45 *Daschk*, 1843 *Daški*, 1866 *Daški*. – Wahrscheinlich aoso. *Dašikow ›Siedlung des Dašik‹. Dašik ist eine mit dem Suffix -*ik* erweiterte KoseF Daš, hervorgegangen aus einem mit Da- anlautenden VollN. In Frage kommen vor allem Namen mit dem Vorderglied Dale-, so Dalebog u. a., siehe oben Dahlowitz. Daš, Dašan, Dašik und Daška begegnen öfters als FamN.

Drauschkowitz/Družkecy sw. Bautzen, 1353 *Druzkewicz*, 1374/82 *Druskewicz*, 1399 ff. *Druskewicz*, 1419 *Drußkewitz*, als HerkN: 1453 *Drawsskewicz*; 1492 *Drawschkwicz*, 1562 *Trauschkewicz*, 1569 *Drauschwitz*, 1658 *Drauschwiz*, 1703 *Drauschkowitz*. / 1700 *Drußeze*, 1767 *Družkesche*, 1800 *Struschezy*, 1835 *Družkezy*, *Struschezy*, 1843 *Družkecy*, 1866 *Družkecy*. – Aoso. *Družkowici ›Siedlung der Leute des Družk‹. Der PersN Družk, mehrmals auch als FamN bezeugt, beruht auf urslaw. *drugъ ›Gefährte, Freund‹, poln. alt drug, russ. drug ›Freund‹, ostnso. drug begegnet nur in der Verbindung *zly drug* ›Übeltäter, boshafter Mensch‹, oso. älter druh ›Freund, Genosse, Kamerad‹ ist unter dem Einfluss benachbarter slaw. Sprachen erst im 19. Jh. aufgekommen.

Drausendorf nö. Zittau, 1366 *Drusendorff*, 1369 (Kop. 15. Jh.) *Drozendorff*, 1426 *Drawsen-, Drausen-, Drawsin-, Trawsendorff*, 1478 *Drawsindorff*, 1732 *Drausendorff*, 1791 *Draußendorf, Trauschendorf*. – MischN, ›Dorf des Druž oder Druža‹. Diese PersN beruhen so wie oben Družk in Drauschkowitz auf urslaw. *drugъ, verändert mit dem Suffix *-jь oder *-ja zu *Druž bzw. *Druža. Beide Namen kommen im Sorb. auch als FamN vor.

Drebnitz, Groß-/Drjewnica sw. Bischofswerda, 1262 *Drewenitz maior*, 1398 *Drebnicz*, 1412 *Drebnicz*, 1490 *zwr grossen Drebenitz*, 1544 *Grossen Drebenicz*, 1557 *Trebnitz*, 1559 *Grosdrebnitz*, 1791 *Groß Drebnitz*. / 1719 *Drebenza*, 1886 *Drjewnica*. – Aoso. *Drewnica ›Siedlung,

wo es Holz gibt, Siedlung am/im Walde‹, zu oso. drjewo ›Holz‹, älter auch noch ›Baum‹. Da das Suffix *-ьnica oft GewN ableitet, dürfte die Siedlung nach dem dort vorbeifließenden und in die Wesenitz mündenden Bach benannt worden sein, also ›Siedlung am Holz-, Waldbach‹. Zur Unterscheidung von Kleindrebnitz wird in älterer Zeit der Zusatz lat. maior ›größer‹ verwendet.

Drebnitz, Klein- sw. Bischofswerda, 1262 *Drewenitz minor*, 1413 *czur cleyne Drevenicz*, 1559 *Klein Drebniz*, 1580 *Klein Drebenitz*, 1768 *Klein Drebnitz*. – Aoso. *Drewnica, siehe oben Drebnitz, Groß-, von diesem anfangs durch den Zusatz lat. minor ›kleiner‹ unterschieden.

Drehna/Tranje ö. Wittichenau, 1936– 1947 *Grünhain*, 1501 *Drene*, 1560 *Drähna*, 1686 *Drehna*, 1732 *Drehna*, 1768 *Drehna*, 1815 *Drehna*, *Trähna, Threne*, 1831/45 *Drähna oder Drehna*. / 1800 *Tranje*, 1831/45 *Drahnje*, 1843 *Tranje*, 1866 *Tranje*. – Aoso. *Dren´e ›Siedlung in einer Gegend, wo es viele Kornelkirschen, Hartriegelsträucher gibt‹, zu oso. drěn, nso. drjon ›Hartriegel, Kornelkirsche‹, urslaw. *dernъ. / Bei den oso. Formen dachte man auch an oso. trawa ›Gras‹, trawny ›Gras-‹ als Grundlage, was aber abwegig ist.

Drehsa/Droždźij w. Weißenberg, 1400 ff. *Dresaw, Drosaw, Drasaw, Draesaw*, 1439 *Drosaw*, 1474 *Drassaw, Drassow*, 1489 *Draßaw*, 1569 *Dreschaw*, 1572 *Drösse*, 1615 *Dreße*, 1653 *Dräse, Drässa*, 1651 *zur Dräsche*, 1747 *Drehsa*. / 1767 *Droždže*, 1800 *Drozdzij*, 1835 *Droždźij*, 1843 *Droždžij*, 1866 *Droždźij*. – Aoso. *Drožow ›Siedlung des Drož‹. Drož ist aus solchen VollN wie Drogosław mit dem Vorderglied zu urslaw.

*dorgъ ›lieb, teuer‹, nso. drogi, oso. drohi ›teuer, kostbar, wertvoll‹ hervorgegangen, wobei an Drog- ein kosende bzw. expressive (ursprünglich patronymische) Funktion ausübendes Suffix *-jь trat, was zu Drož führte. Man ging aber auch – bes. wegen der oso. Formen seit 1767 ff. – von aso. *Droždže aus, zu oso. droždźe ›Hefe‹, und schloss von der Grundbedeutung ›etwas Zerkleinertes, Zerdrücktes‹ auf ›Siedlung auf lehmigem Boden o. ä.‹

Dreikretscham/Haslow nw. Bautzen, 1390 *Dryekreczim villa* (= lat. ›Dorf‹), 1460 *zu Dreyen Kreczmarn*, 1474 *zu Dreyen Cretscham*, 1499 *bey den Dreien Kretschemen*, 15. Jh. *Dreykretzam*, 1506 *von Drey Kreczmer*, 1519 *Drey Kretzan*, 1580 *Drei Kretzschmer, -mar*, 1617 *Haßlow oder Drey Kretzschmar*, 1658 *Drey Kretscham*. / 1684 ff. *z Haslowa*, 1700 *Zikorczmy alias Haßlow*, 1800 *Haßlow*, 1843 *Haslow*, 1866 *Haslow*. – MischN, ›Siedlung mit drei Gastwirtschaften‹. Der Name besteht aus dem dt. Zahlwort drei und dem aus dem Slaw. ins Dt. eingedrungenen Wort Kretscham, bereits mhd. kretscheme, kretschem ›Schenke, Dorfschenke‹, kretschmar ›Gastwirt‹, oso. korčmar ›Schankwirt‹, letztendlich aus urslaw. *kъrčьma, *kъrčьmarь. / Der Beleg von 1700 würde heute *Tři korčmy* lauten. Haslow beruht auf dt. Haßlau, Haslau, zu mhd. hasel ›Haselbusch‹ und -a (aus älterem -aha) ›Bach‹ oder mhd. lō ›Gebüsch, Wald, Gehölz‹ bzw. lā ›Lache, Sumpf(wiese)‹, also ›Siedlung am/im Haselgebüsch‹ oder ›Siedlung am Haselbach‹.

Dreiweibern/Tři Žony ö. Hoyerswerda, 1509 *Dreyweibern*, 1525 *Drey Weibern*, 1551 *Dreyweibern*, 1571 *Dreyweiber*, 1658 *Dreyweibern*, 1768 *Drey Weiber*, 1831/45 *Dreiweibern*. / 1800 *Zizany*, 1843 *Tsi Žony* = *Tři Žony*, 1885 *Tři Žony*. – Dt., ›Siedlung zu den drei Weibern‹, gemeint sind wahrscheinlich drei Bauerngüter, bewirtschaftet von Frauen. / Tři Žony, zu oso. tři ›drei‹ und žona, in der Mehrzahl žony, ›Frau‹.

Dretschen/Drječin nw. Schirgiswalde, 1352 *Dreschin*, 1355 *Dreschin*, 1446 *Dretschin*, 1452 *Dreczin*, 1461 *Dreczschen*, 1556 *Dreczschenn*, 1590 *Dretzschen*, 1592 *Tretzschen*, 1768 *Dretzschen*. / 1770 *we Dracźini*, 1835 *Dreczin*, 1843 *Drječin* = *Drěčin*, 1866 *Drječin*. – Aoso. *Dračin ›Siedlung des Drač‹. Der PersN Drač beruht auf urslaw. *dьračь, einer Ableitung vom Verb *dьrati ›reißen, zerren‹, oso. drač ›Schinder, Abdecker‹, nso. drěc ›Schinder, Folterknecht‹, poln. alt dracz ›Räuber, Verbrecher‹. Dracz ist im Poln. als FamN bezeugt. Im Dt. wurde durch den Umlaut *a* > *e* aus *Dračin ein *Drečin, welches auch die Grundlage für die heutige oso. Form bildet.

Driewitz/Drěwcy ö. Wittichenau, 1509 *Drewitz*, 1536 *Drewitz*, 1571 *Drewitz*, 1658 *Triebiz*, 1732 *Driebitz*, 1791 *Driewitz*. / 1800 *Drjewzy*, 1843 *Drjewcy* = *Drěwcy*, 1866 *Drěwcy*, 1885 *Drěwcy*. – Aoso. *Drewica oder *Drewce ›Siedlung am/im Walde, Gehölz‹, zu oso. drjewo ›Holz‹, älter auch ›Baum‹. Die Form *Drewce könnte sich auf den tschech. OrtsN Dřěvce stützen, der auf dřěvce, eine Verkleinerungsform von dřěvo ›Holz, Baum‹ zurückgeht und ›Strauch‹ bedeutete. / Drěwcy, im Genitiv Drěwcow, ist ein nur in der Mehrzahl gebrauchtes Wort.

Droben/Droby osö. Königswartha, 1350 *Drobe*, 1353 *Drobe*, 1419 *Draben*, 1519 *Draben*, 1542 *Droben*, 1658 *Droben*, 1768 *Droben*. / 1712 *Drobow*, 1800 *te Drobe*, 1843

Droby, 1866 *Droby*. – Man ging bisher von einer aso. Wurzel *drob- wie in nso. drobjeńca ›etwas Kleines‹ aus und nahm mit Vorbehalt ›Siedlung auf krümeligem Boden‹ an, schloss aber auch einen PersN nicht aus. Von der Motivation her ist diese Deutung fraglich. Wahrscheinlich aoso. *Drobin ›Siedlung des Droba‹. Droba, das neben Drobak, Drobik, Drobko u. a. als FamN vorkommt, beruht auf oso. nso. drob ›alles, was klein oder klar ist‹, älter ›kleines Ding, kleines Zeug‹, womit ein Mensch von kleinem Wuchs gemeint war. Die unbetonte Silbe -in wurde im Dt. zu -en und in den ersten Belegen zu -e abgeschwächt, im Sorb. später durch -y ersetzt und als ein Wort in der Mehrzahl aufgefasst, das im Genitiv auf -ow ausgeht.

† **Drogobudowitz** untergegangene Siedlung im Burgward Göda, w. Bautzen, 1071 (Fälschung Anfang d. 12. Jh.) *una (villa) in burcwardo* (= lat. ›ein Dorf im Burgward‹) *Godiwo, Drogobudowice*. – Aoso. *Drogobudowici ›Siedlung der Leute des Drogobud‹. Das Vorderglied dieses VollN beruht auf urslaw. *dorgъ ›lieb, teuer‹, nso. drogi, oso. drohi ›teuer, kostbar, wertvoll‹, das Hinterglied auf urslaw. *buditi, oso. budźić ›wecken‹, oder auf urslaw. *byti, in der Ich-Form Einzahl *bǫdǫ, oso. być, budu ›sein, existieren‹.

Düben, Groß/Dźěwin nw. Weißwasser, 1464 *Groß Duben*, 1513 *von Grossen Diben*, 1597 *Grosdieben*, 1732 *Groß Dieben*, 1768 *Groß Düben*. / 1835 *Dźewin*, 1831/45 *Wulki Dzewin*, 1843 *Dźěwin*, 1885 *Dźěwin*. – Bisher als aso. *Děvin-, zu *děva ›Jungfrau‹ erklärt, wobei man an ›Siedlung der Jungfrau‹ (eventuell als Kultstätte) oder an ›Siedlung des Děva‹, also an einen PersN

dachte. Wohl eher aoso. *Dibin ›Siedlung des Diba‹. Der PersN Diba beruht auf urslaw. *diba ›Heiserkeit‹, dazu nso. źiba ›Heiserkeit‹. Im Poln. gibt es den PersN Dziba und davon abgeleitet den OrtsN Dzibice. Im Oso. musste *Dibin *Dźibin ergeben, das leicht volksetymologisch zu *Dźěwin umgedeutet werden konnte. Das Wort *dźěwa ist im heutigen Oso. in dźowka, älter auch dźěwka ›Tochter, Magd‹ enthalten.

Dubrau, Groß-/Wulka Dubrawa n. Bautzen, 1396 *de Dobraw*, um 1400 *von der Doberaw*, 1419 *Dubraw magnum*, 1433 *zcur Dobro*, 1434 *Dubrawa*, 1490 *Dobraw*, 1500 *Dubra*, 1519 *Dubraw*, um 1550 (Kop. 18. Jh.) *Dubra magna*, 1615 *Dubraw*, 1658 *Groß Dubraw*, 1768 *Groß Dubrau*, 1792 *Dubra magna*. / 1684 ff. *z Dubrawe*, 1800 *Wulka Dubrawa*, 1866 *Wulka Dubrawa*. – Aoso. *Dubrawa ›Siedlung am/im Eichenwald‹, zu urslaw. *dǫbrava ›Eichenwald‹, nso. älter dubrawa ›Eichenwald‹, oso. älter dubrawka ›Eichenwäldchen‹, sonst im Sorb. nur in Flur- und Ortsnamen. Zur Unterscheidung von Dubrau, Klein-, siehe unten, wird in älterer Zeit lat. *magnum* (sächl. Form) bzw. magna (weibl. Form) ›groß‹ gebraucht. Vgl. in der Niederlausitz Dubrau und Dubraucke.

Dubrau, Holsch-/Holešowska Dubrawka sö. Königswartha, Ortsteil von Holscha, 1419 *Dubraw claro*, 1759 *Hollsche Dubraucke*, 1791 *Holschdubrau*, 1791 *Dubra sub Holsche*, 1836 *Hollschdubrau*. / 1800 *Holeschowska Dubrawa*, 1843 *Holešowska Dubrawka*, 1866 *Holešowska Dubrawka*, 1886 *Holešowska Dubrawka*. – Aoso. *Dubrawa, siehe oben Dubrau, Groß-. Der lat. Zusatz *claro* (sächl. Form) bedeutet ›klar, laut, hell; glänzend‹.

Dubrau, Klein-/Mała Dubrawa   n. Bautzen, 1419 *Dubra parva*, 1500 *Cudubra*, 1527 *Klein Dubraw*, 1547 *Klein Dubraw*, 1572 *zur Dubrawe*, 1658 *Klein Dubraw*, 1768 *Klein Dubra*. / 1800 *Mawa Dubrawa*, 1843 *Dubrawka*, 1866 *Dubrawka*, 1886 *Mała Dubrawa*. – Aoso. *Dubrawa, siehe oben Dubrawa, Groß-, zur Unterscheidung von diesem im ersten Beleg mit *parva* (weibl. Form) ›klein‹, im Sorb. mit mała (weibl. Form) ›klein‹ oder mit dem Verkleinerungssuffix *-ka* gekennzeichnet. Der Beleg von 1500 *Cudubra* ist als Spottname ›Kuhdubrau‹ zu verstehen.

Dubrau, Luppe-/Łupjanska Dubrawka sö. Königswartha, Ortsteil von Luppa, 1419 *Dubrau zichardi*, 1746 *Luppsch Dubrau*, 1759 *Lupsche Dubraucke*, 1791 *Dubrau*, 1836 *Luppisch-Dubrau*, 1904 *Luppedubrau*. / 1800 *Wupjanska Dubraucka*, 1843 *Łupjanska Dubrawka*, 1866 *Łupjanska Dubrawka*, 1886 *Łupjanska Dubrawa*. – Aoso. *Dubrawa, siehe oben Dubrau, Groß-. Daneben war auch die mit dem Verkleinerungssuffix *-ka* gebildete Form *Dubrawka in Gebrauch. Der Zusatz *zichardi* im ersten Beleg beruht vielleicht auf dem dt. PersN Sieghard(t) (mit lat. Genitiv von *Sieghardus).

Dubrauke/Dubrawka   nw. Weißenberg, als HerkN: 1472 *Mertin Dubrawca*; 1514 *Dubraucke*, 1573 *zur Dubraucke*, 1597 *Dubraugke*, 1768 *Dubraucke*. / 1684 ff. *z Dubrawki*, *Dubroukej*, 1700 *Dubrawka*, 1800 *Dubrauke*, 1843 *Dubrawka*, 1866 *Bartska Dubrawka*. – Aoso. *Dubrawka ›Siedlung am/im Eichenwäldchen‹, siehe oben Dubrau, Groß-.

Dubring/Dubrjenk   w. Wittichenau, 1936–1947 *Eichhain*, 1308 *Dubrinc*,

1374/82 *Dubirink*, *Dobirink*, 15. Jh. *Dobernick*, 1435 *Dobernig*, 1486 *Doberingk*, 1518 *Doberingk*, *Dobryngk*, 1600 *Dubrängk*, 1768 *Dubring*. / 1845 *Dubrenk*, *Dubrink*, 1843 *Dubrink*, 1866 *Dubrjeńk*. – Wahrscheinlich aoso. *Dubŕnik ›Siedlung am/im Eichenwald‹, zu urslaw. *dǫbrъ, poln. älter dąbr ›Eiche‹.

Dürrbach/Dyrbach   nw. Niesky, als HerkN: 1362 ff. *Durrebach*; 1410 *Durrebach*, 1463 *Dorrebach*, *Dorrembach*, 1551 *Dörbach*, 1617 *Dürrbach*, 1768 *Dürrbach*. / 1800 *Dyrbach*, 1835 *Dyrboch*, 1885 *Dyrbach*. – Dt., ›Siedlung am wasserarmen Bach‹, zu mhd. dürre, osächs. mundartl. dörre ›dürr, wasserarm‹.

E

Ebendörfel/Bělšecy, bis ins 19. Jh. **Belschwitz** s. Bautzen, 1365 ff. *Belczewicz*, *Belcschewicz*, 1400 *Belczewicz*, 1419 *Belschwitz*, 1503 *Belschwitz*, 1522 *Belzewitz*, *Belschewitz*, 1569 *Belschwitz*, 1732 *Ebendörfel*, 1791 *Bellschwitz, wird auch Ebendörfel genennet*, 1836 *Bellschwitz (Ebendörfel)*. / 1700 *Bielscheze*, 1800 *Bjelczezy*, 1835 *Bjelžezy*, 1843 *Bjelčecy* = *Bělčecy*, 1886 *Bělšecy*. – Aoso. *Bělišowici oder *Běłošowici ›Siedlung der Leute des Běliš oder Běłoš‹. Běliš und Běłoš kommen mehrmals als FamN vor und sind von oso. nso. běly ›weiß, hell, licht‹ abgeleitet. – Der dt. Name Ebendörfel kennzeichnet die Lage der Siedlung auf einer ebenen Fläche am Nordwestfuß des Drohmberges.

Ebersbach/Habraćicy   nw. Görlitz, 1285 *Ebirspach*, 1315 *Ebirsbach*, 1378 *Ebirsbach*, 1402 *Ebirspach*, 1455 f. *Ebirsbach*,

1562 *Ebersbach*, 1657 *Ebersbach*. / 1843 *Habraćicy*, 1831/45 *Habracicy*, 1866 *Habraćicy*. – Dt., ›Am Bach gelegene Siedlung des Eber(hart)‹. Der PersN erklärt sich aus ahd. ebur-hart ›Eber‹-›hart, streng‹, wobei der OrtsN nur vom Vorderglied Eber- gebildet worden sein kann. Das Grundwort beruht auf ahd. bah, mhd. bach ›Bach‹. / Habraćicy entstand durch Sorabisierung des dt. Namens. Vgl. hierzu unten Ebersdorf/Habrachćicy.

Ebersbach/Sa. (Alt-, Neu-)/**Habraćicy** Stadt sw. Löbau, 1306 *Eversbach*, 1419 *Eberßbach*, 1433 *Ebirspach*, 1495 *Eberßbach*, 1529 *Wüst Ebersspach*, 1546 *Ebersbach*, 1768 *Ebersbach bey Löbau*. / 1700 *Habersboch*, 1835 *Habraczizy*, 1866 *Habraćicy*, 1886 *Habraćicy*. – Dt., siehe oben Ebersbach nw. Görlitz. Während der Hussitenkriege brannte der Ort 1433 ab und wurde noch im 16. Jh. mit dem Zusatz *wüst* versehen. Mit der Entstehung des 1877 eingemeindeten *Neuebersbach* differenzierte man die beiden Dorfteile durch *alt* und *neu*.

Ebersdorf/Habrachćicy sö. Löbau, 1317 *Eversdorff*, 1367 *Ebirhardisdorf*, 1374 *Ebirsdorff*, 1419 *Eberßdorff*, 1453 *Eberhardsdorff*, 1491 *Ewerßdorff*, 1531 *Eberßdorff*, 1657 *Ebersdorff*. / 1700 *Habarżiza*, 1843 *Habrachćicy*, 1886 *Habraćicy*. – Dt., ›Dorf des Eberhard‹. Zu dem PersN Eberhard bzw. Eberhart siehe oben Ebersbach nw. Görlitz. / Habrachćicy bzw. Habraćicy entstand durch Sorabisierung des dt. Namens, wobei Eberhart zu *Habra(ch)t umgeformt wurde, an das dann -ici trat.

Eckartsberg n. Zittau, 1310 *Eckardistorph*, 1315 *Eckhardisdorff*, 1339 *Eckirstorf*, 1391 *Echartstorf*, *Eckirstorff*, 1497 *Eckersdorff*, 1528 *Eckerschdorff*, 1595 *Eckartsberg*, 1700 *vulgo* (= lat. ›volkssprachlich‹) *Eckersberg*, 1768 *Eckersberg*, 1815 *Eckersberg*, *Eckhardsberg*. – Dt., ›Dorf des Eckehart‹. Der PersN beruht auf ahd. egga-hart ›Schneide, Spitze (der Waffe), Schwert‹-›hart, streng‹. Erst in jüngerer Zeit wurde das Grundwort -*dorf* durch -*berg* ersetzt.

Eibau s. Löbau, 1352 *Ywa*, 1367 *Yba*, *Iba*, 1390 *Iwa*, 1405/28 *von der Yben*, *Eybe*, 1430 *zu der Ybe*, *zur Yebe*, 1468 *Eybe*, 1567 *Eybaw*, 1657 *Eybaw*, 1768 *Eybau*, 1908 *Eibau (Alt-)*. – Dt., ›Siedlung bei der Eibe, am/im Eibenwald‹, zu mhd. īwe, ībe ›Eibe‹.

Eibau, Neu- s. Löbau, 1791 *Neu Eybau*, 1815 *Eybau, Neu-*, 1908 *Neueibau*. – Dt., siehe oben Eibau. Der Zusatz *Neu*- unterscheidet die mit Erlaubnis August des Starken vom 17. Februar 1714 gegründete Ausbausiedlung von Alteibau.

Eichhain siehe oben Dubring.

Eiserode/Njeznarowy nw. Löbau, 1354, 1357, 1374 *Ysenrode*, 1374/82 *Isin-*, *Isen-*, *Ysinrode, -rade*, 1390 *Ysenrode*, 1491 *Ysenrode*, 1543 *die Eyseroder* (Einwohner), 1590 *Eisenrode*, 1768 *Eyseroda*. / 1700 *Nesnarow*, 1800 *Nesnarow*, 1835 *Nesnarowy*, 1866 *Njeznarowy*, 1886 *Njeznarowy*. – Dt., ›Rodungssiedlung des Iso‹. Der PersN stellt eine KurzF von Īsanbert oder ähnl. VollN dar und beruht auf ahd. īsan ›Eisen‹. Das Grundwort -rode geht auf ahd. rot, rod ›Rodung, urbar gemachtes Stück Land‹ zurück. / Vielleicht aoso. *Neznamirow ›Siedlung des Neznamir‹. Ein solcher PersN ist im Altpoln. belegt. Er wird aus urslaw. *ne ›nein, nicht‹, *znati ›kennen‹ und *mirъ ›Frieden‹ erklärt. Bei oder nach der Eindeutschung ist die Silbe -*mi*-

ausgefallen. Diese gekürzte Form hat dann im Oso. die ursprüngliche Lautung verdrängt und die Mehrzahl auf -*y* angenommen. Die Dorf- und Flurform (Platzdorf und Blockflur) sprechen für sorb. Ursprung der Siedlung. Über 50 % der Einwohner trugen im 17. Jh. sorb. PersN.

Ellersdorf   sö. Schirgiswalde, 1409 *Elbrechtstorff*, 1519 *Elberßdorff*, 1549 *E(l)bersdorf*, 1559 *Elbersdorff*, 1621 *Elbertstorff*, *Elberstorff*, 1631 *Elbersdorf*, *Elgersdorf*, 1732 *Ellersdorff*. – Dt., ›Dorf des Ellenbrecht‹. Der PersN beruht auf ahd. *ellanberaht* ›Eifer, Tapferkeit, Mut; Kraft, Stärke‹-›hell, strahlend, glänzend‹.

Elstra/Halštrow   Stadt ssö. Kamenz, 1248 *de Elstrowe*, 1293, 1303 *de Elstrow*, *Elsterowe*, 1308 *Elstrow*, 1319 *Elstraw*, 1355 *Elstrow*, 1374/82 *Elstrow*, 1414 *Elstraw*, 1476 *zcur Elster*, 1479 *gen der Elstraw*, 1522 *zcur Elster*, 1542 *zcur Elstra*, 1658 *Elstra*. / 1719 *Halstrow*, *Olstra*, 1767 *Halstrow*, 1835 *Halschtrow*, 1843 *Halstrow = Halštrow*, 1866 *Halštrow*, *Hajštrow*. – Dt., ›Siedlung an der (Schwarzen) Elster‹. Der FlussN – 1017/18 *ad Nigram Elistram*, 1241 *trans Alestram* –, den man als *Alistra rekonstruierte, beruht auf der indogerman. Wurzel *el-/ol-* ›fließen, strömen‹ und wurde davon mit dem german. Suffix *-str-* abgeleitet. Der von den Germanen übernommene Name entwickelte sich im Slawischen zu *Albstra und dann im Oso. weiter zu Halstrow, Halštrow.

Eselsberg/Wósliča Hora   s. Weißwasser, 1419 *czum Ezilsberge*, 1474 *Esilsberg*, 1515 *zum Eselsberge*, 1552 *Eßelßbergkh*, 1569 *zum Eselßberge*, 1669 *Eselsberg*, 1768 *Eselsberg*. / 1800 *Woßlicza Hohra*, 1835 *Wóßlicza hora*, 1843 *Wósliča Hora*, 1885 *Wós-*

liča Hora. – Dt., ›Siedlung am Eselsberg‹. Man nimmt an, dass es sich um einen ursprünglichen FlurN handelt, der mit dem Mühlenbetrieb des am Schwarzen Schöps gelegenen Ortes zusammenhängt. / *Wósliča Hora*, zu oso. *wosoł* ›Esel‹, *wósliči* ›Esel-, Esels-‹ und *hora* ›Berg‹ ist die genaue Übersetzung des dt. OrtsN.

Eulowitz (Ober-, Nieder-)/**Jiłocy**   ssö. Bautzen, 1419 *Ilewitz*, 1469 *Ilewicz*, 1475 *Eilwitz*, *Eylowiz*, 1486 *Eylwicz*, 1514 *Eylewicz*, 1538 *Eilewyttz*, 1650 *Eilwitz*, 1651 *Eilowitz*, 1689 *Ober- und Nieder-Eulewiz*, 1768 *Eulowitz*. / 1800 *Jiwozy*, 1835 *Jełozy*, 1843 *Jjełocy = Jěłocy*, 1866 *Jiłocy*. – Aoso. *Jiłowica oder vielleicht *Jiłówc ›Siedlung auf lehmhaltigem Boden‹, zu urslaw. *ilъ, poln. *ił*, mundartl. *jił*, *jeł*, tschech. *jíl* ›Lehm‹, bulgar. *ilavica* ›lehmiger Boden‹. Möglicherweise lag ursprünglich ein BachN vor, also ›Siedlung am Lehmbach‹. / *Jiłocy* ist eine Mehrzahlform, entstanden aus *Jiłowicy nach Angleichung an andere Namen auf *-icy* < *-*ici*.

Eutrich/Jitk   wsw. Königswartha, 1419 *Itzig*, 1507 *Edrigk*, *Eytrugk*, 1518 *Ewtricht*, 1522 *Vtrich*, 1536 *Eyttrich*, 1543 *Neutrig*, 1571 *Eyterich*, 1658 *Eyterich*, 1768 *Eutrich*. / 1692 *Jitk*, 1800 *Jitk*, 1835 *Jitk*, *Hitk*, 1843 *Jitk*, 1866 *Jitk*. – Wahrscheinlich aoso. *Jutrik, zu oso. älter *jutro*, mundartl. *jitro* ›Morgen‹, nso. *jutšo* ›Morgen(zeit), Morgengegend, Osten‹, vielleicht ›Siedlung auf am Morgen von der Sonne beschienenem Land, im oder gegen Osten gelegene Siedlung‹. / *Jitk* entstand durch den oso. Wandel *ju* > *ji* und Ausfall des *r* und *i* in der zweiten Silbe. Der erste Beleg spiegelt wahrscheinlich die oso. Lautveränderung *tŕ* > *tř* > *tš* wider, eingedeutscht als *tz*.

F

Forst, Salzen-/Słona Boršć w. Bautzen, 1359 *Salczforst*, 1386 *czu dem Salczforste*, 1400 *Salczenforst*, 1480 *Saltczenforst*, 1572 *Saltzenforst*, *Saltzenforstichen*, 1732 *Saltz Forstgen*, 1768 *Salzenforst*, 1791 *Salzförstgen*. / 1667 ff. *Borstż*, 1800 *Slona Borschcz*, 1843 *Słona Boršć*, 1866 *Słona Boršć*. – Dt., ›Siedlung am/im Walde an der Salzstraße‹, zu mhd. forst, vorst, vorste ›Wald, Forst‹. Da im Laufe der Zeit westl. und nördl. von Bautzen 6 Forst- bzw. Förstgen-Orte entstanden, machten sich verschiedene unterscheidende Zusätze nötig. *Salzen-* bezieht sich auf die Lage der Siedlung an der hier vorbeiführenden *Hohen Straße*, auch *Salzstraße* genannt. / Die oso. Namenform ist aus der dt. hervorgegangen, wobei das Bestimmungswort durch słona, weibl. Form von słony ›salzig, Salz-‹, wiedergegeben wurde, boršć ist ein sorabisiertes Forst.

Förstchen, Klein-/Mała Boršć w. Bautzen, 1374/82 *Parvum Forschin*, 1427 *Forstchin*, 1449 *czum Cleynen Furstchin*, 1456 *Clein Borsck*, 1491 *czum Cleinforstchin*, 1497 *Fforschtigin*, 1510 *Cleinforstchen*, 1569 *Klein Forstchin*, 1580 *Forstichen*, 1658 *Förstigen*, 1768 *Klein Förstgen*. / 1800 *Mala Borschcz*, 1843 *Mała Boršć*, 1866 *Mała Boršć*, 1886 *Mała Boršć*. – Dt., siehe oben Forst, Salzen-. Zur Unterscheidung von diesem und anderen gleichlautenden OrtsN wurde unser Name mit dem Verkleinerungssuffix *-chen* versehen, dazu noch zusätzlich mit *Klein*, im ersten Beleg mit *parvum*, der sächl. Form von lat. parvus ›klein‹, die sorb. Formen mit *Mała*, der weibl. Form von mały ›klein‹. Die

Schreibung von 1456 könnte auf sorb. Boršć hindeuten, an das zur Verkleinerung *-k* angetreten war.

Förstchen, Kron-/Křiwa Boršć n. Bautzen, 1334 *villa Krummenforst*, 1347 *Crumminforst*, 1381 *Krumenfurste*, 1444 *Kromeforst*, 1455 *Cromenforst*, 1497 *zum Krumenfurste*, 1534 *Krum-Forst*, 1618 *Kromforst*, 1663 *Crumforst*, 1746 *Cron- oder Krumförstgen*, 1786 *Cromförstchen*, *Krum Förstchen*. / 1684 ff. *ze kżiweye Borschczě*, 1800 *Kschiwa Borschcz*, 1843 *Kšiwa = Křiwa Boršć*, 1866 *Křiwa Boršć*. – Dt., siehe oben Forst, Salzen-, und Förstchen, Klein-. Der auf die Gestalt des Ortes sich beziehende unterscheidende Zusatz *Krumm-* wurde als abwertend empfunden und später zu *Kron-* umgedeutet, gefördert durch die mundartl. Entwicklung von $u > o$.

Förstchen, Ober- (Groß-)/**Hornja Boršć** w. Bautzen, 1362 *Furst maior*, 1459 *Magna villa* (= lat. ›Dorf‹) *Forst*, 1519 *Vorst major*, 1572 *Großforst*, 1759 *Groß Förstgen*, 1768 *Ober Förstgen*. / 1800 *Hornja Borschcz*, 1835 *Wulka Borschz*, 1843 *Horna Boršć*, 1866 *Horna Boršć*, *Wulka Boršć*, 1886 *Hornja Boršć*. – Dt., siehe oben Forst, Salzen- und Förstchen, Klein-. In älterer Zeit wurden die unterscheidenden Zusätze lat. *maior* ›größer‹ bzw. *magna*, weibl. Form von magnus ›groß‹ gebraucht, später *Groß-* und *Ober-*, im Sorb. *Hornja*, weibl. Form von horni ›Ober-‹, und *Wulka*, weibl. Form von wulki ›groß‹.

Förstgen (Alten-, Langen-)/**Dołha Boršć** w. Niesky, 1419 *Forstichein*, 1452 *von Vorstichen*, 1461 *Forstchin*, 1490 *Forstichen*, 1506 *Aldennforst*, 1528 *Förstgen*, 1658 *Förstchen*, 1732 *Förstgen*. / 1767 *Borschcż*, 1835 *Borschz*, 1843 *Dołha Boršć*, 1866

Dołha Boršć. – Dt., siehe oben Forst, Sal-
zen- und Förstchen, Klein-. Vorübergehend
verwendete man im Dt. den Zusatz *Al-
denn-* ›alt‹, im Sorb. *Dołha,* die weibl.
Form von dołhi ›lang‹.

Förstgen, Sand-/Borštka   n. Weißenberg,
1732 *Klein Förstgen,* 1759 *Sand-, Stein-
Förstgen,* 1777 *Förstgen,* 1791 *Klein Förstgen, wird auch Sandförstgen genannt,*
1831/45 *Sandförstgen.* / 1767 *Borschka,* 1848
Borschčžka, 1885 *Borštka,* 1920 *(Pěsačna)
Borštka.* – Dt., siehe oben Forst, Salzen-,
und Förstchen, Klein-. Während man im
Dt. abwechselnd die unterscheidenden
Zusätze *Klein-, Sand-* und *Stein-* gebrauchte, wurde im Sorb. das Verkleinerungssuffix *-ka* verwendet, 1920 zusätzlich *Pěsačna,*
die weibl. Form von pěsačny ›sandig‹.

Frankenthal   w. Bischofswerda, 1241
Vrankental, Frankintal, Vrankendale, 1409
das Frankintayl, 1419 *Franckental,* 1497
Ffrangkental, 1519 *Franckental,* 1544 *Franckenthal,* 1658 *Franckenthal.* – Dt., ›Im Tal
gelegene Siedlung der Franken‹. Gemeint
sind Angehörige des german. Stammes der
Franken, die sich hier im Zuge der Ostsiedlung niedergelassen hatten. Ein PersN
Frank als Bestimmungswort kommt kaum
in Frage. Das Grundwort beruht auf mhd.
tal ›Tal‹.

Friedensthal   nw. Herrenhut, 1805 *Friedensthal,* 1836 *Friedensthal.* – Dt., ›Siedlung im Tal des Friedens‹ oder ›Im stillen,
friedlichen (Wald)tal gelegene Siedlung‹.
Zum Grundwort siehe oben Frankenthal.

Friedersdorf   sw. Görlitz, 1285 *Friderichs-
dorf,* um 1310 *Friderichesdorph,* 1384 *Ffre-
derichsdorf,* 1390 *Fredrichsdorf,* 1410 *Ffre-
drichsdorff,* 1448 *Friderichstorff,* 1488
Ffrederstorff, 1595 *Friedersdorff,* 1768 *Frie-*

dersdorf bey der Landscrone. – Dt., ›Dorf
des Friedrich‹. Der PersN beruht auf ahd.
fridu-rīh(h)i ›Friede, Schutz, Sicherheit‹-
›Herrscher; Macht; Reich; reich, mächtig,
prächtig‹. Der Ort ist wahrscheinlich nach
seinem Gründer *Friedrich von Schönburg*
benannt worden, dessen Familie im 13. Jh.
in den Besitz des Gebietes *auf dem Eigen*
gelangte.

Friedersdorf/Bjedrichecy   ö. Wittichenau, 1471 *Friderßdorff,* 1497 *Ffridersdorff,*
1529 *Fridersdorff,* 1572 *Friderßdorf,* 1658
Friedersdorff, 1768 *Friedersdorf bey Loh-
ßa.* / 1800 *Bedrichezy,* 1835 *B'edrichezy,*
1866 *Bjedrichecy.* – Dt., ›Dorf des Friedrich‹, siehe oben Friedersdorf sw. Görlitz. /
*Bedrichowici ›Siedlung der Leute des
Bjedrich‹. Bjedrich ist ein sorabisiertes
Friedrich und begegnet in der Oberlausitz
öfters als VorN und FamN.

Friedersdorf   n. Pulsnitz, 1445 *Ffrider-
storff,* 1453 *Fridersdorff,* 1534 *Fredersdorff,*
1560 *Fridersdorff,* 1658 *Friederßdorff,* 1791
Böhmisch Friedersdorf ... zum Rg. (= Rittergut) *Pulßnitz, der übrige Theil zum Am-
te Radeberg im Meißn.,* 1908 *Friedersdorf
(Böhmisch und Meißnisch).* – Dt., ›Dorf
des Friedrich‹, siehe oben Friedersdorf
sw. Görlitz. Entsprechend der Zugehörigkeit wurde ein *Meißnischer* und ein *Böhmischer* (d. h. zur Oberlausitz gehörender)
Teil unterschieden.

Friedersdorf (Mittel-, Neu-, Nieder-,
Ober-)   sw. Löbau, 1272 *Vrederichstorp,
Vrederikistorp,* 1350, 1360 *Friderichstorf,*
1397 *Frydrychsdorf,* 1408 *Fridrichsdorff,*
1419 *Frederßdorff superior, Frederßdorff
inferior,* 1503 *Friderßdorff,* 1567 *Nieder-,
Oberfriederßdorff,* 1657 *Nieder-, Ober Friedersdorff,* 1791 *Friedersdorf, Ober=, Mit-*

tel und Nieder=, 1908 *Neufriedersdorf, Niederfriedersdorf mit Mittelfriedersdorf, Oberfriedersdorf*, 1952 *Niederfriedersdorf, Oberfriedersdorf, jetzt Friedersdorf.* – Dt., ›Dorf des Friedrich‹, siehe oben Friedersdorf sw. Görlitz. Die Kennzeichnung der einzelnen Ortsteile erfolgte 1419 mit lat. superior ›obere‹ und inferior ›untere, niedere‹. Man nimmt an, dass der Ort nach *Friedrich von Lawalde* benannt wurde.

G

Gablenz/Jabłońc w. Bad Muskau, 1268 *Gabelenze*, 1366 *Gabelencz*, 1456 *Gabelenzk*, 1463 *Gabelenczk*, 1499 *Gabelencz*, 1513 *Gabelentz*, 1552 *Gablentz*, 1768 *Gablenz.* / 1700 *Jablonz*, 1767 *Jabłonz*, 1800 *Jablwoncz*, 1843 *Jabłońc.* – Aoso. *Jabłońc ›Siedlung bei den Apfelbäumen‹, zu oso. jabłoń ›Apfelbaum‹. Man dachte auch an einen ursprünglichen, später auf die Siedlung übertragenen BachN, eventuell *Jabłońca, *Jabłonica. Auf eine Form auf -ica deuten die Belege aber nicht hin.

Gaußig/Huska sw. Bautzen, 1241 *in rivum Gusc, in maiorem rivulum de Gusc* (heute Rieglitzbach), 1245 *de Guzich, de Gusc*, 1262 ff. *de Guzch, Guzc, Guzk*, 1272 *de Guizc, Guceke*, 1284, 1285, 1299 *de Guck, Guzick*, 1301 ff. *de Guzk, Gußk, de Guzick, Guzeck*, 1318 *villa* (= lat. ›Dorf‹) *Gozik*, 1334 *de Guzc*, 1399 *von Gusik, Guzik, Gusk*, 1423 *Gawsck*, 1453 *Gwßk*, 1477 *Gawßigk*, 1502 *Gausigk*, 1569 *Gawsig, Gaussigk*, 1669 *Gausig.* / 1684 ff. *Huska*, 1719 *Hußka*, 1800 *Hußka*, 1843 *Huska*, 1866 *Huska*, 1886 *Huska.* – Bisher als aso. *Gusk(a) ›Siedlung, in der Gänse gezüch-

tet wurden‹ oder ›Siedlung mit Fluren in Form einer Gans‹ erklärt, zu oso. husy ›Gänse‹, nso. gus ›Gans‹. Sicher aoso. *Gustk ›Siedlung am/im Waldesdickicht‹ oder ›Siedlung am aus dem Waldesdickicht kommenden Bach‹, zu nso. älter und mundartl. gustk ›Dickicht‹, gusty ›dicht, dick; buschig‹, oso. husty ›dicht‹, husć, huscina ›Dickicht‹. Die Lautgruppe *-stk- in *Gustk wurde im Dt. zu -sk- vereinfacht. Die deklinierten Formen von lat. rīvus bzw. rīvulus im ersten Beleg bedeuten ›Bach‹ bzw. ›Bächlein‹. / Huska beruht auf volksetymologischer Umdeutung des OrtsN, der im Oso. heute *Hustk lauten müsste. Der Weg zu Huska führte vielleicht über *z Hustka ›aus Hustk‹ mit Ausfall des -t-.

Gaußig, Klein-/Mała Huska sw. Bautzen, 1571 *Klein Gaussigk*, 1588 *Klein Gaußig*, 1669 *Klein Gausig.* / 1800 *Mala Hußka.* – Aoso. *Gustk, siehe oben Gaußig.

Gebelzig/Hbjelsk n. Weißenberg, 1365 *Gebelczk*, 1371 *Gebelczk*, 1390 *Gebelczig, Gebelczik, Gebelczk*, 1414 *Gewelczig*, 1421 *von Belczk*, 1427 *zum Belczke*, 1470 *Gebelczigk*, 1501 *Gebeltzigk*, 1513 *Gwaltzig*, 1768 *Nieder-, Ober-Gebelzig.* / 1700 *Belsk*, 1767 *Bielska*, 1800 *Belsk, Horny, Delny*, 1843 *Hbelsk*, 1865 *z Hbjelska*, 1866 *Hbĕlsk.* – Aoso. *Gbĕlsk oder *Gbelsk ›Siedlung an einer Flussbiegung‹, zu urslaw. *gъbъ ›biegsam‹, *gъbnǫti ›biegen‹, oso. hnuć (so) ›(sich) bewegen, rühren, regen, verrenken, zerren‹, atschech. hebký ›biegsam‹. An die Wurzel *gъbъ trat wahrscheinlich das Suffix urslaw. *-ĕlь oder *-elъ, daran noch das Ortsnamen-suffix *-ьskъ. Die Siedlung liegt an der Biegung des *Alten Fließes.*

Geheege ssw. Rothenburg, 1401 *de Gehege*, 1492 *Simon von Gehege*, 1518 *im Gehege*, 1591 *Gehege*, 1768 *Gehege.* – Dt., ›Siedlung am Wildgehege, am/im Wald‹, zu mhd. gehege ›Einfriedung‹.

Geierswalde/Lejno nw. Hoyerswerda, 1401 *Gysirswalde*, 1568 *Gayerswalde*, 1588 *Geyerswalde*, vor 1635 *Geyerswaldaw*, 1658 *Geyerschwalda*, 1768 *Geyerswalda*, 1843 *Geierswalde.* / 1744 *Lehnow*, 1800 *Lehno*, 1835 *Leno*, 1843 *Lejno*, 1866 *Leno*, 1885 *Lejno.* – Dt., ›Rodungssiedlung, wo Geier nisten‹, zu mhd. gīr ›Geier‹, oder ›Siedlung des Geier‹. Geier, zu mhd. gīr ›Geier‹, gilt als ÜberN für einen habgierigen Menschen. / Lejno beruht auf oso. nso. leno ›Lehen, Lehngut; Hufe‹.

Geißlitz/Kislica nw. Weißenberg, nnö. Bautzen, als HerkN: 1370 *Henczil Gyselicz*; um 1400 *Kyseliz*, *Kezelicze*, 1545 *Geiselitz*, 1551 *Kiesselicz*, 1571 *Keiselicz*, 1658 *Geißliz*, 1768 *Geißlitz.* / 1800 *Kißlicza*, 1835 *Kißliza*, 1843 *Kislica*, 1866 *Kislica.* – Aoso. *Kiselica ›Siedlung auf saurem Boden‹, zu urslaw. *kyselъ, *kyselъ, *kysalъ, oso. nso. kisaly, tschech. kyselý ›sauer‹, slowak. mundartl. kyselica auch ›saurer Boden‹, russ. mundartl. kiselica ›Morast‹.

† **Geißlitz/Kisylk, Kiselk, Kislik** ö. Hoyerswerda, 1960 wegen Braunkohlentagebaus abgebrochen, 1538 *Teich uff der Losisch* (= Lohsaer) *heyden, die Kieselitz genannt*, 1732 *Geißlitz*, 1768 *Geißlitz*, 1831/45 *Geißlitz.* / 1800 *Kißelk*, 1835 *Kißlk*, 1843 *Kislik*, 1866 *Kiselk*, 1886 *Kisylk.* – Aoso. *Kiselica, siehe oben Geißlitz nw. Weißenberg. / Im Oso. verdrängten die Suffixe -k bzw. -ik das ursprüngliche Suffix -ica.

Geißmannsdorf/Dźibrachćicy nw. Bischofswerda, 1226 *Giselbrechtisdorff*, 1241 *Gisilbrehtisdorf*, *Giselbrehstorf*, *Giselbrechtesdorf*, 1262 *Giselbrechtisdorph*, 1373 *Gyselbrechtsdorf*, 1411 *Gysselsdorf*, 1464 *Gysmannsdorff*, 1488 *Geyßmanßdorff*, um 1500 *Geiselstorff*, 1517 *Geysamsdorff*, 1559 *Geißdorff*, 1588 *Geismansdorff*, 1768 *Geißmannsdorf.* / 1886 *Dźibrachćicy*, 1920 *Dźibrachćicy.* – Dt., ›Dorf des Giselbrecht‹. Der PersN geht auf ahd. gīsalberaht ›Geisel‹-›hell, strahlend, glänzend‹ zurück. Das Hinterglied wurde im OrtsN stark reduziert und durch das häufige -man, mhd. man ›Mensch, (tüchtiger) Mann, tapferer Krieger; Dienst-, Lehnsmann‹ ersetzt. / Die erst sehr spät überlieferte Form Dźibrachćicy entstand durch Sorabisierung des dt. Namens.

Gelenau/Jelenjow sw. Kamenz, 1248 *de Geilenowe*, *Gelnowe*, 1263 *in Geilnowe*, 1362 *Geylnow*, 1424 *Geilnaw*, 1447 *Gelno*, *Geylnaw*, 1542 *Gelenaw*, 1658 *Gelenaw*, 1768 *Göhlenaw*, 1791 *Gelenau*, *Göhlenau.* / 1843 *Jelenjow*, 1886 *Jelenjow.* – Dt., ›Siedlung in der üppigen, fruchtbaren Aue‹, zu mhd. geil ›von wilder Kraft, üppig‹ und mhd. ouwe, owe ›Land am Wasser, nasse Wiese, (Halb)insel‹. / Der dt. OrtsN wurde umgedeutet und mit dem Suffix -ow von oso. jeleń ›Hirsch‹ abgeleitet.

† **Gelutitz** Wüstung in der Flur Görlitz, nahe dem Kaisertrutz, 1330 *Geluticz*, 1339 *Geluticz*, 1341 *Geluticz*, 1378/88 *Gelluiticz.* – Bisher mit Vorbehalt als aso. *Jelitici ›Siedlung der Leute des Jelito‹ gedeutet, was auf beträchtliche lautliche Schwierigkeiten stößt. Wahrscheinlich aoso. *Gelutici ›Siedlung der Leute des Gelut oder Geluta‹. Beide PersN sind im Poln. als Gielut und Gieluta bezeugt und werden aus altpoln. und poln. mundartl. galeta,

gielata, gieleta, gilata ›Melkkübel, Becher‹ erklärt.

Georgewitz/Korecy nö. Löbau, 1305 *Gorguwitz*, 1306 *Gorghewicz*, 1396 *Korguwicz*, 1397 *Gorgewicz*, 1438 *Gorgewicz*, 1502 *Gorgewitz*, 1531 *Gorgewiz*, 1732 *Corbitz*, 1768 *Georgewitz*, 1800 *Gorbitz*. / 1700 *Koreze*, *Koricze*, 1800 *Korezy*, 1835 *Korezy*, *Khorezy*, 1843 Korecy, 1886 *Korecy*. – Bisher als MischN mit dem christl. RufN Gorg aus Georg erklärt. Vielleicht aoso. *Gorgowici ›Siedlung der Leute des Gorg oder Gorga‹ mit dem PersN aus der urslaw. Wurzel *gъrg- wie in *gъrgati, *gъrgotati, *gъrguľa, oso. gyrgawa, mundartl. auch górgawa, gyrg, nso. gjargawa, ostnso. gergawa ›Gurgel‹, nso. gjarga ›Kropf‹, gjargowaś ›gurgeln‹, poln. mundartl. gargolić ›erwürgen‹. Davon abgeleitet sind der häufige PersN nso. Gjargula, poln. Garga, Gargo u. a. Wohl eher *Korgowci ›Siedlung der Leute des Korg‹. Korg, auch ein sorb. FamN, beruht auf ders. urslaw. Wurzel wie russ. korga ›verkrüppelter Baum, Knieholz‹.

Gersdorf wsw. Görlitz, 1241 *Gerhartesdorf*, *Gerartisdorf*, *Gerhartsdorf*, 1301/37 *de Gerhardisdorff*, *Gerhartsdorf*, *Gherardestorph*, *Gherhardesdorf*, 1396 *Gerharsdorff*, 1400 *Girsdorff*, 1405 *Gersdorf*, 1439 *Gersdurff*, 1495 *Girßdorff*, 1502 *Gerssdorff*, 1642 *Gersdorff*, 1662 *Giersdorf*, 1750 *Girschdorf*, 1768 *Gersdorf bey Reichenbach*. – Dt., ›Dorf des Gerhard‹. Der PersN beruht auf ahd. gēr-hart ›Speer‹- ›hart, streng‹.

Gersdorf (Nieder-, Ober-)/**Girsecy** sw. Kamenz, 1225 *Gerlagesdorf*, 1362 *Gerlachsdorf*, *Gerlachstorf*, 1417 *Gerlochschdorff*, 1432 *zcur Girste*, 1433/37 *Gerlach-*

dorff, 1495 *Gerlachstorff*, 1503 *Gerlsdorf*, 1612 *Gürßdorff*, 1658 *Görßdorff*, 1768 *Nieder- und Ober-Gersdorf*. / 1700/19 *Gierseze*, *Giers*, *Gierß*, *Gierßcze*. – Dt., ›Dorf des Gerlach‹. Der PersN beruht auf ahd. gēr-läh ›Speer‹. Das Hinterglied -läh, auch -lach, stellt man zu got. laikan ›springen‹, ahd. leih ›Melodie, Gesang‹, aber auch zu got. laiks ›(Kampf)spiel‹, asächs. läk ›Grenzzeichen‹. / Dem sorb. Namen liegt das gekürzte dt. Bestimmungswort Gers- zugrunde, an das -ecy (< *-owici) trat.

† **Gersdorf, Alt-** ssw. Löbau, Stadt Neugersdorf, 1241 *Gerhartesdorf*, 1306 *Gherhardesdorpp*, 1408 *Bösengerharsdorf*, 1419 *Gerharstorff malum*, *Gerhartsdorff malus*, *Bösengerichsdorf*, 1429–1657/62 wüst, seitdem wieder besiedelt, 1578 *das Stücke Holz, der Gersdorf und was sonst wüst Gersdorf genannt wird*, 1597 *samt dem Walde, Girsdorff genannt*, 1759 *Alt Giersdorff*, 1791 *Altgersdorf ... zur Stadt Zittau geh.*; *Gersdorf ... ist Alt und Neu, das alte liegt über Eybau an der Böhm. Grenze*. – Dt. ›Dorf des Gerhard‹, siehe oben Gersdorf wsw. Görlitz. Der Ort lag von 1429 bis 1657/62 wüst. Er wurde später wiederbesiedelt und 1899 nach Neugersdorf, siehe unten, eingemeindet.

Gersdorf, Neu- Stadt, ssw. Löbau, 1732 *Gerßdorff*, 1759 *Neu Giersdorff*, 1791 *Gersdorf ... ist Alt und Neu ... Neu=Gersdorf aber ist nach und nach an das alte angebaut*, 1836 *Neu-Gersdorf*. – Siehe oben Gersdorf, Alt-. 1657 in unmittelbarer Nähe von Altgersdorf angelegtes Dorf, in dem evangelische Exulanten aus Böhmen als Häusler angesiedelt wurden. Seit 1924 Stadt.

Girbigsdorf w. Görlitz, 1282 *Gerwikesdorf*, um 1325 *von Gerwigesdorf*, 1362 *Gir-*

wigisdorf, 1418 *Girwigsdorff*, 1425 *Ger-wigstorff*, 1457/58 *Girbisdorf*, 1500 *Gyr-bigsdorff*, 1592 *Girbßdorff*, 1629 *Girbs-dorf*, 1768 *Nieder-*, *Mittel-*, *Obergirbigs-dorf.* – Dt., ›Dorf des Gerwig‹. Der PersN beruht auf ahd. gēr-wīg ›Speer‹-›Kampf; Streit, Krieg‹.

Glaubnitz/Hłupońca sö. Elstra, 1374 *Glupenicz*, 1519 *Gloppenitz*, 1565 *Glaub-nicz*, 1721 *Glaubnitz*, 1768 *Glaubitz*, 1791 *Glaubitz oder Glaubnitz.* / 1800 *Wupo-nicza*, 1843 *Hłupońca*, 1866 *Hłupońca.* – Aoso. *Głuponici ›Siedlung der Leute des Głupon‹. Der PersN geht auf nso. głupy, oso. hłupy ›dumm‹ zurück. Unter den nso. FamN gibt es Głupjenk und Głupyš.

Glauschnitz/Hłušnica w. Königsbrück, 1376 *Glubenschwicz*, 1406 *Glussenicz*, 1420 *Glußenicz*, 1455 *zcur Glaußnitz*, 1520 *Glauschnitz*, 1586 *Clauschnitz*, 1759 *Glauschnitz.*/ 1886 *Hłušnica.* – Aoso. *Głuš-nica ›Siedlung im dichten Wald‹, zu nso. głuchy ›taub‹, oso. hłuchi ›taub; unfrucht-bar, leer‹, nso. głušyna ›der dichte, finste-re Wald, das Waldesdickicht, die einsame Wildnis‹. Wegen des Suffixes *-ьnica wahr-scheinlich ursprünglich GewN. Die Sied-lung liegt am heutigen *Luggraben.* Den Namen Gluschnitza, nso. Głušnica, trägt auch ein Spreefließ bei Schmogrow im Spreewald. Der Beleg von 1376 ist sicher-lich verschrieben.

Gleina/Hlina nö. Bautzen, 1433 *Cleyne*, 1447 *Glyn*, 1453 *zur Gleyne*, 1484 *Gleyne*, 1510 *Gleina*, 1519 *Gleyne*, 1658 *Gleina*, 1732 *Kleina*, 1791 *Gleina.* / 1700 *Lina*, *Hlina*, 1800 *Lina*, 1843 *Hlina*, 1866 *Hli-na.* – Aoso. *Glina ›Siedlung auf lehmi-gem Boden‹, zu oso. hlina, nso. glina ›Lehm, Lehmboden‹.

Glossen/Hłušina sö. Weißenberg, 1241 *Glussina*, 1381 *Glossin*, 1397 *Glossin*, 1409 *Glossin*, 1419 *Glossen*, 1480 *Gloßen*, 1584 *Glossen*, 1678 *Gloßen.* / 1700 *Hluschina*, 1835 *Wuschina*, 1843 *Hłušina = Hłóšina*, 1848 *Łuschina*, 1866 *Hłušina.* – Aoso. *Głušina ›Siedlung am/im dichten Wald‹, zu nso. głušyna ›der dichte, finstere Wald, das Waldesdickicht, die einsame Wildnis‹. Vgl. oben Glauschnitz.

Gnaschwitz/Hnašecy sw. Bautzen, 1228 *Gnaswiz*, *Gnaswitz*, 1311 *Gnaschuwiz*, 1350 *Gnaschuwicz*, um 1400 *Gnassewicz*, *Gnossewicz*, 1374/82 *Nazzewicz*, *Nazzhe-wicz*, als HerkN: 1447 *Sigmund Naschwicz*; 1533 *Gnaßwitz*, 1539 *Gnaschwitz*, 1714 *Knaschwitz*, 1768 *Gnaschwitz.* / 1835 *Na-schezy*, 1843 *Hnašecy*, 1866 *Hnašecy*, *Na-šecy.* – Aoso. *Gnašowici ›Siedlung der Leute des Gnaš‹. Der PersN beruht wahr-scheinlich auf urslaw. *gъnati ›treiben (vor allem in Bezug auf Tiere)‹, nso. gnaś, oso. hnać ›treiben, jagen‹. Poln. Gnass, Gnas-zek, Gnaszewski, Gnaś u. a. werden vom christl. RufN Ignac, lat. Ignatius, abgelei-tet, was bei uns nicht in Frage kommt.

Göbeln/Kobjelń nö. Bautzen, 1419 *Co-belen*, 1534 *Cobelen*, 1681 *Göbeln*, 1700 *Göbeln*, 1768 *Göbeln.* / 1800 *Kobeln*, 1843 *Kobelń*, 1866 *Kobjelń.* – Aoso. *Kobylna oder *Kobylno ›Siedlung, wo es Stuten gibt, wo Pferde gezüchtet werden‹, zu oso. kobła, nso. kobyła ›Stute‹. Ein PersN Ko-była, wie im poln. OrtsN Kobylin ange-nommen, kommt weniger in Frage. Ein derartiger PersN ist im Sorb. nicht sicher nachweisbar.

Göda/Hodźij w. Bautzen, 1007 *castellum G(od)ouui*, 1071 (Fälschung 12. Jh.) *in burc-wardo Godiwo*, 1216 *Godowe*, 1222 *Go-*

dowe, 1241 *Godow*, *Godowe*, 1311 *Godow*, 1350 *Godow*, 1388 *Godaw*, 1426 *Godaw*, 1456 *Goede*, 1459 *Jodaw*, 1479 *Gedaw*, 1488 *in der Jodischen Pflege*, 1511 *Gedaw*, 1732 *Göde*, 1768 *Gödau*, 1836 *Göda*. / 1413 *rivulus Hoziwicze*, 1767 *Hodźij*, 1835 *Hodzij*, 1843 *Hodźij*, 1866 *Hodźij*. – Bisher als aso. *Goďov neben *Goďeva gedeutet, Ableitung vom PersN God oder Goda. Wahrscheinlich aber aoso. *Godějow (-a, -o) ›Siedlung des Godĕj‹. Godĕj ist, ebenso wie oben God bzw. Goda, eine KurzF von Godosław und ähnl. VollN mit dem Vorderglied aus urslaw. *goditi ›etwas in passender, angemessener, geeigneter Zeit tun‹, oso. hodźić so ›recht sein, sich geziemen; passen, möglich sein, taugen, sich eignen‹, urslaw. *godъ ›angenehme, günstige Zeit‹. Der PersN kommt im Atschech. als Godĕj, im Apoln. als Godziej vor, ferner in den tschech. OrtsN Hodějov und Hodějovice. Im Dt. wurde der Mittelteil des OrtsN gekürzt, sodass *Godějow zu *Godow wurde. / Der Beleg von 1413 *Rivulus* ›Bächlein‹ *Hodziwicze* geht vielleicht auf einen GewN *Godějowica zurück, abgeleitet von dem OrtsN *Godějow (-a, -o) mit dem Suffix -*ica*, wobei sich im Oso. *g* zu *h* und *ď* (vor *ě*) zu *dź* wandelte. Der Ort liegt am *Langen Wasser*. / Die spätere Ortsnamenform *Hodźij* entstand wahrscheinlich aus *Hoďźějow durch Abstoßen des Suffixes -*ow*.

Gödlau/Jědlow ssö. Elstra, 1374/82 *de Jedle*, (1420), 1453 *Jhedel*, 1503 *Gedell*, 1522 *Jhedel*, 1658 *Jedlaw*, 1721 *Gödtla*, 1732 *Gödel*, 1768 *Gödelau*. / 1835 *Jědlow*, 1843 *Jjedlow*, 1886 *Jědlow*. – Aoso. *Jedl´e < *Jedlъje ›Siedlung in einer Gegend, wo es (viele) Tannen gibt‹, zu oso. jědla ›Tanne‹,

nso. jedła ›Weißtanne‹. / Im Oso. wurde der Name an die zahlreichen Bildungen auf -*ow* angeglichen.

Goldbach w. Bischofswerda, um 1226 *Goltbach*, 1227 *de Goltbach*, 1262 *Goltbach*, 1359/60 *Goltbach*, *Goltbaych*, *Goltpach*, 1428 *Goldbach*, 1509 *Goltpach*, 1768 *Goldbach*. – Dt., ›Siedlung am goldfarbenen, gelbglänzenden, hellen Bach‹, zu mhd. golt ›Gold‹. Vom Goldschürfen ist hier nichts bekannt.

Golenz/Holca sw. Bautzen, 1498 *zu der Golitz*, 1510 *Gullitz*, 1542 *Gölitz*, 1576 *Golitz*, 1588 *Golenz*, 1597 *zur Golitz*, 1650 *Golitz*, 1703 *Golentz*, 1768 *Golentz*. / 1767 *Holza*, 1848 *Holza*, 1866 *Holca*. – Aoso. *Golica ›Siedlung in der Heide, am/im Walde‹, zu nso. góla ›Heide, Waldung, Forst, bes. Nadelwald‹, als FlurN gólica ›die Heide, der kahle Platz‹, oso. hola ›Heide, Wald, bes. Nadelwald‹. Möglicherweise ging der OrtsN aus einem GewN hervor, denn die Sielung liegt an einem Bach, also ›Siedlung am Waldbach‹. Im Kreis Guben heißt ein Fließ *die Golze*. Ein *Golici ›Siedlung der Leute des Gola‹ kommt hier kaum in Frage, obgleich es im Nso. den PersN Gola, zu nso. älter gola ›Kahlkopf‹, gibt.

Görlitz/Zhorjelc Stadt an der Neiße, 1071 *villa* (= lat. ›Dorf‹) *Goreliz*, z. J. 1131 *castrum Yzhorelik in partibus Milesko juxta flumen Niza* (= lat. ›Burg Görlitz im Gebiet Milska nahe am Fluss Neiße‹), 1234 *Gorlez*, *de Gorliz*, 1241 *Gorlitz*, *Gorliz*, *Zgorliz*, 1319 *Gorlizc*, 1422 *Garlicz*, 1436 *Gorlicz*, 1474 *Görlicz*, 1525 *Gerlitz*, 1526 *Görlitz*. / 1700 *Sorlze*, *Solerze*, *Zorleze*, *Zhorlce*, 1843 *Zhoŕelc*, 1831/45 *Solerz*, 1848 *Solerz*, 1866 *Zhorjelc*, *gespr. oft Zholerc*. –

Aoso. *Zgorělc aus älterem *Jьzgorělьcь ›Siedlung auf einem ausgebrannten Waldstück, Brandrodungssiedlung‹, zu urslaw. *jьzgorěti, nso. zgóŕeś ›ausbrennen, verbrennen‹, *jьzgorělъ ›ausgebrannt‹, russ. izgorelyj ›verbrannt‹.

Görlitz, Klein- siehe unten Lunze.

† Goschwitz ehemal. Dorf s. Bautzen, in der Vorstadt von Bautzen aufgegangen, als HerkN: 1362 *Nyckil und Petrus Gosczic*; 1363 ff. *in der Gosczic, Goschicz, Goshicz*, 1400 *Gossicz*, 1414 *in der Goschicz*, 1433 ff. *in der Goschicz, Gotschicz, Gosschicz, Gosschecz*, 1497 *in der Goschitz*, um 1501 *auf der Goschwitz*, 1572 *in der Goschwitz*, um 1780 *Budissinae im Goschwitz genannt*. – Aoso. *Gošici oder (wegen der ältesten Belege) *Goščici (< *Gošьkici) ›Siedlung der Leute des Goš(a) oder Gošk(a)‹. Beide PersN sind KoseF solcher VollN wie Godisław, Gorisław oder Gostisław mit den jeweiligen Vordergliedern zu urslaw. *goditi, *godъ (siehe oben Göda), *gorěti ›brennen‹ und *gostiti, *gostь ›bewirten, Gast‹. Goš, Goša sowie Goška kommen im Sorb. auch als FamN vor, im Poln. gibt es die PersN Gosz, Gosza, Goszek, Goszka u. a.

Goßwitz/Hosćilecy w. Reichenbach, nö. Löbau, 1345 (späte Abschrift einer böhm. Urkunde) *Coswicz*, 1382/87 *Gostolwi(t)z*, 1396 *Gostlowicze*, 1419 *Gustuwicz*, 1420 *Gustilwicz*, 1447 *Gostewicz*, 1454 *Gostilwicz*, 1519 *Gostewitz*, 1642 *Coßtwitz*, 1664 *Koßwitz*, 1767 *Goßwitz*. / 1700 *Hostineze*, 1886 *Hosćinecy*, 1920 *Hosćilecy, gewöhnlich Hósẃecy*. – Aoso. *Gostyłowici, *Gostołowici oder ähnl. ›Siedlung der Leute des Gostył(a), Gostoł(a) oder ähnl.‹ Der PersN ist eine KurzF von Gostisław u.

ähnl. VollN mit dem Vorderglied zu urslaw. *gostiti ›bewirten, verweilen, sich aufhalten‹, *gostь ›Gast‹, nso. gosć, oso. hósć ›Gast‹. Gosław, Hosław, Gost, Host und Ableitungen davon kommen im Sorb. mehrmals als FamN vor. Im Poln. gibt es die FamN Gostula, Gostyla, Gostyła u. a. / Die oso. Formen sind Ableitungen von hósć ›Gast‹, *Hostineze* erinnert an tschech. hostinec ›Gasthof‹.

Gottschdorf nö. Königsbrück, 1225 *Goztin*, 1384 *Gosilsdorf, Gosthissdorff*, 1385 *Gotzschalsdorff*, 1427 *Gozssentorff*, 1428 *Gotschendorf*, 1430 *Gotschalgdorff*, 1432 *Gotczilßdorff*, 1438 (Kop. 1580) *Götzinsdorf*, 1455 *Goczschdorff*, 1565 *Gotzschdorff*, 1721 *Kutzschdorff*, 1768 *Gottschdorf*. – Aoso. *Gostin ›Siedlung des Gost oder Gosta‹. Der PersN stellt eine KurzF von Gostisław u. ähnl. VollN dar, siehe oben Goßwitz. Später wurde der slaw. OrtsN durch Abtrennen von -in und Anfügen von -dorf zu einem MischN umgeformt, wobei man dann das unverständlich gewordene slaw. Bestimmungswort durch den gängigen dt. PersN Gottschalk, verkürzt Gotsche, ersetzte.

Gräbchen, Grün-/Zelena Hrabowka nnö. Königsbrück, 1528 *Grindiggrebichen, Grindischgrebchen*, 1567 *Grebichen, Grebgen*, 1569 *Grebchen*, 1658 *Grün Gräbichen*, 1703 *Grüngräbichen*, 1768 *Grüngräbchen*. / 1835 *Zelena Hrabowka*, 1843 *Zelena Hrabowka*. – Wahrscheinlich eine Tochtersiedlung des in der Nähe gelegenen Großgrabe, aoso. *Grabowa, siehe unten. Der Name wurde im Dt. umgestaltet und mit dem Verkleinerungssuffix -chen versehen. Der unterscheidende Zusatz *Grindig-* in den ältesten Belegen geht auf das

Adjektiv grindig ›mit Grind bedeckt, räudig‹ zurück und sollte den ärmlichen Charakter der Siedlung und ihrer Einwohner kennzeichnen. Wegen seiner abwertenden Bedeutung wurde er im 17. Jh. durch *Grün* ersetzt. / Bei Hrabowka fügte man an Hrabowa, siehe unten Grabe, Groß-, das Verkleinerungssuffix *-ka* an.

Gräbchen, Straß-/Nadrózna Hrabowka nnw. Kamenz, 1225 *Grabowe*, 1374/82 *Hungheregen Grabowe*, 1396 *Hongeremsgrabow*, 1455 *Parva Grabow*, 1476 *Cleine Grabichin*, 1458/71 *Malum Grabaw*, 1498 *Cleine Grabchen*, 1566 *Grebichen*, 1658 *Straßgräbchen*, 1791 *Straßgräbgen*. / 1835 *Nadrósna Hrabowza*, 1843 *Nadrózna Hrabowka*, 1886 *Nadrózna Hrabowka*. – Aoso. *Grabowa, siehe unten Grabe, Groß-. Zur Unterscheidung von diesem sowie von Gräbchen, Grün-, siehe oben, wurden in älterer Zeit die Zusätze mhd. hungerec ›hungrig‹, lat. parva, weibl. Form von parvus ›klein, gering, unbedeutend‹, malum, sächliche Form von malus ›schlecht, gering, schlimm‹, sowie dt. klein gebraucht, später Straß-. Letzteres kennzeichnete die Lage an der Straße von Kamenz nach Ruhland bzw. Senftenberg und Hoyerswerda, eine weitere Straße führt in west-östlicher Richtung durch den Ort (von Großgrabe nach Wittichenau). / Der unterscheidende Zusatz bei Nadrózna Hrabowka ›An der Straße gelegenes Hrabowka‹ beruht auf oso. na ›an‹ und dróha ›Straße‹, das Adjektiv davon lautet heute nadróžny ›Straßen-‹.

Grabe, Groß-/Hrabowa nw. Kamenz, 1225 *Grabowe*, 1374/82 *Grabow major*, 1433 *zur Grabe*, 1443 *by Grosin Grabaw*, 1479 *zu Grosse Grabe*, 1509 *Grossen Grabaw*,

1536/41 *Grossen Grabe(n)*, 1658 *Großgrabe*. / 1767 *Rabow*, 1835 *Hrabowa*, 1843 *Hrabowa*, 1886 *Hrabowa*. – Aoso. *Grabowa ›Siedlung bei der/den Weißbuche(n)‹, zu oso. hrab, nso. grab ›Weißbuche‹, nso. grabowy, oso. hrabowy ›Weißbuchen-‹. Es liegt hier eine adjektivische Bildung vor, wahrscheinlich *Grabowa bzw. *Hrabowa wjes ›Weißbuchendorf‹, so wie bei dem tschech. OrtsN Hrabová. Zur Unterscheidung von Grüngräbchen und Straßgräbchen in älterer Zeit mit lat. māior ›größer‹, im Dt. dann mit Groß- versehen.

Gräfenhain sö. Königsbrück, 1309 *Greuinhain*, 1350 *Grevenhain*, *Grawinhain*, 1375 *Grevinhain*, 1412 *Grefinhain*, 1469 *Greffinhayn*, 1551 *Greffenhain*, 1620 *Greuenhanigen*, 1768 *Gräfenhayn*, 1791 *Gräfenhayn ... Oberdorf ... Ober=Gräfenhayn*. – Dt., ›Rodungssiedlung eines königlichen Burggrafen (auf Königsbrück)‹, kaum ›Siedlung eines (Lokators) namens Gräfe‹. Das Bestimmungswort beruht auf mhd. grāve, mnd. grēve, md. grābe, grēve, grēbe, ursprünglich ›Vorsteher des königlichen Gerichts, Verwalter, Graf‹, später auch ›Dorfrichter, Dorfvorstand, Schultheiß‹. Davon wurden solche PersN wie Gräfe, Gref(f)e usw. gebildet. Das Grundwort -hain geht auf mhd. hagen ›Dornbusch; Einfriedung, Verhau, umfriedeter, umhegter Ort‹ zurück und diente in OrtsN zur Kennzeichnung von Rodungssiedlungen und Kolonistendörfern. Aus mhd. hagen entwickelte sich durch Zusammenziehung später hain, nhd. Hain ›kleiner Wald‹.

Gränze/Hrańca ö. Kamenz, 1352, 1354, 1401, 1433 (Familie) *von der Grenicz*, 1419 *Grenitz*, 1423 *off die Grenitz*, 1486 *zur Grenicz*, 1504 *zur Grenicz*, 1514 *Grenicza*,

1759 *Reinßdorff*, 1768 *Granze*, um 1800 *Gränze oder Rainsdorf*./ 1703 *Reinza*, 1800 *Reinitz oder Reunze*, 1848 *Raincza*, 1866 *Hranica*, 1886 *Hrańca*. – Aoso. *Granica ›Siedlung an der Grenze‹, zu urslaw. *granica, nso. mundartl. granica, poln. granica ›Grenze‹. Oso. hranica ist eine späte Neubildung. Motiv für diese Namengebung war wahrscheinlich die Lage der Siedlung an der Ostgrenze der Herrschaft Kamenz. Aus diesem Grunde wird eher das aus dem Slaw. bereits in das Mhd. entlehnte Wort *granica, graenizen, greniz* zur Bildung des OrtsN gedient haben. *Reinßdorff* bzw. *Rainsdorf* kann als Bestimmungswort oso. Hrańca enthalten – siehe oben 1703 *Reinza*, 1800 *Reinitz* –, oder es liegt eine Angleichung an dt. *Rain* ›Ackergrenze‹ vor.

† **Grechsdorf**   nördl. Stadtteil von Zittau, in diesem aufgegangen, 1309 *Grechsdorf*, 1370 *Grechsgasse*, 1415 *in der Gryschgasse*, 1432 *Griesgasse*, 1585 *Grisgasse*. – MischN, ›Dorf des Grěch‹. Der PersN beruht auf oso. hřěch, nso. grěch ›Sünde‹ und ist in Bautzen bereits 1400 als *Grech* überliefert, ebenda 1431 als *Grich*, in Görlitz 1488 als *Grech*, ders. auch *Grich*. In der Belegreihe wechselt das ursprüngliche Grundwort -dorf mit -gasse, wobei in den späteren Belegen für ein mögliches *Grichsgasse als Bestimmungswort Gries-eingedeutet wurde, zu mhd. griez ›Sand-(korn), Ufersand, Ufer‹, nhd. Gries ›geschälte und gemahlene Getreidekörner‹.

Gröditz/Hrodźišćo   w. Weißenberg, 1222 (Kop. 1550) *Gradis*, 1333 *Greist*, 1350 *Grac*, 1381 *de Grodis*, 1394 *Grodis*, 1407/08 *veste* (= mhd. ›Festung‹) *Grodes*, 1445 *Grodis, Gradis*, 1457 *Gredis(s)*, 1469 *Grodiss*, 1469 *Gradiß*, 1498 *Groditz*, 1516 *Groedis*,

1552 *Grödis*, 1653 *Gröditz*./ 1700 *Hrodżischczo*, 1767 *Rodżischczo*, 1800 *Rodzischczo*, 1835 *Rodżischczo*, 1843 *Hrodźišćo*, 1866 *Hrodźišćo*. – Aoso. *Grodišče ›Burgstätte, befestigte Siedlung‹, zu oso. hrodźišćo ›Schanze, Burgwall‹, nso. groźišćo ›(Erd)schanze, Burgstätte, -wall‹. Vgl. in der Niederlausitz Gröditsch und Grötsch.

Grubditz/Hruboćicy   sö. Bautzen, 1419 *Groptitz*, 1473 *Gropticz*, 1486 *Grobtiz*, 1532 *Kroptitz*, 1534 *Groptitz*, 1557 *Gruptitz*, *Grubticz*, 1570 *Krupticz*, 1572 *Gruptitz*, 1618 *Gruptitz*, 1768 *Grubtiz*, 1816 *Grubditz, Grubtitz*./ 1800 *Ruboczizy*, 1835 *Hruboćicy*, 1843 *Hruboćicy*, 1866 *Hruboćicy*. – Aoso. *Grubotici ›Siedlung der Leute des Grubota‹. Der PersN beruht auf urslaw. *grǫbъ, *grubъ ›grob‹, poln. gruby ›dick, stark, grob‹. In der Niederlausitz kommt öfters der FamN Gruban vor.

Grube/Jama   ssö. Weißenberg, Ortsteil von Nostitz, 1483 *in der Grube(n)*, 1504 *in der Grube*, 1567 *Traußwicz zusamt der Mühle die Grube genannt*, 1768 *Grube*./ 1800 *Jama*, 1843 *Jama*, 1886 *Jama*. – Dt., ›Siedlung an/in der Grube, am/im Talkessel‹, zu mhd. gruobe ›Grube; Steinbruch; Loch, Höhlung‹./ Aoso. *Jama, mit derselben Bedeutung, zu oso. jama ›Grube, Vertiefung, Höhle‹.

Grubschütz/Hrubjelčicy   sw. Bautzen, 1419 *Gropschitz*, 1466 *Grobschitz*, 1497 *Gropsicz, Grobschitcz*, 1499 *Gropßitz*, 1512 *Gropsitz*, 1519 *Gropschitz*, 1550 *Rubelschitz*, 1572 *Grobschitz*, 1590 *Grubschitz*, 1620 *Rubolschütz*, 1663 *Rubelschütz*, 1768 *Grubschütz*, 1769 *Rubelschütz*, 1791 *Grubschütz, wird auch Rubelschütz gen.*/ 1700 *Robelscheze*, 1800 *Rubelczicy*, 1843 *Hrubelčicy*, 1848 *Rubeltžicze*, 1866 *Hrubjelči-*

cy. – Aoso. *Grubošici ›Siedlung der Leute des Gruboš‹. Das Suffix des PersN, der wie oben in Grubditz zu erklären ist, lässt sich nicht mehr genau bestimmen, sodass man wegen der poln. Vergleichsnamen auch *Grubaš, *Grubyš oder *Grubuš ansetzen könnte. Seit dem 16. Jh. erscheint in einigen Belegen ein *-l-*, das sich auch in allen oso. Namen wiederfindet. Es ist phonetisch schwer erklärbar und wurde bisher einfach als »sekundäres« *-l-* bezeichnet. Möglicherweise wurde nach dem Wandel *g > h* (wonach man das *-h-* in der Schrift oft wegließ) bei einem *Rubschitz volksetymologisch oso. wrobl, mundartl. auch róbl, ›Spatz, Sperling‹ eingedeutet.

Grünberg n. Straßgräbchen, s. Bernsdorf, 1825 *Grünberg*, 1836 *Grünberg*, 1908 *Grünberg bei Kamenz*. – Dt., ›Siedlung am grünen, bewaldeten Berg‹. Es handelt sich hier um eine spät angelegte Nebensiedlung von Straßgräbchen.

Grünewald/Rumwald sö. Ruhland, 1455 *Grunenwald*, 1529, 1534 *Grunewalde*, 1541 *Grunewalldt*, 1577 *Grunewalde*, 1604 *Grünewaldt*. / 1744 *Rumwald*, 1831/45 *Rumwald*. – Dt., ›Siedlung am/im grünen (Laub)wald‹, zu mhd. grüene ›grün‹ und mhd. walt ›Wald, Baumbestand, die laubigen Äste und Zweige eines Baumes‹. Nach den Erkenntnissen der Flurnamenforschung bezeichnet *Grünwald* den Laubwald, *Schwarzwald* den Nadelwald. / Rumwald erklärt sich aus *Hrunwald nach dem Wandel von *g > h*, anschließend glich sich *-n-* an *-w-* an und und wurde zu *-m-*.

Grünhain siehe oben Drehna.

Guhra/Hora s. Königswartha, nw. Bautzen, 1312 *de Gor*, 1354 *de Gor*, um 1400 *Gor*, *Gore*, 1410 *de Goer*, 1444 *Gor*, 1453

kein (= ›gegen‹) *dem Gor*, 1558 *Guere*, *Gure*, *Guhre*, *Guhere*, 1559 *Gora*, 1658 *Guhra*, 1768 *Guhra*. / 1800 *Hora*, 1843 *Hora*, 1866 *Hora*. – Aoso. *Gora ›Siedlung am Berge‹, zu oso. hora, nso. góra ›Berg‹.

Günthersdorf/Hunćericy ö. Bischofswerda, 1241 *Gunt(h)ersdorf*, 1381 *de Gunthersdorf*, 1399 *czu Gunthersdorff*, 1422 *Gunttersdorf*, 1488 *Günterstorff*, 1559 *Guntersdorff*, 1603 *Günterßdorff*, 1768 *Günthersdorf*. / 1473 *Huntczericz*, 1835 *Kuźerezy*, 1848 *Huncžerizy*, 1866 *Hunćoricy*, 1886 *Hunćericy*. – Dt., ›Dorf des Gunter, Günter‹. Der PersN beruht auf ahd. gundhari, heri ›Kampf‹-›Menge, Schar, Heer(schar); Heerfahrt‹. / Hunćericy entwickelte sich aus *Gunterici durch den Wandel *g > h* und *t' > ć*. In der Belegreihe ist fehl am Platz 1835 *Kuźerezy*, das ein *Kuźerowici ›Siedlung der Leute des Kuźera‹ voraussetzen würde. Der PersN Kuźera kommt öfters im Nso. vor.

Gurig, Nieder-/Delnja Hórka nö. Bautzen, 1349 *Gorg*, 1363 *de Gurk*, 1365 *prope* (= lat. ›nahe bei‹) *Gorke*, 1384 *Gork*, 1418/19 *Gorik*, *Gurk*, 1439 *Gorg*, 1493 *Gurgk*, 1506 *Gorigk*, 1523 *Gurgk*, 1634 *Gurigk*, 1768 *Nieder Gurig*, 1866 *Niedergurig*. / 1700 *Delna Hohrka*, 1767 *Delna Hohrka*, 1800 *Delna Horka*, 1843 *Delnja Hórka*, 1866 *Delnja Hórka*. – Aoso. *Gorka ›Siedlung bei/auf dem kleinen Berge‹, zu oso. hórka, nso. górka ›kleiner Berg, Hügel‹. / In Delnja Hórka ist Delnja die weibl. Form von delni ›untere, Unter-, Nieder-‹.

Gurig, Ober-/Hornja Hórka s. Bautzen, 1272 *Goric*, 1430 *czu Gorg*, 1477 *Gorck*, *Gorik*, 1525 *Gurgk*, 1556 *Ober Gorcka*, 1566 *Gorkaw*, 1580 *Obergorckau*, 1768 *Ober Gurckau*, 1836 *Obergurk* (*-gurkau*, *-gurig*),

1866 *Obergurig*. / 1700 *Hohrna Hohrka*, 1835 *Horna Hórka*, 1843 *Hornja Hórka*, 1866 *Hornja Hórka*. – Aoso. *Gorka, siehe oben Gurig, Nieder-. / In Hornja Hórka ist Hornja die weibl. Form von horni ›obere, Ober-‹.

Gurigk/Hórka nw. Reichenbach, 1238 *Gorch*, 1239 *Gorhe*, 1346 *Gorck*, 1439 *Gorg*, 1497 *Gork*, 1555 *Gorgke*, 1768 *Gorck*, 1791 *Gurig*, 1831/45 *Jurg, auch Gurick*. / 1831/45 *Hórka*, 1886 *Hórka*. / Aoso. *Gorka, siehe oben Gurig, Nieder-.

Guteborn/Wudwoŕ sö. Ruhland, 1455 *Godinborn*, 1529, 1542 *Gudeborn*, 1551 *Gudeborn*, 1604 *Guttenborn*, 1677 *Gudebornn*, 1727 *Guteborn*. / 1831/45 *Gutborna*, 1843 *Wutborna*, 1885 *Wudwoŕ*, 1920 *Wutborna, Wudwoŕ*. – Dt., ›Siedlung am guten Quell(wasser)‹, zu mhd. guot ›gut, tauglich, brauchbar‹ und mhd. born, mnd. borne ›Brunnen, Quelle, Wasser‹. / Einige Belege stellen sorabisierte dt. Namenformen dar, wobei dt. G- nicht wie üblich durch H-, sondern durch W- vertreten wurde, später setzte sich Wudwoŕ durch. Zu diesem siehe unten Höflein.

Guttau/Hućina nw. Weißenberg, nnö. Bautzen, 1222 (Kop. von 1550) *Guttin*, 1331 *Gutthin*, 1350 *Guttin*, 1373 *zu der Guttyn*, 1399 *von Guttin*, 1404 *dy von der Gotte*, 1416 zur *Gutte*, 1421 *czur Gotte*, 1449 *zur Gotte*, 1453 *zur Gottaw*, 1495 *Gottaw*, 1562 *zur Gotte*, 1597 *Gotta*, 1649 *Gottaw*, 1768 *Guttau*. / 1710 *Huczini*, 1719 *Hucżen, Hucżina*, 1767 *Hucżina*, 1800 *Huczina*, 1843 *Hućina*, 1866 *Hućina*. – Aoso. *Gutina ›Siedlung am/im dichten Wald‹, zu urslaw. *gǫtьnъjь, vertreten in tschech. hutný ›dicht, fest, stark‹, russ. mundartl. gut´ ›Gestrüpp, Dickicht, schwer passierbarer Ort‹.

H

Hagenwerder, bis 1936 **Nickrisch** s. Görlitz, 1335 *Nickers*, 1336 *Nikrosch*, 1340 *von Nikrozhin*, 1353 *Nycrozhinn*, als HerkN: 1381 *Petir Nykroschin, Pecz Nechrus*; 1399/1419 *Nickrischin, Nyckrischin, Nykrischen*, 1407 *Nickreschin*, 1427 *die von Nykerischen*, 1434 *Nikrusch*, 1446 *Nickerisch*, 1517 *Nickrisch*, 1550 *Nickerisch*, 1590 *Nickers*, 1732 *Nickrisch*. Seit 1936 *Hagenwerder*. – Bisher als aso. *Nikrašin oder *Nikrošin sowie *Nikraš gedeutet, zu einem PersN Nikraš, Nikroš, Nikras. Wahrscheinlich aber aoso. *Nikrošin ›Siedlung des Nikrocha‹ (mit dem Wandel von *ch* > *š* vor -in). Der PersN beruht auf der verneinenden Partikel urslaw. *ni, ostnso. ni, poln. ni ›nicht‹, und urslaw. *krъcha, aksl. krъcha ›Körnchen, Bißchen‹, aruss. krocha ›ein kleines Teilchen, Körnchen‹, ukrain. kricha, altweißruss. krocha, dasselbe. Im Russ. kommt Krocha öfters als PersN vor. Von poln. mundartl. krocha ›Krume, Brocken‹ werden die FamN Krochacz, Kroche u. a. abgeleitet. Das in der Zeit des Nationalsozialismus eingeführte Hagenwerder knüpft an die zahlreichen OrtsN mit den Namenbestandteilen mhd. hagen ›Dornbusch, umhegter Ort‹ sowie mhd. werder ›Flussinsel‹ an.

Hähnichen n. Niesky, 1390 *Heynichen*, 1399 *von Heynechin*, 1403 ff. *vom Heynechin, Henichin*, 1411 *czum Heynchin*, 1416 *zum Henichin*, 1455 *zum Henchin*, 1500 *Henychen*, 1513 *zum Heynichen, das Hennichen*, 1664 *Hänichen*, 1768 *Hähnchen*, 1791 *Hähnichen*. – Dt., ›Siedlung am/im kleinen gehegten Wald bzw. kleine Rodungssiedlung‹, zu spätmhd. und md. hain, siehe oben Bremenhain. Hinzu trat das Verkleinerungssuffix -chen.

Haide/Hola s. Bad Muskau, nach 1700 angelegtes Vorwerk mit Dörfchen, 1704 *Heyde*, 1753 *Heyde-Vorwerg*, 1791 *Heyda ... zur Herrschaft Mußkau geh. Forw.*, 1831/45 *Haide, Heyde*. / 1800 *Hohla*, 1831/45 *Gulla*, 1843 *Hola* (*Góla*), 1885 *Hola*. – Dt., ›Siedlung in der Heide‹, zu mhd. heide, mnd. hēde ›ebenes, unbebautes, wildbewachsenes Land, Heide, Waldland‹, im Ostmd. vorwiegend ›größeres Waldgebiet‹. / Hola, zu oso. hola ›Heide, Wald, bes. Hoch- und Nadelwald‹, nso. gola ›Heide, Waldung, Forst, bes. Nadelwald‹, Gola ›südl. der eigentl. Niederlausitz gelegene Heidelandschaft‹.

Hain sw. Zittau, Ortsteil von Oybin, 1564 *Henügen, der Heun*, 1685 *Hayn*, 1699 *Hayn*, 1732 *Hahn*, 1759 *Hayn*, 1791 *Hayn ... zur Stadt Zittau geh. Dorf*. – Dt., ›Siedlung am/im Walde, Rodungssiedlung‹, siehe oben Hähnichen und Bremenhain. 1564 *Henügen* stellt eine Verkleinerungsform von *Hähnichen* dar, *Heun* gibt eine mundartl. Lautung wieder.

Hainewalde w. Zittau, 1326 *in Heyninwalde*, 1359/99 *Heinwald, Heinwelde, Heynewald*, 1413 *Heynwalde*, 1507 *Heynewalde*, 1524 *Henewalt*, 1609 *Heinewalda*, 1782 *Henewalde*, 1791 *Hainewalde*. – Dt., ›Rodungssiedlung‹, siehe oben Bremenhain und Grünewald. Oder ›Rodungssiedlung des Heine‹, siehe Hainitz.

Hainitz/Hajnicy n. Schirgiswalde, s. Bautzen, 1404 *Haynicz*, 1419 *Haynitz*, 1461 *Haynicz*, 1473 *Haynitz*, 1534 *Haynitz*, 1759 *Haynitz*. / 1719 *Haineze, Hainize*, 1800 *Hajnizy*, 1866 *Hajnicy*. – MischN, *Hajnici ›Siedlung der Leute des Hein(e) oder

Hajna‹. Hajna ist ein häufiger sorb. PersN, der aus dt. Hein, Heine, einer KurzF von Heinrich hervorging, das auf ahd. heimrīh(h)i ›Haus‹-›Herrschaft, Herrscher, Macht; reich, mächtig, hoch‹ beruht.

Halbau/Jiłow sö. Bautzen, w. Löbau, um 1550 entstandene Waldarbeitersiedlung, 1567 *zur Halbe*, 1579 *Halbe*, 1581 *Halb*, 1647 *Dörflein Halbe*, 1768 *Halbe*, 1836 *Halbau*. / 1886 *Jiłow*, 1920 *Jiłow*. – Dt. Mit *Halbe* ist entweder die ausgesetzte Siedlungsfläche, also ›die halbe Hufe‹ gemeint, oder der Name bezieht sich auf die Lage der Siedlung auf der Südseite des bewaldeten Höhenzuges n. Cunewalde, denn mhd. halbe bedeutet auch ›Seite‹. / Jiłow ›Siedlung auf lehmiger Erde‹, zu oso. jił ›Lehm, Ton‹, einer Neubildung aus dem 19. Jh., sonst kommt dieses Wort nur in OrtsN vor, ihm entsprechen poln. ił, mundartl. jił, tschech. jíl.

Halbendorf/Brězowka n. Weißwasser, 1458 *Bresselugk*, 1464 *Brißlug*, 1597 *Dorff Breßlug*, 1704 *Halbendorff*, 1768 *Halbendorf*, 1791 *Halbendorf ... Anth. der Herrsch. Mußkau, Anth. des Rg.* (= Rittergutes) *Zimpel*, 1831/45 *Breßlugk*. / 1831/45 *Bresoky oder Brijesowka*, 1835 *Brjesowka*, 1843 *Brjezowka = Brězowka*, 1885 *Brězowka*. – Aoso. *Brezoług ›Siedlung an/in einer mit Birken bestandenen sumpfigen Niederung‹, zu oso. brěza, nso. brjaza, älter und mundartl. brjeza ›Birke‹, und oso. łuh ›Moor, Sumpf‹, nso.ług ›Grassumpf, sumpfige Niederung‹. Der erst spät aufgekommene dt. Name Halbendorf ›In zwei Hälften geteiltes Dorf‹, zu mhd. halbe ›die Hälfte‹, entstand durch die Zweiteilung der Siedlung in einen standesherrschaftlich-muskauischen und einen Rittergutsanteil Zimpel. / Bei Brězowka ›Siedlung bei den Birken, Birkenort‹, zu oso. brěza, siehe oben, handelt es sich um eine späte Neubildung, wohl in Anlehnung an das alte *Brezoług. Vgl. in der Niederlausitz Breslack.

Halbendorf w. Zittau, Ortsteil von Seifhennersdorf, 1566 *Klein Hennerßdorff*, 1696 *Halbendorf*, 1719 *das halbe Dorff*, 1805 *das Halbedorf*, 1836 *Halbendorf*. – Dt. OrtsN. Ursache für die Benennung konnte sein, dass Seifhennersdorf durch den Bach *Mandau* in zwei Hälften geteilt wird oder dass die Ortsteile zwei verschiedenen Grundherren gehörten, was sich jedoch nicht mehr feststellen ließ.

Halbendorf/Gebirge/Wbohow nnö. Schirgiswalde, 1374, 1400 *de, von Halbindorf(f)* (vielleicht zu Halbendorf/Spree), 1469 *zum Halbindorff*, 1557 *Halbendorff*, 1619 *Halbendorff*, 1791 *Halbendorf*. / 1719 *Bohow* (*pro Pohow*, *Połow*), 1835 *Bohow*, 1843 *Bohow*, 1866 *Bohow*, *Wbohow*. – Dt., ›In zwei Hälften geteiltes Dorf‹, siehe oben Halbendorf/Brězowka. Das Dorf gehörte zwei Grundbesitzern, dem Domkapitel Bautzen und dem Rittergut Halbendorf. Man nimmt auch an, dass das Motiv auf die ethnische Teilung des Dorfes in einen sorb. und einen dt. Teil zurückgehe, was aber fraglich erscheint. / Wbohow wurde bisher so wie Übigau, siehe unten, erklärt, worauf obige Belege nicht hindeuten. Vielleicht aoso. *Bogow, später *Bohow ›Siedlung des Bog bzw. Boh‹. Bog ist eine KurzF von Bogosław und ähnl. VollN mit dem Vorderglied aus urslaw. *bogъ ›Reichtum, Wohlstand; Anteil‹, später ›Gott‹. Bog mit seinen Ableitungen kommt oft in FamN vor. In dem nur einmal

belegten *Wbohow* kann *W-* auf die Präposition oso. nso. w ›in, bei, an‹ (mit dem Lokativ und Akkusativ) zurückgehen. Sollte *Wbohow* ursprünglich sein, ließe sich eine Verbindung mit oso. wbohi ›arm, armselig‹ herstellen, das auf urslaw. *ubogъ beruht, vertreten in poln. ubogi, tschech. ubohý ›arm, ärmlich‹.

Halbendorf/Spree/Połpica nö. Bautzen, 1374, 1400 *de, von Halbindorf(f)*, 1419 *Halbendorff*, 1545, 1565 *Hal(l)bendorff*, 1759 *Halbendorff*, 1791 *Nieder Halbendorf*, 1908 *Halbendorf a. d. Spree*. / 1458/71 (Kop. 1. Hä. 16. Jh.) *Polowiczy*, 1800 *Polpiza*, 1843 *Połpica*, 1886 *Połpica*. – Dt., ›In zwei Hälften geteiltes Dorf‹. Die Zweiteilung bezog sich wahrscheinlich auf das auf der anderen Seite der Spree gelegene Geißlitz, mit dem Halbendorf die anfänglich gemeinsame Flur teilte. Der Name könnte sich aber auch auf die räumliche Trennung von Rittergut und Häusler- bzw. Gärtnersiedlung beziehen. / Połpica beruht auf einem umgestalteten *Połowica, zu oso. połojca ›Hälfte‹.

Hammerstadt/Hamoršć s. Bad Muskau, 1403 *Hammerstad*, 1423 *Hammerstatt*, 1448 *von der, zur Hammerstat*, 1463 *von der Hamerstat*, *zur Hamerstad*, 1533 *Hammerstat*, 1768 *Hammerstadt*. / 1800 *Hamorschcza*, 1835 *Hamorschcza*, 1843 *Hamoršć*, 1866 *Hamorišća*, 1885 *Hamoršć*. – Dt., ›Siedlung bei/mit der (Eisen)hammerstätte‹, zu mhd. hamer ›Hammer‹, später auch ›Hammerwerk‹, und mhd. stat ›Stätte, Ort, Platz, Wohnstätte‹. / Hamoršć ist die mit dem Suffix -šć- sorabisierte Form des dt. Namens. Vgl. unten Neuhammer.

Hänchen, Groß-/Wulki Wosyk nö. Bischofswerda, 1290, 1296 *de Heinischen*,

Heinichen, Heinechen, 1374/82 *Major Heynichin, Heynechin, Henichin,* um 1400 *Heynechin, Heinchin, Henchin,* 1419 *Heynchin pentzk,* 1430 *czum Heynchen, Heynchin,* 1454 *Grosßen Heinichen,* 1520 *Hennichen beym Taucher,* um 1550 (Kop. 18. Jh.) *Henichen pretitz,* 1559 *Groß Hanichen, Heinichen,* 1588 *Groß Heinichen,* 1658 *Hänichen,* 1768 *Groß Hähnichen,* 1792 Oberlausitzer Seite: *Hänchen sub senatu* (Rat zu Bautzen), *Hänchen sub Bolbritz* (Rittergutsanteil). / 1730 *Woßek,* 1778 *Wulki Wosyk,* 1800 *Wulki Woßyk,* 1843 *Wulki Wósek,* 1866 *Wulki Wosyk.* – Dt., ›Siedlung am/im kleinen gehegten Wald, kleine Rodungssiedlung‹, siehe oben Hähnichen und Bremenhain. / Aoso. *Osěk ›Durch einen Verhau geschützter Platz, Rodungssiedlung‹, zu urslaw. *sěkti, *sěkati ›hacken, hauen, schneiden (mähen)‹, oso. syc ›mähen, hauen (mit der Sense)‹, nso. wósek ›Verhau, Hag, Hain‹. Im Beleg von 1419 ist mit *pentzk* ein PersN Pentzk gemeint, der Name des Grundherren, des Besitzers. Für den unterscheidenden Zusatz *Groß-* erscheint 1374/82 *Major,* zu lat. māior ›größer‹.

Hänchen, Klein-/Mały Wosyk ö. Elstra, n. Bischofswerda, 1290, 1296, siehe oben Hänchen, Groß, 1419 *Heinchin clux, Heynchin opitz,* 1466 *zum Cleynen Henchin,* 1526 *Hennichen beym Taucher,* 1550 (Kop. 18. Jh.) *Henichen opitz am Taucher,* 1559 *Klein-Hänichen, Kleine Heinichen,* 1617 *Klein Haynchen,* 1768 *Klein Hänichen.* / 1866 *Mały Wosyk.* – Siehe oben Hänchen, Groß-. Im Beleg von 1419 erscheinen (wohl als Namen der herrschaftl. Besitzer) *Clux,* HerkN vom OrtsN Klix, sowie *opitz,* d. h. der dt. RufN Opitz.

Hartau s. Zittau, 1375 bzw. nach 1400 *Harte,* 1391 *von der Harte,* 1415 *zur Harte,* 1473 *uff der Harte,* 1563 *Hartaw,* 1768 *Harthau.* – Dt., ›Siedlung am/im (Berg)wald‹, zu mhd. hart ›Wald, waldiger Höhenzug‹.

Harthau, Groß- wsw. Bischofswerda, 1241 *Hart,* 1350 *czů der Harthe,* 1402 *Harta,* 1426 *zcur Harte,* 1465 *die Harth,* 1477 *Harthe,* 1539 *Harthaw,* 1559 *Zur Harth,* 1653 *Harthau,* 1768 *Hartha bey Goldbach,* 1836 *Harthau (Groß- und Klein-).* – Dt., ›Siedlung am/im (Berg)wald‹, siehe oben Hartau. Der unterscheidende Zusatz *Groß-* kam auf, als man im Süden der Flur eine Ausbausiedlung anlegte, die *Kleinharthau* genannt wurde.

Häslich/Haslowy wsw. Kamenz, 1320 *Hasulach,* 1338 *de Hezelech,* 1417 *czu dem Hezelecht,* 1534 *Heselicht,* 1612 *Haßelicht,* 1658 *Häßlich,* 1768 *Häßlich,* 1816 *Häselich, Häßlich, Häselicht.* / 1800 *Haslowi,* 1835 *Haßlowje,* 1920 *Haslowy.* – Dt., ›Siedlung am Haselgebüsch‹, zu mhd. hasel ›Haselstrauch‹, daran trat das Kollektivsuffix mhd. -ech, später noch zeitweise das Verschlusselement -t. / Haslowy ist der sorabisierte dt. Name.

Hausdorf/Łukecy nnw. Kamenz, 1308 *Hvgisdorf,* 1352 *Hvgisdorf,* 1374/82 *Hugisdorf,* 1405 *Hugisdorf,* 1525 *Hawsdorff, Hawgesdorff, Haustorff,* 1768 *Haußdorf.* / 1400 ff. als HerkN: *Wuchecze, Wuchcze;* 1767 *Wukeza,* 1800 *Wukecze,* 1835 *Wukezy,* 1866 *Łukecy,* 1886 *Wukecy.* – Dt., ›Dorf des Hūg‹. Der PersN beruht auf ahd. hugu ›Geist, Sinn; Gesinnung, Mut‹ und bezieht sich auf den 1225 genannten Ministerialen *Hug(o) de Kamenz,* einen der Herren von Kamenz. / Hugisdorf wurde zu *Wukowici,* daraus dann Wukecy sorabisiert, wobei wegen des Schwankens von *W-* und *H-* im Anlaut sorb. Wörter das dt. *H-* hier als *W-* erscheint. Da das harte *-ł-* im Sorb. wie *-w-* (eigentlich unsilbisches *-u-*) gesprochen wird, konnten es die Schreiber auch zur Wiedergabe eines *-w-* verwenden.

Hauswalde sö. Pulsnitz, um 1276, 1285, 1305 *de Hvgeswalde, von Hugiswalde,* 1350 *Hugeswalde,* 1376 *Hûswald,* 1377 *Hauswalde,* 1455 *Hawswald,* 1534 *Hauswalth,* 1569 *Hauswalde,* 1658 *Haußwalda,* 1768 *Haußwalda.* – Dt., ›Rodungssiedlung des Hūg‹. Zum PersN siehe oben Hausdorf, zum Grundwort siehe oben Grünewald. Auch hier könnte es sich um den Namen eines Ministerialen handeln, vielleicht um einen der Herren von Pulsnitz.

Heinersdorf onö. Ortrand, 1350 *Heinrichsdorf,* 1406 *Heinrichsdorf,* 1425 *Heinrichstorff,* 1520 *Heynersdorf, Heinerßdorf,* 1524 *Heinersdorf,* 1551 *Heinersdorff,* 1753 *Heinersdorff,* 1791 *Hennersdorf b. Ortrandt,* 1831/45 *Heinersdorf.* – Dt., ›Dorf des Heinrich‹. Der PersN beruht auf ahd. heim-rīh(h)i ›Haus‹-›Herrschaft, Herrscher, Macht, Reich; reich, mächtig, prächtig‹.

† Helwigsdorf Stadtteil von Zittau, wohl keine Altsiedlung, ursprünglich Teil der Flur Eckartsberg und eine neu angebaute Gasse, 1380/81 *Heilgensdorf* (wohl entstellt, Zuweisung unsicher), 1585 *Helwigißgasse, Helbisgasse,* 1716 *Helwigsgasse,* 1834 *Helwigs Gasse, Helwigsdorf.* – Dt., ›Dorf des He(i)lwīg‹. Der PersN beruht auf ahd. heil-wīg ›heil, gesund; ganz, vollkommen, unversehrt‹-›Kampf, Streit, Krieg‹.

Hennersdorf/Hendrichecy s. Kamenz, 1263 *Heinrichisdorf,* 1382 *Heinrichsdorf,* 1455 *Heinrichsdorff,* 1466 *Heinnerstorffer*

Berg, 1532 *Hennerssdorff,* 1563 *Hennerßdorf,* 1658 *Hennerßdorff,* 1754 *Catholisch Hennersdorff,* 1768 *Hennersdorf bey Camentz.*/ 1843 *Hendrichecy.* – Dt., ›Dorf des Heinrich‹. Siehe oben Heinersdorf.

Hennersdorf, Dürr- sw. Löbau, 1306 *Heinrickesdorpp,* 1348 *von Henrichisdorf,* 1419 *Heynerßdorff dorre,* 1448/49 *Heinirsdorff,* 1483 *Heinerßdorff,* 1503 *Dorrheynerßdorff,* 1569 *Dorrenhennerßdorf,* 1657 *Dürrhennersdorff,* 1768 *Dürr-Hennersdorf.* – Dt., ›Dorf des Heinrich‹, siehe oben Heinersdorf. Zur Unterscheidung gleichnamiger Orte verwendete man den Zusatz Dürr-, zu mhd. dürre, durre ›dürre, trocken, mager‹. Der Ort wurde wahrscheinlich nach *Heinrich von Cunewalde* benannt. Der aus einer brandenburgischen Quelle stammende erste Beleg zeigt eine niederdt. Lautung.

Hennersdorf, Groß- sö. Löbau, 1296/1307 *de Henrichstorf, Heinrichsdorf,* 1322 *de Heinrichsdorff,* 1326 *de Henrichsdorph, Henrichsdorf,* 1352 *Henrici villa scriptoris,* 1378 *Heinersdorff schreibers,* 1429 *Heinersdorff Schreybers,* 1486 *Heynersdorff,* 1542 *Hennersdorff,* 1764 *Marckhennersdorff,* 1768 *Groß Hennersdorf,* 18. Jh. *auch Markthennersdorf und Hennersdorf unter dem Königsholz genannt.* – Dt., ›Dorf des Heinrich‹, siehe oben Heinersdorf. Der Ort wurde wahrscheinlich nach dem 1267 bezeugten *Heinrich von Schreibersdorf* benannt. *Schreibers*(dorf), lat. *villa scriptoris* ›Dorf des Schreiber‹, erscheint bei einigen Belegen als zusätzliches Bestimmungswort. Schreibersdorf liegt bei Lauban (heute Polen). *Mark* bezieht sich auf die Grenzlage zum Zittauer Weichbild, *am Königsholz* kennzeichnet die Lage der Siedlung.

Hennersdorf, Seif- Stadt w. Zittau, 1352 *Henrici villa apud Romberch* (= lat. ›Heinrichs Dorf bei Rumburg‹), 1358 *Heinrichstorf*, 1384 *Henricivilla prope* (= lat. ›nahe bei‹) *Romberg*, 1402, 1405 *im Seiffen, in den Seyffen zu Heinrichsdorff (bey Ronberg gelegen)*, 1447 *Heynerstorff am Seyffe*, 1483 *zu Hennersdorff im Seiffenn*, 1584 *Niederhennersdorf sammt den Seiffen*, 1657 *Hennersdorf in Seiffen*, 1768 *Hennersdorf in Seyfen*, 1836 *Seifhennersdorf*. – Dt., ›Dorf des Heinrich‹, siehe oben Heinersdorf. *Seifen* lässt sich als ›Siedlung an einem Bach, an einer Schlucht mit Rinnsal‹ oder ähnl. erklären, zu mhd. sîfe ›langsam fließender Bach und die von ihm durchzogene Bodenstelle; Sickerwasser, Schlucht mit Rinnsal‹, sîfen ›tröpfeln, triefen‹. *Seifen* bedeutete hier ›Erzwäsche‹, die dort im späteren Mittelalter betrieben wurde. Der Ort liegt am Leutersbacher Wasser. Die ursprüngliche Doppelsiedlung mit dem zweireihigen Hennersdorf und dem einreihigen Seifen wurde getrennt in Ober-Hennersdorf, das zu Böhmen kam, und das im Zittauer Gebiet verbliebene Nieder-Hennersdorf, das vordem Klein-Hennersdorf, später Halbendorf, siehe oben, genannt wurde.

Hermannsdorf/Kuty ö. Weißwasser, im 18. Jh. angelegtes Dorf, 1903 nach Weißwasser eingemeindet, 1759 *Neu Weißwasser*, 1800 *Hermannsdorf oder Neuweißwasser*, 1831/45 *Hermannsdorf oder Neu-Weißwasser*. / 1835 *Kuty*, 1843 *Kuty*, 1920 *Kuty*, 1969 *Hermanecy*. – Der Ort wurde 1780 durch *Hermann von Callenberg* auf Muskau gegründet und nach ihm benannt. Zum PersN Hermann siehe unten Hermsdorf b. Ruhland. / Kuty ›In einem Winkel, einer Ecke gelegene Siedlung‹, zu oso. kut

›Winkel, Ecke, seitwärts entfernt liegende Feld- oder Waldparzelle‹, hier in der Mehrzahl, wohl ursprünglich ein FlurN.

Hermsdorf b. Ruhland/Hermanecy ssö. Ruhland, 1460 *von Hermansdorff*, 1499 *Hermansdorff*, 1506 *Hermeßdorff*, 1529 *Hermannsdorff*, 1542 *Hermßdorff*, 1624 *Hermßdorf*, 1727 *Hermsdorff*. / 1767 *Hermanecy*. – Dt., ›Dorf des Hermann‹. Der PersN beruht auf ahd. heri-man ›Menge, Schar, Heer(schar); Heerfahrt‹-›Mensch; Mann, Diener, Kriegsmann‹. / MischN, gebildet durch Ersatz von *-dorf* durch *-owici* bzw. *-ecy*, ›Siedlung der Leute des Hermann‹.

Hermsdorf/Spree/Hermanecy onö. Königswartha, 1419 *Hermanßdorff*, 1506 *Hermannsdorff, Hermeßdorff*, 1542 *Hermesdorff, Hermßdorff*, 1572 *Hermßdorf*, 1604 *Hermeßdorff*, 1658 *Hermßdorff*, 1768 *Hermßdorf bey Milckel*. / 1800 *Hermanezy*, 1835 *Hermanezy*, 1843 *Hermanecy*. – Siehe oben Hermsdorf b. Ruhland.

†Herrendorf ehemals Dorf, später aufgegangen in der Stadtflur Zittau, nö. des Stadtkerns, 1275 *villa dicta* (= lat. ›Dorf genannt‹) *Herrendorf*. – Dt., ›Dorf der (geistlichen) Herren‹, zu mhd. herre, hērre ›Gebieter, Herr; Geistlicher‹. Die Benennung erfolgte nach den Besitzern, den *Herren des Johanniterordens*.

Herrenwalde wsw. Zittau, Ortsteil von Waltersdorf, 1732 *Herrnwalde*, 1768 *Herrenwalda*, 1836 *Herrenwalde*. – Dt., ›Von den Stadtherren (von Zittau) im Stadtwald bzw. Ratswald angelegte Siedlung‹. Vgl. oben Herrendorf. Die Siedlung entstand um 1580.

Herrnhut/Ochranow Stadt sö. Löbau, 1759 *Herrn Huth*, 1791 *Herrnhuth*. 1836 *Herrnhut*. – Die Siedlung wurde 1722 von böhmisch-mährischen Exulanten (Brüdern) innerhalb der Berthelsdorfer Standesherrschaft des Grafen *Nicolaus von Zinzendorf*, des Begründers der Brüdergemeinde, angelegt. Die Exulanten wollten sich unter die *Hut des Herrn*, d. h. die Obhut, den Schutz Gottes stellen. Ins Tschech. wurde der Name als *Ochranov* übersetzt, zu ochránit ›schützen‹, ochrana ›Schutz, Obhut‹, von dort wurde er ins Oso. übernommen. Der nahe gelegene *Hutberg*, nach der Form benannt oder weil man dort das Vieh weidete, hütete, dürfte kaum mit dem OrtsN etwas zu tun haben.

Herwigsdorf/Hĕrkecy   sö. Löbau, 1317 *Herwigsdorff*, 1345 *Hertwigsdorf*, 1348 *Herwigsdorf*, 1419 *Herbigsdorf*, 1434 *Herbwigsdorff*, 1469 *Hertwigistorff*, 1499 *Herwigßdorff*, 1532 *Herbßdorff*, 1533 ff. *Herbisdorff im Lobischen, itzlich heißen´s Hermisdorff bey der Lobau*, 1536 zu *Herbesch*, 1546 *Herwigsdorf*, 1569 *Herbsdorff*, 1791 *Herwigsdorf, Ober= u. Nieder= ... wird auch die Scheibe gen. it ... Herwigsdorf Mittel=*. / 1719 *Hierkeze*, 1835 *Hjerkezy*, 1843 *Jjerkecy*, 1866 *Hĕrkecy*, 1886 *Herbikecy*, 1920 *Hĕrkecy, Hewjerkecy, Herbikecy*. – Dt., ›Dorf des Herwig‹. Der PersN beruht auf ahd. heri-wīg ›Menge, Schar, Heer(schar); Heerfahrt‹-›Kampf; Streit, Krieg‹. Zu *Scheibe* siehe unten Scheibe ö. Hoyerswerda. / Hĕrkecy entstand durch Sorabisierung des dt. Namens, wobei dessen erster Teil gekürzt und -*dorf* durch -*ecy* < *-owici* ersetzt wurde.

Herwigsdorf, Mittel-   nw. Zittau, 1352 *Heruici villa* (= lat. ›Dorf‹), 1359 *Hertwici Villa*, 1369 (Kop. 15. Jh.) *Herwigsdorff*, 1391 *Herwygistorf*, 1431 *Herwigistorff*, 1595 *Herwigßdorff*, 1768 *Mittel-Herbigs-*

dorf, 1817 *Herwigsdorf, Hartwigsdorf, vulgo* (= lat. ›volkssprachlich‹) *Herschdorf*. – Siehe oben Herwigsdorf. Die ersten, latinisierten Belege, zeigen lat. *villa* für -*dorf* und den lat. Genitiv des PersN.

Herwigsdorf, Ober-   nw. Zittau, 1410 *Bertilstorf*, 1412 *Herwigsdorf genannt Bertelsdorf*, 1412 *Ober Herwigsdorff*, 1523 *Oberherbisdorff*, 1657 *Ober Herwigsdorf*, 1768 *Ober-Herbigsdorf*. – Dt., siehe oben Herwigsdorf. Wie die ältesten Belege aussagen, haben wir es ursprünglich mit einem ›Dorf des Bertold‹ zu tun, mit dem PersN aus ahd. beraht-walt(an) ›hell, strahlend, glänzend‹-›(be)herrschen, mächtig sein; walten; bewirken‹. Der neue Name dürfte sich erst von Mittelherwigsdorf auf die Siedlung ausgedehnt haben. Beide Orte bildeten anfangs eine langgezogene Reihendorfsiedlung mit Waldhufen.

Hetzwalde   Ortsteil von Leutersdorf, wnw. Zittau, seit 1780 auf Oberleutersdorfer Flur angelegt, 1791 *Hetzwalda, ein neu angelegtes Dorf*, 1907 *Hetzwalde*, 20. Jh. *Hetze, Hetzeschenke*. – Der Name hat wahrscheinlich mit dem Hetzen des Wildes zu tun und knüpft an den Namen der Schenke, wohl einem alten Jagdgut, an.

†Heuge   dörfliche Vorstadtsiedlung, heute Gegend des Holzmarktes in Bautzen, 1374 *Mertin uf dem Heuge*, 1399 *Hanne vom Heuge*, um 1400, 1405 *uff dem Heuge, Heuke*, 1438 ff. *uff dem Heuge, Hewge*, 1459 *wf dem Huge*, 1504 *am Hewgenthor*. – Dt., ›Siedlung an/auf dem Hügel‹, zu mhd. houc, Gen. houges, mundartl. auch Hoik, Höck, Heig ›Hügel‹.

Hilbersdorf   n. Reichenbach, 1419 *Hilbersdorff*, 1486 *Hilbrißdorff*, 1543 *Hilbirsdorf*, 1566 *Hilbersdorff*, 1768 *Hilbersdorf*,

1817 *Hilbersdorf, Hüllersdorf, Hillersdorf*. – Dt., ›Dorf des Hildebrand‹. Der PersN beruht auf ahd. hiltja-brant ›Kampf‹-›Brand, Schwert(klinge)‹.

Hirschfelde Stadt, nö. Zittau, 1310, 1312 *de Hirsfeld, Hirsvelde*, 1327, 1332 *de Hersveldia, Hersvelda*, 1350 *Hyrsvelt*, 1358 *de Hirsvelt*, 1379 *Hirsveld*, 1390 *Hirsfelt*, 1424 *Hirsfelde*, 1450 *kein* (= gegen) *Hersfelde*, 1503 *zcu Hirschfelde*, 1768 *Hirschfelde*. / 1719 *Jelenize*, 1920 *Jelenjowe Polo*. – Dt., ›Siedlung am Hirschfeld‹, zu mhd. hirʒ, hirʒe ›Hirsch‹ und mhd. velt ›Feld, Boden, Fläche, Ebene‹. / Die sorb. Namen, zu oso. jeleń ›Hirsch‹ und polo ›Feld‹, stellen Übersetzungen des dt. Namens dar.

Hirschwalde siehe unten Tschernske.

Hochkirch/Bukecy nw. Löbau, 1222 (Kop. 1550) *Bukewiz*, 1368 *Hoynkirche, Hoenkirche*, um 1400 *Honkirche, Honkyrche*, 1419 *Hoenkirch*, 1481 *zur Hoenkirchin*, 1499 *zur Hoekirchen*, 1534 *Hoekirch*, 1564 *Hohenkirchen*, 1657 *Hohkirche*, 1671 *Hochkirch*. / 1719 *Bukeze*, 1767 *Bukeze*, 1800 *Bukezy*, 1843 *Bukecy*, 1886 *Bukecy*. – Dt., ›Siedlung zu der oder mit der hoch gelegenen Kirche‹, zu mhd. hôch, hô ›aus einer Ebene herausragend, hoch gelegen‹ und mhd. kirche ›Kirche‹, in Namen oft im Dativ/Lokativ als *-kirchen* gebraucht. / Aoso. *Bukowica ›Siedlung am Buchenwald‹, zu oso. buk ›Buche‹. Vgl. oben Bockwitz und Bocka. Ein Hügel n. von Hochkirch wird noch heute *Bukowc* genannt.

Höckendorf s. Königsbrück, 1309 *Hoykendorf*, 1350 *Houkendorf, Hökendorf*, 1378 *Houkendorpf*, 1453 *Hoykendorff*, 1471 *Hewckendorff*, 1551 *Heckendorff*, 1575 *Höckendorff*, 1768 *Höckendorf bey Laußnitz*. – Dt., ›Dorf des Hoiko‹. Der

PersN Hoiko ging aus *Hōhiko, zu asächs. hō(h), hā(h) ›hoch‹, hervor, also ÜberN für einen hoch gewachsenen Menschen.

Höflein/Wudwor nö. Elstra, 1301 *Hovelin*, 1318 *Hővelin*, 1374/82 *Hovelin, Hovelyn*, 1469 *Hoüelein*, 1524 *zum Höfflein*, 1590 *Hevel*, 1610 *zum Hoeffel*, 1617 *Höffgen*, 1768 *Höfflein*, 1836 *Höflein*. / 1800 *Wudwor*, 1843 *Wudwoŕ*, 1866 *Wudwoŕ*. – Dt., ›Siedlung zum Höfchen, kleinen Hof‹, zu mhd. hof ›Gehöft‹, hier versehen mit dem Verkleinerungssuffix oberdt. *-l(īn)*, im Beleg von 1617 steht dafür das md. *-chen*, geschrieben *-gen*. / Wudwor beruht auf oso. wudwór ›Vorwerk‹ und gibt damit gut den ursprünglichen Charakter der Siedlung wieder.

Holscha/Holešow ssö. Königswartha, um 1400 *von Holusschaw, Holeschaw, Holesaw*, 1419 *Goleschaw*, 1469 *Holisscho, Holeschaw*, 1475 *Holeschaw*, 1487 *Holyscho*, 1488 *Holischow*, 1497 *Holsche*, 1499 *Holschow*, 1505 *Holyscho*, 1524 *Hollschaw*, 1566 *Holitschaw*, 1658 *Holscha*. / 1684 ff. *z Holešowa, z Holz(ow)a*, 1700 *Wolschow*, 1800 *Holeschow*, 1843 *Holešow*. – Aoso. *Gołyšow oder *Golišow, später *Hołyšow oder *Holišow ›Siedlung des Gołyš/Goliš bzw. Hołyš/Holiš‹. Der PersN beruht auf urslaw. *golъ ›nackt, kahl‹, oso. hoły ›kahl, leer, bloß, entblößt; eitel; nichtssagend‹, nso. goły ›kahl, leer; bloß, nackt, blank‹. Von dieser Wurzel sind zahlreiche FamN abgeleitet, darunter oso. Hoły, Hołyš/Holiš, nso. Goły, Gołyš/Goliš und viele weitere. / Holešow ging aus einer älteren eingedeutschten Form hervor, denn bei den sorb. PersN gibt es kein Suffix *-eš*, dafür aber sehr häufig *-iš*, das kaum von *-yš* zu unterscheiden ist.

Holtendorf w. Görlitz, um 1325 *Hollothendorph*, 1352 *Holathindorf*, 1396 *Hultendorf*, 1411 *Holtendorff*, 1412 *Holintindorff*, 1413 *Holtyndorf*, 1425 *Holtindurf*, 1428/40 *Holentendorff*, 1438 *Haltendorff*, 1500 *Holtendorf*, 1578 *Halttendorf*, 1768 *Holtendorf*, 1817 *Holtendorf, auch Hothendorf*. – MischN, ›Dorf des Golata, später Holata‹. Der PersN ist mit dem Suffix *-ata* < *-ęta* von derselben Wurzel wie oben *Gołyš* in Holscha abgeleitet.

Horka/Hórki ö. Kamenz, als HerkN: vielleicht aus dem Nachbardorf Räckelwitz 1374/82 *Hannos Harke*, aus Höflein 1650 *Horcka*, ders. 1672 *Horky*, 1672 *Horcke*; 1746 *Horcke*, 1768 *Horcka*. / 1794 *z Horkow*, 1843 *Hórka*, 1866 *Hórki*. – Aoso. *Gorka oder vielleicht in der Mehrzahl *Gorki, später *Horka oder *Horki ›Siedlung an/auf einem Hügel bzw. an/auf Hügeln‹, zu oso. hora ›Berg‹, Verkleinerungsform hórka ›Hügel‹, nso. góra ›Berg‹. Vgl. oben Guhra und Gurig, Nieder-, Ober- sowie Gurigk, in der Niederlausitz Gahro, Gohra, Göhrick.

Horka, Mittel-, Nieder- (Deutsch-)**, Ober-** (Wendisch-)/**Hórka** ö. Niesky, ehemals selbständige Dörfer bzw. Dorfteile der 1929 gebildeten Gemeinde Horka, um 1305 *von der Horka*, 1390 *versus* (= lat. ›nach, zu‹) *Horke*, 1399 *kein* (= gegen) *der Horke*, 1404 *de Horkaw*, 1429 *kein der Hurke*, 1441 *by der Hurcko*, 1478 *zur Horicke*, 1493 *von der windischen Horcke*, 1553 *zur Teutzschen Horrcka*, 1622 *Horcka*, 1670 *Ober Horcka*, 1768 *Mittel- und Nieder-Horcka, Ober-Horcka*, 1791 *Horcka ... Ober=, Mittel= u. Nieder=Horcke sind 2 adel. Rg.* (= Rittergüter) *mit † Dorfe*. / 1800 *Horka*, 1831/45 *Dołha* (lange) *Horka*, 1959

Hórka. – Aoso. *Gorka, später *Horka, siehe oben Horka ö. Kamenz.

Hörnitz, Alt-, Neu- w. Zittau, 1366 *Hŏrnicz*, 1369 *Hurnicz*, 1386 *Hornicz*, 1420 *Hornicz*, 1453 *Hornicz*, 1562 *Hornicz*, 1630 *(Gut) Hornitz*, 1768 *Alt-, Neu Hörnitz*. – Aoso. *Gońnica, später *Hońnica, bisher als ›Erhöht gelegene Siedlung‹ gedeutet, zu oso. hora, nso. gora ›Berg‹, wahrscheinlich aber liegt ein GewN zu Grunde, also ›Siedlung am Bergbach‹.

Horscha/Hóršow w. Niesky, 1936–1947 in *Zischelmühle* umbenannt, 1451 *zu Hursche*, 1483 *Horysschaw*, 1527 *Horischaw*, 1533 ff. *Horschau*, 1551 *Hersche*, 1565 *zum Hortzschenn*, als HerkN: aus Rodewitz 1649 *Knecht Hans Horscha*; 1768 *Horscha*, 1777 *Hörsche*. / 1831/45 *Horschow*, 1843 *Horšow*, 1885 *Hóršow*. – Aoso. *Gorišow, später *Horišow ›Siedlung des Goriš bzw. Horiš‹. Goriš ist eine KurzF von Gorisław u. ähnl. VollN mit dem Vorderglied zu urslaw. *goŕeti, nso. gorjeś (se), oso. horić (so) ›brennen, glühen‹. Goriš und Horiš kommen öfters als sorb. FamN vor.

Hosena/Hóznja ö. Ruhland, 1420 *von der Hosen*, 1501 *Hoßna*, 1551 *Hoßenaw*, 1555 *Hosenawe, zu Hoßdenn*, um 1600 *Hosenn*, vor 1635 *Hosna*, 1658 *Hoßnae*, 1689 *Hosn*, 1761 *Hosan*, 1791 *Hosena oder Hoosen*. / 1744 *Hosne*, 1831/45 *Hosyn*, 1843 *Hozena*, 1884 *Hózna*, 1885 *Hóznja*. – Aoso. *Gozdьna, später *Hozdьna, *Hozna ›Siedlung am/im Walde‹, zu nso. gózd, gózda ›trockener Wald, Bergwald, Hart‹, älter gózna ›Hart, Bergwald‹, urslaw. *gvozdъ ›Wald‹. In der Niederlausitz kommt mehrmals der OrtsN Gosda vor.

Hoske/Hózk sö. Wittichenau, 1936–1947 *Elsterrode*, 1374/82 *Gosik*, 1486 *Gossk*,

1510 *Gosigk*, als HerkN: aus Jüttendorf 1509 *Hostkin*, 1510 *Hoßkinne*, 1529 *Caspar Hoßk*, ders. *Hoschk*; um 1600 *Gößigk*, 1732 *Hosky*, 1746 *Hoschke*, 1768 *Hoßcke*, 1791 *Hoske*, 1816 *Goßig, auch Hoßke*. / 1719 *Husska = Hußkau bei Wittgenau*, 1835 *Hósk*, 1843 *Hósk*, 1885 *Hózk*. – Aoso. *Gozdk, später *Hozdk ›Siedlung am/im Wäldchen‹, siehe oben Hosena.

Hoyerswerda/Wojerecy Stadt nö. Kamenz, 1268 *Hoyerswerde*, 1272 *Hogerswerde*, 1293 *de Hoierswerte*, 1371 *Hogirswerde*, 1397 *Hougirswerde*, 1399 *Hoierswerd*, *Hogerswerd*, 1431 *fur Hoversswerde*, 1475 *Hewerswerde*, 1513 *Heyerswerde*, 1577 *Hoierschwerda*, vor 1635 *Hayerschwerda*, 1658 *Hoyerswerda*. / 1693 *polla Worez* (= bei Hoyerswerda), 1696 *polla worezach, bey Howorßwerda* (*worezach* = Lokativ statt Genitiv), 1699 *bey Hoyerßwerda* (*polla worezach*), 1719 *Wojereze*, *Worieze*, 1744 *Woj(e)rez*, 1767 *Wojrez*, *Wojyrezy*, 1835 *Wojeřezy*, 1843 *Wojeřecy*, 1866 *Wojerjecy*, 1885 *Wojerecy*. – Dt., ›Auf erhöhtem, wasserfreiem Land gelegene Siedlung des Hoyer‹. Der PersN, ursprünglich *Hōgēr, erklärt sich aus ahd. hō(h)-gēr ›hoch; erhaben, ehrwürdig; groß‹-›Speer‹, das Grundwort -werder beruht auf mhd. werd, wert ›Ufer, Land, (Halb)insel, erhöhtes wasserfreies Land zwischen Sümpfen‹. Vgl. oben Bischofswerda. Die Siedlung wurde zwischen 1230 und 1250 von dem Edlen *Hoyer (I.) von Friedeberg* gegründet und nach ihm benannt. / MischN, Wojerecy < *Hojerowici ›Siedlung der Leute des Hoyer‹ stellt eine sorabisierte Form des dt. Namens dar, wobei das anlautende *H-* durch *W-* und das Grundwort -werd(a) durch *-owici* ersetzt wurde.

I

Irgersdorf/Wostašecy nw. Schirgiswalde, 1430 *Erichsdorf, Erigissdorff, Erigistorf, Ergirstorf, Erigeßdorff*, 1466 *Yegirsdorf*, 1477 *Erigßtorff*, 1488 *Ergißdorff*, 1493 *Ergirstorff*, 1545 *Ergersdorf*, 1559 *Irgersdorff, Jegersdorff*, 1569 *Irgersdorff, Erichsdorff*, 1597 *Jegersdorff*, 1768 *Irgersdorf*. / 1835 *Helheřezy, Helgerezy, Wostažezy*, 1843 *Helheřecy*, 1866 *Wostašecy*, 1886 *Wostašecy*. – Dt., ›Dorf des Erger oder Erich‹ mit dem PersN aus ahd. erkan-gēr ›fest; vornehm, hervorragend‹-›Speer‹ oder ēra-rīh(h)i ›Ehre, Ansehen; Glanz, Würde‹-›Herrscher; Macht; Reich; Welt; reich, mächtig, prächtig‹. / Helheřecy bzw. Helgerecy sind sorabisierte Formen des dt. Namens, wobei -*dorf* durch -*ecy* < *-owici ersetzt wurde, im Anlaut ein *H-* eintrat und sich im Inlaut in zwei Fällen -g- zu -h- wandelte, vor denen -r- in -l- überging. Wostašecy beruht auf einer gelehrten Übersetzung eines irrtümlich angenommenen PersN Ährenreich, den man mit dem christl. HeiligenN Eustachius, aus griech. eu-stáchys ›schön, reich‹-›Ähre‹, wiedergab und im Oso. zu Wostach, Wostaš umformte.

† **Irrenberg** in Bautzen aufgegangene ehemal. Siedlung, in der Nähe des Schlosses, 1318 *Yrrenberc*, 1345 *Irrenberg*, 1377 *uff dem Irremberge*, um 1400 *uff dem Irrenberg, Yrrenberg*, 1433 ff. *uff dem Irrenberge*, 1480 *villa* (= lat. ›Dorf‹) *Irrenberg*. – Dt., ›Siedlung an/auf dem irdenen, erdfarbenen Berg‹, zu mhd. ern, eren ›Erdboden, Grund‹, irdīn, erden ›aus Erde, irden‹ und mhd. berc ›Berg‹, das in OrtsN manchmal mit burc ›Burg, Schloss, Stadt‹ wechselt.

J

Jahmen/Jamno s. Weißwasser, 1390 *Jamen*, 1402, 1408 *von Jomen, vom Jome*, 1417, 1422 *Jamen*, 1492 *zum Jhamen*, 1506 *zcum Jamenn*, 1533 ff. *Jomen*, 1551 *Johmen*, 1577 *zum Jamen*, 1768 *Jahmen*. / 1800 *Jamno*, 1835 *Jamno(w)*, 1843 *Jamno*, 1885 *Jamno*. – Aoso. *Jamno ›Siedlung in/bei einer Bodenvertiefung, bei einer Grube‹, zu oso. jama ›Grube, Vertiefung, Höhle‹.

Jänkendorf/Jeńkecy s. Niesky, 1390 *von Jenkendorf*, 1404/09 *Jenkindorff*, 1422 *Jenkendorff*, 1479 *Genickendorf*, 1503 *Janckenndorff*, 1569 *Jenckendorff*, 1597 *Jenckendorff, Jengkhendorff*, 1708 *Jenckendorf*, 1831/45 *Jänken-, auch Jenken- oder Jenkindorf*. / 1835 *Jeńkezy*, 1843 *Njemske Jeńkecy*, 1866 *Němske Jeńkecy*, 1886 *Němske Jeńkecy*. – MischN, ›Dorf des Janka oder Janko‹. Diese PersN, unter deutschen Einfluss Jenka, Jenko, stellen sorb. Ableitungen des christl. RufN Johannes dar und begegnen öfters als FamN, häufig ist Jank. / Oso. *Jeńkecy ›Siedlung der Leute des Jenk, Jenka oder Jenko‹. Jenk und Jenko sind als FamN bezeugt. In der Belegreihe erscheint der Zusatz *němske*, die Mehrzahlform von *němski* ›deutsch‹.

Jannowitz/Janecy w. Bautzen, 1417 *Janowicz*, 1506 *Jonewicz*, 1511 *zcum Janwitze*, 1535 *Janewitz*, 1580 *Jonewitz*, 1617 *Janwitz*, 1658 *Jonnewiz*, 1768 *Jahnewitz*, 1836 *Jannowitz*. / 1800 *Janezy*, 1843 *Janecy*, 1866 *Janecy*. – MischN, *Janowici ›Siedlung der Leute des Jan‹. Jan ist eine sorb. Ableitung vom christl. RufN Johannes und gehört zu den häufigsten oso. VorN, wurde aber auch als FamN gebraucht. Vgl. oben Jänkendorf und unten Jannowitz s. Ruhland.

Jannowitz/Janecy s. Ruhland, 1479 *Jonewicz*, 1498 *Janewicz, Janwitz*, 1528 *Jonewitz*, 1529 *Jahnewitz*, 1551 *Jannewitz*, 1565 *Jannowitz*, 1604 *Jannewitz*, 1791 *Jannowitz*. / 1843 *Janecy*, 1866 *Janecy*, 1884 *Janojce*, 1920 *Janecy*. – MischN, *Janowici, siehe oben Jannowitz w. Bautzen.

Jauer/Jawora onö. Elster, 1304 *Jaur, Jauwer*, 1350 *Jawir*, 1374/82 *Jauwir*, 1441 *von dem Jawir*, 15. Jh. *Gauwir*, 1518 *bey dem Jawer*, 1768 *Jauer*. / 1800 *Jauery*, 1843 *Jawora*, 1866 *Jawora*. – Aoso. *Jawor, *Jawora ›Siedlung am Ahornbaum, am Ahornwald‹, zu oso. jawor ›Spitzahorn‹. Vgl. Jauer, Groß/Jawora und Jauer, Klein/Jaworka in der Niederlausitz.

Jauernick/Jawornik nw. Löbau, um 1276 *Jawernic*, 1390 *Jauwernick*, 1390 *Awernick*, 1491 *Jawernig*, 1519 *Jawernig*, 1657 *Jauernick*, 1768 *Jauernick bey Löbau*. / 1700 *Jawornik*, 1835 *Jawornik*, 1843 *Jawornik*. – Aoso. *Jawoŕnik ›Siedlung am Ahornwald‹, siehe oben Jauer.

Jauernick/Jaworik sw. Görlitz, 1228/41 *Jawornich, Jawor(n)ik*, 1242 *Javornik*, 1327 *Jawirnik, Jawirnic*, 1350 *Jawirnik*, 1389 *Jauwernig*, 1419 *Jawernik*, 1440 *Jawernig*, 1582 *Jaurnig*, 1768 *Jauernick bey Görlitz*. / 1700 *Jawornik*, 1835 *Jawornik*. – Aoso. *Jawoŕnik, siehe oben Jauernick nw. Löbau.

Jenkwitz/Jenkecy ö. Bautzen, 1360 ff. *Jankewicz, Jenkewicz*, um 1400 *Jankewicz*, 1437 ff. *Jangkewicz*, 1468 *Jankewicz*, 1564 *Jangkwicz*, 1618 *Jenckwitz*, 1658 *Jänckwitz*, 1768 *Jenckowitz*. / 1800 *Jenkezy*, 1843 *Jeńkecy*, 1866 *Jeńkecy*. – MischN, *Jankowici ›Siedlung der Leute des Jank‹. Zum PersN siehe oben Jannowitz w. Bautzen.

† Jenschwitz/Jeńšecy s. Hoyerswerda, wahrscheinlich wegen häufigen Hochwassers der Schwarzen Elster aufgegeben, 1650 *obenwendig der Jenzischen Brücken*, 1744 *Jenschwitzer Flur, Jenschwitzer Felder, Jenschwitzer Brücke*. – MischN, *Janišowici ›Siedlung der Leute des Janiš‹. Zu Janiš, öfters auch als FamN verwendet, siehe oben Jannowitz w. Bautzen.

Jerchwitz/Jerchecy n. Weißenberg, 1373 *Erichstorf*, 1400 ff. *Erisdorf, Ergisdorf, Erichsdorf*, 1407 *de (von) Erichsdorff, Erychstorff*, 1427 *Erisdorff*, 1533 *Gyrgisdorff, Erdorff, upf wendisch Gercho*, 1546 *Girchitz*, 1563 *Giergesdorf*, 1569 *Jecherwitz*, 1732 *Jürgwitz*, 1758 *Jergwitz*, 1768 *Jerchwitz*. / 1800 *Jerkezy*, 1835 *Jyrchezy*, 1843 *Jerchecy*, 1885 *Jeŕchecy*. – Dt., ›Dorf des Erich‹. Zu diesem PersN siehe oben Irgersdorf. Der OrtsN wurde unter sorb. Einfluss zu einem MischN umgestaltet, vielleicht ursprünglich zu *Jerichowici ›Siedlung der Leute des Jerich‹, wobei an die Stelle des Grundwortes *-dorf* das sorb. Suffix *-*owici* trat, das sich dann zu *-ecy* wandelte. Im Beleg von 1533 erscheint vorübergehend aber *-ow*. Weitere Veränderungen betrafen das Bestimmungswort *Erich-*, das einen *J*-Vorschlag erhielt und Kürzungen unterlag.

Jesau/Jěžow nö. Kamenz, 1225 *Jesowe*, 1264 *Jesowe*, 1295 *Jesowe*, 1374/82 *Jesow*, *Jesa, Jhesow*, 1405 *Jesow*, 15. Jh. *Yesaw*, 1576 *von Jesa*, 1608 *Jesau*, 1768 *Jesau*. / 1800 *Gischowe*, 1843 *Jježow = Jěžow*, 1866 *Jěžow*. – Aoso. *Ježow ›Siedlung des Jež‹. Der PersN, der im Sorb., Poln. und Tschech. auch als FamN vorkommt, beruht auf urslaw. *(j)ežь, oso. jěž, älter auch *jyż*, nso. jež, jaž ›Igel‹. Kaum ›Siedlung, wo es Igel gibt‹.

Jeschütz/Ješicy n. Bautzen, 1364 *Gessicz*, 1365 ff. *Jesshicz, Je(s)schicz*, 1461 *Ja-*

schicz, 1513 *Jesschicz*, 1611 *Jäschitz*, 1768 *Jeschütz*. / 1684 ff. *z Jěžitz, z Jiezitz, Yeschitz*, 1800 *Jeschůzy*, 1843 *Ješecy*, 1866 *Ješicy*. – Aoso. *Jašici ›Siedlung der Leute des Jaš oder Jach‹. Der PersN stellt eine KoseF von Jarosław und ähnl. VollN mit dem Vorderglied zu urslaw. *jarъ, aksl. jarъ ›streng, scharf‹, aruss. jarъ ›eifrig, zornig, kühn, stark‹ dar und begegnet in solchen sorb. FamN wie Jaš, Jaška, Jaško, Jašyk. Man ging bisher von *Ješici mit einem PersN *Ješ, einer KoseF von Johannes aus. Ein solcher kommt zwar auch als FamN vor, das *-e-* in den historischen Formen lässt sich aber leicht als dt. Umlaut von *a > e* vor *i* erklären.

Jeßnitz/Jaseńca sö. Bautzen, 1365 ff. *von der (de) Jesnicz*, 1427 *Gessenicz*, 1456 *czur Jessenicz uf dem Falkenberge*, 1476 *Jeßenicz*, 1529 *Jesnitz*, 1562 *Jeßnicz*, 1603 *Jeschnitz*, 1768 *Jeßnitz*. / 1800 *Jaßenza*, 1835 *Jaseńca*, 1886 *Jaseńca*. – Aoso. *Jasenica ›Siedlung bei der Esche/den Eschen‹, zu oso. nso. jaseń ›Esche‹. Da der Ort an einem Bach liegt, dürfte ursprünglich ein GewN *Jasenica < *Jasenьnica zu Grunde liegen, also ›Siedlung am Eschenbach‹, bereits 1244 ist ein *fluvius* (= lat. ›Fluss‹) *Jezniz* überliefert.

Jeßnitz/Jaseńca ssw. Königswartha, 1374/82 *Yesnicz*, (1420) 1453 *Gessenitz*, 1452 *czur Jessenicz*, 1458 *den Wald Jeßenitcz genannt*, 1461 *den walt genannt die Gesennicz*, 1487 *Gessenicz*, 1541 *zur Jesnitz*, 1658 *Jeßniz*, 1768 *Dürr Jesnitz*. / 1684 ff. *z Yaßencze*, 1700 *Jaßonze*, 1843 *Jasońca*, 1866 *Jasońca*, 1959 *Jaseńca*. – Aoso. *Jasenica ›Siedlung am/im Eschenwald‹, siehe oben Jeßnitz sö. Bautzen. Da die Siedlung am Oberlauf des heutigen

Puschwitzer Wassers liegt, kann man hier ebenfalls von einem GewN ausgehen: Der hypothetische, uns sonst nicht überlieferte »Jeßnitzbach« konnte seinen Namen nach dem Wald erhalten, in dem er entsprang. Der Zusatz *Dürr-*, zu mhd. dürre, durre ›dürre, trocken, mager‹, unterschied den Ort von Jeßnitz sö. Bautzen.

Jeßnitz, Neu-/Nowa Jaseńca s. Königswartha, 1875 *Neujeßnitz*. – Siehe Jeßnitz/ Jaseńca, ssw. Königswartha.

Jetscheba/Jatřob n. Bautzen, 1419 *Jetzrebie*, 1441 *zum Habich*, 1630 *Jastzebe*, 1658 *Jetzschob, Jetzschub*, 1732 *Iezscheba*, 1768 *Jetzscheba*. / 1684 ff. *z Yaczěba*, 1800 *Jazeb*, 1835 *Jazeb, Jatschjeb*, 1843 *Jatsjoḃ = Jatřoḃ*, 1866 *Jatřoḃ*, 1959 *Jatřob*. – Aoso. *Jastreb´e < *Jastrębьje ›Siedlung in einer Gegend, wo es (viele) Habichte gibt‹, zu oso. jatřob, nso. jastśeb ›Habicht‹, urslaw. *jastrębъ, *jastrębь. Die 1441 ins Dt. übersetze Form beruht auf mhd. habech ›Habicht‹.

Jiedlitz/Jědlica ö. Elstra, 1355 *Gedelicz*, 1357 *Gedelicz*, 1374/82 *Jedlicz*, 1377 *Gedelicz*, 1394 *Gedelicz*, 15. Jh. *Gedelitz*, 1534 *Gedelitz*, 1547 *Godlitz*, 1580 *Jedlitz*, 1658 *Jiedlitz*, 1791 *Giedlitz, Idlitz, Jüdlitz*. / 1800 *Jilza*, 1835 *Jilza*, 1843 *Jjelcy*, 1848 *Jjelza*, 1886 *Jědlica, Jělca*. – Aoso. *Jedlica ›Siedlung am/im Tannenwald‹, zu oso. jědla, nso. jedła ›Tanne‹. Möglicherweise liegt ein GewN zu Grunde, denn die Siedlung liegt im Quellbereich eines kleinen Baches, der in das Klosterwasser mündet, also ursprünglich ›Im Tannenwald entspringender Bach‹.

Johannisthal/Janowy Doł Nebensiedlung in der Flur Leippe-Torno, w. Hoyers-werda, teilweise abgebaggert, 1825 *Johannisthal*, 1925 *Johannisthal*. / 1884 *Janowy Doł*, 1920 *Janowy Doł*. – Dt., ›Im Tal gelegene Siedlung des Johannes‹. / Der sorb. Name wurde aus dem Dt. übersetzt, oso. doł ›Tal‹.

Johnsdorf/Jeńšecy ö. Königswartha, 1565 *Janßdorff*, 1658 *Jahnsdorff*, 1732 *Ionsdorff*, 1768 *Johnsdorf*. / 1800 *Jenschezy*, 1843 *Jeńšecy*, 1866 *Jeńšecy*, 1886 *Jeńšecy*. – Dt., ›Dorf des Jan oder John‹. Zum PersN siehe oben Jannowitz. / Jeńšecy lässt sich aus *Janišowici erklären. Vgl. oben Jenschwitz.

Jonsdorf (Alt-), **Kurort** sw. Zittau, 1539 *das claine forwerg oder Mairhoff zw Yansdorff*, 1553 *Yansdorff*, 1721 *Jonnßdorff*, 1768 *Alt- und Neu-Johnsdorf*, 1908 *Jonsdorf (Alt- und Neu)*, 1986 *Kurort Jonsdorf*. – 1539 wurde vom Kloster Oybin ein Vorwerk gegründet, um das sich eine Siedlung entwickelte, die wahrscheinlich nach einem Prior *Johannes* benannt wurde. Mit der Entstehung von Neu-Johnsdorf, das mit (Alt-)Jonsdorf zusammenwuchs, kommen im 18. Jh. die unterscheidenden Zusätze *Alt-* und *Neu-* auf.

Josephsdorf nw. Zittau, zur Gemeinde Leutersdorf, 1706 *Josephidorf*, 1791 *Josephidörfel*, 1836 *Josephidorf (Josephsdorf)*. – Dt., ›Dorf des Joseph‹. Joseph ist ein aus der Bibel übernommener männl. VorN hebräischen Ursprungs und bes. in Böhmen verbreitet (dort besonders wegen der österreich. Kaiser Joseph I. und Joseph II). Da der Ort bis 1848 zu einer böhmischen Herrschaft gehörte, wurde er wahrscheinlich von dort aus gegründet und nach einem Mitglied der Grundherrenfamilie *von Liechtenstein* benannt.

K

Kaana siehe unten Reichendorf.

Kaina, Nieder-/Delnja Kina onö. Bautzen, 1222 (Kop. 1570) *Kyna*, 1261 *China*, 1284 (Kop. 18. Jh.) *Kina*, 1293 *de Kyna*, 1345 *de Kina*, 1359 ff. *Kyna, czu der Kyne*, 1372 *von der Nedirsten Kyne*, um 1400 *Kyne*, 1415 *Keyn(e)*, 1420 *von der Keine*, *Keyne*, 1440 *Keyne inferior*, 1449 *czu der Nediren Keyne*, 1507 *Nyder Keyne*, 1516 *Nyder Keyna, zcur Keyna*, 1658 *Nieder Caina*, 1768 *Nieder Keyna*. / 1700 *Delna Kina*, 1800 *Delna Kina*, 1843 *Delnja Kina*, 1886 *Delnja Kina*. – Aoso. *Kijina oder *Kijna vielleicht ›Rodungssiedlung‹ oder ›Mit Stöcken, Stecken eingegrenzte Siedlung‹, zu. oso. nso. kij ›Stock, Stecken, Stab‹. Zur Motivation vgl. oben Cölln. Im Poln. gibt es den OrtsN Kijno.

Kaina, Ober-/Hornja Kina s. Bautzen, 1431 *von Kinen*, 1434/36 *Obir Keyne, zcu der Abir Keyne, zcur Abirkyne*, 1450 f. *zur, by der Keyne*, 1473 *zur Keyne*, um 1550 *Oberkeine*, 1590 *Keihne*, 1768 *Ober Kayna*. / 1700 *Hohrna Kina*, 1800 *Horna Kina*, 1843 *Hornja Kina*. – Siehe oben Kaina, Nieder-.

† Kalau sö. Vorstadt von Görlitz, Uferstraße, an der Neiße, 1305 *Calow*, 1364 *Kalaw*, 1368 *Kalow*, 1377 *an der Kalaw*, 1387/88 *in der Calow*, 1391 *Kala*, 1398 ff. *in der Kale*, 1435 *in der Kalen, Kalo*, 1449 *Dy Kale*, 1463 *an dem Kalwege*. – Aoso. *Kalawa, *Kaława, vielleicht auch *Kałow ›Siedlung bei/in sumpfigem, morastigem Gelände‹, zu den nso. FlurN kała ›sumpfige, morastige Stelle, Sumpf, Lache‹, kalawa ›Tümpel‹, altpoln. kał ›Sumpf, Morast, Schlamm‹, tschech. kal ›trübes Was-

ser; Schlamm, Sumpf‹. Vgl. Calau in der Niederlausitz.

Kaltwasser osö. Niesky, 1385 *de Kaldinwasser*, 1408 *zum Kalten Wasser*, 1455 *zum Kaldenwasser*, 1462/63 *Das Kelde Wasser*, 1466 *zcum Kaldinwasser*, 1533 ff. *Kaldenwaßer*, 1595 *vom Kalttenwaßer*, 1708 *Kaltwaßer*, 1768 *Kaltwasser*. – Dt., ›Siedlung am kalten Gewässer, Bach‹, zu mhd. kalt ›kalt‹ und waʒʒer ›Wasser‹.

Kamenz/Kamjenc Stadt, 1220/22 *de Kamenz, Camenz*, 1225 *Kamenz*, 1233 ff. *de Kamenz*, 1237 *Camenz*, 1241 *Kamenz, Camenz, Camentze, Camenecz, Kamentze*, 1248 *civitas* (= lat. ›Stadt‹) *Kamenz*, 1309 *Chamenz*, 1318 *Kamenzk*, 1374/82 *Kamencz*, 1634 *Camentz*. / 1719 *Kamienz*, 1835 *Kaḿeńz*, 1843 *Kaḿeńc*, 1866 *Kamjenc*. – Aoso. *Kameńc ›Siedlung auf steinigem Untergrund‹, zu oso. kamjeń ›Stein‹, nso. kameńc ›steiniger Ort, steinige Gegend; kleiner Fels; Steinchen‹. Der Name bezieht sich auf die Lage der Siedlung auf einem (Fels)sporn über der Schwarzen Elster.

Karlsdorf Ortsteil von Arnsdorf, ö. Weißenberg, 1831/45 *Karlsdorf*, 1925 *Karlsdorf*. – Dt., ›Dorf des Karl‹. Um 1800 durch den Besitzer des Rittergutes Arnsdorf, *v. Goldschmieden*, gegründet und nach ihm oder seinem Sohn benannt. Vgl. oben Carlsdorf.

Kaschel/Košla wnw. Niesky, 1419 *Koschele bie deme Cletin*, 1621 *zu Kascher*, 1719 *Caschel*, 1768 *Caschel*, 1791 *Caschel, Kaschel*. / 1800 *Koschla*, 1835 *Koschla*, 1843 *Košla*, 1885 *Košla*. – Wahrscheinlich aoso. *Košela ›Siedlung mit einer Hirtenbude, einer Pferchhütte, bei einem Pferch‹ oder *Košele ›Siedlung mit ärmlichen Hütten‹, zu nso. košela, in der Mehrzahl košele, ›die aus Ästen geflochtene Hürde oder Hirtenbude, Pferchhütte, Pferch‹, eine Ableitung von koš ›Korb (geflochtenes Behältnis)‹. Im Oso. erfolgte wahrscheinlich volksetymologisch Gleichsetzung mit košla ›Hemd‹.

Kaschwitz/Kašecy   sö. Elstra, 1374/82 *Cassicz*, (1420) 1453 *Casicz*, 1559 *Kaschwi(t)z*, 1600 *Kaschitz*, 1768 *Kaschwitz*. / 1800 *Kaschezy*, 1835 *Kaschezy*, 1843 *Kašicy*, 1866 *Kašecy*. – Aoso. *Kašici ›Siedlung der Leute des Kaš‹. Der PersN stellt eine KoseF von solchen VollN wie Kanimir dar. Siehe hierzu oben Cannewitz w. Weißenberg und Cannewitz nö. Bischofswerda. Kaš mit mehreren Ableitungen kommt öfters als FamN vor. Einige Belege zeigen, wie das Suffix *-ici* von dem häufigeren *-owici*, eingedeutscht *-witz*, im Oso. *-ecy*, verdrängt wurde.

Katschwitz/Kočica   sw. Bautzen, (1230) 1241 *Kosscitz*, *Kossciz*, *Kosschiz*, 1345 *Coswicz*, 1419 *Cotschiz*, 1521 *Kotschitz*, 1534 *Cotschitz*, 1573 *Kotzschitz*, 1588 *Kazschiz*, 1732 *Gatschwitz*, 1759 *Katzschwitz*. / 1843 *Kačicy*, 1866 *Kočica*, 1886 *Kočica*. – Vielleicht aoso. *Kočici oder *Koččici ›Siedlung der Leute des Koča oder Kočka‹ mit dem PersN zu nso. kóca, kócka, oso. kóčka ›Katze‹. Im Nso. kommt öfters der FamN Kocka vor. Auch *Kočica, *Koččica ›Siedlung, wo es (viele) Katzen gibt‹ wurde erwogen.

Kauppa/Kupoj   nnö. Bautzen, ö. Königswartha, um 1400 *Kupe*, 1417 *von der Kawpen*, 1423 *kein* (= gegen) *der Kaupe*, 1426 *zur Koupe*, 1472 *von der Kawpen*, 1488 *Cauppa*, 1498 *wald die Cawpe genanth*, 1534 *Cauppa*, 1543 *zur Kaupe*, 1658 *Kauppa*. / 1800 *Kuppoj*, 1843 *Kupoj*, 1866 *Ku-poj*. – Aoso. *Kupa ›Siedlung auf einem Hügel, einer Erhöhung in sumpfiger, wasserreicher Umgebung‹, zu oso. kupa ›Hügel, Erhöhung; Insel‹, nso. kupa ›Flussinsel; Horst, Hügel, der aus dem Wasser hervorragt, überhaupt jede flache inselartige Erhebung des Bodens‹. Der Ort liegt in einer sumpfigen Gegend, umgeben von Teichen. / Man nimmt an, dass Kupoj aus einem älteren Kollektivum *Kupowe entstanden ist.

Kemnitz/Kamjenica   osö. Löbau, um 1276 *de Kemnicz*, 1307 *Kemnicz*, 1331 *Kemnicz*, 1336 *de Kemenicz*, 1401 *Kemmenicz*, 1413 *Kempnicz*, 1488 *von der Kempnitz*, 1547 *Kembnitz*, 1694 *Cemnitz*, 1719 *vulgo* (= lat. ›volkssprachlich‹) *Chemltz*, 1800 *Kemnitz (vulgo Kemlitz)*. / 1886 *Kamjenica*, 1920 *Kamjeńca*, beide nur rekonstruierte Formen. – Aoso. *Kamenica ›Siedlung am Steinbach‹, zu oso. kamjeń ›Stein‹. Der Ort liegt am Kemnitzbach, 1241 *Cameniza*. Der Siedlungsname beruht also auf dem häufigen GewN *Kamenica, ursprünglich wohl *Kamenьnica.

Keula/Kulowc   n. Wittichenau, 1286 *villa Chula sita juxta* (=lat.›das Dorf Chula gelegen nahe bei‹) *Witegenhaw*, 1374/82 *Kuele, Kule*, 1443 *zu Kuelin*, 1486 *czu der Kewle*, 1732 *Keila*, 1759 *Keula*. / 1700 *Kulow*, 1800 *Kulowcz*, 1843 *Kulowc*, 1866 *Kulowc, Stary Kulow*. – Aoso. *Kula, wahrscheinlich ›Siedlung auf einer erhöht gelegenen, buckelförmigen Stelle‹, zu oso. kula ›Kugel; Beule; Buckel; Auswuchs; Klumpen‹. Die Siedlung liegt in der Nähe der Schwarzen Elster in einem sicherlich einst sumpfigen Terrain, nicht weit entfernt ist das Klosterwasser. Eine Bodenerhöhung dürfte damit eine wichtige Voraussetzung für die Anlage der Siedlung gewesen sein. / Die erst spät überlieferte Form Kulow erhielt ihren Auslaut durch Angleichung an die vielen anderen OrtsN auf -ow. Zur Unterscheidung von dem benachbarten Wittichenau/Kulow wurde das Verkleinerungssuffix -c < *-ьcь angefügt.

Keula/Kij s. Muskau, 1936–1947 *Rudolfhütte*, 1380 *versus* (= lat. ›nach – zu‹) *Kulen, Kule*, 1409 *zu der Kůle*, 1463 *Kewle*, 1526 *Keule*, 1597 *Keulle, Kheule*, 1704 *Keule*, 1732 *Keile*. / 1627 *Anna Mlunickoitz s kya bey Muscaw* (*s kya* = aus Kij; Trauregister Cottbus 34), 1800 *Ky*, 1835 *Kij*, 1843 *Kij*, 1866 *Kij*. – Aoso. *Kula, siehe oben Keula n. Wittichenau. / Kij, zu nso. kij ›Stock, Stecken, Stab, Knüttel‹, spez. ›der große Hammer, der Eisenhammer, die Eisenhütte‹. Nach A. Muka erhielt das Dorf Keula bei Muskau den sorb. Namen Kij nach dem dort seit 1597 bestehenden Eisenhammerwerk. Man dachte bisher an eine Umsetzung von dt. *Keule* zu oso. *Kij*.

Kiesdorf a. d. Eigen (Nieder-, Ober-) sö. Löbau, nw. Ostritz, 1264 *in villis que vocantur* (= lat. ›in den Dörfern, die genannt werden‹) *Kysilingistorf*, 1285 *Kiselingistorf et item* (= lat. ›und auch‹) *Kiselingistorf*, 1323 *Kiselingesdorf*, 1333 *de Kyzelingisdorf*, 1347 *von Keselingistorf*, 1374/82 *Teutunicum und Slavicum Kezelingisdorf*, 15. Jh. *Slavicum und theutunicum Kislingsdorf*, 1496 *Nyderkißdorff*, 1528 *Obirkyeßdorff*, 1541 *Niederkyssdorff*, 1768 *Nieder- und Ober-Kießdorf*, 1908 *Kiesdorf a. d. Eigen*. – Dt., ›Dorf des Kiesling‹. Der PersN beruht auf mhd. kiselinc ›Kieselstein‹. Als Gründer des Ortes sind die 1245 genannten *Chiselingi de Kamenze*, Mitglieder ei-

ner fränkischen Ministerialenfamilie aus Mellrichstadt, anzusehen.

Kindisch/Kinč s. Elstra, (1420) 1453 *Kynsch*, 1658 *Kindisch*, 1732 *Kindisch*, 1768 *Kindisch*. / 1800 *Kinaichtzi*, 1835 *Kinaschzy*, 1920 *Kinč*. – Wahrscheinlich dt., ›Siedlung bei den Kiefern‹, zu mhd. kienech(t), eine Kollektivbildung von mhd. kien ›Kienspan, Fackel, Nadelbaum‹, frühnhd. ›Kiefer‹. Vgl. unten Kühnicht. / Die älteren sorb. Belege sind aus dt. *Kienicht, Kühnaicht* oder ähnl. hervorgegangen.

Kirschau/Korzym n. Schirgiswalde, 1349, 1351, 1352, 1359 *zur Kürsch, Schloß Kirsche, die Körse, zur Kirsche*, 1369 *zu der Korsen*, 1406 *czur Kurssen*, 1407 *czur Kürssen, Kürße, Körsße*, 1409 *zcur Kürssen, Kürse, Kursen*, 1423 *zur Körsche(n), Körse(n)*, 1427 *zur Körse*, 1488 *Körsche, Kursche*, 1508 *die Khorsche*, 1510 *Korscha*, 1546 *tzur Kürsche*, 1581 *Kirschaw*, 1768 *Kirschau*. / 1700 *Korsem, Korsim*, 1767 *Korsym*, 1800 *Korsym*, 1835 *Korsym*, 1843 *Korzym*, 1866 *Korzym*. – Bisher fand man noch keine eindeutige Erklärung für diesen Namen. Von den bislang erwogenen 3 Möglichkeiten vielleicht am ehesten aoso. *Korzym ›Mit einem Flechtzaun umgebene Siedlung‹, zu russ. korzina ›Korb‹, ukrain. korzyty ›flechten‹, oder zu russ. korzat´ ›Äste abhauen, Rinde schälen‹, slowen. kŕzati ›mit einem schlechten Messer schneiden‹, was auf Brandrodung hindeuten könnte. Auszugehen wäre von einer urslaw. Wurzel *kъrz-. Die Belegreihe zeigt schon früh die Eindeutung von dt. Kirsche, mhd. kerse, kirse.

Kittlitz/Ketlicy n. Löbau, 1160 ff. *Chideliz, Kitlitz, Kyteliz, Kiteliz*, 1185 *Kiteliz*, 1290 *Kithelicz*, 1319 *Kethelicz*, 1348 *Kit-*

liz, 1376 *Kethelicz*, 1394 *Kytthelicz*, 1419 *Kittelitz*, 1445 *Kittlicz*, 1529 *Kittlitz*, 1657 *Kittlitz*. / 1719 *Ketlize*, 1767 *Kettlizy*, 1843 *Ketlicy*, 1866 *Ketlicy*. – Wahrscheinlich aoso. *Kitalici ›Siedlung der Leute des Kital, Kitał, Kitala oder Kitała‹. Der PersN beruht auf einer Entsprechung zu oso. kić, älter auch kita ›Traube, Weintraube‹, poln. kita ›Büschel, Bündel; Federbusch, Helmbusch‹, atschech. kyta ›Traube, Bündel, Strauß‹, urslaw. *kyta. / Ketlicy erhielt sein -*e*- aus einer eingedeutschten Form.

Kleeberg   siehe unten Torga.

† Kleppisch   ehemalige Hammerwerksiedlung in der Flur Rammenau, nw. Bischofswerda, als FlurN 1720 *Kleppischteich*, 1738 *Kleppisch-Berg*. – Oso. *Klepač ›Siedlung beim Hammerwerk‹, zu oso. klepač ›Klopfer; Dengler; Hammer‹, klepać ›klopfen; dengeln‹.

Klingewalde   1539 auf Vorwerksflur angelegtes Dorf n. Görlitz, seit 1949 Stadtteil von diesem, als FlurN 1468 *in der Clinge*, 1565 *Klingewalde*, 1595 *Klingewalda*, 1685 *Vorwerk in der Klinge*, 1768 *Klingewalda*, 1817 *Klingewalde*, *Klingenwalde*, *Klingswalde*. – Dt., ›Siedlung im bewaldeten Bachgrund‹, mit dem Bestimmungswort zu mhd. klinge ›Gebirgsbach, Talschlucht, Bachgrund‹. Die Siedlung liegt an einem in die Neiße mündenden Bach. Vgl. in der Niederlausitz Klinge w. Forst.

Klipphausen   Nebensiedlung in der Flur Cunewalde, w. Löbau, 1685 *Klipphaus*, 1805 *Klipphausen*, 1836 *Klipphäuser*, *Klipphausen*, 1904 *Klipphäuser*. – Dt., ›Siedlung des Klipphausen‹. 1681 gründete *Rudolf von Ziegler und Klipphausen* auf Cunewalde die Siedlung für schlesische Exulanten. Sie wurde nach ihm benannt.

Klitten/Klětno   wnw. Niesky, 1396 *de Cleten*, 1399 *zum Kletin*, 1407 *de Cletin*, 1421 *zcum Cleten*, 1438 *von dem Cletan*, 1447, 1451 *by dem*, *zum Cletin*, 1489 *Clethen*, 1511 *uff Clethen*, 1535 *vom Cleten*, *zum Kletenn*, 1703 *Klitten*, 1719 *Clüten*. / 1767 *Kljetno*, 1800 *Kljetno*, 1835 *Kljetno*, 1885 *Klětno*. – Aoso. *Klětno ›Siedlung mit ärmlichen Behausungen‹, zu urslaw. *klětь ›aus Holzstäben gefertigter Käfig; hölzerner Kasten; primitive Behausung‹, poln. kleć ›provisorische Behausung‹, oso. klětka ›Käfig, Vogelbauer‹. Vgl. Klettwitz in der Niederlausitz.

Klix/Klukš   nö. Bautzen, 1222 (Kop. 1550) *Klix*, 1282 *de Kluiz* (oder *Klucz*, *Klux* ?), 1324, 1347 *von*, *de Clux*, 1346 *von Klůx*, 1353 *de Cluix*, 1359 ff. *Clůx*, *Clux*, *Klux*, als HerkN: 1396 *Hans Cluczis*; 1419 *Clux*, 1430 *Clukß*, 1542 *Clüx*, 1593 *Klügks*, 1630 *Klix*. / 1667 ff. *Kligksch*, 1767 *Kluksch*, 1797 *we Klukschu*, 1800 *Kluksch*, 1835 *Klukš*, 1843 *Klukš*. – Vielleicht aoso. *Klukuš ›Siedlung bei einem glucksenden Gewässer‹, zu urslaw. *kljukati ›glucksen (von Flüssigkeiten); glucken (Geräusche der Gluckhenne), oso. klukać ›glucksen; glucken (Henne)‹. Der Ort liegt in einer gewässerreichen Gegend.

Knappenrode/Hórnikecy   Werksiedlung sö. Hoyerswerda, bis 1950 *Werminghoff*, benannt nach dem Begründer bzw. Direktor der Braunkohlenwerke und Brikettfabriken AG »Eintracht« *Joseph Werminghoff*. Das Werk wurde 1913 angelegt. 1950 ersetzte man Werminghoff durch Knappenrode, zu nhd. Knappe ›Bergmann‹, und das alte Grundwort -rode ›Siedlung auf gerodetem Land‹. / Hórnikecy, belegt erstmals 1969, beruht auf oso. hórnik ›Bergmann‹.

† **Knobelsdorf** aufgegangen in der Stadt Zittau, ssö. des Stadtkerns, 1340 *Knobelsdorff*, 1351 *Knoblauchstorf*, 1391 *Knobelochstorf*, 1415 *Knoblochsdorff*, 1430 *Knobelauchdorffer (Gebruder)*, 1432 *Knoblochsdorff*. – Dt., ›Dorf des Knoblauch‹. Der PersN beruht auf mhd. klobelouch, knobelouch ›Knoblauch‹.

Köbeln/Kobjelin n. Bad Muskau, um 1590 *Gobelin*, 1597 *Koebeln*, 1657 *Köbeln*, 1704 *Köbeln*, 1791 *Köbeln*. / 1800 *Kobeln*, 1843 *Kobelin*, 1831/45 *Gobelina*, 1835 *Kobelin*, 1885 *Kobjeliń*, 1920 *Kobjelin*. – Aoso. *Kobylna, *Kobylno oder *Kobylin ›Siedlung, wo es Stuten gibt, wo Stuten gezüchtet werden‹, zu oso. kobła, nso. kobyła ›Stute‹. Vgl. oben Göbeln.

Koblenz/Koblicy sö. Hoyerswerda, 1419 *Cobelen*, 15. Jh. *Cobelen*, 1527 *Koblitz*, 1732 *Coblentz*, 1768 *Coblenz*, 1905 *Koblenz*. / 1800 *Coblitzy*, 1835 *Koblizy*, 1843 *Koblicy*, 1885 *Koblicy*. – Aoso. *Kobylna oder *Kobylno, siehe oben Köbeln. / Die späten oso. Formen wurden an die zahlreichen OrtsN auf *-icy* angeglichen. Vgl. oben Coblenz.

Köblitz/Koblica nö. Schirgiswalde, 1419 *Cobelitz*, um 1430 *Kobelicz*, 1450 *Cobelicz*, 1506 *Cobelitz*, 1535 *Kobelitz*, 1572 *Koebelitz*, 1604 *Köblitz*, 1732 *Kobelts*, 1768 *Köblitz*. / 1886 *Koblicy*, 1920 *Koblica*. – Aoso. *Kobylica ›Siedlung, wo es Stuten gibt, wo Pferdezucht betrieben wird‹, siehe oben Coblenz.

Kodersdorf sö. Niesky, 1402 (Kop. um 1580) *Kosmirsdorf*, 1421 (Kop. um 1580) *Kozmarsdorf*, 1409 *Kosmendorff*, 1419 *Kosmarsdorff*, 1455 *Kosemenstorff*, 1462/63

Kozemarßdorff, 1490 *Kossemannsdorff*, 1523 *von Koserßdorff*, 1533 ff. *Kosersdorff*, *Keßmannsdorff*, *Kodersdorff*, 1557 *Kodersdorf*, 1732 *Kodersdorff*, 1768 *Kodersdorf*. – MischN, ›Dorf des Kosmař‹. Kosmař, in der Niederlausitz öfters als FamN belegt, gehört zu nso. kosm ›Zotte, Lode, Haar am Pelz‹, kósmak ›Tier mit einem zottigen Pelz; stark behaarter Mann‹, oso. kosm, kosma ›Pelz-, Bart- oder Zopfhaar‹. In Bautzen ist bereits 1453 ein *Pecz Kosm* überliefert.

Köhlergrund siehe unten Neida.

Kohlwesa/Kołwaz nw. Löbau, als HerkN: 1363 ff. *Kolewas(sinne)*, *Kolwas*, *Colvas(sinne)*; 1377 *Colwaz*, 1399 *Kolewachs*, 1419 *Colewas*, 1424 *kein* (= gegen) *Kolewasch*, 1437 *Kolewass*, 1481 *Kolewes*, 1492 *Colowas*, 1545 *Colowas*, 1640 *Cohlwese*, *Kollwäse*, 1658 *Collwahse*, 1721 *Kuhlwese*, 1732 *Kulwese*, 1768 *Kohlwesa*. / 1700 *Kohlwasa*, *Kowasa (vulgo)* (= lat. ›volkssprachlich‹), 1800 *Kowas*, 1843 *Kołwaza*, 1920 *Kołwaza*, 1959 *Kołwaz*. – Man ging bisher von aso. *Kołovoz ›Fahrweg, Fahrspur‹ aus, in ähnlicher Bedeutung poln. mundartl. kołowoz, slowen. serbokroat. kolovoz, gebildet aus koło ›Rad‹ und voz ›Wagen‹, *voziti ›fahren (transportieren)‹. Auch andere Möglichkeiten wurden mit Vorbehalt erwogen. Wahrscheinlich aber *Kołówazy ›Siedlung der Pfahlbinder, Flechtzaunanfertiger‹, zu oso. koł ›Pfahl‹, nso. koł ›Pfahl, bes. der Zaunpfahl, Stab, Stock‹, urslaw. *kolъ ›Pfahl, Pflock‹, und oso. wjazać, nso. wězaś ›binden, einbinden‹, poln. wiązać ›binden, verbinden, etwas zu etwas verbinden‹, russ. vjazat´ ›binden, festbinden, zusammenbinden‹, vjazať čto = plesti prutkami ›mit Ruten, Gerten (ver)flechten‹, urslaw. *vęzati ›binden‹.

Koitzsch ö. Königsbrück, 1438 (Kop.) *Kayetz*, 1453 *Coyacz*, 1511 *Koytsch*, 1527 *Goetzsch, die Kotzscher*, 1562 *Gitzs*, 1579 *Goitzsch*, 1590 *Coytsch*, 1596 *Kozsch*, 1647 *Guth Kötzsch*, 1658 *Koitzsch, Kotzschdorff*, 1768 *Koitzsch*. – Aoso. *Chojica ›Siedlung am/im Kiefernwald‹, zu oso. chójna, mundartl. chójca ›Kiefer‹, nso. chojca, Verkleinerungsformen chojcka, chojacka, mundartl. auch choja ›Kiefer‹, urslaw. *chvojica. Oder *Chojač?

Kolbitz / Kołpica nö. Königswartha, 1557 *die Mühle Collbitz*, als HerkN: 1568 aus Hoyerswerda *Cholbitz*, 1568 aus Seidewinkel *Cholbitz*; 1590 *Kolwitz*, 1617 *Kolbitz*, 1658 *Kolbitz*, 1709 *Kolbitz*, 1791 *Kolpitz oder Kolbitz*. / 1800 *Ko(l)bizy*, 1835 *Kołbiz(y)*, 1843 *Kołbic*, 1885 *Kołbicy*, 1920 *Kołpica*. – Vielleicht aoso. *Kołbici ›Siedlung der Leute des Kołb‹. Der PersN beruht auf urslaw. *kъlbъ, *kъlbь, der Bezeichnung eines Fisches, russ. kolba, kolb´, poln. kielb ›Gründling‹. Im Sorb. kommt dieses Wort nicht vor. Kiełb ist schon im Altpoln. als PersN belegt, später mit vielen Ableitungen. Da aber der Ort außerhalb des ici-Areals liegt, ist eher aoso. *Kołbica ›Siedlung an einem Gewässer mit vielen Gründlingen‹ anzunehmen. Die Siedlung befindet sich in einer wasserreichen Gegend, weshalb man auch einen ursprünglichen GewN in Betracht ziehen könnte. / Die heutige, erst sehr spät überlieferte Schreibung beruht wahrscheinlich auf der eingedeutschten Form von 1791 oder lehnt sich an oso. kołp ›Schwan‹ an.

Kollm / Chołm wsw. Niesky, 1396 *in dem dorffe zu Kolme*, 1421 *zum Kolman*, 1469 *Culmen*, 1536 *Kollmen*, 1551 *Culmen*, 1768 *Collm*, 1831/45 *Kollm, auch Culm*. / 1767 *Kowm*, 1800 *Kolm*, 1835 *Kołm*, 1843 *Khołm*, 1831/45 *Kom*, 1959 *Chołm*. – Aoso. *Chołm ›Siedlung an einer Erhöhung, einem Berge‹, zu oso. chołm (gesprochen khołm) ›Hügel, Anhöhe‹. Die Siedlung liegt unmittelbar nö. der Höhe 293.

Kollm, Schwarz-/Čorny Chołmc w. Hoyerswerda, 1360? *Colmen*, 1394 *Colmyn*, 1401 *Colm*, 1495 *Colmen, Kolmen*, 1551 *Kolmen*, vor 1635 *Culmen*, 1658 *Collmen*, 1768 *Collm, Schwarz Collm*, 1818 *Schwarz-Collmen, wendisch Czorny Kunz*, 1831/45 *Schwarz-Colm, auch Schwarz Cullm*. / 1719 *Cżorne Koinze, Czorne, Masane Koinze*, 1744 *Czorne Kunz*, 1800 *Czorny Kunz*, 1843 *Čorny Khołmc*, 1866 *Čorny Khołmc*, 1885 *Čorny Khołmc*, 1969 *Čorny Chołmc*. – Aoso. *Chołm, siehe oben Kollm wsw. Niesky. Die Siedlung liegt unmittelbar w. des Steinberges, 154 m. Zur Unterscheidung von dem vorangehenden und dem nachfolgenden OrtsN Kollm wurde der differenzierende Zusatz *Schwarz-* bzw. oso. *Čorny* verwendet. / Bei Čorny Chołmc trat an Chołm das Verkleinerungssuffix -c < *-ьcь. In der Tat ist der Steinberg mit ca. 140 m niedriger als der Berg bei Kollm, siehe oben. Der Zusatz *Masane* im Beleg von 1719 beruht auf oso. mazany ›schmutzig, beschmiert, unreinlich‹.

Kollm, Weiß-/Běly Chołmc ö. Hoyerswerda, 1492 *zcum Colmen*, 1521 *Colmen*, 1525 *Collmen*, 1551 *Kulmen*, 1569 *zum Culmen*, 1614 *zum Kulmen*, 1658 *Col(l)men*, 1768 *Weiß Collm*, 1831/45 *Weiß-Colm, auch Weiß-Cullm*. / 1719 *Biele Koinze*, 1800 *Bjely Kunz*, 1843 *Bjeły = Běły Khołmc*, 1866 *Běły Khołmc*, 1969 *Běły Chołmc*. –

Aoso. *Chołm, siehe oben Kollm und Schwarzkollm.

† **Kolpen/Kołpin**   ö. Hoyerswerda, 1960 wegen Braunkohlentagebaus abgebrochen, 1531 *Golpan*, 1538 *beim Golppen gelegen*, 1539 *zum Kollppen*, 1612 *zum Kholpen*, 1704 *Kolpen*, 1768 *Kolpen*. / 1800 *Kopin*, 1831/45 *Khopin oder Khołpin*, 1835 *Kołpin*, 1866 *Kołpin*, 1885 *Kołpin*. – Aoso. *Kołpin ›Siedlung, wo es Schwäne gibt‹, zu oso. kołp ›Schwan‹.

† **Kommerau**   Teil der westl. Görlitzer Vorstadt, dort gibt es noch den Straßennamen *Kummerau*, 1429 *Komeraw*, 1431 *uff der Commeraw, Kommeraw*, 1432 *Cameraw*, 1440 *uff Kumeraw*, 1449 *Commeraw*, 1456 *uff der Cummergassen gelegin*, 1528 *uff der Camerow*. – Aoso. *Komorow ›Siedlung des Komor‹ oder vielleicht ›Siedlung, in deren Nähe es viele Mücken gibt‹. Siehe oben Commerau nw. Königswartha.

Königsbrück/Kinspork   Stadt w. Kamenz, 1248 *Kůningesbruk, Kůningesbruc, Conradus de Ponte* (= lat. ›von der Brücke‹), 1268 *Konigesbrucke*, 1298 *de Konigesbruck*, 1304 *Theodericus de Ponte Regis*, 1313 ff. *Kunegesbrucke, Kunigespruk, Kunigysbrucke, Kun(i)gispruk*, 1421 *Konigisbruck*, 1492 *Kungsperg*, 1538 *Kunigsbrugg*, 1658 *Königßbrugk, Königsberg, Könnigsbrugh*, 1768 *Königsbrück*. / 1719 *Kunsberg*, 1835 *Kinsburk, Kejnigsberk*, 1843 *Kinsbórk*, 1886 *Kinsburk*, 1920 *Kinspórk*. – Dt., ›Siedlung an der Brücke des (böhmischen) Königs (als Übergang über die Pulsnitz)‹, zu mhd. künic, künec ›König‹ und mhd. brucke, brücke, brügge ›Brücke‹, lat. pons, Genitiv pontis ›Brücke‹. Seit Ende des 15. Jh. war vereinzelt das Grundwort -berg gebräuchlich. Der auf

einer Anhöhe liegende Ort war um 1200 Grenzburg mit Burgsiedlung zwischen der böhm. Oberlausitz und der Mark Meißen. / Den sorabisierten Formen liegt *Königsberg, -burg zu Grunde.

Königshain   wnw. Görlitz, 1294 *Kunigshayn*, 1298 ff. *de Kunigeshain, Kungeshain, Kongeshain*, 1305 ff. *von Kungeshain, Kongeshain*, 1321 *Czibanus* (= sorb. PersN *Šiban) *de Konigishain*, 1346 *Kunigyshayn*, 1367 *silva(m) que der Kuniginnefurst vulgari nomine appellatur* (= lat. ›ein Wald, welcher mit der volkssprachlichen Bezeichnung der Kuniginnefurst genannt wird‹) (= Forst b. Königshain, später *Königshainer Berge*), 1408 *Kunigshan*, 1431 *Konigishayn*, 1555 *Konigishain*, 1600 *Königßhan*, 1630 *Königßhain*, 1768 *Königshayn bey Görlitz*, 1835 *Kinshajn*. – Dt., ›Rodungssiedlung im Forst der Königin‹, zu mhd. künic, künec ›König‹ bzw. küniginne, küneginne ›Königin‹. Zum Grundwort -hain siehe oben Bremenhain. Hier befand sich wohl ehemals ein Jagdgebiet der böhmischen Könige.

† **Königsteich/Kralowski Młyn**   wüstes Gut sw. Niederkayna onö. Bautzen, seit dem 16. Jh. nur noch Königsmühle, 1284 *allodium sive predium, quod piscina regis est nuncupatum iuxta Budesin situm* (= lat. ›ein Landbesitz oder Grundstück, welches Fischteich des Königs benannt ist und nahe bei Bautzen liegt‹), 1284 *possessiones, que vocantur allodium regis iuxta Budesin sitae* (= lat. ›Besitztümer, die Grundbesitz des Königs heißen und nahe bei Bautzen liegen‹), 1431 ff. *by des Koniges teiche, Konigis teiche, Kunigßteiche*, 1791 *Königsmühle*, um 1800 *Königs Wiese oder Teich, Königs Mühle*. / 1843 *Kralowski młyn*, 1886

Kralowy młyn. – Dt., ›An einem Teich gelegenes königliches Eigengut‹, später ›Mühle auf königlichem Eigen(tum)‹. Zum Bestimmungswort siehe oben Königshain, das Grundwort beruht auf mhd. tīch ›Damm, kleines stehendes Gewässer‹. / Kralowski Młyn, zu oso. kralowski ›königlich, Königs-‹ und młyn ›Mühle‹.

Königswartha/Rakecy nnw. Bautzen, 1238, 1239 *de Warta*, 1350 *stetlin Conigswarte*, 1359 *Kunigisswarte*, 1374/82 *Kungissvarte*, 1400? *Kunigswarth*, 1418 *in ville Konigiswarthe*, 1431 *Konigeswarte*, 1509 *Königißwartha*, 1547 *Konigeswarte*, 1601 *Königswartth(a)*, 1768 *Königswartha*. / 1698 *bey Königswartha (polla Rakets)*, 1719 *Rakeze, olim* (= lat. ›bisweilen‹) *Rekeze*, 1767 *Rakezy*, 1800 *Rakezy*, 1843 *Rakecy*, 1866 *Rakecy*. – Dt., ›Siedlung mit der königlichen Warte, Wachtstation‹, zu mhd. warte ›spähendes Ausschauen, Wache, Wachort‹. Zum Bestimmungswort siehe oben Königshain. – Aoso. *Rakowici ›Siedlung der Leute des Rak‹. Rak ist ein häufiger sorb. FamN, in Bautzen bereits 1359 *Rag*, zu nso. oso. rak ›Krebs‹, deshalb kaum *Rakowica ›Siedlung, in deren Nähe viele Krebse vorkommen‹ oder ›Siedlung am Krebsbach‹. Vgl. in der Niederlausitz † Rakowitz.

Kopschin/Kopšin ö. Elstra, 1343 (Kop. 18. Jh.) *Kobschiwn*, 1374/82 *Coppfhzrin*, 1511 *Kupschin, Kupschen*, 1559 *Kopschen*, 1572 *Kupschin*, 1580 *Kobschin*, 1583 *unter dem Kopschien*, 1617 *Kopschin*. / 1800 *Kopschin, Kobschin*, 1835 *Kopšino, Kopšiny*, 1843 *Kopšiny = Kopřiny*, 1848 *Kopschen*, 1866 *Kopšin*. – Aoso. *Kopriwin, *Kopriwna oder *Kopriwno ›Siedlung in einer Gegend, wo es viele Brennesseln gibt‹, zu oso. kopřiwa, nso. kopśiwa ›Brennessel‹, urslaw. *kopriva. Möglicherweise aber aoso. *Kopriwin ›Siedlung des Kopriwa‹, denn dieser PersN ist im Nso., Poln. und Tschech. gut belegt und von ihm leitet man den poln. OrtsN Koprziwino ab.

† **Körbigsdorf/Korbjelcy** nö. Löbau, 1422 *Karbirstorff*, 1445 *Korbirßdorff*, 1484 *Korbstorff*, 1492 *Kerbisdorff*, 1552 *Kerbigsdorf*, 1604 *Kerbißdorff*, 1732 *Kerbsdorff*, 1768 *Kirbigsdorf*, 1817 *Kerbisdorf, Kirbisdorf, Kirbigsdorf, Körbisdorf, Körbitzdorf*, 1836 *Körbigsdorf (Kerbisdorf)*. / 1700 *Kyrbule*, 1835 *Korbelcy, Kyrbel*, 1843 *Kyrblje*, 1886 *Korbjelcy*. – Dt., ›Dorf des Korber‹. Der PersN, ein bereits 1266 als *Korber* überlieferter BerufsN für den Korbflechter, den Korbmacher, beruht auf ahd. korb, mhd. korp ›Korb‹. / Die sorb. Formen entstanden durch Umgestaltung des dt. Namens, wobei sich *Korber*- bzw. *Kerber*- durch Dissimilation von r-r > r-l zu *Korbel* bzw. *Kyrbel* wandelte, -dorf teilweise ausfiel oder durch -cy ersetzt wurde.

† **Kortitz/Kortecy** ehemaliger Weiler in der Flur Geierswalde nw. Hoyerswerda, als FlurN *Im alten Dorfe*. Rest: Mühle und Häusergruppe (Neusiedlung), 1441 *Gorticz*, vor 1635 *Forbergk zur Curtitz*, 1689 *Kurtitz*, 1744 *Cortitz*, 1768 *Cortitz*, 1939 *Kortitz Mühle*. / 1767 *Kortiz*, 1831/45 *Cortitz Moln*, 1843 *Kortejski młyn (Kortitzmühle)*, 1866 *Kortecy*, 1920 *Kortecy, Kortečan młyn, Kortec młyn*. – Aoso. *Korytica ›Siedlung an/in einer muldenartigen Geländevertiefung, Talrinne‹, zu oso. korto ›(Futter)trog, Rinnstein‹, nso. koryto ›Trog, Krippe; Flussbett, Rinne‹. Möglicherweise ursprünglich ein BachN. Vgl. oben Cortnitz.

Kosel (Nieder-, Ober-)/**Kózlo** nnw. Niesky, 1430 *von der Kosela* (bezieht sich wahrscheinlich auf diesen Ort), 1463 *von der Kossil*, 1490 *die Kossel, Koßel*, 1527 *Cosel*, 1658 *Kosell*, 1768 *Kosel, Ober- und Nieder-*. / 1719 *Koslow*, 1767 *Koslow*, 1800 *Koslo*, 1830 *Kózlje, Kózlow*, 1835 *we Delnym Koslom*, 1843 *Kózlje*, 1866 *Kózlo*. – Aoso. *Kozel´e ›Siedlung, wo es Ziegenböcke gibt‹. Siehe oben Cosel.

Kotitz (Nieder-, Ober-)/Kotecy sw. Weißenberg, 1280 *de Kotwiz*, 1285 *de Cothewitz*, 1315 ff. *von Cothewicz, Kothewitz, Kottwitz*, 1348 *Cotwitz*, 1445 *Cotwicz*, 1457, 1462 *Cottewicz, Cothewicz*, 1507 *Cotwitz*, 1563 *Kottwicz*, 1597 *Kottitz*, 1661 *Köticz*, 1768 *Kotitz*. / 1700 *Koteze*, 1719 *Kotwiza*, 1767 *Kotezy*, 1800 *Kotezy*, 1843 *Kotecy*, 1866 *Kotecy*. – Aoso. *Kotowici ›Siedlung der Leute des Kot‹. Kot, im Nso. öfters als FamN bezeugt, beruht auf urslaw. *kotъ, nso. kót ›Kater‹. Das Wort *kot* ist im Oso. unbekannt.

Kotten/Koćina s. Wittichenau, 1264 *Chotin*, 1291 *Chotin*, 1374/82 *Kuttyn, Kuthyn, Cuttyn, Kuttin*, 1440 *Kottin*, 1486 *Cottin*, 15. Jh. *Kuthyn*, um 1600 *Kotten*, 1768 *Kotten*. / 1700 *Koschczina*, 1800 *Kotzina, Kottna*, 1835 *Koczina, Kotna*, 1833/45 *Kottny*, 1843 *Koćina*, 1848 *Koczina*, 1866 *Koćina*. – Aoso. *Chotin ›Siedlung des Chota‹. Chota ist eine KurzF von Chotěbud und ähnl. VollN mit dem Vorderglied aus urslaw. *chъtěti, in der Ich-Form *chotjǫ ›wollen‹. / Die sorb. Formen wurden wahrscheinlich aus einem eingedeutschten *Kottin* oder dgl. gewonnen und vielleicht volksetymologisch an oso. kočina ›Katzengeschlecht‹ angelehnt.

Kottmarsdorf s. Löbau, 1306 *Khotdamersdorpp, Khotamersdorpp* (brandenburg. Urkunde, deshalb *-pp* statt *-ff*), 1419 *Cotmerßdorff*, 1430 *Kottemersdorff*, 1442 *Kotmarsdorff, Kottmarstorff*, 1490 *Kotmarßdorff*, 1564 *Kuttmarsdorff*, 1657 *Cottmarsdorff*, 1768 *Kottmarsdorf*. / 1843 *Kótmaŕ*, 1886 *Kotmarecy, Khotmaŕ*. – MischN, ›Dorf des Chotěmir‹. Zum Vorderglied dieses VollN siehe oben Kotten, das Hinterglied beruht auf urslaw. *mirъ, nso. oso. měr ›Frieden, Ruhe‹. Möglicherweise ist der MischN erst im Dt. aufgekommen und es lag ursprünglich aoso. *Chotěmiŕ, gebildet mit dem Suffix *-jь, vor. Diesen Namen trägt der sö. des Dorfes gelegene Berg *Kottmar*, 583 m, 1311 *mons* (= lat. ›Berg‹) *Khotmersberg*.

Kötzschau/Koča w. Löbau, 1546 *Ketschenborn*, 1547 *Keytschendorff*, 1573 *zu Kätsche, Ketscha*, 1651 *Ketscha*, 1732 *Ketsche*, 1768 *Ketzscha*, 1791 *Ketzscha, Kötzscha*, 1800 *Kötsche*, 1836 *Kötzschau (Kötsche)*. / 1886 *Koča*, 1920 *Koča*. – Vielleicht aoso. *Koč´e < *Kočьje ›Siedlung, wo es (viele) Katzen gibt‹, zu oso. kóčka, nso. koca ›Katze‹. Man zog aber auch eine dt. Bildung zu mundartl. kätsch, kätschig ›breiartig, weich‹ im Zusammenhang mit dem dortigen nassen Wiesengelände in Erwägung.

† **Krakau/Krakow** nw. Königsbrück, 1938 aufgelöstes Städtchen, danach Truppenübungsplatz, 1248 *de Cracowe*, 1315 *de Cracow*, 1392 *von Cracow*, 1420 *Krakow*, 1479 *Crokow, Krokow*, 1495 *Cro(c)kaw*, 1506, 1509 *Krockow, Kroko, Crokaw*, 1527 *Krockaw*, 1658 *Krackaw*. / 1835 *Krakawa*, 1843 *Krakow*, 1886 *Krakow*. – Aoso. *Krakow ›Siedlung des Krak‹. Der PersN beruht auf einer Entsprechung von oso. krakać, nso. krjakaś, poln. krakać ›krächzen‹, tschech. krákat auch ›lär-

men‹. Krak kommt als PersN schon im Altpoln. vor.

Krappe/Chrapow s. Weißenberg, 1390 *Kropezz, Kropozz*, 1396 *Crapust*, um 1400 *Crapus, Krapus*, 1424 *Krapust*, 1452 *Crapus*, 1456 *Crapicz*, 1485 *Crapitz*, 1534 *Crapus*, 1538 *Krapetz*, 1572 *Crapitcz, Crappicz*, 1645 *Krappicz*, 1657 *Krappa*, 1768 *Krappe*. / 1800 *Krappow*, 1835 *Krapowy*, 1843 *Krapow*, 1886 *Krapow*, 1954 *Chrapow*. – Vielleicht aoso. *Chrapuš ›Siedlung des Chrapuch oder Chrapuš‹. Diese PersN beruhen auf einer Wurzel *chrap- wie in oso. krapać ›krächzen (Raben)‹, nso. chrjapaś, mundartl. chrapaś ›stark husten‹, poln. chrapać ›schnarchen, röcheln‹. Oder SpottN aoso. *Chrapousty ›Siedlung der Krächzmäuler‹, mit -usty zu aksl. usta ›Mund, Maul, Rachen‹, nso. wusta ›Mund‹. / Die oso. Belege spiegeln mit -ow sorabisierte eingedeutschte Formen des 17. und 18. Jh. wider.

† Kratzersdorf in der Stadt Zittau aufgegangen, um die Mandau- und Wasserpforte, 1415 *Craczerstorff*. – Dt., ›Dorf des Kratzer‹. Der PersN Kratzer ging aus mhd. kratzen ›kratzen‹ hervor, wobei u. a. ein Wollkratzer gemeint sein kann. Auch ein HerkN – nach *Kratzau* bei Reichenberg/ Liberec in Böhmen – könnte vorliegen.

Krauscha, Groß- n. Görlitz, um 1315 *de Cruschin*, 1399 *von der Crusche*, 1408 *Chrussaw*, 1410 *de magna Krewsche*, 1411 *czu der grossen Kruschen*, 1414 *bey der Chruschin*, 1419 *Crauschen magna*, als HerkN: 1421 *Crusche*; 1429 *kein* (= gegen) *der Crussche, zur Crawsche*, 1500 *Crausche*, 1514 *Zeidelweide im Crauschenwalde*, 1564 *Grosse Crausche*, 1642 *Groß Krauscha*. – Aoso. *Kruš´e < *Krušьje ›Siedlung, wo es (viele) Birnen bzw. Birnbäu-

me gibt‹, zu oso. krušej, krušwa, nso. kšuša, poln. mundartl. krusza ›Birne, Birnbaum‹.

Krauscha, Klein- n. Görlitz, nw. von Großkrauscha, 1408 *Chruschaw*, 1411 *Krusche*, 1419 *Crausche parva*, 1462 *Beyde Crawssche*, 1495 *Kleinkrausche*, 1531 *Kleine Krausche*, 1791 *Klein Krauscha*. – Aoso. *Kruš´e, siehe oben Krauscha, Groß-.

Krauschwitz/Krušwica s. Muskau, als HerkN: 1374/82 *Kruzhewicz* (möglicherweise zu Krauschütz nö. Großenhain), 1400 ff. *Krusewicz, Kruchzewicz, Kruschewicz*; 1552 *Kraschwitz*, 1597 *Krauschwiz*, 1704 *Krauschwicz*, 1732 *Crauschwitz*. / 1800 *Kruschwitza*, 1835 *Kruschwiza*, 1885 *Krušwica*. – Aoso. *Krušwica ›Siedlung, bei der es viele Birnen bzw. Birnbäume gibt‹, siehe oben Krauscha, Groß-, nso. kšušwica ›Birnbaum‹. Vgl. in der Niederlausitz Krausnik, Klein-/Mała Kšušwica.

Kreba/Krjebja nw. Niesky, 1409 *zur Crobe*, 1415 *kein* (=gegen) *der Crobe*, 1419, 1422, 1429 *kein der Krŏbe*, 1453 *uf der Crebischin heyden*, 1490 *die Crobe*, 1511 *Crebe*, 1537 *Krobaw*, 1658 *Kroebaw*, 1768 *Creba*. / 1767 *Krebja*, 1800 *Krebja*, 1843 *Kŕebja*, 1885 *Krjebja*. – Wahrscheinlich aoso. *Krob oder *Kroba, zu urslaw. *korbъ, *korba, poln. kroba ›geflochtene Schachtel‹, tschech. krabice ›Schachtel‹, aruss. korobъ ›Schachtel, aus Bast geflochten, großer Korb‹. Die Bedeutung des OrtsN ist schwer anzugeben. Vielleicht kann man bei deren Rekonstruktion von ›Fischkorb‹ ausgehen (die Siedlung liegt am Schwarzen Schöps) oder von ›korbförmiger Bodenvertiefung‹, an der sich die Siedlung befand. / Die oso. Form beruht auf späteren eingedeutschten Lautungen wie 1511 *Crebe*, 1768 *Creba*.

Kreckwitz/Krakecy nö. Bautzen, 1352 *de Krekewicz*, 1367 ff. *Krekewicz, Crekewicz*, um 1400 *Krekewicz*, 1419 *Krekewitz*, 1430 *Krakewicz*, 1460 *Kreckewicz*, 1529 *Kreckwiz*, 1658 *Krägwitz*, 1692 *Kreckwitz*. / 1800 *Krakezy*, 1843 *Krakecy*, 1866 *Krakecy*. – Aoso. *Krakowici ›Siedlung der Leute des Krak‹. Zum PersN Krak siehe oben Krakau.

† **Kreuelsdorf** in der Stadt Görlitz aufgegangen, Territorium um die *Krölstraße*, 1383 *Crowilsdorf*, 1385 *Kreulsdorf*, 1409 *Krewelsdorf, Crewisdorf*, 1412 *Krowilstorff*, 1413 *Crouwylsdorf*, 1426 *Creifilsdorf*, 1426 *Kroygilsgasse*, 1443 *Crewelsdurff*, 1500 *Creulsgasse*, 1556 *auf der Kroulsgassen*, vor 1945 *Krölstraße*. – Dt., ›Dorf des Kreuel‹. Bei Kreuel liegt ein BerufsüberN vor, der auf mhd. kröwel, krewel, kröul, kreul ›Gabel mit hakenförmigen Spitzen‹ zurückgeht, für den Hersteller oder Benutzer ders., oder es handelt sich um einen ÜberN für einen spitzigen, schroffen Menschen. Das Dorf erhielt seinen Namen nach einem Görlitzer Geschlecht, so nennen die Quellen 1339 ff. einen *Nikel Krowil*, 1395 eine *Else Kreulin* u. a.

Kreuzschenke siehe unten Ölsa.

Kriepitz/Křěpjecy ö. Elstra, 1419 *Crippitz*, 1453 *Kripitz*, 1511 *Crepitz*, 1514 *Crepitcz*, 1658 *Krieppitz*, 1768 *Kriepitz*. / 1800 *Krjepezy*, 1835 *Krjepezy*, 1843 *Křepicy*, 1959 *Křěpjecy*. – Aoso. *Křěpici ›Siedlung der Leute des Křěp‹. Dieser PersN beruht auf urslaw. *křěpъ, wovon sich poln. krzepki ›stark, rüstig‹, tschech. křepký ›stark, fest, rührig, behend‹, russ. krepkij ›fest, starr, hart‹ herleiten. Im Sorb. begegnet der FamN Krepiš bzw. Krepyš, im Poln. Krzep mit zahlreichen Ableitungen.

Kringelsdorf/Krynhelecy s. Weißwasser, 1400 *Klyngisdorf*, 1415 *Clingesdorff*, 1418 *Clingelstorf, Clingelsdorff*, 1423 *Clingelsdorff*, 1428 *Kringilsdorff*, 1447 *Kringersdorf*, 1448 *Cringelsdorff*, 1522 *Kringelßdorff*, 1732 *Krengelsdorff*, 1768 *Kringelsdorf*. / 1800 *Krengylezy*, 1835 *Krenkylezy, Krinhelezy*, 1843 *Krynhelecy*, 1885 *Kryngelecy*. – Dt., ›Dorf des Klinge‹. Klinge ist wahrscheinlich ein BerufsüberN zu mhd. klinge ›Klinge des Schwertes, Schwert, Messerklinge‹ und entstand für den Hersteller ders., so bereits 1268 *der Klinge*. Durch Eindeutung von Kl̲ingel̲ und nachfolgender Dissimilation -l̲- -l̲- > -r̲- -l̲- und Anlehnung an *Kringel* ›Kreis; rundes Gebäck‹ entstand Kr̲ingelsdorf. / Krynhelecy und seine historischen Belege kamen durch Sorabisierung dt. Namenformen auf.

Krinitz/Krónca s. Königswartha, 1528 *Crynnietz*, 1635 *Grinitz*, 1658 *Crieniz*, 1721 *Crönitz*, 1732 *Krönitz*, 1768 *Crinitz*, 1843 *Krünitz*. / 1711 *Kronze*, 1800 *Kraniza*, 1843 *Krónca*, 1866 *Krónica*, 1920 *Krónca, Krynica*. – Aoso. *Krynica ›Siedlung bei einer Quelle‹, zu poln. krynica ›Quelle‹, russ. krinica, mundartl. krynica ›Quelle, kleine Wassergrube‹. Vgl. in der Niederlausitz Crinitz und Krimnitz. / Krónca beruht auf Sorabisierung solcher eingedeutschter Formen wie 1721 *Crönitz*, 1732 *Krönitz*.

Krischa siehe oben Buchholz.

Krobnitz/Krobnica nw. Reichenbach, um 1315 *Crobenos*, 1384 *Crobenos*, 1390 *Crobenos*, 1419 *Crobenos*, 1447 *Crobenis*, 1504 *Krobenoß*, 1551 *Krobnitz*, 1556 *Kröbnitz*, 1602 *Krobnitz*, um 1700 *Gromnitz*, 1791 *Crobnitz, Grobnitz, Krobnitz*. / 1700 *Krobnize*, 1835 *Krobniza*, 1886 *Kropnica*. – Aoso. *Krobonosy ›Siedlung der

Korbträger‹, zu urslaw. *korbъ, *korba, siehe oben Kreba, *Krob, *Kroba, sowie urslaw. *nositi, oso. nosyć ›tragen‹. Vgl. in der Niederlausitz Kossenblatt, *Kosto-młoty ›Siedlung der Kochendrescher‹, und Muckwar, *Mukowary ›Siedlung der Mehlkocher‹. / Krobnica stellt eine sora-bisierte eingedeutschte Form dar.

Kromlau/Kromola   w. Bad Muskau, 1474 *Crumelaw*, 1482 *Crumlaw*, 1509 *Crumlaw*, um 1690 *Grommelau*, 1732 *Grommelau*, 1759 *Crumlau*, 1831/45 *Kromlau*. / 1843 *Kromoła*, 1848 *Kromula*, 1884 *Kromoła*, 1928 *Chromola, Kromola*. – Wahrschein-lich aoso. *Kromołow ›Siedlung des Kro-moł‹ mit der Wurzel des PersN zu tschech. kramola, atschech. kramol, ›Streit, Hader‹, aruss. koromola ›Aufruhr, Verschwörung, Aufstand‹, späturslaw. *kormola. In Baut-zen ist 1417 und in Weißwasser 1552 je-weils ein *Kromola* überliefert, den PersN Kromoła bezeugen poln. Quellen 1237 und das Serbokroat. kennt im 14. Jh. einen Kramol. Es handelt sich hier sicherlich um ÜberN für einen streitsüchtigen, auf-rührerischen Menschen. Unsere Deutung kann sich auf den poln. OrtsN Kromołów stützen, dessen PersN man allerdings von altpoln. kroma ›Ranft Brot‹ ableitet.

Kroppen/Kropnja   onö. Ortrand, 1329 *de Crupin* (Zuweisung fraglich), 1472 *Krop-pen*, 1495 *Kroppen*, 1540 *Kruppen*, 1548 *Kroppen*, 1572 *Kropenn, Kroppin, Kro-pinn*, 1658 *Kroppen*, 1732 *Kruppen*, 1791 *Kroppen*. / 1886 *Kropnja*, 1928 *Kropńa*. – Aoso. *Krupin ›Siedlung des Krupa‹. Kru-pa bzw. Kšupa ist ein mehrmals bezeug-ter FamN, der auf oso. krupa, nso. kšupa ›Graupe, Hagelschloße‹, urslaw. *krupa beruht. Sollte ursprünglich die Basis des

Namens -*o*- enthalten haben, wie es die meisten Belege anzeigen, wäre von *Kro-pin ›Siedlung des Kropa‹ auszugehen. Der PersN Kropa kommt im Poln. mit zahlrei-chen Ableitungen vor und wird zu urslaw. *kropiti, *kropa, poln. kropić ›tröpfeln‹, kropla ›Tropfen‹ gestellt. Im Poln. gibt es den OrtsN Krupin, aber kein *Kropin, im Tschech. ebenfalls nur Krupín. / Kro-pnja ist ein spät (von A. Muka) sorabisier-tes Kroppen.

Kubschütz/Kubšicy   ö. Bautzen, um 1088 *Cupcici*, 1249 *Cupsyts*, 1272 *Kupscizt*, 1317 *Gupschicz*, 1361 *Gopsczic*, 1374/82 *Cupczhicz*, 1419 *Copschitz*, 1456 *Kopschicz*, 1559 *Kupschitz*, 1658 *Cubschitz*, 1768 *Cub-schütz*. / 1843 *Kubšicy*, 1886 *Kubšicy*. – Wahr-scheinlich aoso. *Kupčici, *Kupišici oder ähnl. ›Siedlung der Leute des Kupc, Kupiš oder ähnl.‹ PersN mit der Basis *Kup-, im Sorb. durch solche FamN wie Kupc, Kupčk, Kupic, Kupiš (häufig), Kupš und andere vertreten, beruhen auf urslaw. *kupiti, oso. kupić, nso. kupiš ›kaufen‹. / Die späten sorb. Belege haben eingedeutschte For-men wie 1658 *Cubschitz* zur Grundlage.

Kuckau/Kukow   onö. Elstra, 1248 *Ku-cov*, 1264 *Kukowe*, 1299 *Kuckowe*, 1319 *Ku-ckowe*, 1440 *Kockow*, 1518 *Kuckow, Kocko*, 1578 *von Kucka*, 1768 *Kuckau*. / 1800 *Ku-kowa*, 1843 *Kukow*, 1886 *Kukow*. – Aoso. *Kukow ›Siedlung des Kuk‹. Der PersN beruht auf urslaw. *kukati, oso. kukać, nso. kukaś ›rufen wie der Kuckuck‹, nso. ku-kawa, serbokr. mundartl. kuk ›Kuckuck‹. Im Altpoln. gibt es den PersN Kuk, später mit mehreren Ableitungen, im Nso. Ku-kac, Kukawa, Kukiš.

Kühnicht/Kinajcht   ö. Hoyerswerda, 1556 (Wiese unterm) *Kinicht*, 1568 *Kinecht*,

1744 *Künicht*, 1791 *Kühnicht.* / 1835 *Kinajcht*, 1843 *Kinajcht*, 1885 *Kinajcht.* – Dt., ›Siedlung am/im Nadelwald‹, zu mhd. kien ›Kienspan, Fackel; Nadelbaum‹, frühnhd. auch ›Kiefer‹. Daran trat das Kollektivsuffix -*ech(t)*, -*ich(t)*.

Kumschütz/Kumšicy ö. Bautzen, als HerkN: 1399 ff. *Kunyschewicz*, *Kunissewicz*, *Kunyssewicz*, 1476 *Kunschicz*; 1419 *Conschitz*, 1474 *Cunschitz*, 1508 *Konschwitz*, 1527 *Komischwiz*, 1551 *Conschitz*, 1562 *Kunschwicz*, 1587 *Kunzschwitz*, *Kumzschitz*, 1759 *Gunschitz*, 1768 *Kumschütz.* / 1800 *Kumschizy*, 1843 *Kumšicy*, 1866 *Kumš*, *Kumšic*, 1886 *Kumšicy.* – MischN, *Kunišici, *Kunišowici ›Siedlung der Leute des Kuniš‹. Kuniš, im Sorb. oft als FamN vertreten, ist vom dt. RufN Konrad abgeleitet. Zu diesem siehe oben Cunnersdorf/Hlinka. / Die sorb. Belege lehnen sich an eingedeutsche Formen an, in denen -*m*- < -*n*- durch Dissimilation von *nš* > *mš* aufkam, siehe 1587 *Kumzschitz*, 1768 *Kumschütz*.

Kunitz, Groß-/Chójnica sö. Bautzen, um 1400 *Chogenicz*, 1419 *Coynitz superior* (= lat. ›ober‹), 1455 *Conitz*, 1532 *Groß Konitz*, 1657 *Gros Kunicz*, 1768 *Groß Kuhnitz.* / 1700 *Wulka Koinza*, 1710 *Kojnitz*, 1800 *Wulka Kojniza*, 1835 *Wulka Khójnica*, 1843 *Khójnica*, 1886 *Wulka Khojnica*, 1959 *Chójnica.* – A oso. *Chojnica ›Siedlung am/im Kiefernwald oder am Kiefernbach‹, zu oso. chójna ›Kiefer‹, nso. chójna ›Kiefernreisig, Kiefernnadeln, Kiefernstreu‹, mundartl. auch ›Kiefernheide, Kiefernwald; Kiefer‹, davon abgeleitet der FlurN chójnica ›kleiner Kiefernbusch, Kiefernbach‹, in der Mehrzahl chójnice ›Flurstücke am Kie-

fernbach, im Kiefernwäldchen‹. Da Kleinkunitz an einem Bach liegt, in dessen Quellbereich sich Großkunitz befindet, beruht der OrtsN möglicherweise auf einem GewN.

Kunitz, Klein-/Chójnička sö. Bautzen, 1419 *Coynitz parvum* (= lat. ›klein‹), 1547 *Klain Kunitz*, 1550 *Clein Conicz*, 1550 *Kleine Konitz*, 1715 *Klein Kojnitz*, 1759 *Klein Könitz*, 1768 *Klein Kunitz.* / 1700 *Mała Koinza*, 1800 *Mala Kojniza*, 1835 *Khójnička*, 1886 *Khójnička*, 1959 *Chójnička.* – A oso. *Chojnica, siehe oben Kunitz, Groß-.

Kunnersdorf nnw. Görlitz, 1319 *Cunraczdorf*, 1390 *Cunradsdorf*, 1419 *Kunrsdorff*, 1454 *Cunersdorff*, 1495 *Kunnersdorff*, 1551 *Cunersdorff*, 1768 *Cunnersdorf bey Görlitz.* – Dt., ›Dorf des Konrad‹. Siehe oben Cunnersdorf/Hlinka.

Kunnersdorf a. d. Eigen w. Bernstadt a. d. Eigen, 1306 *Conradesdorph*, 1312 *Cunradisdorf apud* (= lat. ›bei‹) *Bernhardisdorf*, 1317 *Cunradistorf*, 1374/82 *Cunradisdorf circa* (= lat. ›nahe bei‹) *Bernhardisdorf*, 1430 *Cunirstorff*, 1554 *Kunersdorff auffm eigenn*, 1768 *Kunnerßdorf bey Bernstadt.* – Dt., ›Dorf des Konrad‹. Siehe oben Cunnersdorf/Hlinka.

Kunnersdorf, Spitz- wnw. Zittau, 1352, 1359 *Conradi villa* (= lat. ›Dorf‹), um 1360/90 (z. J. 1347) *Kunerstorf*, 1447 *Conrsdorf*, 1507 *Kwnirstorff*, 1540 *Kunnerssdorff*, 1560 *Konnersdorff*, 1666 *Spitzkunnersdorff*, 1768 *Spitz Cunnersdorf*, 1791 *Cunnersdorf b. Zittau ... ein adel. Dorf am Spitzberge, daher es auch Spitz=Cunnersdorf heißt.* Der Spitzberg, 439 m, liegt nördl. des Dorfes. – Dt., ›Dorf des Konrad‹. Siehe oben Cunnersdorf/Hlinka.

Kunnerwitz/Konjerjecy sw. Görlitz, 1404, 1405 *Kunrewicz*, 1414 *von Cunnerwicz*, 1434 *Kunerwicz*, 1481 *Cunnerwicz*, 1500 *Kunerwicz*, 1768 *Cunnerwitz*. / 1886 *Konjerjojcy*. – Aoso. *Końařowici ›Siedlung der Pferdezüchter‹, zu oso. konjeŕ ›Pferdehalter, -züchter, -händler‹, nso. kónjaŕ dass. und ›Pferdehirt‹.

† **Kunzensdorf** s. Görlitz, aufgegangen in der südl. Vorstadt von Görlitz, mit dem Kern an der Kreuzkirche, 1282 (Kop. 16. Jh.) *de Kunstinsdorf*, 1303 *de Kunstinsdorf, Cunstinsdorf*, 1305 ff. *Kunstindorph, von Kunstin(s)dorf*, 1344 *Kunstinsdorf*, 1355 *Konsulsdorf*, 1380 *Kunssisdorf vor Gorlicz der Stad*, 1408 *Kunstorff*, 1428 *Consulsdorff*, 1435 *Consisturff*, 1446 *uff der Consulsgassen*, 1457/58 *Cunczendorff*, 1500 *Consulsgasse*, 1871 *Konsulgasse* (amtlicher Straßenname). – Dt., ›Dorf des Konstantin‹. Konstantin ging aus dem röm. BeiN Constantinus hervor, einer Weiterbildung von Constantius, zu lat. constans ›standhaft‹. Konstantin fand im Mittelalter als Name Kaiser Konstantins des Großen (3./4. Jh.) Verbreitung. Unter ihm wurde das Christentum im Römischen Reich öffentlich anerkannt und gefördert.

Kuppritz/Koporcy sw. Weißenberg, 1225 *de Kopericz*, 1238, 1239 *de Copericz*, 1242 *de Copriz*, 1280 ff. *de Kopericz, Koprize, Coperiz, Kobariz*, 1333 *de Copericz*, 1359 *Koppericz*, 1419 *Copperitz*, 1481 *Koppirwitz*, 1486 *Kopperitz*, 1547 *Koppritz*, 1564 *Kuppericz*, 1791 *Kuppritz*. / 1700 *Kuperze*, 1800 *Koporizy*, 1835 *Koporicy*, 1843 *Kopořcy*, 1959 *Koporcy*. – Aoso. *Koprica vielleicht ›Siedlung, wo Fenchel, Dill wächst oder angebaut wird‹, zu oso. koprik, älter auch kopr, nso. kopr ›Dill, Fen-

cheldill; (echter) Fenchel‹, kopśica ›(echter) Fenchel‹. Da der Ort am *Kuppritzer Wasser* liegt, kann man von einem ursprünglichen GewN ausgehen, also ›Siedlung an einem Bach, an dem (viel) Fenchel bzw. Dill wächst‹.

Kuppritz, Neu-/Nowe Koporcy sw. Weißenberg, Ortsteil von Kuppritz, südl. davon, 1908 *Neukuppritz (Grauloch), Teil*, 1986 *Neukuppritz*. – Siehe oben Kuppritz. Bei *Grauloch* handelt es sich wahrscheinlich um einen ursprünglichen FlurN, möglicherweise aber auch um einen abwertenden SpottN.

Kynitzsch/Kinč nö. Bischofswerda, 1402 ff. *von Kyntsch, Kynsch, Kincz*, 1411 ff. *von Kynsch, Kynczsch, Kinczsch*, 1412 *Kyniczsch*, 1427 *Kiniezsch, Kinytsch*, 1430 *Kyncz*, 1469 *in, uff dem Kessil*, 1483 *zu Kynntz in dem Kessel*, 1488 *Kinitzsch*, 1511 *Kintzsch*, 1545 *Kindisch, Kessel*, 1588 *Kyntzsch*, 1732 *Kessel*, 1791 *Kessel oder Kinitzsch, Kynitzsch*. / 1886 *Kinč*, 1917 *Kinč*. – Wahrscheinlich aoso. *Chynič oder vielleicht *Chynč ›Siedlung des Chynik oder Chynk‹, eine Ableitung mit dem Ortsnamensuffix *-jь. Der PersN beruht auf urslaw. *chyniti, dazu serb.-ksl. chyniti ›täuschen, betören‹, slowen. hiníti ›betrügen‹, russ. chinit´ ›tadeln, schmähen, schelten‹. Poln. Chynek wird dagegen anders erklärt. Möglicherweise wurde unser OrtsN von dem Geschlecht *von Kühnitzsch*, benannt nach dem betr. Dorf ö. Wurzen, in die Oberlausitz übertragen. Die Bestimmung *in dem Kessel* bezieht sich wahrscheinlich auf die Lage der Siedlung zwischen: *Demitzer Berg*, 335 m, osö. davon, *Butterberg*, 385 m, wnw. davon, und *Pohlaer Berg*, 344 m, n. davon.

L

Landeskrone   Berg, ehem. Festung sw. Görlitz, 1225 *de Landiskrone*, 1241 *de Landescrone, Landeschrone*, 1245 *de Landiscrone*, 1267/68 *castrum Landischrone*, 1381 *de Landiscron*, 1413 *von der Landiscrone*, 1439/40 *sloß Landiskron*, 1457 *in dem Landiskronenberge*. / 1920 *Bubnik, Krajna Króna*. – Dt., ›Burg(siedlung) auf des Landes Krone‹, zu mhd. krōne ›Kranz, Krone‹ und mhd. lant ›Land‹. / Bubnik beruht auf oso. bobon ›Trommel‹, Krajna Króna ist die Übersetzung des dt. Namens.

Laske/Łazk   onö. Kamenz, 1417 *Laske*, als HerkN: 1432 *Lorenz Laßk*, 1462 *Laske* aus Deutschbaselitz, 1516, 1525 *Paull Laßk, Lasko*; 1499 *zum Leßky*, 1538 *Lasska*, 1568 *Laßka*, 1590 *Laskow*, 1768 *Laßke*. / 1800 *Waßkow*, 1835 *Łazk*, 1843 *Łazk*, 1848 *Wask*, 1886 *Łazk*. – Aoso. *Łazk ›Kleine Siedlung auf gerodetem Land‹, zu nso. *łaz ›Neubruch, Rodung‹, das im Sorb. nur noch in OrtsN und FlurN vorkommt, poln. łaz ›durch Rodung gewonnene Anbaufläche im Walde‹. Vgl. in der Niederlausitz Laasow/Łaz sö. Calau, Laasow/Łaz ö. Lübben sowie Leeskow/Łazk sw. Drebkau.

Lauba/Lubow   wsw. Löbau, 1306 *Lube*, 1481 *zwissen hy und dem Lawben*, 1491 *Lawbe*, 1515 *zcu der Lawbe*, 1533 *Lauben*, 1573 *zur Laube*, 1657 *Lauba*. / 1700 *Luboz*, 1835 *Lubos*, 1886 *Luboz*, 1917 *Lubow, Luboz*, 1959 *Lubow*. – Aoso. *Łubˊe < *Lubьje ›Siedlung am Wald, wo es viel Baumrinde gibt‹, zu oso. łub ›Baumrinde, Borke‹, nso. älter łub ›Baumrinde‹, poln. łub ›Lindenbaumrinde, Baumrinde‹, russ. lub ›Borke, Bast‹. Diese Deutung stützt der poln. OrtsN Łubie. / Die oso. Formen *Lu-*

bos, Luboz sind wohl irrtümlich hierher gestellt worden und bezogen sich vielleicht ursprünglich auf das Vorwerk *Lubas* bei Niedergurig nö. Bautzen, und das sehr späte *Lubow* lehnte man an die vielen Bildungen auf -*ow* an.

† Laubusch/Lubuš   wnw. Hoyerswerda, 1940/41 wegen Braunkohlenabbaus aufgegeben, 1401 *Lubasch*, als HerkN: aus Senftenberg 1474 *Lubusch*, 1546 *Lubosch*; aus Saalhausen nw. Senftenberg 1509 *Lubasch*, ders. 1529 *Lubisch*, ders. *Lubosch*, 1546 *Lubusch*, ders. 1551 *Lubasch*, ders. 1554 *Lubosch*; aus Kleinräschen nnw. Senftenberg 1529 *Lubosch*; 1533 *Villa Lubosch*, 1568 *Laubusch*, 1658 *Laubisch*, 1732 *Laubisch*, 1768 *Laubusch*. / 1674 *von Laubiß*, darüber geschrieben *S Luboscha*, 1698 *Sluboscha (von Laubisch)*, 1701 *von Laubisch (Sluboscha)*, 1744 *Lubusch*, 1800 *Lubuschowa*, 1843 *Lubuš*, 1886 *Lubuš*. – Aoso. *Luboš ›Siedlung des Luboch oder Luboš‹. Beide PersN, KurzF von Lubosław oder ähnl. VollN mit dem Vorderglied aus urslaw. *ľubъ, oso. luby ›lieb, geliebt; wert‹, kommen wiederholt auch als FamN vor. Vgl. den Niederlausitzer OrtsN Lubochow und unten Lubachau.

Laucha/Luchow   n. Löbau, 1306 *Luchowe*, 1318 *de Luchowe*, 1348 *Luchow*, 1474 *Lochow*, 1491 *Lawchow*, 1564 *Lauche*, 1768 *Lauche*, 1908 *Laucha*. / 1800 *Luchow*, 1835 *Luchow*, 1843 *Luchow*. – Aoso. *Luchow ›Siedlung des Luch‹. Luch, bereits 1484 in Bautzen als PersN bezeugt, ist eine KoseF solcher VollN wie Lubosław, siehe oben Laubusch, Lutobor, siehe unten Lutitz, oder Ludomił, dessen Vorderglied auf urslaw. *ľudъ, oso. nso. lud ›Volk, Menschen‹ beruht.

Lauske/Łusč s. Königswartha, 1391 *Lu-sicz*, 1413 *Lussicz*, 1416 *Lussicz*, 1505 *Luschitz*, 1558 *Lauschitz*, 1565 *Laußk*, 1634 *Laußka*, 1764 *Laußke*. / 1684 ff. *z Wuschtcza, z Wuztcža*, 1800 *Wußk*, 1835 *Husž*, 1843 *Łusc*, 1886 *Łusč*. – Aoso. *Łu-žica* ›Siedlung in einer wasserreichen, sumpfigen Gegend‹, zu nso. ług ›Gras-sumpf, sumpfige Niederung‹, oso. łuh (Wiesen)bruch, Sumpf, Moor‹. Der OrtsN ist identisch mit dem LandschaftsN Lau-sitz, der sich urspünglich nur auf die Nie-derlausitz bezog. Vgl. dort auch Lauschütz/ Łužyca nw. Guben. Seit dem 16. Jh. tau-chen Formen auf, die auf eine Angleichung an Lauske b. Weißenberg hindeuten, sie-he unten. / Einige sorb. Belege stehen un-ter dem Einfluss der seit dem 16. Jh. ein-gedeutschten Formen sowie von Lauske/ Łusk, siehe unten.

Lauske/Łusk sw. Weißenberg, 1445 *Lußk*, 1454 *Lusk*, 1475 *Laußgk*, um 1485 *Lawsig*, 1533 *Lausigk*, 1534 *zur Lausk*, 1607, 1613 *Lausig, Lausig*, 1836 *Lauske bei Hochkirch*. / 1700 *Wußk*, 1800 *Wußk*, 1835 *Wusk*, 1843 *Łusk*, 1866 *Łusk*, 1886 *Łusk*. – Aoso. *Łužk* ›Siedlung bei einem kleinen Grassumpf‹, zu oso. łuh, siehe oben Laus-ke s. Königswartha. Von łuh wurde die Ver-kleinerungsform łužk ›kleine Waldpfütze; Lache; Moor- oder Grasteich im Kiefern-walde‹ gebildet. / Die sorb. Belege sind von dt. Lautungen und Schreibungen be-einflusst.

Lauske, Neu-/Nowy Łusč s. Königswar-tha, 1875 *Neulauske*. – Siehe oben Laus-ke/Łusč.

Laußnitz sw. Königsbrück, 1289 *municio* (= lat. ›befestigter Ort‹) *Lusenycz*, 1350 *villa* (= lat. ›Dorf‹) *zcu der Lusenicz*, 1353

Lußniz, 1459 *Lausnitz*, 1469 *zcur Lawsse-nicz*, 1488 *Laußnitz*, 1551 *Lausnitz*, *Lauß-nitz*, 1768 *Laußnitz*. – Aoso. *Łužnica* ›Siedlung am Wiesensumpfbach‹, zu nso. ług, oso. łuh, siehe oben Lauske s. Königs-wartha. Der Ort liegt im Quellbereich ei-nes kleinen Baches, der in den Luggraben bei Glauschnitz w. Königsbrück mündet.

Lauterbach sw. Bischofswerda, 1262 *Lu-terbach*, 1412 *Luterbach*, 1543 *Lauther-bach*, 1588 *Lautherbach*, 1768 *Lauterbach*, 1791 *Lauterbach Amtstdorf, 2 Mühlen mit Gängen*. – Dt., ›Siedlung am reinen, kla-ren Bach‹, zu mhd. lūter ›hell, rein, klar‹.

Lautitz/Łuwoćicy sö. Weißenberg, 1206 *de Lutiz*, 1267 (Kop.) *Luticz*, 1318 ff. *de Luticz, Luthicz*, 1335 *de Lutitz*, 1405 *Lu-ticz*, um 1430 *vom Lawtcz*, um 1480 *Lewt-titcz, Lewticz, Lauticz*, 1503 *Lautitz*, 1584 *Lautiz*, 1657 *Lautitz*. / 1364 *Lubossicz*, 1700 *Luocziza*, 1800 *Wuwoczizy*, 1835 *Łu-woczizy*, 1843 *Łuwoćicy*. – Aoso. *Lutici* ›Siedlung der Leute des Lut‹. Der PersN Lut, der auch als FamN vorkommt, ist eine KurzF von Lutobor und ähnl. VollN mit dem Vorderglied aus urslaw. *łutъ ›streng, scharf, grausam, grimmig‹, nso. älter mund-artl. luty ›eitel, alleinig, einzig‹. / Der Be-leg von 1364 ist wahrscheinlich an tschech. *Lubošice* angeglichen, die Schreibungen mit -uwo- kann man vielleicht als sorabi-sierte dt. Namenformen erklären.

Lawalde (Nieder-, Ober-)/**Lewałd** wsw. Löbau, 1290, 1306, 1334 *de Lewenwald(e)*, *Lewinwalde*, als HerkN: 1402 *Johannes La-wenwalt*; 1428 *Lauwenwald*, 1481 *von Lau-walde*, 1483 *von Leynwalde*, 1491 *Lewen-walde*, 1495 *Lawinwalde*, 1574 *Lawalde*, 1657 *Lawalda*. / 1700 *Lewald*, 1835 *Ljewałd*, 1843 *Ljewałd*, 1886 *Lawałd*. – Dt., ›Rodungssiedlung eines feudalen Grundher-ren, der einen Löwen im Wappen führte‹ (hier möglicherweise des Böhmenkönigs), zu mhd. leu, lewe, louwe, löuwe ›Löwe‹, zu -wald(e) siehe oben Grünewald. / Le-wałd ist eine sorabisierte dt. Namenform.

Lehn/Lejno s. Bautzen, b. Obergurig, 1396 *Leen*, 1419 *Leyn Bobelitz*, 1447 *Lehen, villa* (= lat. ›Dorf‹), 1496 *zcum Lehn*, 1534 *Lehen*, 1732 *Lehen*, 1759 *Lehen*, 1791 *Lehn*. / 1800 *Lehno*, 1835 *Lehno*, 1843 *Lejno*, 1866 *Leno*, 1959 *Lejno*. – Dt., ›Siedlung bei/auf dem Lehngut‹, zu mhd. lēhen, lēn ›Lehen, d. h. vom Feudalherren gegen die Verpflichtung zu Treue und Kriegsdienst verliehenes Nutzungsrecht an Land‹. / Lejno beruht auf Sorabisierung des dt. Namens, wobei das lange dt. -ē- durch -ej- wiedergegeben wurde, im Oso. leno ›Lehen, Lehngut‹.

Lehn/Lejno nw. Löbau, 1419 *Leyn prope* (= lat. ›nahe bei‹) *Lobaw*, 1438/39 *vom Lehen*, 1473 *vom Lehne*, 1497 *in Lehne*, 1519 *Leyn prope Lobaw*, 1560 *Lehngut zum Lehn*, 1657/58 *Lehn, Lehen*, 1777 *Lehna*, 1791 *Lehn*. / 1700 *Leno*, 1835 *Lejno*, 1843 *Lejno*, 1886 *Lejno*. – Siehe oben Lehn s. Bautzen.

Lehndorf/Lejno ö. Elstra, 1423 *vom Lehin, Leyn*, 1438 *vom Leyne*, um 1500 *Lehne*, 1643 *zu Lehn*, 1768 *Lehn*, 1777 *Lehndorff*, 1836 *Lehndorf, Lehn bei Crostwitz*. / 1617 *Lehno*, 1703 *Leino*, 1800 *Lehnig*, 1866 *Lejno*. – Siehe oben Lehn s. Bautzen. Das erst spät angetretene *dorf* diente zur Unterscheidung von den vorangehenden beiden gleichnamigen Siedlungen.

Leichnam siehe unten Spreewiese.

Leipgen/Lipinki n. Weißenberg, 1419 *Lipchen*, 1419 *Leipchin*, 1490 *Leipichen*, 1528 *Leipgen*, 1537 *zum Leipichen*, 1732 *Leibgen*. / 1684 ff. *Lipinkow*, 1800 *Lipinki*, 1835 *Lipinki*, 1843 *Lipinki*. – Aoso. *Lip-ka ›Kleine Siedlung bei den Linden‹, zu oso. lipa ›Linde‹. Wegen des dt. Verkleinerungssuffixes -*chen* lässt sich die ursprüngliche Form nicht mehr genau ermitteln, es könnte auch *Lip´e vorliegen. Siehe dazu unten Leippe. / Die sorb. Formen deuten auf *Lipinka bzw. *Lipinki hin, wozu es im Poln. die OrtsN Lipinki und Lipiny gibt.

Leippe/Lipoj w. Hoyerswerda, 1401 *Leippe*, 1430 *dy von der Leype*, 1453 *zur Leipe*, 1537 *Leippe*, 1555 *Leupe, zur Leipe*, 1658 *Leippa*, 1831/45 *Leipe*. / 1744 *Lippow*, 1800 *Lipoj*, 1835 *Lipa*, 1843 *Lipoj*, 1886 *Lipoj, Lipoje*. – Aoso. *Lip´e < *Lipьje ›Siedlung, wo es (viele) Linden gibt, Siedlung bei den Linden‹, zu oso. lipa ›Linde‹. Vgl. in der Niederlausitz Leipe/Lipje ö. Lübbenau. / Durch den oso. Lautwandel von -´e > -´o kam die Form *Lipó auf, danach Lipoj.

Leppersdorf wnw. Bischofswerda, sw. Pulsnitz, 1337 *Luprandisdorf*, 1350 *Luprandisdorf, Lupransdorf*, 1375 *Luprersdorf*, 1393 *Lůprenstorff*, 1445 *Lupirstorf*, 1517 *Leuperßdorff*, 1609 *Leupperßdorf*, 1768 *Leppersdorf*. – Dt., ›Dorf des Liutbrand‹, mit dem PersN zu ahd. liut-brant ›Volk, Leute, Menschen, Menge‹-›Brand, Schwert(klinge)‹.

Leschwitz siehe unten Weinhübel.

Leuba (Feld-, Nieder-, Ober-) n. Ostritz, 1326 *Lubil*, 1334 *Lubil, Lubin*, 1362 *czu der Luben*, 1376 *von der Lube*, 1399 *kein* (= gegen) *der Leube*, 1410 *zu der Lewbe*, 1497 *zu der Leubaw*, 1568 *Leuba*, 1768 *Nieder-, Ober-Leuba*, 1791 *Nieder Leuba*,

Oberleuba ... zum Kloster Marienthal geh. Dorf, disseits der Neiße. Die sogenannte Feld=Leube ist ein Pertinenz=Stück hiervon, 1908 *Feldleube (Teil), Leuba (Ober- u. Nieder-)*. – Aoso. *Lubel ›Siedlung des Lubel oder Lubeł‹. Der PersN Lubel bzw. Lubeł ist eine KurzF von Lubosław oder ähnl. VollN, siehe oben † Laubusch.

Leutersdorf (Mittel-, Nieder-, Ober-, Neumittel-) wnw. Zittau, osö. Neugersdorf, 1347 *Lutgersdorf*, 1368 *Luthegeriuilla*, 1416 *Llewkerstorff*, 1427 *Lewkirsdorff*, 1487 *Lewckerßdorff gelegen bey der Sittaw*, 1435 *Leuthersdorff*, 1732 *Leickersdorff*, 1759 *Ober-, Nieder-Leitersdorff*, 1768 *Ober-Leutersdorf*, 1791 *Leutersdorf, Ob. und Mittel=*. – Dt., ›Dorf des Liutger‹, mit dem PersN zu ahd. liut-gēr ›Volk, Leute, Menschen, Menge‹-›Speer‹.

Leutwitz/Lutyjecy nö. Bischofswerda, 1292 *Luthewicz*, 1374/82 *Luthewicz, Lutewicz*, 15. Jh. *Luthewicz*, 1488 *Lewtitz*, 1509 *Lewtitz*, 1768 *Leutwitz*, 1800 *Leitwitz*. / 1800 *Lutijezy*, 1835 *Lutowizy, Lutijeczje*, 1843 *Lutyjecy*. – Aoso. *Lutowici ›Siedlung der Leute des Lut‹. Zum PersN Lut siehe oben Lautitz. / In die späteren oso. Formen wurde wahrscheinlich oso. luty ›schier, lauter‹ eingedeutet. Der heutige OrtsN müsste eigentlich *Lutecy lauten.

Lichtenau, Nieder- nnw. Pulsnitz, 1350 *Lichtenow*, 1431 *Lichtenaw*, 1445 *Neder Lichtenawe*, 1517 *Nyderlichtenaw*, 1696 *Niederlichtenau*, 1791 *Nied. Lichtenau*. – Dt., ›Siedlung in der hellen, freundlichen bzw. gelichteten Aue‹, zu mhd. lieht, mnd. licht ›licht, hell, gelichtet‹. Vgl. das Wort *lichten* im Sinne von ›(einen Wald) von (unnötigen) Bäumen befreien, ausholzen‹. Zum Grundwort -au(e) siehe oben Gele-

nau. Die Siedlung liegt zusammen mit Oberlichtenau in der Pulsnitzaue. Vgl. in der Niederlausitz Lichtena und Lichtenau.

Lichtenau, Ober- nnw. Pulsnitz, 1441 *Vberlichtenaw*, 1465 *Obirlichtenaw*, 1658 *Ober Lichtenaw*, 1791 *Ober Lichtenau*. – Siehe oben Lichtenau, Nieder-. 1950 vereinigte man die Dörfer Nieder- und Oberlichtenau zu *Lichtenau*, heute heißt die Gesamtgemeinde *Oberlichtenau*.

Lichtenberg w. Pulsnitz, 1350 *Lichtenberg*, 1375 *Lichtenberg*, 1393 *Lichtinberg*, 1517 *Lichtenbergk*, 1541 *Lichtenberg*, 1768 *Lichtenberg*. – Dt., ›Siedlung am hellen, gelichteten (gerodeten) Berg‹. Zum Bestimmungswort siehe oben Lichtenau, Nieder-, das Grundwort beruht auf mhd. berc ›Berg‹. In unmittelbarer Nähe, nw. des Dorfes, befindet sich der *Tännchenberg*, 331 m, sö. der *Eierberg*, 354 m.

Liebegast/Lubhozdź sw. Wittichenau, 1419 *Lubegast*, 1529 *Lubegast*, 1534 *Lvbegast*, 1625 *Liebegast*, 1768 *Liebegast*. / 1800 *Luboschiz*, 1835 *Lubhosz, Luboschez*, 1843 *Lubhosć*, 1920 *Lubhozdź*. – Aoso. *Lubogošč ›Siedlung des Lubogost‹. Zum Vorderglied des VollN Lubogost siehe oben † Laubusch, das Hinterglied beruht auf urslaw. *gostъ, nso. gósć, oso. hósć ›Gast‹, *gostiti ›bewirten; verweilen, sich aufhalten‹, oso. hosćić ›bewirten‹. / Einige oso. Formen zeigen Angleichung an OrtsN auf -ic bzw. -ec, angefügt an Luboš (vgl. oben † Laubusch), bei der Gestaltung der zweiten Silbe von Lubhozdź könnte man an oso. hózdź ›Nagel‹ gedacht haben.

Liebel, Alt-, Neu-/Stary, Nowy Luboln nnw. Niesky, um 1359/1400 *Lorencz de Lobelin*, 1398 *von Lobinleyn*, 1400 *de Lobele*, 1417 *Lubelin*, 1420/1424 *Lobelin, Lobe-*

leyn, 1446 *zum Lobeleyn*, 1462 *zu Lobe-lein*, 1581 *Alten Löbelin*, 1603 *Alt-*, *Neu Lüblein*, *-lieblein*, 1768 *Alt Liebel, Neu Liebel*. / 1800 *Stary Luban*, 1835 *Stary, Nowy Lubań*, 1843 *Stary, Nowy Lubań*, 1848 *Stary Lubołń*, 1886 *Stary, Nowy Lubołń*. – Aoso. *Lubolin ›Siedlung des Luboła oder Lubola‹. Zu diesen PersN siehe oben † Laubusch. / Die älteren oso. Formen sind an den OrtsN Lauban, *Lubań, heute poln. Lubań, angeglichen worden.

Liebenau/Lubnjow wnw. Kamenz, 1225 *Liebenowe*, 1261 *de Lybinowe*, 1263 *Libennowe*, 1355 *Libnaw*, 1432 *Libeno*, 1504 *Libenaw*, 1572 *Liebenaw*, 1791 *Liebenau ... liegt von Camenz gegen Biehla*. / 1886 *Lubnjow*, 1920 *Lubnjow*. – Dt., ›Siedlung in der lieblichen Aue‹. Das Bestimmungswort beruht auf mhd. liep ›liebenswert, freundlich, angenehm, lieblich‹, zum Grundwort -au(e) siehe oben Gelenau. / Lubnjow ist eine erst spät sorabisierte dt. Form, angelehnt an oso. luby ›lieb‹.

Liebesdörfel s. Löbau, 1805 *Liebedörfel*, 1836 *Liebedörfel*, 1904 *Liebesdörfel*. – Dt., ›Dorf des Liebe‹. Diese Neusiedlung wurde nach dem 1707 bezeugten Besitzer *Michael Liebe* benannt.

Liebon/Liboń wnw. Bautzen, 1232 (späte Kop.) *Leubobel*, 1355 *Lobebyl*, 1357 *Lubabel*, 1374/82 *Lubabel*, 1474 *Lubebel*, 15. Jh. *Lubawel*, 1519 *Lobabel*, 1580 *Lubabel*, 1658 *Lieben*, 1732 *Libon*, 1777 *Liebon*. / 1712 *Lieboch*, 1767 *Libono*, 1800 *Libon*, 1843 *Liboń*, 1866 *Liboń*. – Aoso. *Lubobyl ›Siedlung des Lubobył‹. Zum Vorderglied dieses VollN siehe oben † Laubusch, das Hinterglied beruht auf urslaw. *bylъ ›einer, der war‹, dem aktiven Vergangenheitspartizipium von *byti

›sein, existieren, weilen; werden‹. / Die oso. Lautung beruht auf späten eingedeutschten, stark reduzierten Formen des ursprünglichen Namens.

Liebstein nw. Görlitz, um 1330 *de Lybenstein*, um 1350 *Liebensteyn*, 1414 *Lybinstein*, 1490 *Libenstein*, 1525 *gut und dorff gnandt der Libenstein*, 1596 *Liebenstein*, 1726 *Liebstein*. – Dt., ›Siedlung (bei der Burg) zum, beim lieben Stein‹, zum Bestimmungswort siehe oben Liebenau, das Grundwort beruht auf mhd. stein ›Fels, Felsenburg, Bergschloss, Feste‹. Es handelt sich hier um einen Burgennamen, der sich auf die Burg auf dem Limasberg bezog, an die noch der FlurN *Alte Schanze* erinnert.

Lieske/Lěskej onö. Königswartha, als HerkN: vielleicht hierher 1360 ff. *Lesyk*, *Leske, Lesk*; um 1400 *Lysk, Lesk, Lyssig*, als HerkN: 1503 *Lißk*; 1519 *Leßk*, 1545 *Lisk*, 1597 *Lieska*, 1658 *Ließka*, 1732 *Lißka*, 1831/45 *Lieske*. / 1767 *Ließka*, 1800 *Ljeskej*, 1835 *Ljeska*, 1843 *Ljeska*, 1866 *Lěska*, 1886 *Lěska*. – Aoso. *Lěsk ›(Rodungs)siedlung am/im (kleinen) Walde‹, zu oso. lěs ›Busch, Wald, Forst‹, nso. lěs ›Wald, Bruch mit Laubholzbestand, bruchige Gegend mit Laubholz‹, lěsk ›Laubwäldchen‹. Vgl. in der Niederlausitz Lieskau/Liškow, Lieske/Lěska u. a. / Die oso. Lautungen beruhen auf eingedeutschten Formen und wurden an oso. lěska ›Haselstrauch‹ angeglichen.

Lieske/Lěska wsw. Wittichenau, 1374/82 *Lesik*, 1433/37 *Lessk*, 1473 *Lisgk*, 1559 *Leskau, Leßkaw*, 1581 *Liske*, 1658 *Lißke*, 1843 *Lieska bei Oßling*. / 1700 *Liske*, 1800 *Ljeska*, 1835 *Ljeska*, 1843 *Lěskej*, 1959 *Lěska*. – Aoso. *Lěsk, siehe oben Lieske onö. Königswartha.

Linda/Podlipa   nnw. Niesky, Ortsteil von Hammerstadt, 1660 *Linda*, 1732 *Linda*, 1768 *Linda*, 1831/45 *Linda*. / 1835 *Podlipa*, 1885 *Podlipa*. – Dt., ›Siedlung bei der Linde‹, zu mhd. linde, linte ›Linde‹. / Podlipa, zu oso. pod ›unter, unterhalb‹ und lipa ›Linde‹.

Lindenort   siehe unten Lipsa.

Lindhain   siehe unten Sella.

Lippen/Lipiny   ö. Wittichenau, 1963/64 wegen Braunkohlentagebaus teilweise abgebrochen, 1375 *by der Lypen*, 1519 *Lipe*, 1531 *Lippa*, 1541 *Lippen*, 1571 *Lyppenn*, 1658 *Lippen*, 1768 *Lippen*. / 1800 *Lippiny*, 1835 *Lipiny*, 1843 *Lipiny*, 1866 *Lipiny*. – Aoso. *Lipina ›Siedlung am Lindenholz‹, zu oso. lipa ›Linde‹, lipina ›Lindenholz, -busch, -gesträuch‹. Nicht auszuschließen ist *Lip´e, siehe oben Leippe. / Lipiny ist die Mehrzahlform von Lipina.

Lippitsch/Lipič   ö. Königswartha, 1350 *Lyppitcz*, 1353 *Lyppicz*, um 1400 *Lyppicz*, 1509 *Lipisch*, 1519 *Lippit*, 1524 *Lyppatzsch*, 1528 *Lippitzsch*, 1569 *Lippitsch*. / 1800 *Lipitsch*, 1843 *Lipič*, 1866 *Lipič*. – Aoso. *Lipič, gebildet mit dem seltenen Suffix -*ič* von oso. lipa ›Linde‹. Im Nso. gibt es den FlurN lipic < *lipič.

Lipsa   ssö. Ruhland, 1936–1947 *Lindenort*, 1455 *Dlupsow*, 1489 (spätere Kop.) *Liebsa*, 1552, 1565 *Lippsse*, *Lips*, *Lupße*, 1569, 1573/74 *Lupsch*, *Lupßa*, *Lupsa*, *Lupse*, zur *Lupße*, 1590 *Lips*, 1604 *Lypsa*, 1610 *Liepsa*, 1791 *Lipsa*. – Vielleicht anso. *Dłupišow ›Siedlung des Dłupiš‹. Diesem PersN entspräche im Poln. Dłubisz, abgeleitet von dłubać ›(aus)höhlen, meißeln; grübeln‹, zur selben Wurzel gehört im Nso. dłypaś, mundartl. auch dłupaś, oso. dołpać ›meißeln, aushöhlen‹, urslaw. *dъlbati neben *dъlpati.

Lissahora/Liša Hora   sw. Königswartha, 1572 *Lyssehar*, 1573 *Lissogar*, *Lissehor*, 1634 *Lißkahare*, 1657 *Ließehara*, 1698 *Lißaharr*, 1722 *Lißaharo*, 1738 *Lißehora*, 1768 *Lißehare*. / 1719 *Lischa Hohra*, 1800 *Lieschahora*, 1835 *Ljeschahora*, 1843 *Ljesa Hora* … = *Lěsa H.*, 1848 *Lischa Hora*, 1866 *Liša Hora*. – Wahrscheinlich aoso. * Łysa gora ›Siedlung am kahlen Berge‹, zu poln. łysy, tschech. lysý ›kahl‹, und nso. gora, oso. hora ›Berg‹. Unmittelbar südl. des Ortes liegt die Höhe 181 *Langer Berg*. / Liša Hora, zu oso. liši ›Fuchs-‹, eine adjektivische Ableitung von lis ›Fuchs‹, und hora, siehe oben, also ›Fuchsberg‹. Es dürfte sich hier entweder um eine Umdeutung von *Łysa gora handeln oder es lag schon ursprünglich *Liša gora vor, wie in der Forschung bisher angenommen. Das Adjektiv łysy ist im heutigen Nso. und Oso. nicht nachweisbar. Im Poln. gibt es die OrtsN Lisia Góra und öfters Łysa Góra. *Łysa gora ist vorzuziehen, da in älterer Zeit die Bildung gewöhnlich mit einem Qualitätsadjektiv und nicht mit einem Gattungsadjektiv erfolgte.

Litschen/Złyčin   ö. Wittichenau, 1516 *Lytczschin*, 1537, 1549 *zum Litzschen*, 1553 *tzum Litschen*, 1571 *Litzschenn*, 1658 *Litschen*. / 1800 *Swoczin*, 1835 *Słyczin*, 1843 *Złyčin*, 1866 *Złyčin*, 1885 *Złyčin*. – Aoso. *Złyčin ›Siedlung des Złyka‹. Der PersN ist abgeleitet von oso. nso. zły ›böse, übel, schlimm, schlecht (Charakter)‹.

Litten/Lětoń   onö. Bautzen, 1237 *in villa* (= lat. ›Dorf‹) *Letonin*, 1362 ff. (Familie) *Leteney*, *Leteny*, 1430 *Letteney* (*villa*), 1430 *Lettena* (*villa*), 1519 *Littanin*, 1528 *Letthen*, 1562 *zum Letten*, 1658 *Lythen*, 1768 *Litten*. / 1800 *Ljetonn*, 1843 *Ljetoń* =

Lětoń, 1866 *Lětoń*. – Aoso. *Lětonin ›Siedlung des Lěton, Lětoń oder Lětońa‹. Der PersN beruht auf urslaw. *lěto ›die wärmste Jahreszeit, Sommer‹, hieraus dann später ›Jahr‹, oso. lěto ›Jahr‹, älter *w lěće* ›im Sommer‹, nso. lěto ›Jahr‹, speziell ›Frühling; Sommer‹, älter *lěto, lětko* ›Jahr, Sommer‹, *to lato* ›Sommer‹. Im Nso. gibt es mehrmals den FamN Lětko, im Poln. Laton, Latoń und weitere Ableitungen, im Atschech. Lětoň und Lětońa. Die Belege v. J. 1362 ff. und 1430 wurden vielleicht an oso. lětny, Adjektiv zu lěto, siehe oben, angeglichen.

Löbau/Lubij   Stadt, 1221 *Lubaw oppidum* (= lat. ›Stadt‹), 1238 *de Lubavia*, 1262 *de Lubauia*, 1268 *Lubawe civitatem* (= lat. ›Stadt‹), 1306 *stat Lobaw*, um 1310 *von der Lubaw*, 1311 *Lubbau*, 1356 *Lubow*, 1359 *Lobaw*, 1401 *stat zcur Lobaw*, 1420 *Lobow*, 1457/58 *keyn* (= gegen) *der Lobe, gein der Lobow, Lobaw*, 1458 *Löbe*, 1483 *die Lobe*, 1504 *czur Lobaw*, 1533 *zur Lebaw*, 1544 *zur Lŭbe*, 1565 *Löbaw, Löbau*, 1590 *Lieba*. / 1700 *Lobije, Libije*, 1767 *Luby*, 1800 *Lubi*, 1835 *Lubij, Libij*, 1866 *Lubij, Libij*. – Vielleicht aoso. *Lubow ›Siedlung des Lub‹. Zu diesem PersN siehe oben † Laubusch. Die ältesten Belege legen aber ein Suffix -*awa* nahe, das GewN bildet, welches sich aber nur schwer mit einer Wurzel *ľubъ wie in dem PersN Lub verbinden lässt. Möglicherweise liegt ein alter GewN *Lubawa vor, der auf der indogerman. Wurzel *leub-, *leub(h)- ›abschälen, entrinden, abbrechen, beschädigen‹ beruht. Nach Erkenntnissen der poln. Forschung kommt diese Wurzel öfters in slaw. und balt. GewN vor, wobei man für sie die Bedeutung ›reißender Wasser-

strom‹ annehmen kann. / Die späten oso. Belege scheinen durch Umgestaltung eingedeutschter Formen entstanden zu sein, vgl. oben *Lobe, Löbe, Luebe, Lieba*. Man dachte auch an einen PersN *Luběj, an den das Ortsnamensuffix -*j*- trat, was unwahrscheinlich ist.

Löbau, Alt-/Stary Lubij   w. Löbau, seit 1934 eingemeindet, 1306 *Antiqua Lobavia*, 1419 *von der alten Lobaw*, 1422 *in der aldin Lobaw*, 1503 *zu der Alten Lobaw*, 1549 *Alde Lobaw*, 1768 *Alt Löbau*, 1791 *Alt=Löbau ... zur Stadt Löbau geh. Dorf*. / 1843 *Stary Lubij*, 1886 *Stary Lubij*. – Siehe oben Löbau.

Lodenau   n. Rothenburg, 1378 *vom Lode*, 1390 *versus Lode* (= lat. ›nach Lode zu‹), 1391 *vom Lade*, 1399 *kein* (= gegen) *dem Lode*, 1413 *fon dem Lode*, 1452 *zum Lode*, 1466 *Lade*, 1577 *zum Lohden*, 1581 *vom Loden*, 1768 *Lodenau*. – Wahrscheinlich aoso. *Młoďe ›Siedlung am/im jungen Walde‹, zu oso. nso. młody ›jung‹, nso. młoź u. a. ›Jungholz, junger Wald‹, insbes. ›junge Fichtenpflanzen‹, atschech. mláď ›junges Gewächs, Wald‹. Die im Dt. ungewöhnliche Lautgruppe *Mł*- wurde zu *L*- vereinfacht, so wie bei dem gleichnamigen Mlode/Młoźe n. Calau: 1542/46 *Mlode*, 1587 *Lode*. Man dachte auch an dt. Lode ›Siedlung im Jungholz‹, zu Lode ›Baum- oder Strauchschoß‹, dazu im Rheinland der FlurN *Im Loden*.

Loga/Łahow   s. Königswartha, nw. Bautzen, 1226 *in burcwardo Lagowe*, 1280 *de Lagowe*, 1394 *Logow*, 1399 ff. (Familie von) *Logaw*, 1499 *zu Loge*, 1550 *tzum Lage*, 1562 *Loga*, 1571 *Logaw*, 1658 *Loga*. / 1697 *s Wahowa*, 1772 *Wahow*, 1800 *Wahow*, 1818 *Wahow*, 1835 *Wahow*, 1843 *Łahow*. –

Aoso. *Łagow ›Siedlung des Łag‹. Der PersN ist wahrscheinlich von einer urslaw. Wurzel *lag- abgeleitet, auf der oso. łahoda, nso. łagoda ›Anmut, Grazie, Sanftheit‹ beruhen. Im Poln. gibt es den FamN Łag mit zahlreichen Ableitungen. Daneben kommt kaum aoso. *Łogow ›Siedlung an/in einem Tal‹ in Betracht, zu urslaw. *logъ, aruss. logъ ›kleines Tal‹, russ. log ›Tal, Schlucht; Brachfeld‹. / Die oso. Belege sowie die poln. OrtsN Łagowo und Łaców sprechen für die erste Deutung.

Lohsa/Łaz ö. Wittichenau, 1343 (Kop. Ende 18. Jh.) *Lose*, 1397 *czum Losse*, 1399 *kein* (= gegen) *dem Lasen*, 1416 *kein deme Laze*, 1430 *von Lase*, 1430 *kegin dem Lasse*, 1471 *zcum Laße*, 1481 *zcum Lazow*, 1497 *beym Lasse*, 1509 *zcum Loß*, 1535 *zcum Loße, Lose*, 1569 *zum Laze, Loß, Lazo*, 1658 *Lohsa*. / 1767 *Wahs*, 1800 *Wahs*, 1835 *Łaz*, 1843 *Łaz*. – Aoso. *Łaz ›Siedlung auf gerodetem Lande‹, siehe oben Laske.

Lömmischau/Lemišow nw. Weißenberg, als HerkN: um 1400 *Lemeschaw, Lemmeschaw*; 1410 *Lemeschaw*, 1419 *Lemschaw*, 1489 *Lehmischaw*, 1545 *Lehmisch*, 1545 *Leimisch*, 1565 *Lemscha*, 1658 *Lehmisch*, 1732 *Lehmsch*, 1768 *Lömisch*, 1836 *Lömischau, Lehmisch*. / 1800 *Lemischow*, 1843 *Lemišow*, 1866 *Lemješow*. – Aoso. *Lemešow ›Siedlung des Lemeš‹. Der PersN beruht auf poln. lemiesz, tschech. lemeš, russ. lemeš, lemech ›Pflugschar, Pflugeisen‹, so poln. bereits 1438 *Lemiesz*, später auch Lemisz sowie viele suffigierte Formen, und im Atschech. Lemech, im Aruss. Lemešъ und Lemešev. Hierher gehört auch der oso. PersN Lemiš, aus Bautzen 1416 *Lemischs*, 1422 *Lemisch*.

Eine ursprüngliche Form *Lemeš konnte leicht an die vielen anderen PersN auf -*iš* angeglichen worden sein, zumal sich ein Personennamensuffix *-*eš* im Sorb. bisher nicht feststellen ließ.

Lomske/Łomsk sö. Königswartha, 1353 *Lomcz*, als HerkN: um 1400 *Lomczik, Lomischke, Lomiske, Lomsike, Lomyske*; 1419 *Lamptzk*, 1447 *Lomßk*, 1542 *Lomsigk*, 1606 *Lumbske*, 1692 *Lumbske*, 1732 *Lomske*. / 1684 ff. *z Womska*, 1800 *Lumßke*, 1843 *Łomsk*, 1866 *Łomsk*. – Aoso. *Łomśk ›Siedlung am (Wind)bruch, am Sumpfgebüsch‹, zu nso. łom ›Bruch, Windbruch‹, speziell ›das zerbrochene, zusammengeschwemmte und angestaute Holz etc. im Wasser bei Überschwemmungen‹, öfters in der Mehrzahl łomy ›Bruch, Sumpfgebüsch‹, łomiś ›brechen‹. Das Wort *łom ist im Oso. nicht nachweisbar.

Lomske/Łomsk ssw. Königswartha, 1511 *Lombschitz*, 1518 *Lumpschk*, 1519 *Lamptzk*, 1539 *Lumsk*, 1569 *Lomsigk*, 1573 *Lumbs*, 1658 *Lumbschk*, 1681 *Lamskaw*, 1709 *Lombßka*, 1768 *Lomßke*. / 1800 *Womsk*, 1835 *Łomsk*, 1886 *Łomsk*. – Aoso. *Łomśk, siehe oben Lomske sö. Königswartha.

Löschau/Lešawa wnw. Bautzen, 1363, 1372 *by der*, *von der Lessow*, 1535 *Lesso*, 1580 *Leschaw*, 1615 *Lessaw*, 1646 *Lossaw*, 1768 *Löschau*. / 1800 *Lŏeschawa*, 1835 *Ljeschawa*, 1886 *Lešawa*. – Aoso. *Lešow ›Siedlung des Leš‹. Leš, das im Sorb. mehrmals als FamN vorkommt, ist eine KoseF von Lelistryj und ähnlichen VollN mit dem Vorderglied aus urslaw. *lelějati, dazu russ. lelejat´ ›hätscheln, verzärteln‹, apoln. lelejać (się) ›schütteln, hin und her bewegen, schwanken, wackeln‹. / Die oso.

Lautung beruht auf Angleichung an historische eingedeutschte Formen, vgl. u. a. den Beleg von 1580.

Lubachau/Lubochow n. Bautzen, 1241 *de Lubchow, Lvbchowe,* 1359 ff. *Lubechow, Lobechow,* als HerkN: um 1400 *Lobechaw*; 1471 *Lubacho,* 1510 *Lubacho,* 1619 *Lubachow,* 1658 *Lubach,* 1768 *Lubachau.* / 1587 *Libochowan,* 1800 *Libochow,* 1835 *Libichow, Libochow,* 1843 *Lubachow,* 1886 *Lubochow.* – Aoso. *Lubochow ›Siedlung des Luboch‹. Zum PersN Luboch, der im Sorb. öfters als FamN vorkommt, siehe oben † Laubusch.

† Lubas/Luboz nö. Bautzen, Ortsteil von Niedergurig, 1791 Vorwerk, nach 1904 abgebrochen, 1400 ff. *von Lobewys,* 1490 *Lubewoß,* 1528 *Lubawes,* 1655 *Lubowoß,* 1658 *Lubosses,* 1679 *Luboweß,* 1768 *Lubas,* 1904 *Vorwerk Lubas.* Als FlurN: um 1900 *Lubasteich, Lubasberg, Lubasschanze.* – Wahrscheinlich aoso. *Lubowěž ›Siedlung des Lubowěd‹. Zum Vorderglied dieses VollN siehe oben † Laubusch/Lubuš, das Hinterglied beruht auf urslaw. *věděti ›wissen, kennen‹, oso. wědźeć, nso. wěžeś ›wissen‹. Für das Apoln. werden Bog(u)wiad, Niegowiad und Niewiad genannt, für das Atschech. *Zlověd.

Lubenz siehe unten Mehlteuer.

Lückendorf s. Zittau, 1369 *Luckendorf villa desolata* (= lat. ›wüstes Dorf‹), 1391 *von Luckindorf, Luckendorf,* 1415 *Luckindorf,* 1554 *Lückersdorff,* 1699 *Lückendorff,* 1768 *Lückendorf.* – Dt., bisher als ›Dorf am Übergang‹ gedeutet, zu mhd. lücke, Durchbruch, Verschluss‹, da der Ort am Südabfall des Zittauer Gebirges an der Paßstraße nach Böhmen liegt. OrtsN auf -dorf werden aber gewöhnlich von PersN

abgeleitet, deshalb ist ›Dorf des Lücke‹ wahrscheinlicher. Dieser PersN kann aus Lüddecke hervorgegangen sein, einer mit k-Suffix gebildeten KoseF von Ludolf, ahd. (h)lūt-wolf ›laut, vernehmlich, bekannt‹-›Wolf‹, oder von Ludwig, ahd. (h)lūt-wīg ›laut, vernehmlich, bekannt‹-›Kampf, Streit; Krieg‹. Für Lücke gibt es noch weitere Erklärungsmöglichkeiten, so aus mhd. lüge, lücke ›lügnerisch‹.

Lückersdorf/Lěpkarjecy wsw. Kamenz, 1225 *Liepgersdorf,* 1263 *Lipgersdorf,* 1364 *Luckirsdorf,* 1420 *Lickirstorf,* 1438 *Ligkersdorff,* 1491 *Benesslien id est* (= lat. ›dasselbe‹) *Lückersdorff,* 1492 *Likersdorff,* 1512 *Luckkerschdorff,* 1561 *Lückherßdorff.* / 1848 *Ljepkarezy,* 1866 *Lěpkarjecy,* 1886 *Lěpkarjecy.* – Dt., ›Dorf des Liebger‹. Der PersN beruht auf ahd. liob-gēr ›lieb, teuer, angenehm; wohlgefällig‹-›Speer‹. 1491 *Benesslien* ... ist als ›Lehen des Beneš‹ zu verstehen. / Lěpkarjecy beruht auf Sorabisierung des dt. Namens, wobei -*dorf* durch -*ecy* < *-owici ersetzt wurde, während man Li(e)pger- zu Lěpkaŕ, vielleicht in Anlehnung an lěpić ›kleben, kleistern‹, umformte.

Ludwigsdorf, Nieder-, Ober- n. Görlitz, 1305 *Lodewigesdorph,* 1310 *Ludwigisdorp,* 1390 *Lodwisdorf,* 1399 *zcu Lodewigisdorff,* 1405 *Ludwigisdorf,* 1428 *Ludwigstorff,* 1590 *Lusdorff,* 1831/45 *Ludwigsdorf, Nieder-, Ober-.* – Dt., ›Dorf des Ludwig‹. Zu Ludwig siehe oben Lückendorf.

Lug, Sagar-/Łuh Nebensiedlung von Sagar, sö. Bad Muskau, 1759 *Hammer Lugck Waldung zwischen Sagar und dem Keulaer Hammergut,* 1831/45 *Lug oder Sagar Lug,* 1925 *Sagarlugk.* / 1843 *Łuh,* 1920 *Łuh.* – Aoso. *Ług, siehe unten Luga und Sagar.

Luga/Łuh s. Königswartha, nw. Bautzen, 1415 *Lugk*, 1440 *Lug*, 1500 *zcum Lugaw*, 1510 *Lugk*, *Luga*, 1523 *Luga*, 1528 *zcum Lugk*, 1569 *zum Luge*, 1658 *Luga*. / 1800 *Wuw*, 1835 *Łow*, *Wuh*, 1843 *Łuh*. – Aoso. *Ług ›Siedlung an/in der sumpfigen Niederung, der feuchten Wiesenaue‹, zu nso. ług ›Grassumpf, sumpfige Niederung, Wiesenbruch mit Winterwasser, der im Sommer austrocknet und sich mit einer üppigen Grasdecke überzieht‹, oso. łuh ›Moor, Bruch, Sumpf‹. Vgl. in der Niederlausitz Doberlug, Lug und Lugau.

Luga, Sommer-/Łuh ö. Kamenz, Häusergruppe b. Schmeckwitz, im Lugawald gelegen, um 1775 entstanden, als WaldN: 1280 *silva* (= lat. ›Wald‹) *Lůk*, *Loc*, 1301 *silva Luk*, 1357 *silva dicta* (= lat. ›Wald genannt‹) *Luk*, 1400 *an dem Lukwalde*, 1500 (*Wald*) *Luge*, 1804 *die Lugk oder das Lugk Holz*, heute *Lugewald*. Als OrtsN: 1800 *Sommerluge*, 1804 *die Lugk Haeuser*, 1836 *Sommerluga*. / 1800 *Wzjoch Keßkow*, 1835 *Wzjoch Kaßkow*, 1848 *Wuw*, 1886 *Łuh*. – Aoso. *Ług, siehe oben Luga s. Königswartha. *Sommer-* bedeutet hier ›(Siedlung) in sonniger Lage‹. / Die älteren Belege geben *Wu třoch chěžkow* ›bei den drei Häuschen‹ wieder, danach folgt oso. Łuh.

† **Lunze, Lunitz** (auch: Dorf Görlitz, Kleingörlitz) Stadtteil von Görlitz in der Gegend der Nikolaikirche, 1298 ff. *Henricus dictus de villa, Heinrich von deme dorfe, Henrich vome dorfe*, 1305 ff. *an der, in der Luncze(n), Loncze, Luncza*, 1325 ff. *Cristanus von deme dorfe*, um 1390 *Petrus de villa*, 1413 *in der Luncze*, 1434 *an der Luncze, Loncze(n)*, 1449 *dy Loncze*, 1449 *zum Clein Gorliczichin*. Als BachN: 1537 *die Lunitz*, 1759 *Luntze*. Als FlurN: 19./20. Jh.

die Lunze, Luntzenteich. – Die dörfliche Altsiedlung von Görlitz hatte zunächst keinen eigenen Namen und wurde im Gegensatz zur Stadt einfach *Dorf* bzw. lat. *villa* genannt, vereinzelt auch *Klein-Görlitz*, später *Lunze*. – Wahrscheinlich aoso. *Młynica ›Siedlung am Mühlbach‹, zu oso. młyn, mundartl. auch *món*, *mun* ›Mühle‹, młóńca, auch młyńca ›Mühlhaus‹. Die schwer aussprechbare Konsonantenverbindung *Mł-* wurde im Dt. zu *L-* vereinfacht, im Oso. mundartl. zu *M-*. Vgl. oben den OrtsN Lodenau. Fraglich ist aoso. *Łunica ›Siedlung am Bach, wo es (viele) Raubvögel gibt‹, zu einem im Sorb. nicht mehr vorhandenen Wort, das im Russ. lun´ ›Weihe, Mäuse- Turmfalke‹ lautet, im Ukrain. łun´ ›Weihe, Bussard‹, im Tschech. luňák ›Hühnergeier‹.

Luppa/Łupoj sö. Königswartha, 1563 *Luppa*, 1699 *Luppa*, 1732 *Luppe* 1768 *Luppa*. / 1684 ff. *z Hupeye, z Wupeye*, 1800 *Wupoj*, 1835 *Wupoj*, *Wupanz* (?), 1843 *Łupoj*, 1886 *Łupoj*. – Aoso. *Łupa ›Siedlung am/ im Walde, wo die Rinde von den Bäumen geschält wurde, Rodungssiedlung‹, zu oso. łupa ›weiche Rinde, Schale‹, łupać ›zupfen, knippend ausbrechen; knacken‹, nso. łupaś ›abziehen, herunterziehen; von weichen Schalen, von Blättern befreien, schälen usw.‹, histor. *lupasch* ›abschälen‹, poln. łupić ›schälen‹. Möglicherweise aber ist Luppa wie der GewN *Luppe*, rechter Nebenfluss der Saale, ein vorslaw. Name, den man aus einem indogerm. *Lupia mit der Wurzel *leu̯, *lū, *lu ›Schmutz‹ mit p-Erweiterung erklärte. Dieser Name hätte sich dann an oso. łupa, siehe oben, angelehnt. Er wäre als ›Siedlung am trüben Wasser‹ zu deuten. Der Ort liegt an einem Bach, der heute *Lomschanke* heißt, an Lomske (siehe oben) vorbeifließt und in die Kleine Spree mündet.

Luttowitz/Lutobč n. Bautzen, 1362 *de Lutevicz*, als HerkN: um 1400 *Luttewicz*; 1433 *Lotewicz*, 1520 *Luttowitz*, 1565 *Leuttowicz*, 1658 *Luthobitz*, 1608 *Luttowiczsch*, 1759 *Lüttewitz*, 1768 *Luttowitz*. / 1684 ff. *z Lutobcza*, 1712 *Luttopitsch*, 1800 *Luttobotsch*, 1835 *Lutoboz*, 1843 *Lutobóć*, 1866 *Lutobč*, *Lutowč*, 1886 *Lutowič*. – Aoso. *Lutowici ›Siedlung der Leute des Lut‹. Zum PersN Lut siehe oben Lautitz. Vgl. auch oben Leutwitz. / Die oso. Schreibungen bzw. Lautungen, deren Aufkommen im Detail schwer nachvollziehbar ist, stehen offensichtlich unter dem Einfluss eingedeutschter Formen, so 1658 *Luthobitz*.

M

Malschwitz/Malešecy nnö. Bautzen, 1225 *Malswiz*, 1261 *Maleswicz*, 1280 *de Malzwicz*, 1306 *Malschwicz*, 1376 *de Malschewicz*, als HerkN: um 1400 *Mallysschewicz*; 1463 *Malschewitz*, 1493 *Malschwitz*, 1658 *Malschwitz*. / 1684 ff. *Maleschitz*, 1700 *Malescheze*, 1767 *Maleschizy*, 1800 *Maleschezy*, 1843 *Malešecy*. – Aoso. *Mališowici oder *Małyšowici ›Siedlung der Leute des Mališ oder Małyš‹. Der PersN Mališ bzw. Małyš, öfters auch unter den sorb. FamN vertreten, ist eine KurzF von solchen VollN wie Małostryj mit dem Vorderglied aus urslaw. *małъ ›klein‹, dazu oso. mały ›klein‹. / Die sorb. Formen mit -eš- dürften auf Abschwächung von -iš- bzw. -yš- zurückzuführen sein, auch dt. Einfluss kann eine Rolle gespielt haben.

Malsitz/Małsecy n. Bautzen, 1972/73 wegen Talsperrenbaus abgebrochen, heute liegt am Südwestrand der Talsperre Neumalsitz, 1407 *Malssicz*, 1519 *Malsitz*, 1575 *Malsitz*, 1593 *Malschitz*, 1658 *Malschitz*, 1768 *Malsitz*. / 1684 ff. *z Mausecz*, 1800 *Mawßezy*, 1835 *Małßezy*, 1843 *Małsecy*, 1866 *Małsecy*. – Aoso. * Mališici oder Małyšici ›Siedlung der Leute des Mališ oder Małyš‹. Siehe oben Malschwitz. Der im OrtsN enthaltene PersN könnte auch Malich, Małoch, Małoš oder Małuš gelautet haben. Sie alle kommen unter den sorb. FamN vor, allerdings bei weitem nicht so häufig wie Mališ bzw. Małyš.

Maltitz/Malećicy ssö. Weißenberg, 1245 *de Maltiz*, 1285 *de Malticz*, 1369 *de Malticz*, 1418 *Malticz*, 1512 *Malticz*, 1657 *Maltitz*. / 1800 *Maleczizy*, 1835 *Maleczizy*, 1843 *Malećicy*. – Aoso. *Małotici oder *Maletici < *Małętici ›Siedlung der Leute des Małota oder Malęta‹. Zum PersN siehe oben Malschwitz.

Marienstern, Kloster/Marijna hwězda, klóšter Zisterzienserinnenkloster in Kuckau, sö. Kamenz, 1248 *Stella* (= lat. ›Stern‹) *Sanctae Mariae*, 1261 *conventus monialium* (= lat. ›Klostergemeinde der Nonnen‹) *in Stella Sanctae Mariae juxta* (= lat. ›nahe bei‹) *Kamenze*, 1263/64, *Stella Sancte Marie*, 1293 *Stella Sancte Marie*, 1354 *Clostir Merienstern*, 1367 *Merginstern*, 1374/82 *czu Mergensterne*, 1421 *Merchinstern*, 1470 *Marienstern*, 1526 *Morgenstern*, 1565 *zum Marienstern*. / 1719 *Kloschter*, 1767 *Kloschter*, 1771 *w Marijiney Vézdźe*, 1843 *Marina Hwjezda = Marina Hwězda*, 1886 *Marijina Hwězda*, 1954 *Klóštr Marijina Hwězda*. – Das 1248 von Bernhard von Kamenz gegründete Zister-

zienser-Nonnenkloster wurde entsprechend der bei den Zisterziensern belieb-
ten Marienverehrung nach der Gottesmut-
ter *Maria* benannt.

**Marienthal, Kloster/Marijiny doł, klóš-
ter** Zisterzienserinnenkloster in der Flur
des eingegangenen Dorfes Seifersdorf, s.
Ostritz, 1234 ff. *monasterium (claustrum),
quod vallis sanct(a)e Mari(a)e dicitur*
(= lat. ›Kloster, welches Tal der heiligen
Maria genannt wird‹), 1238 *in loco, qui
vallis dicitur beate Marie* (= lat. ›an einem
Ort, der Tal der seligen Maria genannt
wird‹), 1360 *in valle Sanctae Mariae prope*
(= lat. ›nahe bei‹) *Sifridsdorff*, 1394 *Mer-
gintall*, 1491 *Marientall*, 1558 *Mariennthall*,
1708 *Marienthal*. – Das Kloster wurde um
1230 von König Wenzel von Böhmen und
seiner Gattin Kunigunde gegründet und
entsprechend der Marienverehrung der
Zisterzienser ›Tal der Maria‹ genannt.

Markersdorf w. Görlitz, 1346 *Markhert-
storf*, 1360 *Marquarsdorff*, 1367 *Mar-
karstorf*, 1404 *Markirsdorf*, 1436 *Marg-
wersdurff*, 1449 *Margwerdsdorff*, 1543
Margkersdorf, 1642 *Marckersdorf*. – Dt.,
›Dorf des Markwart‹. Der PersN beruht
auf ahd. marca-wart ›Grenze; Grenzmark,
Land, Gebiet‹-›Wächter‹.

Maukendorf/Mučow sö. Hoyerswerda,
1401 *Muckendorff*, 1568 *Mauckendorff*,
1575 *Mauck(h)en(n)dorff*, 1658 *Mauckendorff*, 1768 *Mauckendorf*. / 1744 *Mokow*,
1835 *Muczow*, 1843 *Mučow*, 1866 *Mučow*. – MischN, ›Dorf des Muka‹. Der PersN
Muka, in der Lausitz öfters als FamN belegt, gehört zu oso. nso. muka ›Mehl, Brei;
Mehlsuppe‹. Eine Herleitung aus urslaw.
*mǫka ›Qual, Pein‹, poln. męka, russ. mu-
ka ›Qual‹, oso. mučny ›müde, ermüdet‹,

kommt weniger in Frage. / Schwer deutbar sind die sorb. Formen. Der erste Beleg wurde vielleicht mit einer Wurzel *mok-
wie in oso. mokać ›nässen, weichen‹, auch
›eingeweicht sein, im Nassen, im Wasser
liegen‹, in Verbindung gebracht, die anderen möglicherweise mit oso. älter mučić
›peinigen, quälen‹, dessen Wurzel auf dem
eben erwähnten urslaw. *mǫka beruht.

Mauschwitz/Mučnica sö. Weißenberg,
1396 *de Muczenicz*, 1419 *Mussenicz*, 1439,
1440, 1446 *von der Mawschnicz*, *Mausche-
nitcz*, 1485 *Mautczschnitcz*, 1533 ff. *Maw-
senitz*, 1642 *Mauschwitz*, 1657 *Maußnitz*. /
1700 *Mucżinza*, 1835 *Mucżinza*, 1848
Mucżnica, 1866 *Mučnica*. – Wahrscheinlich aoso. *Mušnica ›Siedlung am Fliegen-
bach‹, zu oso. mucha ›Fliege‹. Der Ort liegt
am Oberlauf eines kleinen Baches, der in
das Löbauer Wasser mündet. / Bei Mučnica handelt es sich wohl um eine Angleichung an oso. mučnica ›Mehlkammer,
Mehlkasten; Mehlbirne‹, zu muka ›Mehl‹.

Medewitz/Mjedźojz onö. Bischofswerda, 1362, 1367 *de Medewicz*, 1366 *de Medewicz*, 1393 *Medewedicz*, 1462 *Medewicz*,
1504 *Medewißs*, 1658 *Medewitz*. / Um 1700
Medzwodz, *Medzwodziza*, 1800 *Medz-
weß*, 1835 *Medżweß*, 1843 *Medżwez*, 1866
Mjedźojz, 1886 *Mjedźojź*. – Vielleicht aoso.
*Medowica ›Siedlung, wo Bienenzucht
betrieben und Honig gewonnen wird‹, zu
oso. měd, nso. mjod, urslaw. *medъ ›Honig‹. Der Beleg von 1393 aber legt ein
aoso. *Medwědici ›Siedlung der Leute des
Medwěd‹ nahe. *Medwěd, zu oso. mjedwjedź, nso. mjadwjeź, mundartl. mjedwjeź,
urslaw. *medvědь ›Bär‹, eigentlich ›Honig-
esser‹, kommt in der Lausitz oft als FamN
vor, weshalb ein *Medwědica ›Siedlung,

in deren Nähe es Bären gibt‹ weniger in Frage kommt. / Einige der oso. Formen lehnen sich an oso. mjedwjedź ›Bär‹ an.

Mehltheuer/Lubjenc sö. Bautzen, 1370 ff. *de Lubnz*, 1529 *Melthewer*, 1531/32 *Meltewer*, 1562 *Malteyer*, 1584 *Maldeuer*, *Malteuer*, 1732 *Mehltheyer*, 1768 *Mehltheuer*. / 1700 *Lubencz*, 1800 *Lubenz*, 1843 *Luben̄c*, 1866 *Lubjenc*. – Dt., ›Arme Siedlung, wo das Mehl teuer ist, der Getreideanbau nur geringen Ertrag bringt‹, zu mhd. mēl ›Mehl‹ und mhd. tiure ›teuer, von hohem Wert, kostbar‹. / Aoso. *Lubanici ›Siedlung der Leute des Luban‹. Zu dem PersN siehe oben † Laubusch. Die weitere Entwicklung ließe sich wie folgt rekonstruieren: *Lubanici wurde zu *Lubanitz, nach dt. Umlaut a > e zu *Lubenitz, nach Ausfall von -e- und -i- (durch die starke Betonung der ersten Silbe) zu *Lubnz*, wie im ersten Beleg. / Die neuzeitlichen oso. Formen scheinen von eingedeutschten Lautungen beeinflusst zu sein. Man müsste sonst *Lubań < *Lubanjь annehmen, woran das Verkleinerungssuffix -c < *-ьcь trat.

Melaune/Měrjow ö. Weißenberg, 1239 *Merowe*, 1245 *Merowe*, 1318 *Merowe*, 1394 *Meraw*, 1455 *Meraw*, 1529 *Melaw*, 1537 *Melaw*, 1732 *Melaune*. / 1700 *Mirow*, 1835 *Mjerjow*, 1843 *Mjerjow = Měrjow*, 1885 *Měrjow*. – Aoso. *Mirow ›Siedlung des Mir‹. Der PersN ist eine KurzF von Mirosław und ähnl. VollN mit dem Vorderglied zu urslaw. *mirъ, oso. měr ›Friede(n), Ruhe‹. Mir kommt mit zahlreichen Ableitungen als FamN vor. Auffällig ist in der Belegreihe der um 1500 im Dt. eingetretene Wandel -r- > -l-.

Mengelsdorf n. Reichenbach, um 1320 *Mengeresdorph*, 1382 *Mengesdorf*, 1394 *Mengersdorff*, 1396 *Mangersdorf*, 1408 *Mengirsdorf*, 1412 *Mengelstorff*, 1454 *Mengersdorf*, *Mangerstorf*, 1525 *Mengellßdorff*, 1533 ff. *Mengelsdorff*, 1769 *Mengelsdorf*. – Dt., Dorf des Manger oder Menger‹. Manger und Menger erklären sich als BerufsN aus mhd. mangære, mengære ›Händler‹, Menger auch als ÜberN aus mhd. menger ›Friedensstörer, Unruhestifter‹. In Bautzen kommt um 1400 ff. ein *Hannos Heringmenger*, also ›Heringhändler‹, vor.

Merka/Měrkow n. Bautzen, 1419 (Kop. 18. Jh.) *Mierka*, 1524 *Merkhe*, *Merko*, 1658 *Mergkaw*, 1732 *Mörckau*, 1768 *Mercka*, 1791 *Mercka*, *Marcko*, *Mircka*. / 1684 ff. *Mirkowa*, 1712 *Mirkow*, *Myerkom*, 1800 *Mjerkow*, 1843 *Mjerkow = Měrkow*, 1866 *Měrkow*. – Aoso. *Mirkow ›Siedlung des Mirk‹. Zum PersN Mirk, der in der Lausitz mehrmals als FamN vorkommt, siehe oben Melaune.

Merzdorf/Łućo sw. Weißwasser, 1978/79 wegen Braunkohlentagebaus abgebrochen, 1418 *Merteinsdorf*, 1429 *Mertensdorff*, 1473 *Mertenssdorff*, 1511 *Mertenßdorff*, 1536 *Merzdorff*, 1597 *Merzdorf*, 1658 *Mertzdorff*, 1768 *Merzdorf*. / Als HerkN: um 1400 *Lucze*; 1767 *Wuczo*, 1800 *Wuczo*, 1835 *Wuczo*, 1843 *Łućo*, 1866 *Łuć*, *Łućo*, 1886 *Łućo*. – Dt., ›Dorf des Martin, Mertin, Merten‹. Martin mit seinen Varianten Mertin und Merten ist ein christl. RufN lat. Ursprungs und beruht auf dem röm. BeiN Martīnus, aus lat. Mārs, -tis, dem Namen des Kriegsgottes. Martin kam im Mittelalter in Deutschland als Name des heiligen Martin (4. Jh.) in Gebrauch. / Aoso. *Łut´e < *Lutьje ›Siedlung am/im jungen Lindenwald, in dem man (durch Abschälen) Bast gewann‹, zu atschech.

lútie ›junger Lindenwald‹, tschech. mundartl. lut ›Bast‹, russ. lut, lut´, lut´e ›zum Abschälen tauglicher junger Lindenwald‹.
Die heutige Form Łućo ergab sich lautge-
setzlich durch den Wandel *t´* > *ć* und *´e* >
´o. Vgl. in der Niederlausitz Lauta/Łuty sö.
Senftenberg.

Meschwitz/Mješicy   osö. Bautzen, um
1315 *Meshewicz*, als HerkN: um 1400
Messicz; 1423 *Messchicz*, 1467 *Messchwitz*,
Messchewicz, 1492 *Meschwitz*, *Meschitz*,
1534 *Meschitz*, 1583 *Möschitz*, *Moschwitz*,
1768 *Meschwitz*. / 1700 *Meschecze*, 1800
Meschizy, 1843 *M´ešicy*, 1866 *Mješicy*. –
Aoso. *Měšici ›Siedlung der Leute des
Měš‹. Měš ist eine KoseF von Mětisław
und ähnl. VollN mit dem Vorderglied zu
urslaw. *mětati, aksl. pomětati ›hinwerfen,
otъmětati ›wegwerfen‹, poln. pomiatać
›hin- und herwerfen, geringschätzig be-
handeln‹. Měš kommt in der Lausitz als
FamN vor. Die Formen auf -*witz* scheinen
erst unter dem Einfluss der vielen anderen OrtsN mit diesem Bildungselement
aufgekommen zu sein, weshalb ein ursprüngliches *Měšowici oder *Mešowici,
wie bisher angenommen, fraglich erscheint.

Meuselwitz/Mysłecy   nw. Reichenbach,
1238 *Muzlawiz*, 1239 *Mvzlawiz*, 1245
Mvzlawz, 1327 *Musilwicz*, 1382 *Musilwicz*,
1416 *Musselwicz*, 1447 *Mewselwicz*, 1495
Mewselwicz, 1541 *Meuselwiz*, 1768 *Mäu-
selwitz*. / 1700 *Mießweze*, 1835 *Myschezy*,
1843 *Myšecy*, 1886 *Mysłecy*. – Bisher als
aso. *Mysłovici ›Siedlung der Leute des
Mysł‹ gedeutet. Verlässt man sich auf die
ältesten Belege aus dem 13. Jh., so ist aoso.
*Mysławici < *Myslisławici vorzuziehen.
Das Vorderglied des VollN Myslisław beruht auf urslaw. *myslъ, oso. mysl ›Gedan-

ke‹, urslaw. *mysliti, oso. myslić ›denken‹,
das Hinterglied auf urslaw. *slava, oso.
sława ›Ruhm, Ehre‹. Durch Weglassen der
zweiten Silbe entstand *Mysław, als FamN
in der Niederlausitz belegt. Derselbe Kür-
zungsvorgang lässt sich bei den nso. PersN
Bosław < Bogusław oder Borisław, Gosław < Gostisław oder Gorisław, Busław <
Budisław beobachten. / In einige Belege
scheint oso. myš ›Maus‹ eingedeutet worden zu sein, obgleich es auch eine KoseF
*Myš aus Myslisław gibt, Mysłecy hinge-
gen würde auf *Mysłowici zurückführen.

Michalken/Michałki   sw. Hoyerswerda,
1568 *Michalken*, 1590 *Michalsky*, vor 1635
Michalcken, 1658 *Michalgke*, 1768 *Michalken*. / 1732 *Michalcki*, 1744 *Michau-
kow*, 1767 *Michauka*, 1831/45 *Michawky*,
1843 *Michałki*, 1866 *Michałki*. – Aoso. *Michałki ›Siedlung der Leute des Michałk,
der Michałks‹. Michałk, ein besonders in
der Oberlausitz weit verbreiteter FamN,
ging aus dem christl. RufN Michael hervor,
einem aus der Bibel übernommenen Namen hebräischen Ursprungs. In Maukendorf ist 1568 der FamN *Michalck* bezeugt,
in Cunnersdorf 1650 *Michauck*, beide Orte
liegen ganz in der Nähe.

Milkel/Minakał   ö. Königswartha, 1322
Milekal, 1353 *Millekal*, 1393 *Millekal*, 1430
Milkal, *Mylekal*, 1450 *Millecaw*, 1464 *Mil-
nekal*, 1498 *Mileckall*, 1506 *Millkal*, 1512
Milnackel, 1528 *Millekell*, *Myllekal*, 1542
Milckell, 1732 *Milkel*. / 1519 *Minnekau*,
1767 *Minakow*, *Minakoł*, 1800 *Minakaw*,
1835 *Minjakoł*, *Minakał*, *Minakoł*, 1843
Minakał, 1866 *Minakał*. – Aoso. *Miły
kał ›Siedlung bei dem lieben, gnädigen
Sumpf‹, zu oso. miły ›mild; huldvoll; sanft;
gnädig‹, älter auch ›lieb‹, und apoln. kał

›Sumpf, Morast, Schlamm‹, tschech. kal ›trübes Wasser; Schlamm, Sumpf‹, nso. kała ›sumpfige, morastige Stelle, Sumpf‹. In gleicher Weise ist in der Niederlausitz Liedekahle wnw. Luckau gebildet: *Luty kał. Zu diskutieren wäre *Miłky kał ›Siedlung am nicht tiefen Sumpf‹, zu oso. niłki ›seicht, nicht tief‹, nso. měłki ›seicht, nicht tief, flach‹, urslaw. *měłъkъ, *milъkъ ›fein, seicht, klein‹. Bei der Eindeutschung oder danach müsste das erste -k- ausgefallen sein. Verständlicher wäre bei dieser Deutung die Motivation der Namengebung. / Die oso. Formen beruhen auf einer Angleichung von -l- an das anlautende M-, wodurch es zu -n- wurde.

Milkwitz/Miłkecy nw. Bautzen, 1394 *Milkewicz*, als HerkN: um 1400 *Milkewicz*; 1423 *Milkwicz*, 1449 *Milckwicz*, 1489 *Mylkewitz*, 1503 *Milgwitz*, 1512 *Mylggwitz*, 1528 *Milkewitz*, 1562 *Milckwicz*, 1658 *Milckwiz*. / 1700 *Melczcze*, 1800 *Miwkezy*, 1843 *Miłkecy*, 1866 *Miłkecy*. – Aoso. *Miłkowici ›Siedlung der Leute des Miłk‹. Der PersN Miłk, der in der Niederlausitz öfters als FamN vorkommt, ist eine KurzF von Miłosław und ähnl. VollN mit dem Vorderglied aus urslaw. *milъ ›lieb‹, oso. miły ›mild, huldvoll, sanft, gnädig‹, älter auch ›lieb‹.

Milstrich/Jitro nö. Kamenz, 1348 *Milstrich*, 1368 *Milstrich*, 1374/82 *Milstrich*, 1453 *zum Milstrich*, 1528 *Millstrich*, 1551 *Mŭlstrich*, 1584 *Milstrich*, 1768 *Milstrich*. / 1767 *Jitro, Jiter*, 1800 *Jitrow*, 1835 *Jitro*, 1843 *Jitro*, 1866 *Jitro*. – Aoso. *Miłostryj < *Miłostryjjь ›Siedlung des Miłostryj‹. Zum Vorderglied des VollN Miłostryj siehe oben Milkwitz, das Hinterglied beruht auf urslaw. *stryjъ, poln. stryj, aruss. stryjъ, oso. tryk ›Onkel, Vaterbruder‹. Dieses Namen-

glied ist in den nso. PersN Lubostryj und Małostryj vertreten. / Jitro beruht auf oso. jutro ›Morgen‹, nso. jutšo ›Morgen(zeit), Morgengegend, Osten‹, tschech. jitro ›Morgen‹, also ›Im Osten gelegene Siedlung‹, gemeint ist wohl die Lage am Ostufer der Schwarzen Elster.

Miltitz/Miłoćicy sö. Kamenz, 1348 *Mylticz*, 1360 *Milticz*, 1374/82 *Milticz*, 1408 *Myltitz*, 1570 *Miltitz*, 1768 *Miltitz*. / 1848 *Miwotźicźe*, 1866 *Miłoćicy*, 1886 *Miłoćicy*. – Aoso. *Miłotici ›Siedlung der Leute des Miłota‹. Zum PersN Miłota, der in der Senftenberger Gegend als FamN öfters vorkommt, siehe oben Milkwitz.

Mittelbach wnw. Pulsnitz, 1309 *Mitilbach*, 1350 *Mittelbach*, 1517 *Mittelbach*, 1768 *Mittelbach*. – Dt., ›Siedlung am mittleren Bach‹, zu mhd. mittel ›in der Mitte, mittler‹ und mhd. bach ›Bach‹. Die Siedlung liegt am heutigen *Mittelwasser*.

Mocholz/Mochowc s. Weißwasser, 1993 wegen Braunkohlentagebaus abgebrochen, 1597 *Muchholz*, 1704 *Mochholz*, 1768 *Mochholtz*, 1819 *Mocholz, Mochholz*. / 1835 *Mochołz*, 1843 *Mochołc*, 1866 *Mochołc, Dorf Mocholz*, 1920 *Mochołc*, 1969 *Mochowc*. – Aoso. *Mochowc ›Kleine Siedlung an einem Ort, wo es (viel) Moos gibt‹, zu oso. moch ›Moos‹. An den OrtsN trat noch zusätzlich das Verkleinerungssuffix -´c < *-ьcь. Bei der Eindeutschung wurde dt. -holz eingedeutet, wie das auch in mehreren anderen Fällen geschah.

Moholz/Wuhelc nw. Niesky, um 1395 *de Moholcz*, 1399 *Mohulcz*, 1419 *Mohoulcz*, 1446 *Mohoulcz*, 1462 *vom Oholcz, bey dem dorffe Oholcz*, 1533 ff. *Moholtz*, 1670 *Moholtz*, 1791 *Moholz*. / 1800 *Wuhelz*,

1835 *Wuhelz, Wujelz,* 1843 *Wuhelc,* 1866 *Wuhelc.* – Aoso. *Uhelc ›Siedlung am Kohlenmeiler‹, zu oso. älter wuhel ›ein Stück Kohle‹, älter wuhl ›Kohle‹, wuhelc ›Kohlenmeiler, Haufen Holz zum Verkohlen‹, nso. wugel, gesprochen hugel ›Kohle‹, urslaw. *ǫglь ›Stück Kohle‹. Das anlautende *M-* der meisten Belege geht auf das auslautende *-m* solcher dt. Präpositionen wie *im, zum, vom* zurück, das zum nachfolgenden Namen trat.

Möhrsdorf wsw. Elstra, 1264 *Meinhardisdorf,* (1420) 1453 *Meynersdorff,* 1455 *(Ober- und Unter-) Meinersdorf,* 1469 *Meynerstorff,* 1524 *Meynersdorff,* 1658 *Mörßdorff,* 1732 *Mersdorff,* 1800 *Mehrsdorf, auch Möhrsdorf.* – Dt., ›Dorf des Meinhart‹. Der PersN beruht auf ahd. magan-hart ›Kraft, Stärke, Vermögen‹–›hart, streng‹.

Mönau/Manjow onö. Königswartha, 1394 *Maynaw,* 1394 *Manow,* 1411 *Meynaw,* 1571 *Meynaw,* 1605 *Maino,* 1626 *Manau,* 1630 *Mahney,* 1658 *Manuije,* als HerkN aus Sollschwitz, s. Wittichenau, 1663 *Manougk* (mit patronymischem Personennamensuffix *-k* versehen); 1732 *Mönau,* 1819 *Manoa, auch Manua, Manoah, und Mönau, wend. Manjow.* / 1800 *Manjow,* 1835 *Maniow,* 1843 *Manjow.* – Wahrscheinlich aoso. *Manějow ›Siedlung des Maněj‹. Maněj ist eine KurzF solcher VollN wie Manomir mit dem Vorderglied zu urslaw. *maniti, nso. maniś, älter und mundartlich mamiś ›täuschen, betrügen, betören, blenden, bezaubern‹, poln. manić ›betrügen, locken‹. Im Poln. gibt es solche FamN wie Maneja, Manejko u. a. Das Suffix *-ěj* kommt bei den sorb. FamN noch öfters vor. Fraglich ist *Mańow ›Siedlung des Mań‹. Den nso. FamN Mań leitete man von nso.

mań, älter *maihn* ›Menge, Schar, Haufen‹ ab, 1553 *Mahn,* ders. 1556 *Mhain.*

Mönchswalde/Mnišonc n. Schirgiswalde, 1562 (Kop. Ende d. 18. Jh.) *Minichswalde,* 1658 *Mönichs Walda,* 1676 *Münchswalde,* 1768 *Mönichswalda.* / 1700 *Mischonz,* 1715 *Mischanntz, Mischonza,* 1800 *Mischonz,* 1835 *M(n)ischonz,* 1843 *Mnišonc, Mišonc,* 1866 *Mnišonc.* – Dt., ›Siedlung am/im Wald der Mönche‹, zu mhd. münech, münich, munich, münch ›Mönch‹, zum Grundwort -walde siehe oben Grünewald. / Mnišonc beruht auf oso. mnich, älter auch mich ›Mönch‹. Die Siedlung wurde nach dem Wald der ehemal. Franziskanermönche von Bautzen benannt, angelegt wurde sie als Vorwerk mit Häuslersiedlung vom Bautzener Domstift.

Mortka/Mortkow ö. Wittichenau, 1359 *Mortkaw,* um 1400 *Mortekaw,* 1410 *Mortkow,* 1548 *Mortka, Mortkaw,* 1768 *Mortka.* / 1800 *Mortkow,* 1835 *Mortkow,* 1843 *Mortkow,* 1866 *Mortkow.* – Wahrscheinlich aoso. *Mortkow ›Siedlung bei dem kleinen trockenen Gehölz, Gesträuch oder ähnl.‹, zu atschech. mrť ›trockenes Gehölz, Gesträuch, Abgestorbenes‹, slowen. mrtje ›Walderde‹, urslaw. *mьrtь. Wir haben es hier wahrscheinlich mit einem Wald- oder Rodungsnamen zu tun. Vgl. in der Niederlausitz Merz/Měrc.

Mücka/Mikow w. Niesky, 1408 *Mickow,* 1455 *zur Micke,* 1490 *Micko,* 1514/15 *von Micke,* 1549 *zur Mücke, Micke,* 1578 *Mick,* 1579 *zur Mickaw,* 1768 *Micka,* 1831/45 *Mücka oder Micka.* / 1800 *Mikow,* 1835 *Mikow,* 1843 *Mikow,* 1866 *Mikow.* – MischN, *Mikow ›Siedlung des Mik‹. Mik ist eine KurzF von Mikławš, des aus dem Dt. entlehnten und dann sorabisierten christl. RufN Nikolaus, in der Oberlausitz häufig als FamN gebraucht. Davon wurden viele KurzF gebildet, so Mik, Mika, Mikan, Mikat u. dgl.

Mückenhain osö. Niesky, 1327 *Múckin-hain*, als HerkN: 1374/82 *Mekinhain, Mekkinhayn*, 1501/02 *Möckenhayn*; 1403 *Mockinhayn*, 1414 *Múkenhain*, 1425 *Muckenhayn*, 1428 *Mogkenhain*, 1617 *Mickenhain*, 1708 *Mückenhan*, 1768 *Mückenhayn*. – Dt., ›Siedlung am/im mückenreichen Wald‹, zu mhd. mucke, mücke ›Mücke‹, zum Grundwort -hain siehe oben Bremenhain. Östlich des Ortes liegt ein größeres Waldgebiet, der *Mückenhainer Forst*.

Mühlrose/Miłoraz w. Weißwasser, 1969 wegen Braunkohlentagebaus teilweise abgebrochen, 1536 *Milleros*, 1536 *Müllrose*, 1553 *Mulrosen*, 1597 *Mühlroß*, 1704 *Mühlrosa*, 1759 *Müllerose*, 1768 *Mühlrose*. / 1800 *Milros*, 1835 *Miłyras*, 1843 *Miłoraz*, 1866 *Miłoraz*. – Aoso. *Miłoraź ›Siedlung des Miłorad‹. Zum Vorderglied des VollN Miłorad siehe oben Milkwitz, das Hinterglied beruht auf urslaw. *radъ ›froh‹, nso. oso. rad ›gern, bereitwillig‹.

Mulkwitz/Mułkecy w. Weißwasser, 1597 *Mulkwiz*, 1704 *Mulckwicz*, 1732 *Mulckwitz*, 1768 *Mulckwitz*. / 1831/45 *Mulkoitz oder Mulkeze*, 1843 *Mułkecy*, 1866 *Mulkecy*, 1885 *Mułkecy*. – MischN, *Mulkowici ›Siedlung der Leute des Mulka‹. Mulka ist ein ÜberN aus nso. mula, Verkleinerungsform mulka ›Maul, Mund‹, und kommt in der Niederlausitz öfters als FamN vor, so 1549 *Mulcken*, 1718 *Mulcka*. Das Wort mula stellt eine Entlehnung aus md. oder mnd. mūle ›Maul‹ dar, weshalb wir *Mulkowici als MischN ansehen.

Muschelwitz/Myšecy w. Bautzen, um 1088 *Mislesovici*, 1249 *Misseslewiz*, 1272 *Muzslesuwiz, Muszlecewicz*, 1327 *Musilwicz*, 1466 *Mißilswicz*, 1493 *Mischelsitz*, 1538 *Meißchelssicz*, 1559 *Meischellitz, Meischellsitz*, 1559 *Mischelwitz*, 1622 *Muschelschicz*, 1768 *Muschelwitz*. / 1684 ff. z *Moschecz*, 1843 *Myšecy*, 1866 *Myšecy*. – Aoso. *Myslišowici ›Siedlung der Leute des Mysliš‹. Zum PersN siehe oben Meuselwitz. Vgl. den poln. PersN Myślisz bzw. Myslisz, den schon das Apoln. kennt. / In die oso. Formen wurde wahrscheinlich myš ›Maus‹ eingedeutet, wie das schon oben bei Meuselwitz geschah.

Muskau, Bad/Mužakow nö. Weißwasser, 1251, 1253, 1258 *de Muschow(e), Muzcowe*, 1268 *semita que dicitur* (= lat. ›ein Fußsteig der genannt wird‹) *Muscatensis*, 1307 ff. *de Muschowe, Muskaw*, 1315 *de Muschow*, 1361 *Muskow*, 1380 *Muskaw, Musikaw*, 1390 *Moskaw*, 1405 *Muska*, 1441 *Mosko*, 1530 *Muscko*, 1552 *Muskaw*, 1597 *Städtlein Moschka, Moschkhaw, Mußkaw*, 1719 *Moske, Moskaw*, 1831/45 *Muskau*. / 1719 *Mužakow*, 1761 *Mužakow*, 1767 *Mužakow*, 1835 *Mužakow*, 1843 *Mužakow*, 1866 *Mužakow*. – Aoso. *Mužakow ›Siedlung des Mužak‹. Mužak ist ein ÜberN aus nso. oso. muž ›Mann‹, der besonders in der Niederlausitz häufig als FamN begegnet, erstmals 1447 *Mußagk*.

N

Nadelwitz/Nadźanecy ö. Bautzen, 1345 *de Nadillicz*, um 1400 *Nadilwicz, Nadelwicz*, 1440 *Nadilwicz*, 1498 *Nadelwitz*, 1532 *Nadellwiz*, 1791 *Nadelwitz*. / 1800 *Nadza-*

nezy, 1835 *Nadžanezy*, 1843 *Nadžanecy*, 1866 *Nadźanecy*. – Aoso. *Nadělowici ›Siedlung der Leute des Naděl oder Naděla‹. Im Poln. gibt es die FamN Nadziała, Nadziałek u. a., die von nadziałać ›(viel) tun, machen‹ abgeleitet werden, dem oso. nadźěłać ›erarbeiten‹, nadźěłać so ›genug arbeiten‹ entspräche. / Nadźanecy entstand vielleicht aus *Nadźałecy durch Angleichung (Fernassimilation) von *-ł-* an *N-*.

Nappatsch / Napadź Ortsteil von Altliebel, nw. Niesky, 1617 *Napatsch*, 1644 *Nappatsch*, 1768 *Napatsch*. / 1800 *Nappatsch*, 1835 *Napacz*, 1843 *Napač*, 1885 *Napadź*. – Ein schwer deutbarer Name. Man ging bisher von oso. napad ›Erbfall, Fallgut‹ aus, die Grundlage für *Napadźe, danach *Napadź. Auch ein Anschluss an serbokr. pad ›Tal‹ wurde erwogen, also ›Siedlung an/in einem Tal‹, ferner an russ. napast´ ›Unheil, Unglück‹, poln. napaść ›Anfall (einer Krankheit, eines Leidens)‹, hier vielleicht verwendet für eine arme Siedlung.

Nardt / Narć nw. Hoyerswerda, 1936–1947 *Elsterhorst*, 1401 *der Nart*, 1462 *North*, 1568 *Nardt*, 1635 *Nard*, *Narden*, *Nardt*, 1658 *Narth*, 1759 *Narditz*, 1768 *Nardt*. / 1767 *Narcž*, 1843 *Nart*, 1831/45 *Nardź*, 1866 *Narć*. – Aoso. *Narť ›Siedlung auf erhöht liegendem Gelände‹, zu oso. narć ›Fußwurzel, Oberfuß, Oberleder‹, urslaw. *narъtь neben *narъtъ, das aus der ursprünglichen Präposition *na ›auf‹ und *rъtъ ›Hervorstehendes, Erhebung‹ besteht, dazu serbokr. rt ›Bergspitze‹, slowen. ŕt ›Spitze‹. Die Bedeutungsentwicklung verlief wie folgt: Bergspitze > Oberfuß > das auf dem Oberfuß befindliche Schuhleder. Die Siedlung wurde unweit der Schwarzen Elster

auf erhöhtem Terrain angelegt, um vor Überflutungen geschützt zu sein.

Naundorf / Nowa Wjes ö. Bischofswerda, 1466 *Nawindorff*, 1488 *Nawendorff*, 1512 *Nawendorff*, 1557 *Naundorff*. / 1843 *Nowa wes*, 1886 *Nowa Wjes*. – Dt., ›Neu angelegte Siedlung, neues Dorf‹, zu mhd. niuwe, niwe, niu, md. nūwe, daraus ostmd. mundartl. nau ›neu‹. / Nowa Wjes stellt eine Übersetzung ins Oso. dar, zu oso. nowy, weibl. nowa ›neu‹ und wjes ›Dorf‹.

Naundorf, Groß- ssö. Königsbrück, 1309 *Nuwendorf*, 1350 *Nova villa* (= lat. ›neues Dorf‹), 1393 *Nŭendorf*, 1445 *Nawendorf*, 1481 *zcu Grossen Nawendorff*, 1502 *Grossen Newendorff*, 1517 *zcum Nawndorf*, 1754 *Groß Naundorff*, 1768 *Groß Naundorf*. – Dt., siehe oben Naundorf ö. Bischofswerda. Das Bestimmungswort *Groß-* unterscheidet den Ort von *Kleinnaundorf* wsw. Königsbrück.

Naußlitz / Nowoslicy ö. Kamenz, 1248 *Nouosedliz*, 1374/82 *Nosedlicz circa* (= lat. ›bei‹) *Radilwicz*, *Nozedlicz*, *Nossedelicz*, 1440 *Nawselwicz*, 1460, 1469 *Nausdelicz*, *Nawssdelicz*, 1558 *Nauselitz*, 1732 *Nauslitz*, 1768 *Naußlitz*. / 1800 *Nowoßlitzy*, 1866 *Nowoslicy*. – Aoso. *Nowosedlici ›Niederlassung der Neusiedler‹, zu oso. nowy ›neu‹ und sydło, älter auch *sedło, ßedwo* ›Sitz, Wohnsitz‹, sydlić ›siedeln, ansiedeln‹, sydlić so ›sich ansiedeln‹. Bedeutungsmäßig entspricht *Nowosedlici einem dt. Naundorf, siehe oben.

Naußlitz, Roth-/Čerwjene Noslicy nö. Bischofswerda, 1374/82 *Nossedlicz, Noussedlicz*, 1352 *von Nussedlicz*, 1377 *Nossedlicz*, 1380/1430 *de Nusilwicz*, *Nussedelicz*, *Nuselicz*, *von Newselwycze*, 1412/32 *von Nussedlicz*, *Nussedelicz*, *Naussilwitz*, *Naw-*

βedelicz, Nossedlicz, 1430 Nusselicz, 1483 Nawßlitz, 1580 Nauslitz, 1617 Nausselwitz, 1658 Roth Naußliz, 1712 Roth-Nauslitz. / 1700 Czerwene Noßlize, Noßelize, 1800 Czerwene Noßlizy, 1843 Čeŕẃene Noslicy, Nowoslicy, 1886 Čerwjene Noslicy. – Aoso. *Nowosedlici, siehe oben Naußlitz ö. Kamenz. Von diesem und den nachfolgenden beiden Naußlitz durch Roth- bzw. Čerwjene unterschieden.

Naußlitz, Schwarz-/Čorne Noslicy s. Bautzen, 1241 Nowazodlicz, Nowozodliz, Nowosedlicz, 1430 czu Swarczen Nusselicz, Swarczin Nusselwicz, 1433 Swarczin Nawsslicz, 1437 Zwarcze Nawsslicz, 1470 Swartcze Nawsselwitcz, 1521 Schwarcze Nawselitz, 1555 Schwartz Naußlitz, 1588 Schwartznaußlitz. / 1684 ff. Czórnowslitz, 1700 Czorne Noßelize, 1767 Cžorne Noslize, 1843 Čorne Noslicy, Nowoslicy, 1886 Čorne Noslicy. – Aoso. *Nowosedlici, siehe oben Naußlitz ö. Kamenz. Von den vorhergehenden und dem nachfolgenden Naußlitz durch Schwarz- bzw. Čorne unterschieden.

Naußlitz, Weiß-/Běle Noslicy sw. Bautzen, 1317 Nozzedlicz, 1374/82 Nozedlicz in dem gebirge, Nozelicz, Nosedlicz, 1437 Weysin Nawsedelicz, 1559 Neuselichen(n), 1580 Weis Nauselitz, Weis Nauslitz, 1768 Weiß Naußlitz. / 1767 Biele Noslize, 1800 Bjele Noßlizy, 1843 Bjełe = Běle Noslicy, Nowoslicy, 1866 Nowoslicy. – Aoso. *Nowosedlici, siehe oben Naußlitz ö. Kamenz. Von den vorangehenden gleichnamigen Orten durch Weiß- bzw. Běle unterschieden.

Nebelschütz/Njebjelčicy ö. Kamenz, 1304 de Nebilschicz, 1331 de Nebilschicz, 1374/82 Nebilczicz, 1426 Nebilczicz, 1433 Nebilschicz, Newilschicz, 1512 Nebelschitz,

1768 Nebelschütz. / 1684 ff. Něbělschicz, 1767 Nebelschiz, 1800 Nebelczicy, 1843 Nebjelčicy, 1886 Njebjelčicy. – Wahrscheinlich aoso. *Nebyłčici ›Siedlung der Leute des Nebyłk‹. Dieser PersN besteht aus der Verneinungspartikel urslaw. *ne ›nicht‹ und dem aktiven Vergangenheitspartizipium *byłъ ›einer, der war, existierte‹, aus *byti ›sein, existieren‹, oso. być ›sein‹. Davon abgeleitet sind die poln. FamN Niebyła, Niebyłowicz, Niebyłowski, Niebylski, im Apoln. Niebylec, Niebyłczic. Es handelt sich hier wohl um einen sog. »Abwehrnamen«, der die Dämonen und bösen Geister vom Kind abhalten, sie täuschen sollte.

Nechen/Njechań nw. Löbau, 1306 Neechan, 1419 Nechan, 1447 Nechin, 1483 Nechenn, 1491 Nechan, 1535 Nechan, 1545 Nechan, 1768 Nechen. / 1700 Nechan, 1800 Nechan, 1843 Ńechań, 1886 Njechań. – Aoso. *Nechań ›Siedlung des Nechan‹. Nechan ist ein apotropäischer Name, d. h. ein Abwehrname (damit wollte man böse Geister ablenken), aus urslaw. *nechati, dazu oso. njechać ›unterlassen, nicht wollen, keine Lust haben‹.

Nechern/Njechorń w. Weißenberg, 1413, 1418, 1421 von Necherin, Necheryn, Necherein, 1415 Necherin, 1419 Necherin, 1424 von Necherin, Necheren, 1481 Necheren, 1498 Nechernn, 1545 Nechern, 1768 Nechern. / 1700 Nechorn, 1800 Nechorn, 1843 Ńechorń, 1886 Njechorń. – Aoso. *Nechorin ›Siedlung des Nechora‹. Nechora ist ein WunschN: ›möge er nicht krank sein/werden‹, aus der urslaw. Negationspartikel *ne ›nicht‹ und *chorъ, dazu oso. chory ›krank‹, chorjeć ›krank sein, krank werden‹. Im Tschech. gibt es die ÜberN Chura und Chůra, aus churavý ›kränklich‹.

Nedaschütz/Njezdašecy w. Bautzen, 1317 *de Nedaswicz*, 1377 *Nedeschwicz*, 1387 *Nedaswicz*, 1430 *Nedisschwicz*, 1488 *Nedeschwitz*, 1559 *Nedeschwitz*, 1565 *Nedeschitz*, 1696 *Netschitz*, 1768 *Nödaschütz*, 1791 *Nedaschůtz*. / 1684 ff. *Nězdažicž*, 1697 *s Nesdaschetz*, 1835 *Ńedaschizy*, 1843 *Ńezdašicy*, 1866 *Njezdašecy*. – Aoso. *Nedašowici ›Siedlung der Leute des Nedaš‹. Der PersN Nedaš stellt eine KurzF von Nedamir und ähnl. VollN dar, bestehend aus der Verneinungspartikel urslaw. *ne ›nicht‹ und der Wurzel *da- aus urslaw. *dati, dazu oso. dać ›geben‹. Im Oso. gibt es die FamN Neda, Nedo und Nedan, im Apoln. Niedasz, im Atschech. Nedaš.

† **Neida/Nydej** ö. Wittichenau, 1936–1947 *Köhlergrund*, 1952/53 wegen Braunkohlentagebaus abgebrochen, 1430 *von Neden*, 1462 *zum Neyde*, 1509 *zcum Neyd*, 1569 *Neyde*, 1658 *Neyda*, 1768 *Neida*. / 1744 *Nida*, *Nydej*, 1800 *Nydej*, 1843 *Nydej*, 1866 *Nydej*. – Dt., ›Siedlung auf dem Neid, dem umstrittenen Boden‹, zu mhd. nīt, nīd ›Haß, Neid, Streit; Eifersucht, Mißgunst, Zorn‹. / Nydej stellt den sorabisierten dt. Namen dar.

Neida, Groß-, Klein-/Nydej, Wulka, Mała s. Hoyerswerda, 1936–1947 *Großweidau*, 1401 *der Neyt*, 1548 *guth zur Neyda*, 1568 *Neyda*, 1604 *Neyda*, 1759 *Neüda*, 1831/45 *Groß- und Klein-Neida*, 1925 *Groß Neida mit Kolonie Klein Neida*. / 1835 *Mała Nydej*, 1843 *Nydej*, *Mała Nydej*, 1885 *Nydej W. a M.* – Dt., siehe oben † Neida.

Nelkenberg siehe unten Tzschelln.

Neraditz/Njeradecy ö. Elstra, 1419 *Neradewitz*, 1473 *Neradwitz*, 1476 *Neradicz*, 1491 *Nereditcz*, 1512 *Nereditz*, 1572 *Nedretitz*, 1684 *Naradecz*, 1768 *Neradiz*. / 1800 *Neradezy*, 1835 *Ńeradezy*, 1843 *Ńeradecy*, 1866 *Njeradecy*. – Aoso. *Neradowici oder *Neradici ›Siedlung der Leute des Nerad‹. Nerad, das in der Oberlausitz auch als FamN vorkommt, beruht auf urslaw. *ne ›nicht‹ und *radъ ›gern, lieb, froh‹, oso. rad ›gern, bereitwillig‹. Es handelt sich hier, wie schon oben bei Nebelschütz, um einen sog. »Abwehrnamen«.

Neschwitz/Njeswačidło s. Königswartha, 1268 *Nyzwaz*, 1324 *Neswacz*, 1374/82 *Neswacz*, *Nyzewicz*, 1402 *Nezwacz*, 1413 *Nesschwacz*, 1427 *Nedisscwicz*, 1432 *Neschzwatcz*, 1448 *Neswatsch*, *Nessewacz*, 1453 *Neschewitz*, 1500 *Neschwatz*, 1518 *Neschwitz*, 1768 *Neschwitz*. / 1767 *Neßłaczidło*, 1767 *Neßwaczdidło*, *Njeßwadžidło*, 1797 *we Neßłaczidlu*, 1800 *Neßwaczidlo*, 1835 *Ńeßwadczidło*, 1843 *Ńeswačidło*, 1866 *Njeswačidło*. – Aoso. *Neswaź oder *Niswaź ›Siedlung des Neswad oder Niswad‹. Der PersN beruht auf urslaw. *ne oder *ni ›nein, nicht‹ und *sъvadъ, *sъvada ›Zank, Streit, Zwietracht‹, dazu oso. zwada, nso. zwada, älter und mundartl. auch *zwad* ›Streit, Zank, Zwietracht, Uneinigkeit‹. Es dürfte sich um einen sog. WunschN, einen sehr alten Namentyp handeln: ›Möge der so Benannte vor Zank und Zwietracht verschont bleiben‹. / Da der OrtsN nicht mehr verstanden wurde, verband man ihn mit oso. swačić ›Vesperbrot einnehmen‹ und fügte noch das Suffix -dło hinzu.

Neudorf/Nowa Wjes s. Königswartha, 1362 *von deme Nuwendorfe*, 1510 *Newendorff*, 1518 *Nawendorf prope* (= lat. ›nahe bei‹) *Neschwitz*, 1528 *zum Newendorff*, 1548 *Naundorff*, 1612 *Neundorff*, 1657 *Nawendorff*, 1768 *Neudorf bey Neschwitz*. /

1532 *Nouossaw*, 1843 *Nowa Ẃes*, 1886 *Nowa Wjes*. – Dt., siehe oben Naundorf ö. Bischofswerda.

Neudorf/Nowa Wjes ö. Königswartha, 1350 *mit dem neuen dorff*, 1732 *Neudorff*, 1768 *Neudorf bey Königswartha*. / 1843 *Nowa Ẃes*, 1866 *Nowa Wjes*. – Dt., siehe oben Naundorf ö. Bischofswerda.

Neudorf s. Bautzen, Gemeinde Sohland a. d. Spree, 1768 *Neudorf*, 1791 *Neudorf*, 1836 *Neudorf* oder *Goldene Trommel*. – Dt., siehe oben Naundorf ö. Bischofswerda. Die Siedlung wurde seit 1691 als Ortsteil von Obersohland von Exulanten angelegt.

Neudorf n. Neusalza-Spremberg, Gemeinde Cunewalde, 1768 *Neudorf*, 1791 *Neudorf*. – Dt., siehe oben Naundorf ö. Bischofswerda.

Neudorf/Nowa Wjes wnw. Niesky, Gemeinde *Kreba-Neudorf*, 1490 *Newendorff in der heyde*, 1527 *Newendorf*, 1542 *Neuendorff*, *Naumdorff*, 1545 *Gros Neundorf*, 1658 *Neudorff*, 1768 *Neudorf am Schöps-Fluß*. / 1800 *Nowa Weß*, 1843 *Nowa Ẃes*, 1885 *Nowa Wjes*. – Dt., siehe oben Naundorf ö. Bischofswerda.

Neudorf/Nowa Wjeska sö. Bad Muskau, 1558 *Newdorfflein*, 1568 *Neundorff*, 1732 *Neudorff*. / 1885 *Nowa Wjeska*. – Dt., siehe oben Naundorf ö. Bischofswerda. / Wjeska, zu oso. wjeska, ist die Verkleinerungsform von wjes ›Dorf‹.

Neudorf, Burg-/Nowa Wjes nö. Hoyerswerda, 1401 *Nuwendorff*, 1568 *Nawendorff*, vor 1635 *Naundorff*, 1732 *Neudorff*, 1791 *Neudorf bey Spröwitz*, 1831/45 *Königlich Neudorf*, 1931 ff. *Burgneudorf*. / 1843 *Nowa Ẃes*, 1885 *Nowa Wjes*. – Dt., siehe oben Naundorf ö. Bischofswerda. Der unterscheidende Zusatz *königlich* (= staatlich)

bezog sich auf die Zugehörigkeit des Ortes, mit *Burg-* wird die Nachbarschaft zu *Burg* und *Burghammer* ssw. von Burgneudorf ausgedrückt.

Neudorf, Klösterlich-/Nowa Wjes nnw. Wittichenau, 1264 *noua villa juxta Witigennowe* (= lat. ›neues Dorf nahe bei Wittichenau‹), 1374/82 *Nuwendorf*, 1433 *zum Nawindorff by Witchenaw gelegin*, 1486 *Nawdorf*, 1768 *Neudorf bey Wittgenau*, 1925 *Klösterlich Neudorf*. / 1843 *Nowa Ẃes*, 1885 *Nowa Wjes*. – Dt., siehe oben Naundorf ö. Bischofswerda. Der unterscheidende Zusatz *Klösterlich* ergab sich aus der einstigen Zugehörigkeit zum Kloster Marienstern.

Neudorf-Lauba w. Löbau, Ortsteil von Lauba, 1836 *Neudorf bei Lauba*, 1862 *Neudorf-Lauba*, *Collectivname f. d. OT* (= Ortsteil) *Lehdehäuser*, *Bornwiese*, *Streitfeld und Eichbusch*. – Dt., siehe oben Naundorf ö. Bischofswerda.

Neudorf-Schönbach nö. Neusalza-Spremberg, Ortsteil von Schönbach, 1836 *Neudorf bei Schönbach*, 1862 *Neudorf-Schönbach*. – Dt., siehe oben Naundorf ö. Bischofswerda und unten Schönbach sw. Löbau.

Neudorf/Spree/Nowa Wjes/Sprjewja nnö. Bautzen, 1545 *Klein Neundorff*, 1658 *Neudorff*, 1791 *Neudorf b. Klix*. / 1843 *Nowa Ẃes*. – Dt., siehe oben Naundorf ö. Bischofswerda.

Neudörfel/Nowa Wjeska nw. Weißenberg, Ortsteil von Guttau und Kleinsaubernitz, 1658 *Neudörffel*, 1768 *Neudörfel*, 1836 *Neudörfel bei Guttau*. / 1800 *Nowa Weß*, 1843 *Nowa Ẃeska*, 1886 *Nowa Wjeska*. – Dt. ›Zum neuen kleinen Dorf‹. Dorf wurde mit dem Verkleinerungssuffix -el versehen. Siehe oben Naundorf ö. Bischofswerda. / Bei dem bedeutungsmäßig entsprechenden sorb. Namen erhielt das sonst übliche *Wes* das Verkleinerungssuffix *-ka*.

Neudörfel/Nowa Wjeska ö. Kamenz, Ortsteil von Räckelwitz, 1617 *Newdorff*, 1721 *Neudorff*, 1768 *Neudörfel*, 1836 *Neudörfel bei Räckelwitz*. / 1800 *Nowa Weß*, 1886 *Nowa Wjeska*. – Dt., siehe oben Neudörfel nw. Weißenberg.

† Neudörfel sw. Zittau, im 14. Jh. Ortsteil von Olbersdorf, später zu Zittau, auch *Hältergasse* und *Diebsdörfel* genannt, 1391 *Newdorffel*, 1415 *Nawdorfil*, 1496 *Dybisdorf*, 1497 *Neudorffel*, 1574 *Dybisdorf*, 1836 *Neudörfel*. – Dt., siehe oben Neudörfel nw. Weißenberg. Bei Diebsdörfel bzw. Diebsdorf ›Dorf der Diebe‹ handelt es sich um einen SpottN, vergeben von den Nachbarn, wahrscheinlich um die Armut der Bewohner zu kennzeichnen. Da aber vom 14. bis 16. Jh. oft Neben- und Seitenwege mit *Diebes-* benannt wurden, könnte damit auch eine an einem abgelegenen Wege befindliche Siedlung gemeint sein.

Neuhammer/Nowy Hamor n. Niesky, 1447 *George hammermeister im nuwen smedewergke* (= Schmiedewerk), 1455, 1458 *in dem, uff dem Newen hammer*, 1457 *uff dem Newenhammer under Rackel gelegin*, 1486 *den Nawenhammer, Newen Hammer*, 1499 *beym Newnhammer*, 1524 *zum Newenhammer*, 1533 ff. *vom Newhammer beym Dauptzigk* (= Daubitz), 1768 *Neuhammer*. / 1800 *Nowy Hammer*, 1848 *Nowe Hammory*, 1886 *Nowy Hamor*. – Dt. ›Siedlung zum neuen Hammerwerke‹, zum Bestimmungswort siehe oben Naundorf ö. Bischofswerda, das Grundwort *-hammer*,

aus mhd. *hamer* ›Hammer‹, erhielt später, wie in unserem Falle, auch die Bedeutung ›Hammerwerk‹. / Das aus dem Dt. entlehnte oso. *hamor* bedeutet sowohl ›Hammer‹ als auch ›Hammerwerk‹. Vgl. oben Hammerstadt.

Neuhof/Nowy Dwór ö. Elstra, 1519 *zum Nawenhofe*, 1533 ff. *Newnhoffen im Bautzenischen Lande*, 1572 *zum Neuenhofe*, 1836 *Neuhof*. / 1848 *Nowy Dwór*, 1886 *Nowy Dwór*. – Dt., ›Siedlung am/zum neuen (Ritter)hofe‹, zum Bestimmungswort siehe oben Naundorf ö. Bischofswerda, das Grundwort beruht auf mhd. *hof* ›Hof, Gehöft‹, häufig auch ›Herrengut‹. Neuhof war ursprünglich ein Rittersitz, später Vorwerk. / Die oso. Form stellt eine Übersetzung des dt. Namens dar.

† Neuhof n. Niesky, 1759 *Neue Vorwerg*, 1777 *Neuhof*, 1791 *Neuhof*, 1831/45 *Neuhof*. – Dt., siehe oben Neuhof. Aus dem um 1753 angelegten Vorwerk entwickelte sich später ein Dorf.

Neukirch nö. Königsbrück, 1225 *de Nuenkirchen*, 1319 *de Nuwenkirchin*, 1331 *Nuwenkirch*, 1350 *Newenchirchen*, 1430 *Nawinkirche*, 1452 *Newkirche*, 1492 *Newnkirch*, 1569 *Newkirche prope* (= lat. ›bei‹) *Camentz*, 1658 *Neu Kirchen*, 1768 *Neukirch*. – Dt., ›Siedlung bei/mit der neuen Kirche‹, zum Bestimmungswort siehe oben Naundorf ö. Bischofswerda, das Grundwort beruht auf mhd. *kirche* ›Kirche‹, in OrtsN oft im Dativ oder Lokativ *-kirchen* gebraucht.

Neukirch/Lausitz (Nieder-, Ober-)/**Wjazońca** osö. Bischofswerda, 1222 (Kop. 1550) *Neinkirgen*, 1241 *Nuenkirchen*, *Nuenkyrchen*, *Niwenkyrchin*, 1379 *Nunkirchen*, 1388 *Nuenkirchin*, 1430 *Nuenkirche*,

1455 *Nawenkirche*, 1500 *Nawnkirch*, 1515 *Newkirche*, 1544 *Neunkierchen*, 1569 *Neukirche prope* (= lat. ›bei‹) *Solande*, 1657 *Nieder-, Ober-Neukirch*. / 1700 *Wiasonze, Wiazinze*, 1768 *Wiaßonza, Wiaßoinza*, 1800 *Jasonza*, 1835 *Jazońza*, 1843 *Jazońca*, 1886 *Wjazońca*. – Dt., siehe oben Neukirch, von diesem unterschieden durch das nachgestellte *Lausitz*. / Wjazońca geht auf den Namen der *Wesenitz* (rechter Nebenfluss der Elbe) zurück, an der die Siedlung liegt: 1241 *Wazouniza, Weszonice*, 1357 *Wesenicz*, aoso. *Wazowńica ›Ulmenbach‹, zu oso. wjaz, nso. wĕz, urslaw. *vęzъ ›Ulme‹.

Neundorf s. Bernstadt, 1283 *media villa* (= lat. ›das mittlere Dorf‹) *Nuendorph*, 1374/82 *Nuwendorf*, 1407 *Nuendorff gelegen bie Bernstorff*, 1470 *Newdorff*, 1500 *zum Newdorff*, 1768 *Neundorf*. – Dt., siehe oben Naundorf ö. Bischofswerda.

Neundorf, Klein- sw. Görlitz, um 1330 *Nuendorf* (eventuell dieses oder Oberneundorf), 1427 *Newdorff*, 1434 *Newendurff*, 1446 *Newendorff under der Landiskron*, 1582 *vom Neundorff bein der Landskronn*, 1768 *Neundorf oder Klein Neundorf*. – Dt., siehe oben Naundorf ö. Bischofswerda.

Neundorf, Nieder- sö. Rothenburg, 1367 *zu dem Nŭndorf by Rothinburg*, 1403 *zum Newendorff*, 1415 *zum Newdorffchen by Rotemburg*, 1450 *vom Newdorffe by Rothenburg*, 1533 ff. *Newndorff bei Rottemburgk*, 1567 *Neundorff*, 1664 *Neundorff*, 1768 *Nieder Neundorf*. – Dt., siehe oben Naundorf ö. Bischofswerda. Zur Unterscheidung von den obigen beiden Neundorf und dem folgenden wird in älterer Zeit eine Lagebestimmung, in der Neuzeit *Nieder* gebraucht.

Neundorf, Ober- n. Görlitz, um 1330 *Nuendorf* (eventuell dieses oder Neundorf, Klein-, siehe oben), 1406 *Newendorff*, 1419 *Newendorff circa* (= lat. ›nahe bei‹) *Czodel*, 1442 *kein* (= gegen) *dem Newdorffe*, 1533 ff. *Newndorff bei Zodel*, 1534 *Öber Neundorff*, 1563 *Neundorff bein Lostdorff* (= Ludwigsdorf), 1768 *Ober Neundorf*. – Dt., siehe oben Naundorf ö. Bischofswerda. Zum unterscheidenden Zusatz *Ober-* vgl. oben Neundorf, Nieder-.

Neusalza-Spremberg siehe unten Spremberg.

Neusorge s. Schirgiswalde, 1791 *Neu Sorge*, 1800 *Sorge (Neu-)*, 1836 *Neusorge*. – Dt., ›Neue, ärmliche (Sorge bereitende) Siedlung‹. Neusorge ist ein in Sachsen öfters begegnender ModeN aus der Zeit vom 16. bis Anfang des 19. Jh. für kleine, relativ späte Siedlungen (meist einzelne Häuser, Schäferein, Vorwerke usw.), in denen oft Sorge, d. h. Armut herrschte.

† **Neusorge** ö. Reichenbach, an der Görlitzer Straße, 1592 angebautes Gut mit 30 Gärtnerstellen, 1631 wieder zerstört, in jüngerer Zeit erneut Gut: *Oberhof*. 1592 *die Newen ausgesatzten Gärtener an der Gerßdorffer grantze, die Newsorger genad*, 1630 *Newsorge*, 1886 ff. *Oberhof*. – Dt., siehe oben Neusorge s. Schirgiswalde.

Neusorge n. Rothenburg, 1735 *Neusorge*, 1768 *Neusorge*, 1791 *Neu Sorge*, 1800 *Sorge (Neu-)*, 1952 *Neusorge*, 1997 *Neusorge* (Lodenau). – Dt., siehe oben Neusorge s. Schirgiswalde.

Neusorge nw. Zittau, nach 1800 vom Rittergut Mittelleutersdorf angelegte Siedlung, 1805 *Neue Sorge*, 1883 *Neumittelleutersdorf*, 1904 *Neumittelleutersdorf*,

19./20. Jh. *die Sorge, die Sorgenschenke*. – Dt., siehe oben Neusorge s. Schirgiswalde.

Neustadt/Nowe Město w. Weißwasser, 1433 *zur Nuwinstad*, 1536 *zum Neustetleyn*, 1544 *dorff New Stettell*, 1568 *Naustedtlein*, vor 1635 *Dorff Newstadt, Naustadt*, 1658 *Neustadt*. / 1744 *Nowe Mjesto*, 1800 *Nowe Mjesto*, 1843 *Nowe Mjesto = Město*, 1969 *Nowe Město*. – Dt., ›Zur neuen Siedelstätte‹, zum Bestimmungswort siehe oben Naundorf ö. Bischofswerda. Das Grundwort beruht auf mhd. stat ›Stätte, Ort, Platz, Wohnstätte‹, später dann ›Siedlung, Ortschaft‹ sowie ›Bürgersiedlung, (Rechts)stadt‹ im Gegensatz zum Dorf. / Der oso. Name stellt eine wortwörtliche Übersetzung aus dem Dt. dar, aus oso. nowe, sächl. Form von nowy ›neu‹, und město ›Ort, Stelle, Stätte, Raum; Stadt‹.

Neustadt/Nowe Město nö. Weißwasser, Stadt Bad Muskau, 1552 *Neustadt*, 1597 *die Newstadt*, 1768 *Neustadt*. / 1848 *Nowe Mjesto*, 1885 *Nowe Město*. – Dt., siehe oben Neustadt w. Weißwasser.

Neustädtel/Nowe Město ö. Elstra, 1508 *Newstetil*, 1658 *Neu Stättel*, 1768 *Neustädtel*, 1791 *Neustådtel ... ein adel. Freyguth*. / 1800 *Nowe Mischko*, 1886 *Nowe Městko*, 1959 *Nowe Město*. – Dt., ›Zur kleinen Siedelstätte‹, siehe oben Neustadt w. Weißwasser. Das Grundwort *-städtel* ist eine Verkleinerungsform von *-stadt*. / Das 1886 bezeugte ... *Městko* ist mit Hilfe des Verkleinerungssuffixes *-k-* aus Město gebildet.

Neuwalde s. Löbau, w. Leutersdorf, 1791 *Neuwalde*, 1805 *Nauwald*, 1908 *Neuwalde, Teil mit Forsthaus*. – Dt., ›Neue Siedlung am/im Walde‹. Zum Bestimmungswort siehe oben Naundorf ö. Bischofswerda,

zum Grundwort siehe oben Grünewald. Die kleine Ausbausiedlung von Niederleutersdorf wurde entsprechend ihrer Lage am Neugersdorfer Stadtwald benannt.

Neuwiese/Nowa Łuka nw. Hoyerswerda, 1401 *Weze*, 1492 *Neuwese, Neuwewese*, 1568 *Nawewiese*, 1612 *Neuwiese*, 1768 *Neuwiese*. / 1744 *Nowawuk*, 1800 *Nowa Wukka*, 1885 *Nowa Łuka*. – Dt., ›Neue Siedlung an/auf der Wiese‹, zum Bestimmungswort siehe oben Naundorf ö. Bischofswerda, das Grundwort beruht auf mhd. wise, mnd. wēse ›Wiese‹. / Der oso. Name entspricht genau der dt. Benennung, aus oso. nowa, weibl. Form von nowy ›neu‹, und łuka ›Wiese‹.

Nickrisch siehe oben Hagenwerder.

Niecha siehe oben Buschbach.

Niemtsch/Němješk nö. Ruhland, 1496 *Nymczsche*, 1529 *Nymitzsch*, 1551 *Nemißke, Nehmitzsch, Nimeß*, um 1600 *Niemmisch*, 1607 *Niemischka*, 1620 *Niehmisch*, 1624 *Nehmischka*, 1643 *Nimitzschkau*, 1652 *von Niemischk*, 1675 *von Nemischk*, 1683 *Nymischk, Nimischk*, 1691 *Niemeschk*, 1698 *Niemeschk, in Niamischk*, 1715 *Niemit(z)sch*, 1761 *Nemischka, Ni(e)mischka, Niemischko(w), Niemisch*, 1791 *Niemitzsch*. / 1831/45 *Nemeschk*, 1848 *Njemeschk*, 1884 *Němješk*. – Aoso. *Němći ›Siedlung der Deutschen‹, zu oso. němc, nso. nimc ›Deutscher‹, urslaw. *němьcь, aus *němъ ›stumm‹. Später ist das Suffix *-k* < *-ьkъ* zur Kennzeichnung einer kleinen Siedlung angetreten, was zu *Němećk führte, wie das die Belege aus den Kirchenbüchern von 1672 bis 1698 sowie die sorb. Formen seit 1831/45 widerspiegeln. Das *-č-* in *Němećk wurde durch das nachfolgende *-k* zu *-š-* verändert (dissimiliert).

Die Belege auf -*a* ,-*au* und -*o(w)* von 1607, 1624, 1643 sowie 1761 stehen unter dem Einfluss dt. Kanzleischreibungen. Der von Deutschen besiedelte Ort erhielt seinen Namen von den sorb. Nachbarn.

Niesendorf/Niža Wjes s. Königswartha, 1600 *Niesendorf*, 1768 *Niesendorf*, 1800 *Niesendorf*. / 1719 *Nischawies*, *Nisa*, 1800 *Nischaweß*, 1843 *Niža wés*, 1886 *Niža Wjes*. – MischN, ›Niedrig, tief, in der Ebene gelegenes Dorf‹, mit dem sorb. Bestimmungswort Niža-. / Niža < *niz-ja, zu oso. niski < *nizъkъ ›niedrig‹, nižina ›Niederung, Tiefebene‹, und wjes ›Dorf‹. Die Siedlung liegt im Oberlausitzer Niederland.

Niesky/Niska nw. Görlitz, seit 1935 Stadt, 1768 *Nisky*, 1791 *Nißky*. / 1835 *Niska*, 1843 *Nizka*, 1886 *Nizka*. – Der Name geht auf tschech. nízký ›niedrig‹ zurück, also ›niedrig, tief gelegener Ort‹. / Niska ging aus der weibl. Form von oso. niski ›niedrig‹ hervor. Die Siedlung entstand 1742 auf der Rittergutsflur Trebus als Niederlassung böhmischer Auswanderer (Exulanten), die der böhmisch-mährischen Brüdergemeinde angehörten.

Niethen/Něćin sw. Weißenberg, als HerkN: 1338, 1416 *Conrad(us) Nydener*, *Nitener*, 1374/82 *Henyl Nitthener*; 1350 *Nedana*, 1370 *Nyten*, 1413 *von Netin*, 1416 ff. *von Nethin*, *Nethan*, *Nethen*, 1437 *Neten*, 1545 *Nytthen*, 1768 *Niethen*. / 1800 *Nietschin*, 1835 *Njeczin*, 1843 *Njećin = Něćin*, 1886 Něćin. – Bisher als aso. *Nětin- ›Siedlung des Nět-‹, zur Wurzel *nět- ›zünden‹, poln. niecić ›Feuer machen‹, gedeutet, aber auch als *Nětina, *Něťno ›Rodungsort‹. Wohl eher aoso. *Netin ›Siedlung des Neť, mit dem PersN zu apoln. nieć ›Vet-

ter‹, russ. netij ›Neffe‹, aksl. netii, neti ›Neffe‹. Im Poln. gibt es den PersN Nieć mit mehreren Ableitungen.

† Nimschütz/Hněwsecy n. Bautzen, seit 1936 Ortsteil von Burk, 1972/73 wegen Baus der Talsperre Bautzen abgebrochen, 1301 *Gneutiz*, 1332 *de Gneuptiz*, *Gnewptiz*, 1364 ff. *de (von) Gnepticz*, *Gnyweticz*, *Gniwisticz*, 1333 *Gneusticz*, als HerkN: 1378 *Petrus Gneweticz*, um 1400 *Gnevisticz*; 1459 *Gneweticz*, 1490 *Knebeticz*, 1504 *Gnebetitz*, 1564 *Gnibtitz*, 1592 *Knieptitz*, 1768 *Nimmschütz*. / 1684 ff. *Něwsecz*, *Nepžschez*, 1800 *Njewßecy*, 1843 *Niwsecy*, 1886 *Hněwsecy*. – Aoso. *Gněwotici ›Siedlung der Leute des Gněwota‹. Der PersN ist eine KurzF von Gněwomir und ähnl. VollN mit dem Vorderglied aus urslaw. *gněvъ, oso. hněw, nso. gniw, mundartl. und älter auch gněw ›Zorn, Grimm, Wut‹. Die erste Silbe von *Nimmschütz*, das sich nicht unmittelbar aus der lautlichen Entwicklung des OrtsN erklären lässt, scheint unter dem Einfluss von solchen ähnl. Namen wie oben *Niemtsch*, ferner *Nimbschen* sö. Grimma, und ähnlich anlautenden OrtsN aufgekommen zu sein, die zweite Silbe beruht auf Angleichung an die vielen OrtsN auf -*schütz*, so in der Oberlausitz Grubschütz. / Starken Veränderungen unterlagen auch die späten oso. Formen, an deren Stelle wir eigentlich *Hněwoćicy erwarten müssten.

Nochten/Wochozy s. Weißwasser, um 1400 *Ochoze*, 1443 *dy von dem Nocheten*, 1461 *Nochten*, 1552 *Nochten*, 1597 *Nachten*, *Nochten*, 1768 *Nochten*. / 1767 *Wochosy*, 1800 *Wochosy*, 1843 *Wochozy*, 1866 *Wochozy*. – Aoso. *Ochoźa aus älterem *Ochodja bzw. *Obъ-chod-ja ›Siedlung in einem Gelände, ehemals Wald, das vor seiner Urbarmachung durch Umgehen, d. h. Abschreiten eingegrenzt wurde‹, zu oso. wobchodźić ›begehen; umgehen‹, chodźić ›wiederholt gehen‹, urslaw. *choditi. Die Entwicklung zu Nochten könnte im Dt. wie folgt verlaufen sein: *von/in Ochosen > *Nochosen (durch Antreten von -n an die nächste Silbe) > *Nochsen (nach Ausfall des -o- in der zweiten Silbe) > *Nochten (durch Angleichung an OrtsN auf -ten; in Sachsen z. B. endet kein einziger Name auf -chsen, dagegen sehr viele auf -ten, in der Oberlausitz Litten, Klitten, Kotten). Vgl. in der Niederlausitz Drachhausen/Hochoza. / Wochozy ist heute eine Mehrzahlform.

Noes   n. Rothenburg, 1936–1947 *Bleichenau*, 1399 *Newis*, 1403 *zum Naws*, 1405 *de Nawes*, 1406 *keyn* (= gegen) *dem Nawis*, 1408 *zum Noos*, 1411 *vom Naus*, 1460 *Naws*, 1527 *Naws*, 1547 *zum Noes*, 1564 *Noß*, 1592 *Noes*, 1800 *Noes oder Nooß*. – Aoso. *Nowa weś ›Neues Dorf‹, zu oso. nowy, weibl. nowa ›neu‹, und wjes ›Dorf‹, urslaw. *vьsь. Die dt. Benennung *Bleichenau* knüpft an den Ortsteil und FlurN *Bleiche* an.

Nostitz/Nosaćicy   s. Weißenberg, 1280 *de Noztize*, 1318 *de Nosticz*, 1327 *de Nosticz*, 1384 *Nosticz*, 1394 *Nostitcz*, 1436 *czur Nosticz*, 1485 ff. *Noßtewicz, Nostewicz, Nosticz*, 1657 *Nostitz*. / 1700 *Noßatez(e), Noßteze*, 1767 *Nossaćizy, Nossatze*, 1800 *Noßaczicy*, 1843 *Nosaćicy*, 1866 *Nosaćicy*. – Aoso. *Nosatici ›Siedlung der Leute des Nosat oder Nosata‹. Der PersN beruht auf oso. nos ›Nase‹, nosaty ›großnasig‹. Unter den sorb. FamN kommt neben Nos häufig Nosak vor, im Poln. auch Nosat(ek), Nosatka u. a.

Nucknitz/Nuknica   ö. Elstra, sö. Crostwitz, 1512 *Nuckewitz*, 1528 *zur Nuck*, 1546, 1547 *zum Forberge, Forwerge*, 1580 *Forberg*, 1617 *Forbrick*, 1617 *Dorf Farbrig*, 1732 *Nuckwitz*, 1768 *Nuckniz*. / 1800 *Nucknitza*, 1835 *Nukniza*, 1843 *Nuknica*, 1866 *Nuknica*. – Oso. *Nuknica ›Vorwerkssiedlung‹, zu oso. nuknica ›Erblehen(sgut); Vorwerk; Meierhof; Viehhof‹, älter auch *nutniza* ›(Land)gut, Hof, Wohnung‹, *nutnicza* ›Rittergut‹. Zeitweise steht für den sorb. der gleichbedeutende dt. Name. Auf einige oso. Belege wirkten die zahlreichen OrtsN auf -witz ein.

O

Ödernitz/Wódrjeńca   sö. Niesky, 1239 *Odreniz*, 1245 *Odereniz*, 1280 *Oderniz*, 1358 *Odirnicz*, 1419 *Odernicz*, 1457 *Odernicz*, 1555 *Odernitz*, 1768 *Oderniz*, 1791 *Odernitz oder Oedernitz*. / 1700 *Wodrinza, Wodrenza (vulgo:*(= lat. ›volkssprachlich‹) *Wudrywge)*, 1767 *Wodrinza, Wudrenza*, 1835 *Wudrenza*, 1843 *Wódŕeńca*, 1866 *Wudrjenca* (wohl hierher und nicht zu Oderwitz). – Vielleicht aoso. *Odrenica ›Siedlung auf einem Gelände, von dem Teile immer wieder durch Wasser heraus- oder weggerissen wurden‹, zu oso. dreć ›reißen, zerren‹, wudreć ›herausreißen, entreißen, aufreißen‹, wudrjenca ›vom Wasser aufgerissene Vertiefungen, Schluchten‹. Ursprünglich vielleicht ein BachN. Wegen des mährischen OrtsN Odrovice, 1190 *Odrenovici*, möglicherweise aoso. *Odrenici ›Siedlung der Leute des Odren‹, mit dem PersN zu oso. drjeć, dreć ›zerren, reißen‹, kožu wodrjeć ›die Haut abziehen‹.

Im Atschech. gibt es den PersN Odřen, im Poln. Odrzan.

Oderwitz, Mittel-, Nieder- nw. Zittau, die ältesten Belege sind von Oderwitz, Ober-, nicht zu trennen, 1320 *Odrowicz*, 1352 *Vdrwicz*, 1367 *Odrouicz*, 1391 *Udrowicz*, 1391 *zu der Oderwitz*, 1396 *Oderwitz inferior*, 1410 *czu der Odirwicz*, 1425 *zur Oderwicz*, 1768 *Mittel-, Nieder Oderwitz*. – Wahrscheinlich aoso. *Odrowica ›Siedlung an einem Wasserlauf, der immer wieder Stücke vom Ufer losreißt‹. Siehe oben Ödernitz. Der Ort liegt am heutigen *Landwasser*. Mitteloderwitz war ehemals ein Rittergut mit Häuslersiedlung inmitten des sehr langen Reihendorfes Oderwitz. Zu prüfen wäre unsere Hypothese, wonach *Odrowica aus dem FlussN poln. Odra, dt. Oder, also einem vorslaw., alteuropäischen Namen hervorging.

Oderwitz, Ober- nw. Zittau, oberer Teil des langen Reihendorfes Oderwitz. Zu den ältesten Belegen vgl. oben Oderwitz, Mittel-, Nieder-. 1396 *Oderwitz superior*, 1516 *Oberoderwitz*, 1791 *Ober Oderwitz*. – Aoso. *Odrowica, siehe oben.

Oehlisch/Wólšina w. Reichenbach, 1420 *Alisch, Aelisch*, 1454 *Olisch*, 1481 *Olisch*, 1757 *Oelisch*, 1768 *Oehlisch*. / 1920 *Wólšina*. – Wahrscheinlich aoso. *Oleš´e < *Olьšьje ›Siedlung in einer Gegend, wo es viele Erlen gibt‹, zu oso. wólša ›Erle‹, urslaw. *olьcha, *olьša.

Oehna/Wownjow n. Bautzen, 1245 *de Eunowe*, 1290 *de Eunowe*, 1354, 1365 *von Eynow*, 1374/82 *Eynow*, um 1400 *Eynaw, Enaw*, 1406 *von Ewnaw*, 1430 ff. *Enaw, Ayno, Aynaw, Eynaw*, 1499 *zu Ehne*, 1534 *Enaw*, 1590 *Eine*, 1622 *Oehna*, 1624 *Ehna*, 1791 *Oehne*. / 1684/98 *Huynow, z Huwno-*

wa, 1800 *Huwejow*, 1820 *How(n)jow*, 1835 *Hownow, Honjo*, 1843 *Hownjow*, 1866 *Hownjow*, 1886 *Hownjow, Wownjow*. – Aoso. *Ownow ›Siedlung, wo es Schafböcke gibt, wo Schafzucht betrieben wird‹, zu apoln. owien, tschech. oven, urslaw. *ovьnъ ›Widder, Schafbock‹.

Oelbrück siehe unten Oelsa, Klein-.

Oelsa/Wolešnica w. Löbau, 1306 *Ǔlsen*, 1432 *czur Olße*, 1438 *in der Olsen*, 1448 *Alßin*, 1459 *uß der Alzen*, 1471 *zur Olsse*, 1519 *Olßen prope* (= lat. ›bei‹) *Lobau*, 1563 *in der Oelse*, 1533 ff. *Elsen*, 1791 *Oelßa*. / 1700 *Woleschinza*, 1767 *Woleschniza*, 1835 *Wólschinza, Łoleschizy*, 1843 *Wólšinca*, 1866 *Wolešnica*, 1886 *Wolešnica*. – Aoso. *Olšina ›Siedlung am/im Erlenwald‹, zu oso. wólša ›Erle‹, wólšina ›Erlenwald, Erlengebüsch‹, oder aoso. *Oleš´e, siehe oben Oehlisch. / *Wolešnica, gebildet mit dem Suffix *-nica < *-ьnica*, könnte auf einen ursprünglichen GewN hinweisen. Der Ort liegt an einem kleinen Bach.

Oelsa (Nieder-, Ober-)/Delna, Horna Wolšina w. Niesky, 1936 umbenannt in *Kreuzschenke*, 1359 *de Olsin*, 1360 *de Olsyn*, 1410 *czur Oelsen*, 1413 *zu der langen Olsin*, 1419 *zur Olsen*, 1490 *Olze*, 1508 *zcur Olße*, 1552 *zcur Oelße*, 1571 *zur Oelsa, Oelßa*, 1590 *Grosse Ellsse*, 1719 *Ölsa*, 1791 *Ober-, Nieder Oelßa*. / 1800 *Delna, Horna Wolschina*, 1835 *Delna, Horna (auch Dołha)* (= lange) *Wolšina*, 1843 *Delna, Horna Wólšinka*, 1885 *Wólšina*. – Aoso. *Olšina, siehe oben Oelsa.

Oelsa, Klein-/Wolešnica nw. Niesky, 1936 in *Oelbrück* umbenannt, 1419 *Olsen parua* (= lat. ›klein‹), 1452 *von der Olsenicz, zur Oelsen*, 1533 ff. *Olsse, wyrt auch der Zimpel* (siehe dass.) *oder Klein Klet-*

ten (siehe Klitten) *genannt*, 1545 *Ollse*, 1571 *zur Olsse*, 1732 *Oelse*, 1792 *Kleinölßa*. / 1835 *Łoleschinske*, 1848 *Woleschniza*, 1885 *Wolešnica*. – Aoso. *Olšina, siehe oben Oelsa. / Wolešnica geht wegen des Beleges von 1452 wahrscheinlich auf ein schon älteres *Olešnica und damit möglicherweise auf einen ursprünglichen GewN zurück, siehe oben Oelsa.

Oelsa, Stein-/Kamjeńtna Wólšinka w. Niesky, 1936–1947 *Steinerlen*, 1528 *Stein Öllß*, 1638 *Klein-Oelsa*, 1732 *Stein Oelsa*, 1791 *Stein Oelßa*. / 1800 *Kamentna Woleszniczka*, 1835 *Wolschinka*, 1831/43 *Kaméntna Wólšinka*. – Aoso. *Olša oder *Oleš´e, siehe oben Oelsa. / Wólšinka, zu oso. wólšinka ›junge Erle; junges Erlengehölz‹, Kamjeńtna, weibl. Form von oso. kamjeńtny ›steinern, Stein-‹.

Ohorn osö. Pulsnitz, 1350 *Ahorn*, 1350 *Ohorn*, 1373 *Ohorn*, 1384 *Ahorn*, 1445 *zum Ohorne*, 1450 *zum Ahorn*, 1523 *Mohorn*, 1564 *Ohren*, 1658 *Ohren*, 1721 *Mohren*, 1791 *Ohorn oder Mohorn*. – Dt., ›Siedlung am Ahorn(wald)‹, zu mhd. ahorn ›Ahorn‹. Die mit *O*- anlautenden Belege spiegeln die mundartliche Verdumpfung von -*a*- zu -*o*- wider. Bei *Mohorn* geht *M*- auf den Auslaut von Präpositionen wie *am*, *zum* oder *vom* zurück.

Olbersdorf sw. Zittau, 1323 *Albertsdorff*, 1346 *Olbrechtsdorf*, 1350 *Albrechtsdorf*, 1399 *Olbrechtsdorf*, 1473 *Olbirsstorff*, 1522 *Alberßdorff*, 1791 *Olbersdorf, wird auch Albrechtsdorf genannt*. – Dt., ›Dorf des Albrecht‹. Der PersN beruht auf ahd. adalberaht ›Geschlecht, Abstammung; edel, adlig‹-›hell, strahlend, glänzend‹. Der Ort wurde wahrscheinlich nach *Albrecht von Friedland* benannt.

Oppach/Wopaka nw. Neusalza-Spremberg, 1336 *de Opach*, 1381 *Opach*, 1439 *Opach*, 1495 *Oppach*, 1504 *Opach*, 1791 *Oppach, Alt- und Neu-*. / 1835 *Wopaka*, 1843 *Wopaka*, 1866 *Wopaka*, 1886 *Wopaka*. – Bisher als dt. *Ob-bach ›Siedlung am oben gelegenen oder aufwärts gelegenen Bach‹ gedeutet. Der Dorfbach heißt in jüngerer Zeit *Alter Graben*. Man dachte auch an *Ot(ten)bach, zum PersN Otto. Wahrscheinlich aber aoso. *Opaka ›Siedlung an einem Bach, der in verkehrter Richtung fließt (im Vergleich zur Spree)‹, zu oso. wopak ›verkehrt, nicht richtig, falsch‹. Die Siedlung liegt an einem Bach, der aus dem Norden nach dem Süden fließt, im Gegensatz zu allen anderen Flussläufen.

Oppeln/Wopaleń nnö. Löbau, 1261 *de Opal*, 1287 *de Opal*, 1332 *de Opal*, 1348 *Opal*, 1366 *von Oppal*, 1390 *Opel*, *Opil*, *Oppolen*, *Oppelen*, 1404 *von Opol*, 1414 *von Oppell*, 1465 *Opil*, 1491 *Opeln*, 1533 ff. *Oppel*, *Opyl*, 1657 *Oppeln*. / 1700 *Wopalien*, 1800 *Wopalenje*, 1835 *Wopaleń*, 1843 *Wopaleń*. – Aoso. *Opal ›Nach Abbrennen des Waldes angelegte Siedlung, Brandrodungssiedlung‹, zu oso. wopal ›Umbrennen, Brand‹, wopalić ›verbrennen‹, nso. hopaliś ›die Oberfläche einer Sache bebrennen; verbrennen (auf der Oberfläche)‹. / Wopaleń erhielt das ausgehende -*eń* durch Angleichung an eingedeutschte Formen auf -*n* wie *Opeln* usw. Vgl. in der Niederlausitz Oppelhain/Wopaleń.

Oppitz/Psowje ö. Königswartha, 1353 *Obczow* (*Obeczow*, *Obiczow*?), um 1400 *Oppetz*, 1612 *Opitz*, 1658 *Opitz*, 1732 *Oppitz*, 1791 *Opitz oder Oppitz*. / 1719 *Psowa*, 1800 *Pßowje*, 1835 *Pßowy*, *Pßowje*,

1843 *Psowy*, 1866 *Psowje*, 1886 *Psowje*. –
Aoso. *Obyčow ›Siedlung des Obyč‹. Dieser im Poln. als Obycz und Obyć vorkommende FamN wird von poln. oby(wa)ć się
›etwas entbehren, sich ohne etwas behel-
fen‹ abgeleitet. / Psowje ›Ort, wo es (viele)
Hunde gibt‹, zu oso. pos, im Genitiv psa,
›Hund‹, psowi ›Hunde-, Hunds-‹, urslaw.
*pьsъ ›Hund‹. Mit Hundegespannen sol-
len die Einwohner bis ins 20. Jh. hinein
zum Wochenmarkt nach Bautzen gefah-
ren sein.

Ossel/Wóslin   w. Elstra, 1453 *Ozel*, 1623
Ossel, 1732 *Ossel*, 1777 *Oßel*, 1791 *Oßel*. /
1894 *Wóslin*, 1920 *Wóslin*. – Wahrscheinlich aoso. *Osel´e < *Osъlьje ›Siedlung,
wo es Wetzsteine gibt, solche hergestellt
werden‹, zu nso. woslica, poln. osła, osełka
›Wetzstein‹, russ. oselok ›Schleifstein,
Wetzstein‹, urslaw. *os(ъ)la ›Scharfes,
Kantiges‹. Die Siedlung liegt am Schwarzenberg, dem größten Grauwackeberg dieser Gegend. / Die oso. Form scheint erst
künstlich geschaffen zu sein und ist so historisch nicht berechtigt.

Ossig, Deutsch-/Němski Wosyk   s. Görlitz, 1336 *Dutsche Osseg*, 1364/69 *Ossek*,
1378 *Ossec*, 1416 *von deme Duczhen Osseg, czu deme Deuczhen Ossek*, 1438, 1451
Dewtsch Ossig, 1482 *Dewtsch Ossigk, zu
dem Dewtschenn Ossigk*, 1533 ff. *Deutsch-
ossigk*, 1791 *Deutsch Oßig*. / 1719 *Niemski
Woßek*, 1831/45 *Wósek*, 1920 *Němski Wosyk*. – Aoso. *Osěk ›Rodungssiedlung, aus-
gehauene Stelle im Wald‹, auch als ›durch
einen Verhau geschützter Platz‹ gedeutet,
zu oso. syc ›mähen, hauen (mit der Sense)‹, nso. sec, sekaś ›hauen, hacken, stampfen‹, urslaw. *sěkti, *sěkati ›hacken, hauen,
schneiden (mähen)‹, nso. wósek ›Ver-

hau, Hag, Hain‹. Das Bestimmungswort
Deutsch- diente zur Unterscheidung von
dem östl. der Neiße, heute auf poln. Gebiet gelegenen *Wendischossig/Osiek Łuży-
cki*. Vgl. in der Niederlausitz Ossak/Wósek.

Oßling/Wóslink   sw. Wittichenau, 1374/
82 *Ossilink*, 1380 *Osylnik*, 1437 *Oßelingk*,
1443 *Ossiling*, 1495 *Oßeling*, 1519 *Ossil-
nig*, 1558 *Oßlingk*, 1658 *Oßling*. / 1767
Woßlinka, 1800 *Woßlink*, 1835 *Wóßlink*,
1843 *Wóslink*, 1866 *Wóslink*. – Aoso. *Oslink ›Kleine Siedlung, wo es Wetzsteine
gibt, solche hergestellt werden‹, siehe oben
Ossel. Das auslautende *-k* ist ein Verkleinerungssuffix.

Ostritz/Wostrowc   Stadt s. Görlitz, 1007
castellum (= lat. ›Burg, Feste‹) *Ostrusna*,
1241 *oppidum* (= lat. ›Stadt‹) *Oztrosen*,
1242 *iuxta* (= lat. ›nahe bei‹) *Ostrozn*, 1243
Ostros, 1244 *in Ostrose*, 1280 *Ozstrose*,
1289 *de Oztrusen*, 1326 *in novo* (= lat. ›im
neuen‹) *Ostros* (im Gegensatz zur Altstadt), 1366 *Ostroz*, 1419 *Ostris*, 1441 *kein*
(= gegen) *Ostricz*, 1502 *Ostriss*, 1791 *Ostritz*. / 1719 *Wostrożna*, 1920 *Wóstrowc*. –
Aoso. *Ostrożna ›Mit Pfählen, Palisaden
umgebene, befestigte Siedlung‹, zu nso.
veraltet wotšog ›mit Palisaden, Pfählen
umgebener, befestigter Platz, Schanze‹,
poln. ostróg ›Bastei, Bollwerk, Schanze,
Festung‹, tschech. ostroh ›Bollwerk; Land-
zunge bei Flussgabelungen‹, russ. ostrog
›Festung, Gefängnis‹, aruss. ostrogъ ›Pfahl-
zaun‹, urslaw. *ostrogъ ›Hervorragendes,
Spitzes‹. Bei *Ostrożna, einem Adjektiv,
ist wahrscheinlich *weś ›Dorf‹ zu ergänzen.

Ostro/Wotrow   ö. Elstra, 1319 *Oztrow*,
Ostrowe, 1330 *Ostrow*, 1353 *Ostrow*, 1374
Ostrow, 15. Jh. *Ostraw*, 1510 *Ostro*, 1531 *Os-
tra*, 1791 *Ostro*. / 1684/98 *z Wotrowa*, 1700

Wotrow, 1800 *Wottroha*, 1821 *Wottroha*, 1843 *Wotrow*, 1866 *Wotrow*. – Aoso. *Ost- row ›Siedlung auf einer in sumpfigem Ge- lände höher gelegenen Fläche‹, zu nso. wótšow ›Insel, Horst; aus einem Sumpfe inselartig hervorragende Erderhebung‹, poln. ostrów, tschech. ostrov ›Insel‹, ur- slaw. *ostrovъ ›Flussinsel, inselartige Er- höhung‹. Dieses Wort ist im Oso. nur noch in Gestalt des obigen Namens vorhanden. Vgl. in der Niederlausitz Ostrow/Wótšow.

† Ottelwitz seit dem 13./14. Jh. in der Bautzener Stadtflur aufgegangene dörf- liche Siedlung, dort befindet sich seit 1934/36 die *Herrenteichsiedlung*. 1272 *Ot- telwicz*. – Bisher als MischN *Otilowici ›Siedlung der Leute des Otilo‹ erklärt, mit dem dt. PersN Otto, beruhend auf ahd. ōt ›Besitz, Reichtum‹ und erweitert mit dem Suffix -*ilo*. Da es aber im Poln. solche FamN wie Otola, Otoła, Otolik u. a. gibt, darunter schon apoln. Otułka, ist auch mit aoso. *Otołowici › Siedlung der Leute des Otoła‹ zu rechnen. Der PersN wird aus apoln. otolić, heute otulić ›einhüllen, um- hüllen‹ erklärt.

Ottenhain/Wotłěhań ssö. Löbau, 1317 *Ottenhayn*, als HerkN: 1423 *Sigemund Ottenhain*; 1434 *Ottynhayn, Ottinhayn*, 1490 *Ottenhain*, 1519 *Ottenhan*, 1657 *Ot- tenhain*. / 1719 *Wotliehan*, 1835 *Wotljehań*, 1843 *Wotljehań = Wotłěhań*, 1866 *Wotłěhań*, 1886 *Wotłěhań*. – Dt., ›Rodungssiedlung des Otto‹. Zum Bestimmungswort Otto siehe oben Ottelwitz, zum Grundwort -hain siehe oben Bremenhain. / Wotłěhań beruht auf oso. wotłěhać ›abliegen, abste- hen, klaffen; entlegen sein‹.

† Otterschütz/Wotruž(n)ica n. Königs- brück, 1907 wegen Anlage eines Truppen- übungsplatzes aufgegeben, 1493 *Otter- ßuicz*, 1506 *Otterßuitz*, 1509 *Otterschitz*, 1555 *Oterschiz*, 1579 *Otterschitz*, 1703 *Otterschütz*. / 1896 *Wotružica*. – Aoso. *Ost- rožica ›befestigte Siedlung‹, eine Ablei- tung von *ostrog, siehe oben Ostritz. Oder *Ostružica ›Siedlung bei den Brombeer- sträuchern‹, zu nso. wotšuž ›Brombeere, Brombeerstrauch‹, allgemein auch ›Dorn- gesträuch‹, mundartl. wotšužnica ›Brom- beere‹, poln. ostrężyna ›Brombeere, Brom- beerstrauch‹, tschech. ostružina ›Brom- beerstrauch‹. Die Lautgruppe -str- wurde im Dt. zu -tr- vereinfacht.

Oybin ssw. Zittau, 1290 *de Moibin*, 1306 *de Moibeneris*, 1316 *castrum Oywin*, 1319 *castrum Oywins*, 1320 *de Owin*, 1334 *de Obyn*, 1346 *castrum Moywyn*, um 1370 *Moyben, Owben, Oyben*, 1428, 1429 *uff dem Moyben, Moybin, Oywyn, Oybin*, 1463 *von Mogeben*, 1474 *uffn Oywin*, 1502 *Oywyn*, 1514 *Oywin*, 1791 *Oywien*. / 1896 *Ojwin*. – Nicht sicher deutbarer Name. Man ging bisher von aoso. *Mojbin ›Sied- lung des Mojba‹ aus. Ein PersN *Mojba aus dem Vorderglied solcher VollN wie Mojmir, zu urslaw. *mojь ›mein‹, erwei- tert mit dem Suffix urslaw. *-ьba, wäre je- doch ganz ungewöhnlich. Dieses Suffix ist bei der Bildung von KurzF aus VollN bis- her nicht nachgewiesen.

P

Pannewitz/Banecy wnw. Bautzen, s. Neschwitz, um 1400 *von Bahinwicz, Ba- hynwicz*, 1417 *Panowitz*, 1469 *Banewicz*, 1580 *Bahnetz, Bahnitz*, 1617 *Banetz*, 1791 *Pannewitz*. / 1800 *Bohnezy*, 1835 *Banezy*,

1848 *Banezy*, 1886 *Bohanowitz*, 1959 *Banecy*. – Aoso. *Bagnowica, später *Bahno-
wica ›Siedlung am/im sumpfigen Gelände‹,
zu oso. bahno ›Sumpf, Morast, Schlamm‹,
nso. bagno ›Sumpf, Moor‹, urslaw. *bagъ-
no. Der Ort liegt am *Schwarzwasser*, in das
ein nördl. von Pannewitz fließender kleiner Bach mündet. Möglicherweise haben
wir es bei dem OrtsN mit einem ursprünglichen GewN zu tun. Vgl. in der Niederlausitz Bagenz/Bageńc.

Pannewitz/Panecy nnö. Bischofswerda,
1240 *de Panewicz*, 1262 ff. *de Panuwicz*,
Panwiz, *Panewicz*, 1276 *de Panewicz*, 1315
von Panuizc, 1342 *de Panewicz*, *Panowicz*,
1374/82 *Panewicz*, 1440 *Panewicz*, 1534 *Pa-
newitz*, 1658 *Pannewiz*, 1791 *Pannowitz*. /
1800 *Panjetzy*, 1835 *Panjezy*, 1843 *Panecy*,
1866 *Panecy*. – Aoso. *Panowici ›Siedlung
der Leute des Pan‹. Der PersN, der in der
Lausitz mit mehreren Ableitungen, darunter auch Pank, öfters als FamN vorkommt,
beruht auf oso. pan ›Herr, Standesherr‹,
nso. pan ›Herr, Gutsherr; Edelmann‹.

Panschwitz/Pančicy sö. Kamenz,
1374/82 *Panczicz*, *Panczkz*, 1441 *Pan-
czycz*, *Panczitcz*, 1518 *Panczschicz*, *Pan-
tzschitz*, 1600 *Pantzschwitz*, 1703 *Pantzitz*,
1791 *Panschwitz*. / 1681 *Pantćziz*, 1835
Pańćzizy, 1843 *Pančicy*, 1866 *Pančicy*. –
Aoso. *Pančici ›Siedlung der Leute des
Pank‹. Zum PersN Pank siehe oben Pan-
newitz/Panecy.

† Partwitz, Groß-/Parcow nw. Hoyerswerda, 1969/70 wegen Braunkohlentagebaus abgebrochen, Rest der Gemarkung
mit einigen Häusern (sog. *Neupartwitz*)
nach Kleinpartwitz eingemeindet, 1401
Particz, 1568 *Gros Partitz*, 1658 *Groß Parthwitz*, 1675 *S Barzowa*, 1678 *von Barwitz*

(S Barzow), 1687 *von Groß Barttwitz
(S Barzowa)*, *Groß Partwitz (S Barzow)*,
1690 *von Groß Partwitz (S Barzowa)*, 1692
von Groß Partwitz (S Barzowa), *von Bartwitz (S Barzow)*, 1700 *von Groß Bartwitz
(SBarzowa)*, 1791 *Groß Partwitz*. / 1744
Parcow, 1767 *Parzow*, 1800 *Wulki Parzow*,
1843 *Parcow*, 1886 *Parcow*. – Bisher als
aoso. *Parotici ›Siedlung der Leute des Parota‹ mit dem PersN zu oso. paraty ›tän-
delnd‹, parać ›tändeln‹, gedeutet. Im Poln.
gibt es den FamN Parota, zu poln. parota
›Hitze, Glut‹. In dieser Gegend sind allerdings OrtsN auf *-ici* weniger zu erwarten.
Wegen der früher nicht bekannten Belege aus dem Senftenberger Kirchenbuch
von 1675 bis 1700 vielleicht eher *Bartica
›Siedlung bei den Waldbienenstöcken‹, zu
poln. barć, tschech. brť, urslaw. *bъrtь
›Höhlung im Baum, Waldbienenstock‹. /
Barćow geht wohl auf *Barć zurück, an
das in Anlehnung an die vielen Namen auf
-ow *Barćow wurde, unter dem Einfluss
der dt. Überlieferung dann *Parcow*. Vgl.
in der Niederlausitz Barzig/Barce, das man
ebenfalls mit urslaw. *bъrtь ›Waldbienenstock‹ in Verbindung brachte, das aber
auch anders erklärbar ist.

Partwitz, Klein-/Bjezdowy nw. Hoyerswerda, 1568 *Klein Partitz*, 1658 *Klein
Parthwitz*, 1685 *von Klein Bartwitz (S Beßdow)*, 1686 *von Klein Bartwitz (S Beßdow)*,
1697 *von Klein Bartwitz (S Beßdo)*, 1698
von Klein Bartwitz (Smalego Barzow),
1704 *S malego parzowa (od. SBeßda)*, 1791
Klein Partwitz. / 1800 *Maly Parzow*, 1835
Bjazdow, *Bjezdowy*, 1843 *Bĕzdowy*, 1866
Bjezdoły, 1886 *Bjezdoły*. – Siehe oben Partwitz, Groß-. / Bjezdow(y) bzw. *Bezdow
›Siedlung, in deren Nähe es schwarzen Ho-

lunder, Flieder gibt‹, zu nso. bez, baz ›Holunder‹ mit einer Nebenform *bezd wie poln. mundartl. best aus älterem bezd. Vgl. in der Niederlausitz Beesdau/Bezdow.

† **Paschkowitz** ehemaliger Ortsteil von Kleinradmeritz nö. Löbau, 1430 *Passkewicz*, 1469 *Baschkewitz*, 1541 *Paskewitz*. – Aoso. *Paškowici ›Siedlung der Leute des Pašk‹. Der PersN stellt eine KoseF von Pakosław u. ä. VollN mit dem Vorderglied aus urslaw. *pakъ ›stark, kräftig‹ dar. In der Lausitz gibt es die FamN Pach, Pak, Pakuš, Paš, Pašk u. a.

Paßditz/Pozdecy w. Bautzen, sö. Crostwitz, 1513 *Pasticz*, 1567 *Paßditz*, 1569 *Pasditz*, *Basditz*, 1590 *Pastitz*, 1617 *Basdetz*, 1791 *Basdetz oder Basditz*, *Paßditz*. / 1800 *Bosdezy*, 1843 *Pozdecy*, 1886 *Pozdecy*. – Aoso. *Pozdici ›Siedlung der Leute des Pozd oder Pozda‹. Der PersN beruht auf urslaw. *pozdъ, *pozdě, oso. Adjektiv pózdni, Adverb pozdźe ›spät‹ (wahrscheinlich für ein spät geborenes Kind gebraucht). Im Poln. gibt es den PersN Pozda mit zahlreichen Ableitungen. / Die neueren oso. Formen scheinen auf *Pozdowici hinzudeuten, wahrscheinlich erfolgte aber erst später eine Angleichung an die zahlreichen Namen auf -ecy.

Paulsdorf, Deutsch-/Němske Pawlecy wsw. Görlitz, 1285 *Pawilstorf, que olim Wizlawindorf vocabatur* (= lat. ›das ehemals ... genannt wurde‹), 1377 *Paulstorff*, 1406 *Pawilsdorf*, 1429 *Paulsdorff*, 1452 *Pawelsdorff*, 1509 *Paulsdorff*, 1791 *Deutschpaulsdorf*. / 1719 *Niemske Paulice*, 1831/45 *Njemske Pawłozy*, 1920 *Wjacsławin*. – Dt. ›Dorf des Paul‹ bzw. MischN ›Dorf des Wisław‹. Wisław beruht auf dem gekürzten VollN Witosław, mit dem Vorderglied

aus urslaw. *vitati ›wohnen, Aufenthalt nehmen‹, nso. witaś, oso. witać ›willkommen heißen, begrüßen, empfangen‹. Ableitungen von der Basis Wit- kommen im Sorb. oft als FamN vor, so Witan, Witoš u. a. / Ursprünglich wohl *Pawlici ›Siedlung der Leute des Paul‹, später angeglichen an die Namen auf -ecy < *-owici. Vom christl. RufN Paul, oso. Pawoł, sind zahlreiche sorb. VorN und FamN abgeleitet, so Pawlik und viele weitere, darunter auch das patronymische Pawlec. Bei der 1920 überlieferten Form handelt es sich um eine künstliche Bildung mit dem VollN Wjacław, der im Oso. öfters als FamN begegnet. Das Bestimmungswort Deutsch- bzw. Němske diente zur Unterscheidung des Ortes, der in einer stärker dt. besiedelten Gegend liegt, von Paulsdorf, Wendisch/Pawlecy, Serbske, mit einer vorwiegend von Sorben bewohnten Umgebung.

Paulsdorf, Wendisch-/Pawlecy, Serbske nö. Löbau, 1317 *Paulsdorf*, 1408 *Pawlsdorf*, 1438 *Pawelsdorff*, 1474 *Paulstorff*, 1581 *Paulsdorff*, 1698 *Polßdorff, wendisch*, 1791 *Wendisch Paulsdorf*. / 1719 *Sserske Paulizy*, *Paulize*, 1800 *Sserske Pawozy*, 1835 *Pawłozy*, 1866 *Pawłocy*, 1959 *Serbske Pawlecy*. – Siehe oben Paulsdorf, Deutsch-/Němske Pawlecy.

Pechern/Pěchč sö. Bad Muskau, 1406 *Pechir*, 1420 *czwischen Pechren un dem Werde*, 1437 *zu Peche(r)n*, 1430 ff. *Pechir(n)*, *zu(m) Pecherin*, *Bechirn*, *Becherin*, *Pechern*, 1506 *zu Bechern*, 1533 ff. *Pechern*. / 1835 *Pjechcź*, 1843 *Pjechč*. – Dt., ›Siedlung der Pechmacher, Pechsieder‹, zu mhd. becher(er) ›Pechsammler, Pechbrenner‹. / Die oso. Form ist aus der dt. hervorgegangen.

Peickwitz/Čikecy ö. Ruhland, 1455 *Py-kicz*, 1529 *Peikwitzsch*, 1604 *Peuckwitz*, 1658 *Päuckwitz*, 1683 *Peuckwitz*, *Peyck-witz*, *Beikwitz*, 1702 *Peickwitz*, 1731 *Beuck-witz*, 1791 *Beickwitz*. / 1687 *von Peikwitz (wott Tschiekot)*, 1688 *von Beickwiz (ße Tschiggetza)*, 1744 *Czikez*, 1843 *Čikecy*, 1885 *Čikecy*. – Vielleicht aoso. oder anso. *Pikowici ›Siedlung der Leute des Pika‹. Pika, vereinzelt im Sorb. als PersN belegt, beruht wahrscheinlich auf nso. oso. pik ›Laut, Mucks‹, nso. pikaś ›einen Laut, Mucks von sich geben, piepen, mucksen‹, oso. pikać ›picken, mucksen‹. / Anso. *Tśi-kowici ›Siedlung der Leute des Tśik oder Tśika‹. Beide PersN, in der Niederlausitz als FamN nachweisbar, so in Lauta 1501 *Czygk*, in Goßmar 1618 *Zigka*, erklären sich aus nso. tśik ›Zwitscherlaut der Vögel‹, tśi-kaś, auch tśikotaś, ›zwitschern; helle, feine Laute von sich geben; zirpen, flöten‹, oso. ćik ćik ›Laute einiger Vögel‹, ćikanje ›das Zwitschern‹. Interessant ist, dass in beiden OrtsN PersN vorkommen, denen lautnachahmende Wörter zu Grunde liegen.

Peschen/Stwěšin nw. Löbau, 1534 *Pe-schenn*, 1732 *Beschen*, 1759 *Peschen*, 1791 *Peschen*. / 1700 *Tweschin*, 1800 *Stweschin*, 1835 *Stweschno*, 1843 *Stwešno, (-in?)*, 1848 *Stweschin*, 1959 *Stwěšin*. – Bisher konnte keine glaubwürdige Deutung des Namens gefunden werden. Trennt man die dt. von der oso. Überlieferung, was aber kaum zu rechtfertigen ist, könnte man aoso. *Pěšin ›Siedlung des Pěcha oder Pěša‹ ansetzen. Beide PersN, auch als FamN in der Lausitz überliefert, sind vom christl. RufN Peter, Petrus abgeleitet.

Petersbach Ortsteil von Schirgiswalde, s. Bautzen, 1785 *Petersbach*, um 1800 *Peters-bach*. – Dt., ›Am Bach gelegene Siedlung, benannt nach dem Heiligen Petrus‹. 1730 ff. wurden die Fluren des dem Domstift gehörenden Niederhofes parzelliert und Häusler darauf angesetzt. Die Benennung erfolgte nach dem Stiftsheiligen *St. Peter*. Vgl. unten Petershain.

Petershain w. Kamenz, 1225 *Peteresha-gen*, 1263 *Petirshain*, 1441 *Petirshayn*, 1534 *Petershain*, 1658 *Petterßhan*, 1791 *Peters-hayn*. – Dt., ›Rodungssiedlung des Peter‹. Zum Grundwort -hain siehe oben Bremenhain. Der christl. RufN Peter, lat. Petrus, aus griech. (im Neuen Testament) Pétros ›Fels‹, fand als Heiligenname im Mittelalter große Verbreitung. Unsere Siedlung erhielt ihren Namen wahrscheinlich nach *Peter von Schwoosdorf*.

Petershain/Hóznica wnw. Niesky, um 1390 *Petershayn*, 1398 *de Petershayn*, 1408 *Petershein*, 1416 *Petirshain*, 1490 *Peters-hain*, 1542 *Petersshain*, 1791 *Petershayn*. / 1684 ff. *z Hóznicze*, 1767 *Hosniza*, 1800 *Hosniza*, 1835 *Hósniza, Hósenzy*, 1866 *Hóznica*, 1885 *Hóznica*. – Dt., ›Rodungssiedlung des Peter‹, siehe oben Peters-hain w. Kamenz. / Aoso. *Gozdnica, später *Hoz(ď)nica ›Siedlung am/im Walde‹, zu nso. gózd, gózda ›trockener Wald, Bergwald, Hart‹, tschech. hvozd ›großer, dichter Wald‹, urslaw. *gvozdъ. Wegen der Bildung mit dem Suffix *-ьnica und der Lage des Ortes an einem kleinen Bach liegt wahrscheinlich ein GewN zu Grunde, also ›Siedlung am Waldbach‹.

Pethau w. Zittau, 1391 *Petow*, 1415 *Pe-taw*, 1453 *Peta*, 1551 *Petten*, 1590 *Bethe*, 1732 *Bethe*, 1791 *Pethau*, 1800 *Pethau, Bet-hau*. – MischN, *Petow ›Siedlung des Pet‹. Pet, mehrmals als PersN in der Lausitz nachgewiesen, ist eine KurzF des christl. RufN Peter, Petrus, siehe oben Petershain w. Kamenz.

Pfaffendorf, Nieder-, Ober- sw. Görlitz, 1931 zu Pfaffendorf vereinigt, um 1330 *de Phafindorf*, 1413 *Phaffyndorf*, 1419 *Phaffendorff circa Landescron*, 1495 *Pfaffendorff*, 1504 *Pfaffendorff bey der Landskrone*, 1791 *Pfaffendorf bei Görlitz ... 1.) zur Stadt Görlitz geh. Dorf, 2) zum Kloster Marienthal geh. wird auch Ober=Pfaffendorf gen. zwischen Jauernick und Markersdorf.* – Dt., ›Dorf eines Geistlichen‹, zu mhd. phaffe ›(Welt)geistlicher, Priester‹.

Picka Ortsteil von Oppach, ö. Schirgiswalde, als FlurN 1437 *uff dem Bigke*, als OrtsN 1662 *zur Pick*, 1732 *Picke*, 1791 *Picke*, 1800 *Picke*. – Dt., ›Von einem Verhau umgebener oder befestigter Ort‹, zu mhd. gebicke ›Verhau‹, gebucke ›ein zur Bezeichnung der Waldgrenzen ineinander gebogenes oder geflochtenes Gebüsch‹.

Pickau/Špikowy n. Bischofswerda, als HerkN: 1374/82 *Andreys* etc. *Pickow, Pikkow*; 1411 *czu Pickaw*, 1412 *Pickow*, 1427 *in Picko*, 1442 *Pigkaw, Pyckow*, 1506 *Picka*, 1511 *Pigk*, 1522 *Picko*, 1534 *Pigk*, 1540 *Picke*, 1654 *Pieck*, 1791 *Pickau*. / 1843 *Špikowy*, 1886 *Špikowy*, 1920 *Špikowy*. – Aoso. *Pikow ›Siedlung des Pik‹. Zum PersN Pik siehe oben Peickwitz. / Die oso. Namenform ist vielleicht ein SpottN und an oso. špikować ›spicken‹ angelehnt, auch oso. špika ›Steinsaame, Ackersteinsaame (botan.)‹ käme möglicherweise in Betracht.

Pielitz/Splósk sö. Bautzen, 1363 ff. *de Puls*, 1375 *Pulze*, 1378/1419 *Puolcze*, 1430/33 *zum Polz, Poltz*, 1513 *Pols*, 1519 *Puls inferior* (= lat. ›unter‹), 1524 ff. *Pulcz*, 1553 *Puls, Püls*, 1572 *Poeltze*, 1574 *czum*

Piliz, 1602 *Piltz*, 1612 *Pültz*, 1699 *Pielitz.* / 1767 *Splusk, Plusk*, 1800 *Belsk*, 1821 *Pelsk*, 1843 *Splósk*, 1866 *Splózk*. – Ein schwer deutbarer Name. Vielleicht aoso. *Sťblesk < *Stьblьskъ oder – ausgehend von den eingedeutschten Formen – *Sťbolsk < *Stьbolьskъ ›Siedlung in mit (viel) Gras(halmen) bewachsenem Gelände‹, zu oso. stwjelco, mundartl. spjelco, nso. spło ›Halm, Grashalm‹, urslaw. *stьblь, *stьblo ›Stengel, Halm‹, nso. stwoł ›Hundspetersilie, Aethusa cynapium‹, oso. älter stwólk ›Schaft‹, stwólčk ›Halm‹, tschech. stvol ›Schaft‹, russ. stvol ›Stiel, Röhre, Schaft; Stamm, Stengel‹, urslaw. *stьbolъ. Bei der Eindeutschung von *Sťboľsk wurde die Lautgruppe *Sťb- zu P- vereinfacht, das auslautende -k fiel ab. Geht man von *Sťblesk aus, so konnte dieses nach dem Wandel von *e > o *Sťblosk ergeben, in heutiger Lautung dann Splósk. Der Weg zu den ältesten eingedeutschten Formen hätte dann über Formen wie *Stьblьska (Genitiv) usw., also oblique Kasus geführt, wobei nach Ausfall der reduzierten Vokale Formen mit einer Konsonantenhäufung aufkamen, die durch einen Vokaleinschub -o- bzw. -u- im Dt. aufgelöst wurde, wodurch es zu *Pols, Puls* usw. kam. Die vereinzelt dastehenden sorb. Belege *Belsk, Pelsk* ließen sich zwar ebenfalls auf diesem Wege erklären, möglicherweise lehnen sie sich aber an oso. běły ›weiß‹ an.

Pietzschen/Byčin auch Bytschin, Ortsteil von Breitendorf, s. Weißenberg, 1759 *Unt. Pitschen*, um 1800 *der Pitschen oder Wohlaer Berg*, 1896 *Bitschyn, Pietschen.* / 1887 *Byčin.* – Bisher als *Byčin, zu oso. byk ›Bulle, Stier‹ gedeutet und verglichen mit dt. *Ochsenteich, -bach, -berg*, möglicherweise aber *Pičin ›Siedlung des Pika‹, zum PersN siehe oben Peickwitz.

Pietzschwitz/Běčicy w. Bautzen, 1225 *de Pictzwicz* oder *Pizhewicz*, 1377 *Peczicz*, 1414 *Beczicz*, 1419 *von Petczhiz*, 1432 *Peczicz*, 1455 *Betschicz*, 1522 *Bitzschicz*, 1538 *Piczschicz*, 1544 *Bithschicz*, 1569 *Pitschwitz*, 1572 *Pitzschitz, Bitzschitz*, 1617 *Pitzschwitz*, 1791 *Pietzschwitz*. / 1843 *Bječicy*, 1866 *Běčicy*, 1886 *Běčicy*. – Da die Belege in der ersten Silbe *-i-* und *-e-* aufweisen und im Anlaut *P-* mit *B-* wechselt, ergeben sich mehrere Deutungsmöglichkeiten: 1. Aoso. *Pičici ›Siedlung der Leute des Pika‹, zum PersN siehe oben Peickwitz. 2. Aoso. *Pečici ›Siedlung der Leute des Peča‹ mit dem PersN zu oso. pječa ›Sorge‹, pječować so ›sich sorgen‹, urslaw. *pekja ›Sorge, Obhut‹, bereits im Apoln. als PersN Piecza belegt. In Bluno kommt 1649 der FamN *Pezscha* vor, den wir jedoch als *Pětša von Peter ableiteten, der aber möglicherweise hierher gehört. Von ders. Wurzel *pek- wie in *pekja , aus urslaw. *pekti ›backen‹, leitet sich auch der poln. FamN Pieka her, sodass des Weiteren mit ›Siedlung der Leute des Peka‹ zu rechnen ist. 3. Geht man von dem anlautenden *B-* einiger Belege aus und berücksichtigt man die späteren oso. Schreibungen und die oso. mundartl. Lautung, so ergibt sich *Bečici ›Siedlung der Leute des Beč(a) oder Bek(a)‹ mit dem PersN zu oso. bječeć, bjakać, umgangssprachl. bečeć ›blöken, bes. von Schafen und Kälbern‹, übertrag. ›schreien, plärren (der Kinder)‹, poln. beczeć ›blöken; laut weinen, heulen‹, dazu die poln. PersN Becz, Beczak, Bek, Beka, Bekacz u. a. Die dritte Deutung dürfte der Wahrheit am nächsten kommen.

Pilzdörfel wsw. Zittau, 1782 angebauter Ortsteil von Waltersdorf, 1835 *Oberes Dörfel, auch Pilz- oder Rehziegendörfel*. – Dt., ›Siedlung am/im pilzreichen Wald‹.

Piskowitz/Pěskecy ö. Kamenz, 1280 *Pezkwicz*, als HerkN: 1374/82 *Pauwil Peskewicz*; 1396 *Piskewiz*, 1443 *Pischkewicz*, 1487 *Pißkwitz*, 1519 *Peskewitz*, 1523 *Pischkewicz*, 1547 *Pisckewitz*, 1791 *Pißkowitz*. / 1800 *Pjeskezy*, 1843 *Pjeskecy*, 1886 *Pěskecy*. – Aoso. *Pěskowica ›Siedlung in einer sandigen Gegend‹, zu oso. pěsk ›Sand‹. Da bei dem Ort ein kleiner Bach entspringt und sich westl. von Piskowitz die *Großen Sandteiche* befinden, liegt möglicherweise ein GewN zu Grunde, also ›Siedlung am Sandbach‹.

Pließkowitz/Plusnikecy nö. Bautzen, 1327 *Pluskewicz*, 1375 *de Pluskewicz*, 1399 *Plussinkewicz*, 1419 *Plußkewitz*, 1447 *Plüßinckwicz, Plißinckwicz*, 1459 *Plußkewicz*, 1485 *Plißkwitz*, 1503 *Plußnickewitz*, 1503 *Pluschkewitcz*, 1571 *Plieskwitz*, 1626 *Plißkowitz*, 1658 *Plischkewitz*, 1791 *Pließkowitz*. / 1700 *Plußkeze*, 1800 *Pluß(n)ikezy*, 1843 *Plusnikecy*, 1866 *Plusnikecy*. – Aoso. *Plusnikowica ›Siedlung an einem Ort, wo das Wasser spritzt, plätschert‹, zu oso. pluskać, plusnyć ›(mit klatschendem Geräusch) spritzen‹, pluskotać ›plätschern‹, plusk ›Spritzer‹, poln. pluskać, plusnąć ›plätschern‹. Möglicherweise ursprünglich ein GewN. Die Siedlung liegt an der Kleinen Spree. Man dachte auch an *Plusnikowici, abgeleitet von *plusnik ›Bewohner eines feuchten, sumpfigen Ortes‹. Wir sehen in *plusnik eine Stellenbezeichnung ›wo das Wasser spritzt, plätschert‹.

Plotzen/Błócany nw. Löbau, als HerkN: 1374/82 *Jon Blozayn*; 1398 *de Bloczin*, 1419 *Blotzen*, 1538 *Blotzen*, 1586 *von Blotzen*,

1635 *Plotzen*, 1791 *Plotzen*. / 1700 *Bloczan*, 1700 *Blozan*, 1800 *Botzany*, 1835 *Błozany*, 1843 *Błóćane*, 1866 *Błócany*. – Aoso. *Błocane, später *Błocany ›Siedlung der Sumpflandbewohner‹, zu oso. błoto ›Morast, Schlamm, Schmutz, Dreck‹, nso. błoto ›Schmutz, Morast, Sumpf, sumpfiger Wald, nasser Busch‹.

Podmoklitz   siehe unten Praga, Klein-.

Podrosche/Podrożdź   n. Rothenburg/ O. L., 1936–1947 *Grenzkirch*, 1521 *Podegros*, 1552 *Podogros*, 1595 *Poyderose*, 1597 *Podroßen*, *Droßing*, *Poderusche*, 1615 *Poderusche*, 1704 *Poderoscha*, 1791 *Poderosch*. / 1767 *Podroži*, 1800 *Podroz*, 1835 *Podroz*, 1866 *Podrože*, 1920 *Podrożdź*. – Aoso. *Podgrodźe < *Podgrodьje, urslaw. *podъgordьje ›Siedlung im Gelände unterhalb der Burg‹, zu oso. pod ›unter, unterhalb‹ und hród, nso. grod ›Schloss, Burg‹.

Pohla/Palow   nnö. Bischofswerda, 1276 ff. *de Palow(e)*, 1419 *Polaw*, 1427 *Polaw*, 1435 *Polow*, 1451 *Palow*, 1503 *Polo*, 1522 *zu Pole*, 1562 *Pola*, 1571 *Poley*, 1658 *Pohla*, 1791 *Pohla*. / 1700 *Palow*, 1800 *Palow*, 1843 *Palowy*, 1866 *Palow*. – Aoso. *Palow ›Nach Brandrodung angelegte Siedlung‹, zu oso. palić ›brennen‹, zapalić ›anzünden‹, spalić ›verbrennen‹, urslaw. *paliti ›anzünden, brennen‹. Vgl. oben Oppeln und unten Spohla.

Pommritz/Pomorcy   osö. Bautzen, 1359 *Pomyrwicz*, 1419 *Pommerwitz*, 1426 *Pomerwicz*, 1441 *Pomerwicz*, 1506 *Pomeritz*, 1572 *Pomeritz*, 1657 *Pomritz*, 1791 *Pommritz*. / 1800 *Pomerezy*, 1843 *Pomorcy*, 1886 *Pomorcy*. – Aoso. *Pomirowici ›Siedlung der Leute des Pomir‹. Pomir, ein sog. »unechter« VollN, bereits im Apoln. belegt, beruht auf der Präposition urslaw. *po,

oso. po ›auf, über, in; um zu ...‹, und urslaw. *mirъ, oso. měr ›Friede(n), Ruhe‹. / Die späten oso. Formen stehen wahrscheinlich unter dem Einfluss solcher oso. Wörter wie pomorić ›töten‹ oder pomorjo ›Küste(ngegend)‹.

Postwitz, Klein-/Bójswecy   n. Schirgiswalde, s. Bautzen, um 1433 *Basslewicz*, 1486 *Boßelwitcz*, 1488 *Boßlawitz*, *Boßlawetz*, 1489 *Boßilwitz*, 1561 *zu Klein(en) Boßlawicz*, 1657 *Klein Postwitz*, 1791 *Klein Postwitz*, *Klein=Postewitz*. / 1700 *Boißwaize*, 1800 *Bojßwarzy*, 1835 *Bojßwojzy*, 1843 *Bójswocy*, 1886 *Bójswecy*. – Aoso. *Bosławici ›Siedlung der Leute des Bosław‹. Der PersN, der in der Niederlausitz öfters als FamN vorkommt, stellt einen im Vorderglied gekürzten VollN dar, wobei Bogusław, Bojesław, Bolesław oder Borisław in Frage kommen. Die jeweiligen Vorderglieder beruhen auf urslaw. *bogъ ›Gott‹, ursprünglich ›Reichtum, Wohlstand‹ bzw. ›Anteil‹, *bojь ›Kampf, Schlacht, Krieg‹, *boľe ›mehr, besser‹, *borti (sę) ›kämpfen‹. / Die oso. Formen scheinen sich an *Boj-, *Bojiš oder einen ähnl. Namen angelehnt zu haben. Sie spiegeln am ehesten ein ursprüngliches *Bojesławici wider.

Postwitz/O.L., Groß-/Budestecy   s. Bautzen, 1331 *de Bustewicz*, 1376 *Bustewicz*, *Bostewicz*, 1453 *Bostewicz*, 1481 *Bostwicz*, 1504 *Bustewitz*, 1533 *Bosthwicz*, *Posthewicz*, 1534 *Bostewitz*, 1547 *Postowitz*, 1593 *Großbostwitz*, 1659 *Postwitz*, 1791 *Großpostwitz*, *Groß=Postwitz*. / 1700 *Budesteze*, -*y*, 1719 *Budesteze*, 1767 *Budestec*, *Budestezy*, 1800 *Budestezy*, 1843 *Budestecy*. – Aoso. *Budostowici ›Siedlung der Leute des Budost‹. Der PersN ist eine KurzF von Budisław oder ähnl. VollN mit dem Vorderglied aus urslaw. *buditi, oso. budźić ›wecken‹, oder urslaw. *byti, *bǫdǫ, oso. być, budu ›sein, existieren‹. PersN mit Bud- sind im Sorb. sehr häufig, mit dem Suffix -ost sind die FamN Drohost, Lubost und Miłost gebildet.

Pottschapplitz/Počaplicy nö. Bischofswerda, 1364 *de Cappelicz*, 1374/82 *Puczaplicz*, 1464 ff. *Poczschenplitz*, 1488 *Potzschenplitz*, *Potzschaplitz*, 1490 *Potzenplitz*, 1559 *Potzschapelitz*, 1622 *Poczscheblicz*, 1693 *von Pezschepliz*, 1712 *Potschaplitz*. / 1843 *Počaplicy*, 1866 *Počaplicy*. – Wahrscheinlich aoso. *Počapalici ›Siedlung der Leute des Počapał oder Počapała‹. Die Wurzel des PersN beruht entweder auf apon. capać, czapać ›(er)greifen, fangen, packen‹, dazu gibt es die FamN Czapala, Czapała u. a., darunter auch Poczapka, zu poczapić ›(er)greifen, fangen, packen, rauben, reißen‹, oder auf oso. čapać so ›sich niederkauern, sich (nieder)setzen‹, russ. čapat´ ›schaukeln, wanken‹, počapit´ ›neigen‹, slowak. mundartl. čaploš ›tölpelhaft bzw. komisch laufender Mensch‹. Im Oso. gibt es den FamN Čapan.

Prachenau/Prochnow ö. Weißenberg, 1239 *Prohinowe*, 1245 *Prohonowe*, als HerkN: 1346 *Henczil Prochnow* (Bürger in Reichenbach); 1419 *Prochenaw*, 1451 *Prachenaw*, 1519 *Pruchnaw*, 1732 *Brachen*, 1791 *Brachenau*, *Prachenau*. / 1700 *Prochnow*, 1719 *Prachnow*, 1835 *Brochnow*, 1843 *Próchnow*, 1885 *Prochnow*. – Aoso. *Prochonow ›Siedlung des Prochon‹. Im Poln. gibt es die FamN Prochon, Prochoń u. a., die von proch ›Staub‹ abgeleitet werden, im Sorb. mehrmals den FamN Proch, zu nso. oso. proch ›Staub, Pulver; Schießpulver‹.

Praga, Klein-/Mała Praha w. Bautzen, 1377 *Podmaklicz*, 1488 *Pomenklitz*, 1493 *Pommenklytz*, 1538 *Pommenklycz*, 1559 *Pomenklitz*, 1566 *Prage oder Pudmochlitz*, 1579 *Podomoklitz*, 1617 *Podmoklitz oder Prage*, 1759 *Kl(ein) Praga*, 1791 *Klein Praga, vormals Podomogklitz, auch Pommenklitz genannt.* / 1843 *Praha*, 1866 *Mała Praha*. – Aoso. *Podmoklica ›Siedlung in einer nassen, feuchten Gegend‹, zu nso. pódmoknuś ›unten aufweichen, von unten nass werden‹, poln. podmokły ›sumpfig, moorig‹. Der Ort liegt am Schwarzwasser. Da das Suffix -ica oft GewN bildet, könnte sich hinter *Podmoklica eventuell der ursprüngl. slaw. Name für das Schwarzwasser verbergen, also ›Sumpfbach‹. Bisher wurde *Podmoklici ›Siedler, die in nassem Gelände wohnen‹ angenommen. Man könnte vielleicht auch ›Siedlung der Leute des Podmokły‹ ansetzen, wozu der poln. FamN Podmokły passen würde. Zu *Podmoklica vgl. den Niederlausitzer OrtsN Pademagk/Podmokła. Bereits im 16. Jh. wurde für unseren Ort der Name der Hauptstadt Böhmens *Prag*, tschech. *Praha*, ursprünglich *Praga, übernommen, dazu dann entsprechend oso. Praha verwendet. Später trat das Bestimmungswort dt. Klein-, oso. Mała, davor.

† Praskau osö. Kamenz, ehemals nördl. Dorfteil von Kuckau, 1304 *in loco qui vulgariter dicitur Prazkowe* (= lat. ›an einem Ort, der im Volksmund ... genannt wird‹), als HerkN: 1358 ff. *Heyne Praskow, Kuncze Prascowe*; 1374/82 *Praskow*, 1521 *Gut auf dem Prasker*. – Aoso. *Praskow ›Siedlung des Prask‹. Der PersN, in dieser Form im Sorb., Poln. und Tschech. bezeugt, beruht auf oso. praskać ›knallen (mit der

Peitsche), krachen, knacken, prasseln, knistern‹, prask ›Knall, Krach‹, poln. praskać ›klatschen, knallen; schleudern, wuchtig werfen, schmeißen‹, tschech. praskat ›brechen, bersten; prasseln, knistern, schnalzen‹.

Prauske, Nieder-/Delnje Brusy n. Niesky, 1293 *Bruzk* (gegebenenfalls zu Oberprauske), 1389 *de Prusig*, 1419 (Kop. 18. Jh.) *Brussk*, *Prustosck circa* (= lat. ›nahe bei‹) *Dawpiz*, 1456 *Prawsk*, 1515 *Prawssigk*, 1732 *Brauske*, 1733 *Praußig*, 1791 *Praußka*. / 1835 *Brusy*, 1843 *Brusy*, 1885 *Delnje Brusy*. – Aoso. *Brusk, zu oso. nso. brus ›Wetzstein‹, nso. brusk ›kleiner Wetzstein‹, wahrscheinlich ›Siedlung, wo es Wetzsteine gab, solche gewonnen wurden‹. / Die oso. Form erscheint in der Mehrzahl.

Prauske, Ober-/Hornje Brusy n. Weißenberg, 1419 *Prawsig circa* (= lat. ›nahe bei‹) *Gebelczik*, 1545 *Brausk*, 1658 *Praußcke*, 1791 *Braußke*, 1831/45 *Prauske*. / 1800 *Brußy*, 1866 *Brusy*, 1885 *Hornje Brusy*. – Aoso. *Brusk, siehe oben Prauske, Nieder-.

Prautitz/Prawoćicy sö. Kamenz, b. Crostwitz, 1225 *de Pravtiz*, 1248 *de Pravtiz*, 1377 *Prauticz*, um 1400 *Prawticz*, *Praweticz*, 1537 *Brauttitz*, 1565 *Prawetiz*, 1658 *Prautiz*, 1791 *Prautitz*. / 1703 *Prawotitz*, 1800 *Brawozinzy*, 1835 *Brawozinzy*, 1866 *Prawoćicy*. – Aoso. *Prawotici ›Siedlung der Leute des Prawota‹. Der PersN, bereits im Apoln. und Atschech. bezeugt, beruht auf oso. prawy ›recht; richtig; wirklich, wahr, echt‹, prawota ›Richtigkeit; Rechtssache; Rechtmäßigkeit‹, urslaw. *pravъ ›recht, richtig‹.

Preititz/Přiwćicy nö. Bautzen, 1250 *Priwiticz*, 1303 *de Pribetiz*, 1326 *de Preuticz*, als HerkN: 1364 ff. *Petrus Priwiticz*, *Priu-*

ticz; 1410 *Prewyticz*, 1419 *Preywetitz*, 1436 *Prebticz*, 1476 *Preyticz*, 1519 *Preywetitz*, 1538 *Preiticz*, 1658 *Preytitz*, 1791 *Preititz*. / 1800 *Pschiwczitzy*, 1835 *Pschiwczezy*, 1843 *Pšiwćicy* = *Přiwćicy*, 1886 *Přiwćicy*. – Aoso. *Priwitici oder *Priwětici ›Siedlung der Leute des Priwit oder Priwět‹. Priwit erklärt sich als »unechter« VollN mit dem Vorderglied aus urslaw. *pri, oso. při ›bei, an‹, und dem Hinterglied aus urslaw. *vitati ›wohnen, Aufenthalt nehmen‹, oso. witać ›begrüßen, willkommen heißen; empfangen‹. In gleicher Weise erklärt man das Vorderglied von *Priwět, das Hinterglied beruht auf urslaw. *větъ, dazu aksl. větъ ›Beschluss, Vertrag‹, russ. vet ›Rat, Vertrag‹. Von den Namengliedern Wit- und Wět- sind zahlreiche sorb. FamN abgeleitet. Przywit kommt im Apoln. vor, im Atschech. Přívět.

Preske/Praskow w. Bautzen, 1580 *Prascko*, 1617 *Praske*, 1732 *Presca*, 1721 *Proscke*, 1777 *Breßke*, 1791 *Brößke*, *Preßke*, 1836 *Preßke (Breske)*. / 1800 *Praskow*, 1843 *Praskow*, 1886 *Praskow*. – Aoso. *Praskow, siehe oben † Praskau. Man dachte auch an *Brezka, zu oso. brěza ›Birke‹, wogegen die älteste Überlieferung und die oso. Formen sprechen. Die Schreibungen aus dem 18. Jh. und danach scheinen an andere Namenformen angelehnt zu sein, so vielleicht an 1746 *Brescken* für Brieschko, s. dass., aber auch solche Wörter wie oso. brěza ›Birke‹, brěska ›Pfirsich‹ oder ähnl. – soweit sie den Schreibern bekannt waren – können eine Rolle gespielt haben.

Preuschwitz/Přišecy s. Bautzen, 1361 ff. *Prischewicz*, *Pryschewicz*, *Pryschwicz*, *Pryshewicz* (eventuell zu Prischwitz, siehe unten), 1426, 1428 *Preyschewicz*, 1448

Preyschewicz, 1533 *Preyschwitz*, 1534 *Breischwitz*, 1559 *Prauschwi(t)z*, 1648 *Preußwicz*, 1791 *Preschwitz oder Preischwitz*, *Preuschwitz*. / 1800 *Pschischezy*, 1835 *Pschischezy*, 1843 *Pšišecy = Přišecy*, 1866 *Přišecy*. – Aoso. *Prišowici ›Siedlung der Leute des Priš‹. Priš stellt eine KoseF von Pribysław und ähnl. VollN dar, deren Vorderglied zu urslaw. *pribyti, aksl. pribyti, pribyvati ›zunehmen, anwachsen, hinzukommen‹ gehört. Besonders in der Oberlausitz gibt es häufig den PersN Pribyš, so bereits 1359 in Bautzen *Pribisch*, seltener Priš, so in Görlitz 1398 *Prisch*.

Priebus, Klein-/Přibuzk n. Rothenburg/ O. L., 1521 *Pribeßgen*, 1552 *Klein Pribiß*, 1597 *Klein Priebuß*, 1791 *Klein Priebus*. Für die Deutung des Namens sind die ältesten Belege der unmittelbar gegenüber östl. der Neiße gelegenen Stadt Priebus, poln. Przewóz, wichtig: 1301 *Prebus*, 1329 *Prybus*, 1495 *Prebus*. / 1894 *Přibuzk*. – Aoso. *Prebuź ›Siedlung des Prebud‹. Das Vorderglied dieses »unechten« VollN beruht auf der Präposition bzw. dem Präfix urslaw. *per, oso. pře ›wegen, um, vor, über‹, und dem Hinterglied -bud. Zu diesem siehe oben Postwitz/O. L., Groß-. Prebud hat in apoln. Przebąd eine genaue Entsprechung.

Prietitz/Protecy n. Elstra, 1160 *Prezez*, 1165 *Prezez*, 1228/41 *Priszez*, 1248 *de Priczizc*, 1310 *de Pretetz*, 1396 *Preticz*, 1406 *Preticz*, 1556 *Pretticz*, 1559 *Preticz*, 1562 *Prietiz*, 1570 *Bretitz*, 1658 *Prittitz*, *Pritiz*, 1791 *Prietitz*. / 1843 *Protecy*, 1886 *Protecy*. – Aoso. *Preseč ›Nach Rodung des Waldes angelegte Siedlung‹, zu tschech. seč ›(Wald)schlag, Holzschlag, Lichtung, Rodung im Walde‹, poln. przesieka ›Wald

schneise, Durchhau‹, nso. sekaś ›hauen, hacken, stampfen‹, pśesekaś ›durchhacken‹, alle aus der urslaw. Wurzel *sěk- in *sěkti, sěkati ›hacken, hauen, schneiden (mähen)‹. Vgl. in der Niederlausitz Ossak/Wósek. Das ab 1310 für ursprüngliches -s- aufgekommene -t- kann man vielleicht durch Angleichung des -s- an das auslautende -ts- bzw. -tš- erklären, also *presets bzw. *presetš > *pretets. Die Belegreihe zeigt des Weiteren das Einwirken der zahlreichen Namen auf -itz. / Die sorb. Formen sind von dt. Schreibungen beeinflusst worden, sorb. -o- versuchte man durch den Ersatz von dt. -i- bzw. -ī- durch oso. -o- zu erkären.

Prischwitz/Prěčecy wnw. Bautzen, 1292 *Prischewicz*, 1350 *Priczwicz*, 1377 *Priczwicz*, 1374/82 *Priczczewicz*, *Priczewicz*, *Pritswicz*, 1443 *Pritzschwitz*, als HerkN: 1445, 1459 *Peter Preczewicz*, *Pretschewicz*; 1469 *Preczewicz*, 1504 *Pretzschwitz*, 1580 *Pritzschwitz*, 1605 *Pritzschwitz*, 1732 *Prischewitz*, 1791 *Pritschwitz*. / 1800 *Prjetschezy*, 1843 *Prječecy = Prěčecy*, 1866 *Prěčecy*. – Aoso. *Predišowici ›Siedlung der Leute des Prediš‹. Prediš erklärt sich als KurzF von Predbor und ähnl. »unechten« VollN mit dem Vorderglied aus urslaw. *perdъ, oso. před, nso. pśed ›vor‹. Im Apoln. gibt es den PersN Przed, später den FamN Przeda, in Ostpolen unter ostslaw. Einfluss Peredys, Peredzis, wobei letzteres unserem *Prediš entsprechen würde. Die Entwicklung von *Predišowici führte nach Kürzung der Silbenzahl zu *Predšowic, dann *Predšwic. Die Schreibung Pri- statt Pre- in den ersten und einigen späteren Belegen erklärt sich vielleicht durch Angleichung des Vokals der ersten an den der letzten Silbe.

Publik/Publik   s. Weißwasser, 1935–1947 *Wildfelde*, 1986 wegen Braunkohlentagebaus abgebrochen, um 1400 *de Publicsdorff*, 1505 *Puplick*, 1572 *Pupplingk*, 1581 *Puplick*, 1603 *Puplik, Pupligk*, 1625 *Bublick*, 1704 *Puplick*, 1791 *Publick*. / 1835 *Publik*, 1843 *Publik*, 1835 *Publik*, 1886 *Publik*. – Man nahm einen oso. PersN Publik aus lat. publicus ›öffentlich‹ an, belegt im Atschech. als Publik. Der PersN habe als Ortsbezeichnung gedient. Daran trat im ersten Beleg *-dorf*. Man dachte auch an einen sorb. PersN, abgeleitet von oso. pup ›Knospe; Nabel; Erhöhung‹, nso. pup ›Nabel; jede nabelartige Erhebung, bes. auf der Haut; Buckel, Bauch‹. Im Sorb. gibt es die PersN Pup, Pupac, Pupel, im Poln. Pępel u. a. Wohl eher *Puplik ›Siedlung auf einer Bodenerhöhung‹, aus einer der Bedeutungen von nso. oso. pup, siehe oben.

Pulsnitz/Połčnica   Stadt sw. Kamenz, am gleichnamigen Fluss gelegen, 1225 *de Polseniz, de Polsniz*, 1226 *de Polsniz*, 1272 ff. *de Polsnicz, de Pulsniz*, 1318 *opidum* (= lat. ›Stadt‹) *Polsnitz, castrum* (= lat. ›Burg‹) *Polsenitz*, 1350 *castrum Polsnicz*, 1392 *Polznicz*, 1399 *zu der Pulsenicz*, 1416 *Pulsenicz*, 1509 *Polschnitz*, 1549 *Pulsnitz*. Als FlussN: 1228/41 *maior, minor* (= lat. ›größer(e), kleiner(e)‹) *Polsniza, Polzniza*, 1384 *die Polsenicz daz wazser*. / 1719 *Polsniza, vulgo Poizniza*, 1767 *Połsniza*, 1767 *Polsniza*, 1835 *Półcżniza*, 1843 *Półčnica*, 1886 *Połčnica*. – Aoso. *Połźnica ›Siedlung am Fluss Połźnica‹. Der FlussN beruht auf der urslaw. Wurzel *pъlz-, vertreten in tschech. plznout, poln. pełzać, russ. polsti, polzat´ ›kriechen‹, also ›Langsam dahinfließendes Gewässer‹. / Im Oso. wurde der

Name wohl künstlich an Wörter wie polca ›Brett‹ angeglichen.

Purschwitz/Poršicy, mit **Neupurschwitz/ Nowe Poršicy**   ö. Bautzen, 1222 (Kop. 1550) *Porsiz*, 1242 (Kop. 1550) *de Borsicz, Borsiz*, 1272 ff. *de Porsicz, Porcicz, Porzic, Porsiz, Poirziz*, 1304 *de Porsicz*, 1307 *von Porsicz*, 1364 *czur Porschicz*, 1377 *Borswicz*, 1399 *Porsicz*, 1412 *Purschiz, Půrschicz*, 1503 *Porschitcz*, 1543 *Porschwitz*, 1565 *Purschwitz*, 1908 *Purschwitz mit Neupurschwitz*, 1952 *Neupurschwitz*. / 1767 *Porschizy, Porschwiza*, 1800 *Porschiczy*, 1835 *Porschizy*, 1843 *Póŕšicy*, 1866 *Poršicy*. – Aoso. *Poršici ›Siedlung der Leute des Porch‹. Der PersN erklärt sich aus oso. porchać ›fauchen‹, porchnyć ›aufbrausen‹, porchawa ›faule Person‹, auch ›Bovist (Pilz)‹, porchliwy ›aufbrausend‹, urslaw. mundartl. *pъrchati ›fauchen, aufbrausen; zerstieben‹. Der poln. FamN Parch mit zahlreichen Ableitungen wird auf parch ›Grind, Räude‹ zurückgeführt, aber auch auf parchać ›schnauben, schnaufen, fauchen‹, was unserer Erklärung gleichkäme.

Puschwitz/Bóšicy   s. Königswartha, 1245 *de Biszic*, 1391 *Byschicz*, als HerkN: 1374/82 *Nickil Bizschzicz, Bizzhicz*; um 1400 *Byssicz*, 1413 *Byschicz*, 1416 *Bisschicz*, 1525 *Bischicz*, 1657 *Puschwitz*, 1791 *Buschwitz*, 1836 *Puschwitz*. / 1684 *z Božitz*, 1800 *Puschizy*, 1835 *Puschizy*, 1843 *Bóšecy*, 1866 *Bóšicy*, 1959 *Bóšicy*. – Aoso. *Byšici ›Siedlung der Leute des Byš oder Bych‹. Die betreffenden PersN sind KoseF von Bytomir und ähnl. VollN mit dem Vorderglied aus urslaw. *byti ›sein, existieren, weilen; werden‹, oso. być, älter auch bóć, nso. byś, mundartl. und älter auch buś

›sein‹, poln. byt ›Dasein, Zustand‹, tschech. byt ›Wesen, Existenz, Aufenthalt; Wohnung‹. Unter den sorb. FamN kommen Bychon, Bysław, Byš, Byško, Bytak, Bytan u. a. vor. Bych ist in dem Niederlausitzer OrtsN Beuchow, Groß, Klein/Buchow, Buchojc enthalten, Byta möglicherweise in Betten/Butyń.

Puschwitz, Neu-/Nowe Bóšicy ssw. Königswartha, n. Puschwitz/Bóšicy, 1793 *Stillersroda*, 1804 *Neu Buschwitz*, 1836 *Neu-Puschwitz (Stillerode)*, 1908 *Neu-Puschwitz (Stilleroda)*, 1952 *Neupuschwitz*. – Die seit 1780 angelegte Siedlung wurde nach ihrem Gründer *Georg Stiller*, dem 1792 verstorbenen Besitzer des Rittergutes Puschwitz, benannt. Die Bildung des Namens erfolgte nach dem Muster des alten Ortsnamentyps auf *-roda* bzw. *-rode*, womit man Rodungssiedlungen kennzeichnete. Zu Puschwitz, Neu-, siehe oben Puschwitz.

Putzkau/Póckowy osö. Bischofswerda, 1934 aus *Nieder-* und *Oberputzkau* gebildet, siehe dies.

Putzkau, Nieder-, Ober-/Póckowy osö. Bischofswerda, als HerkN: 1344 *Cyprian Puczkov*, 1366 ff. *Johannes Paczkow*; 1379 *Poczkow*, 1386 *Puczkow*, 1388 *Puczkow*, 1411 ff. *czu der, czur Poczke, Paczkaw, Puczkow, Poczkow, Poczkaw, Putzko*, 1411 *Nedirpoczkow*, 1428 *zcur Paczkaw*, 1469 *zur Putzko*, 1510 *zcum Potzke, Oberpotzke, Obir Potzk*, 1567 *Potzkaw*, 1582 *tzur Putzsche*, 1664 *Putzkau*, 1791 *Nieder Putzkau, Ober Putzkau, Putzkau*, 1908 *Niederputzkau, Oberputzkau mit Neuputzkau, Putzkau*. / 1843 *Póckowy*, 1886 *Póckowy*. – Aoso. *Puckow ›Siedlung des Puck‹. Der PersN ist uns aus dem Apoln. als Pucek

überliefert, daneben gibt es noch Pucka, Pucko u. a., wobei man von der Wurzel *puc- wie in pucołowaty, älter pucaty ›pausbäckig‹, puca ›Pausbacke‹, apoln. pucek ›Kind mit einem runden Gesicht‹ ausgehen kann.

Q

Quatitz/Chwaćicy n. Bautzen, 1360 *Quaticz*, 1419 *Quatitz*, 1427 *Quatenicz*, 1454 ff. *Quaticz, Quattitz*, 1532 *Quatitz*, 1557 *Quattitz*, 1658 *Quattitz*, 1791 *Quatitz*. / 1684 ff. *z Kwaćzicz, Kwatcžicz*, 1800 *Kwaczizy*, 1835 *Kwazizy*, 1843 *Kwaćicy*, 1866 *Kwaćicy*, 1920 *K(h)waćicy*, 1959 *Chwaćicy*. – Aoso. *Chwatici ›Siedlung der Leute des Chwat‹. Der PersN ging aus einer Wurzel wie in urslaw. *chvatati hervor, dazu oso. chwatać ›eilen‹, chwat ›Eile‹, poln. alt chwatać ›greifen, fassen‹, chwat ›kühner, fleißiger Mensch, fixer Kerl‹, chwatki ›schnell, reißend‹. Im Nso. kommt der FamN Chwatk vor, im Poln. Chwat mit mehreren Ableitungen.

† **Quitzdorf/Kwětanecy** sw. Niesky, 1969/70 wegen Anlage eines Stausees für das Kraftwerk Boxberg abgebrochen. 1404 *Quittensdorff*, 1419 *Quittendorff*, um 1430 *Quitendorff*, z. J. 1463 (1580) *Quittelsdorff*, 1469 *Quitdilsdorff*, 1490 *Quitzdorff*, 1505 *Qwiczdorff*, 1791 *Quizdorf*. / 1800 *Kwjet*, 1843 *Kwjetanecy = Kwětanecy*, 1866 *Kwětanecy*, 1886 *Kwětanecy*. – MischN, ›Dorf des Kwětan‹. Der PersN beruht auf oso. nso. kwět ›Blume‹ und ist unter den sorb. FamN als Kwět, Kwětk, Kwětka vertreten, im Poln. als Kwietoń, Kwiaton usw., im Tschech. als Květoň, Květoun u. dgl. / Ver-

lässt man sich auf die doch recht späten Belege, so wäre aoso. *Kwětanowici ›Siedlung der Leute des Kwětan‹ anzusetzen. Ob *Kwětanowici ursprünglich da war oder der MischN, ist nicht mehr zu entscheiden. Vgl. dasselbe Problem unten bei Quolsdorf.

Quitzdorf am See wsw. Niesky, Großgemeinde, 1994 aus Kollm/Chołm, Horscha/ Hóršow, Petershain/Hóznica, Sproitz/ Sprjojcy und Steinölsa/Kamjeńtna Wólšinka gebildet. Zur Deutung des Namens siehe oben †Quitzdorf.

Quolsdorf/Chwalecy n. Niesky, 1390 *Quolsdorf*, 1405 *Quolsdorff*, 1408 *Quolistorff*, 1438 *Quolisdorff*, 1455 *Quolsdurff*, 1518 *Quolßdorf*, 1569 *Quolßdorff*, 1791 *Quolßdorf*. / 1843 *Khwalecy*, 1886 *Khwalecy*, 1920 *Falojcy*, *Khwalecy*. – MischN, ›Dorf des Chwał‹. Der PersN ist eine KurzF von Chwalimir und ähnl. VollN mit dem Vorderglied aus urslaw. *chvaliti, oso. chwalić, nso. chwaliś ›loben, preisen, rühmen‹. Unter den sorb. FamN begegnen Chwał, Chwalik, Chwališ, Fališ u. a. / Hinter den spät überlieferten oso. Formen könnte sich ein *Chwałowici ›Siedlung der Leute des Chwał‹ verbergen. Unklar bleibt, ob der aoso. Name im Dt. zu einem MischN umgeformt wurde oder ob Sorben aus dem MischN durch Ersatz von *dorf* durch *-ecy* einen rein sorb. OrtsN gewannen. Siehe zu dieser Frage auch oben †Quitzdorf.

Quoos/Chasow ssö. Königswartha, 1242 ff. *de Chozow, Kazow, Kazowe, Casowe, Kassowe, Kasowe*, 1296 *de Kazowe*, 1391 *de Qvosow*, 1416 *von Qwassaw*, 1519 *Quossaw*, 1529 *zur Koße, Kose*, 1532 *Kquossaw*, 1540 *Quosse, Quoß, Quos*, 1571/74 *Quoß, Quossa, Quosso*, 1732 *Casau*, 1791

Quoos. / 1684 ff. *z Kaßowa*, 1800 *Kaßow*, 1835 *Kaßow*, 1843 *Kasow*, 1886 *Khasow*, 1920 *Khasow*, 1959 *Chasow*. – Wahrscheinlich aoso. *Kasow ›Siedlung des Kas‹. Der PersN beruht wohl auf oso. kasać ›aufschürzen‹, kasać so ›sich schürzen‹, nso. kasaś ›schürzen, aufschürzen‹, tschech. kasat se ›sich keck stellen, trotzen, trachten, sich rüsten‹. PersN wie Kas, Kasek u. a. gibt es im Poln., die dort aber auch aus anderen Wurzeln hergeleitet werden. Nso. Kask geht wohl eher auf Lukas zurück. Der OrtsN wurde bisher auch als *Kazow ›Siedlung des Kaz‹ rekonstruiert, mit dem PersN als KurzF von Kazimir u. ä. VollN mit dem Vorderglied aus urslaw. *kaziti, oso. kazyć ›verderben, zerrütten, beschädigen‹. Die historischen sowie die oso. Belege des OrtsN deuten eher auf ein inlautendes stimmloses -*s*- und nicht ein stimmhaftes -*z*- hin.

†Quoosdorf nw. Königsbrück, 1907 aufgelöst und in den Truppenübungsplatz Königsbrück einbezogen. 1461 *zue Quoßdorff*, 1488 ff. *Quoßdorff*, 1527 *Quoßdorf*, 1562 *Quaßdorff*, 1570 *Quoßdorf*, 1791 *Quoßdorf*. – MischN, ›Dorf des Kwas‹. Der PersN Kwas, im Sorb. mehrmals als FamN bezeugt, so in Calau 1458 *Quaß*, in Groß Kmehlen, also nicht weit entfernt, 1501 *Quaß*, ist ein ÜberN und beruht auf oso. nso. kwas ›Sauerteig‹.

R

Rabental siehe unten Wiesa s. Niesky.
Rabitz/Rabocy sö. Bautzen, 1419 *Grabewitz*, 1476 *von Grabis*, 1519 *Grabewitz*, 1551 *Grabes*, 1589 *Grabitz*, 17. Jh. *Gräbitz*,

1732 *Robitz*, 1759 *Rabitz*, 1791 *Rabitz*. / 1800 *Rabozy*, 1835 *Rabozy*, 1843 *Rabocy*, 1866 *Rabocy*. – Aoso. *Grabowica oder *Grabowc ›Siedlung am Weißbuchen-hain‹, zu oso. hrab, nso. grab ›Weißbuche‹. Vgl. oben Großgrabe sowie Grün- und Straßgräbchen. Da die Siedlung im Quell-bereich eines kleinen Baches liegt, ist möglicherweise von *Grabowica ›Sied-lung am Weißbuchenbach‹ auszugehen. In der Belegreihe macht sich im 18. Jh. der schon ältere oso. Lautwandel *g > h* be-merkbar, wobei die dadurch entstandene, im Dt. ganz ungewöhnliche Lautverbin-dung *Hr-* zu *R-* vereinfacht wurde. Dem folgten auch die sorb. Belege.

Rachlau/Rachlow sö. Bautzen, als HerkN: 1359 ff. *Rachelow, Rachlow*; 1380 *Rachlaw*, als HerkN: um 1400 *Rachelaw, Rachlaw*; 1522 *Rachlo*, 1543 *Rachlaw, Rachla am Berge*, 1571 *Rachlo*, 1586 *Ra-chel*, 1658 *Rachlaw*, 1791 *Rachlau*. / 1767 *Rachlow*, 1800 *Rachlow*, 1843 *Rachlow*, 1866 *Rachlow*. – Aoso. *Rachlow ›Siedlung des Rachl bzw. Rachel‹. Der PersN *Rachl bzw. *Rachel< *Rachъlь, der im Sorb. ne-ben Rach mehrmals als FamN vorkommt, so in Bautzen 1416 *Rachil*, später *Rachel*, stellt eine KoseF von VollN dar, die als Vorderglied *Rad-* (siehe Radibor) oder *Rat-* (siehe Rattwitz) haben.

Rachlau/Rachlow sö. Wittichenau, 1936–1947 *Wiesdorf*, 1374/82 *Rachelow*, 1419 (Kop. 18. Jh.) *Rachlau*, 1580 *Rochla*, 1585 *Rachla*, vor 1635 *Rachlo*, 1759 *Rach-lau*, 1791 *Rachlo*. / 1744 *Rachlo*, 1800 *Rach-low*, 1843 *Rachlow*. – Siehe oben Rachlau sö. Bautzen.

Rackel/Rakojdy wnw. Weißenberg, 1331 *de Rakil*, 1348 *Rakel*, 1377 *Rakel*, 1389 ff. *de Rakil*, 1393 *Rekil*, 1415 ff. *von Rakil, Rackel, Rekil, Reckel, Rakkel*, 1419 *Rakell*, 1474 *Reckel, Ragkel*, 1522 *Rackel*, 1565 *Reckell*, 1657 *Rackel*. / 1800 *Rakojdy*, 1843 *Rakojdy*, 1866 *Rakojdy*. – Aoso. *Rakel ›Siedlung des Rakel‹. Der OrtsN wurde mit dem Suffix *-jъ gebildet. Der PersN beruht auf urslaw. *rakъ, oso. rak ›Krebs‹ und wurde mit dem Suffix * ьlь erweitert, was zu *Rakel führte. Während im Sorb. Rak als FamN recht häufig vorkommt, ist die Ableitung mit einem *-l*-Suffix mehr-mals im Poln. nachweisbar, so bereits 1406 *Rakiel*, 1375 *Rekil*, 1385 *Rekiel*. / Eine ganz andere Bildung stellt *Rakojdy* dar, das auf *Rakojědy ›Siedlung der Krebsesser‹ zu-rückgeht, aus urslaw. *rakъ, siehe oben, und urslaw. *(j)ěsti < *ēd-ti, in der Ich-Form *(j)ědmь < *ēd-m-, oso. jěsć, jěm ›essen, ich esse‹. Wir wissen nicht, ob hier ein alter Name vorliegt, der verdrängt wur-de und nur im sorb. Milieu weiterlebte, oder eine späte Bildung. Bei den OrtsN dieses Typs handelt es sich um zweiglied-rige BewohnerN, die man auch als SpottN bezeichnet. Sie kommen öfters im Poln. vor, so das dem sorb. *Rakojdy* entsprechen-de *Rakojady*, aber auch im Tschech., dort z. B. *Kozojedy* ›Ziegenesser‹ u. a.

Räckelwitz/Worklecy ö. Kamenz, 1280 *Rokelewicz, Rokelwicz*, 1304 *de Rokilwicz, de Rokelwiz*, 1357 *Roklewicz*, 1374/82 *Ro-kilwicz*, 1419 *Rakelwitz*, 1487 *Rakelwitz*, 1502 *Rokkelwitz*, 1522 *Räckelwitcz*, 1562 *Reckelwitz*, 1658 *Räckelwiz*, 1791 *Räckel-witz*. / 1470 *Warkast* (entstellt), 1800 *Wor-kylezy*, 1843 *Worklecy*, 1866 *Worklecy*. – Aoso. *Rokałowici, *Rokełowici oder *Rokułowici ›Siedlung der Leute des Ro-kal, Rokel oder Rokuła‹. Der PersN, dessen Suffix nicht mehr genau bestimmbar ist, hat Entsprechungen in den poln. FamN Rok, Rokal, Rokiel, Rokuła u. a., die auf poln. rok ›Jahr‹, urslaw. *rokъ ›Frist, Termin‹ zurückgeführt werden. Wohl eher aus urslaw. *rokъ, vertreten in oso. rokotać ›lärmen‹, rokóćić ›verwirren; beunruhigen; aufrühren‹, steht im Ablautverhältnis (bei dem -o- und -e- in ein und derselben Wurzel wechseln) mit *rekti ›sprechen, sagen‹, oso. rjec ›sagen‹. / Bei der schwierigen Erklärung von Worklecy geht man von *w Roklowicěch, also vom Lokativ in der Mehrzahl aus, wobei die Lautfolge *Wrokzu *Work- umgestellt wurde.

Radgendorf nnö. Zittau, 1391 *Radeckindorf*, 1415 *Ratchindorf*, 1524 *Rattgenndorff*, 1732 *Ratgendorff*, 1791 *Rattgendorf*, 1836 *Radgendorf*. – MischN, ›Dorf des Radka‹. Der PersN, im Sorb. mehrmals als FamN überliefert, stellt eine KurzF von Radosław u. ähnl. VollN dar. Zu diesen siehe unten Radibor.

Radibor/Radwor nnw. Bautzen, 1221 *Ratibor*, 1359 ff. *Radebor, Radwor, Radebur*, als HerkN: 1374/82 *Heynich Radebor*; um 1400 *Radewor, Radebor*, 1419 *Radbor*, 1447 *Radwor*, 1495 *Radewor*, 1529 *Radebor*, 1547 *Radeber*, 1658 *Radibor*. / 1684 ff. *z Radwora*, 1712 *Radwor*, 1767 *Radwor*, 1800 *Radwor*, 1835 *Radwoŕ*, 1843 *Radwoŕ*, 1866 *Radwoŕ*. – Aoso. *Radoboŕ ›Siedlung des Radobor‹. Das Vorderglied dieses VollN beruht auf urslaw. *radъ ›froh‹, oso. rad ›gern‹, das Hinterglied auf urslaw. *borti (sę) ›kämpfen‹. / Radwor scheint durch Angleichung an oso. dwór ›Hof‹ aufgekommen zu sein, oder es spiegelt sich hier die dt. lautliche Entwicklung von *b* > *w* zwischen Vokalen wider (*Radoboŕ >

Radewor), wie sie schon bei den ältesten Belegen zu beobachten ist.

Radisch, Groß-/Radšow nnö. Weißenberg, 1419 *Radeschaw, Radischwicz*, 1422 *Radischaw*, 1490 *Radischo*, 1495 *Radischaw*, 1533 ff. *Radischau*, 1670 *Radisch*, 1767 *Groß Radisch*. / 1767 *Radžiczow*, 1767 *Wulki Radžischow*, 1800 *Wulki Raczow*, 1835 *Wulki Radšow*, 1843 *Wulki Radšow*, *Radyšow*, 1866 *Radšow*. – Aoso. *Radišow ›Siedlung des Radiš‹. Radiš, oft als sorb. FamN überliefert, ist eine KurzF von Radobor u. ähnl. VollN, siehe oben Radibor.

Radisch, Klein-/Radšowk wnw. Niesky, osö. Klitten, 1658 *Ratzschholtz*, 1737 *Klein-Radischholz*, 1759 *Klein Radisch*, 1791 *Klein Radisch*. / 1800 *Maly Raczowczk*, 1835 *Maly Radšow*, 1843 *Mały Radšow (Radyšow)*, 1969 *Radšowk*. – Siehe oben Radisch, Groß-. / Zur Unterscheidung von obigem Radšow wurde das Verkleinerungssuffix -´c angefügt, was *Radšowc ergab, eingedeutscht als *Ratzschholtz*. Später verwendete man Mały ›Klein-‹ sowie das Verkleinerungssuffix -k.

Radmeritz, Klein-/Małe Radměrcy nnö. Löbau, 1249 *Rademariz*, 1261 *Radmariz*, 1345 *Rademericz*, 1348 *Rademericz*, 1419 *Rademricz parva* (= lat. ›klein‹), 1469 *zum Klein Radmeriz*, 1533 ff. *Rademberz kleyne, auch Oppel genannt*, 1732 *Klein Radmeritz*. / 1835 *Radmerzy*, 1848 *Małe Radmerzy*, 1886 *Małe Radmeŕcy*, 1959 *Małe Radměrcy*. – Aoso. *Radomirici ›Siedlung der Leute des Radomir‹. Zum Vorderglied des VollN Radomir siehe oben Radibor, das Hinterglied beruht auf urslaw. *mirъ, oso. měr ›Friede(n), Ruhe‹. Die älteren Belege sind schwer zu trennen von denen für *(Groß) Radmeritz* am Ostufer der

Neiße, heute poln. *Radomierzyce*, von dem unser Ort durch den Zusatz *klein*, lat. *parvus*, weibl. *parva*, oso. *mały*, in der Mehrzahl *małe*, unterschieden wurde. Zu dem nur einmal genannten *Oppel* siehe oben Oppeln.

Ralbitz/Ralbicy onö. Kamenz, 1264 *Radelwiz*, 1291 *Radlwicz*, 1374/82 *Radilwicz*, 1495 *Radelwicz*, 1518/19 *Radilwitz, Radilwytcz*, 1732 *Rallwitz*, 1791 *Ralbitz*. / 1619 *z Ralbitz*, 1800 *Ralbizy*, 1835 *Ralbizy*, 1843 *Ralwicy*, 1866 *Ralbicy*. – Wahrscheinlich aoso. *Radołowici ›Siedlung der Leute des Radoła‹. Der PersN, eine KurzF von Radobor oder ähnl. VollN, siehe dazu oben Radibor, ist in Bezug auf sein Suffix nicht mehr genau bestimmbar, denn neben Radoła, Radola, könnte auch Radała, Radala, Raduła oder Radula vorgelegen haben. Alle diese Namen sind im Poln. als FamN bezeugt, im Nso. nur Radola bzw. Radoła.

Rammenau/Ramnow nw. Bischofswerda, 1228/41 *Ramnou, Ramnow*, als HerkN: 1362 *Myckil Rammenow, Ramenaw*; 1495 *Rampna*, 1597 *Rammenaw*, 1658 *Rammenaw*, 1672 *Rammen*, 1791 *Rammenau*. / 1843 *Raḿenjow*, 1886 *Ramnjow*, 1920 *Ramnow, Ramlow, Ramnowy*. – Aoso. *Ramenow, zu oso. ramjo, Genitiv ramjenja ›Schulter, Achsel, Arm‹. Die Bedeutung des OrtsN ist schwer anzugeben. Man dachte an ›Siedlung bei einem Flurstück in der Gestalt eines Armes‹ oder ›Siedlung bei einem Flussarm‹, aber auch an eine Verknüpfung mit russ. ramen´e, ramen´ ›dichter Wald, an Felder grenzender Wald‹. Ein passender PersN ließ sich bislang nicht ausfindig machen.

Rascha/Rašow s. Bautzen, als HerkN: 1399 *Reincz Raschaw*; 1404 *Rasschaw*, *Rasschow*, 1419 *Raschan*, 1452 *Raschow*, 1534 *Raschow*, 1599 *zu Raschen*, 1732 *Rasche*, 1791 *Raschau* 1908 *Rascha (Raschau)*. / 1800 *Raschow*, 1843 *Rašow*. – Aoso. *Rašow ›Siedlung des Raš‹. Raš, im Sorb. öfters als FamN überliefert, ist eine KoseF eines mit Ra- anlautenden VollN. Siehe oben Radibor, Radmeritz, Klein-, und unten Rattwitz.

Rattwitz/Ratarjecy w. Bautzen, 1386 *Ratewicz*, als HerkN: um 1400 *Radywicz, Radiwicz*; 1404 *Rattewicz*, 1432 *Ratwicz*, 1451 *Rathewicz*, 1534 *Ratwitz*, 1584 *Rattwicz*, 1791 *Radtwitz, Rattwitz*. / 1684 ff. *Rhatharecz, z Ratarěcz*, 1800 *Rattarezy*, 1835 *Ratařezy*, 1843 *Ratařecy*, 1866 *Ratarjecy*. – Aoso. *Ratowici ›Siedlung der Leute des Rat‹. Der PersN stellt eine KurzF vom Ratibor u. ähnl. VollN mit dem Vorderglied zu aksl. ratь ›Krieg, Streit, Kampf‹, ratiti sę ›kämpfen‹, dar. / Bei Ratarjecy wurde oso. ratar ›Landwirt‹, älter ratař ›Ackermann, Pflüger‹, eingedeutet.

† Ratzen/Radska ö. Wittichenau, 1960 wegen Braunkohlentagebaus abgebrochen, 1492 *Ratze*, 1512 *Ratzcha*, 1571 *Ratze*, 1592 *Raczen*, 1668 *Ratzen*, 1791 *Razen*. / 1800 *Ratzka*, 1835 *Razka, Ratska*, 1843 *Ratska*, 1866 *Radska*. – Aoso *Rač´e < *Rakьje ›Siedlung, in deren Nähe es (viel) Krebse gibt‹, zu oso. rak ›Krebs‹. / Der spätere oso. Name hat sich an eingedeutsche Formen angelehnt und das Suffix -ka angenommen.

Rauden/Rudej ö. Wittichenau, onö. Königswartha, 1542 *Rauden*, 1658 *Rauden*, 1732 *Rauden*, 1791 *Rauden*. / 1800 *Rudej*, 1843 *Rudej*, 1866 *Rudej*, 1885 *Rudej*. – Aoso. *Ruđna oder *Ruđno ›Siedlung, in deren Nähe es Raseneisenerz gibt‹, zu oso.

ruda ›Erz, Eisenstein, rote Erde‹, älter auch ›rotes Wasser in Tümpeln‹, rudny ›rotbraun‹. Möglicherweise liegt hier, in einer Gegend mit vielen kleinen Bächen, ein GewN zu Grunde *Ruđna (woda) ›Siedlung am rotbraun gefärbten Wasser‹. / Die oso. Form beruht auf einem adjektivischen weiblichen *Ruda, das im Lokativ (auf die Frage wo?) Rudej lautete und in dieser Form dann als Nominativ verwendet wurde. Vgl. in der Niederlausitz Reuden/Rudna und Reudnitz/Rudnica.

Rauschwalde w. Görlitz, seit 1925 Stadtteil von Görlitz, 1310/20 *zcu Rushenwalde*, 1382 *von Ruschinwalde*, 1394 ff. *de/von Ruschinwalde, Ruschenwalde*, 1431 *Rawschewalde*, als HerkN: 1453 *Nickel Rawschenwald*; 1554 *Rauschewaldt*, 1594 *Ruschewalde*, 1791 *Rauschwalda*. – Dt., ›Siedlung am rauschenden Walde‹, zu mhd. rūschen ›krachen, sausen, brausen, rauschen‹. Zum Grundwort -wald(e) siehe oben Grünewald.

Rauschwitz/Rušica s. Elstra, 1312 *Ruschewicz*, 1379 *Rawswicz*, 1381 *Rushewicz*, 1419 *Ruschewitz*, 1433 *Rawschewicz*, 1519 *Ruschewitz*, 1559 *Rabusch(w)i(et)z*, 1658 *Rauschwitz*. / 1886 *Rušica*, 1920 *Rušica*. – Aoso. *Rušowici ›Siedlung der Leute des Ruš oder Ruša‹. Der PersN beruht auf ders. Wurzel wie in oso. rušić ›stören, zerstören‹, nso. ruš ›lärmende, tobende Bewegung, Lärm, Toben‹, rušowaś ›toben, lärmen‹. Im Nso. gibt es mehrmals den FamN Rušeńc, im Poln. Rusz, Rusza u. a. / Das sehr spät überlieferte Rušica lehnt sich wahrscheinlich an eingedeutschte Formen an, wobei man -w- wegließ.

Rehnsdorf/Rančik sw. Elstra, 1420 (Kop.) *Reynssdorff*, 1623 *Renßdorff*, 1658 *Renßdorff*, 1732 *Rehnsdorff*. / 1843 *Rančik*, 1866 *Rančik*, 1886 *Rančik*, 1954 *Rančik*. – Vielleicht dt., ›Dorf des Rein‹. Der PersN ist eine KurzF von Reinhard(t), Reinhold(t) oder ähnl. VollN mit dem Vorderglied zu ahd. ragin ›Beschluss der Götter, Schicksal‹. Vgl. in der Niederlausitz Rehnsdorf/Radušc. Wegen der sorb. Belege, die durchgehend -a- enthalten, könnte man auch an einen MischN *Ranišsdorf ›Dorf des Raniš‹ denken, wobei das -i- der zweiten Silbe den Umlaut a > e bewirkte. Dieser PersN, in der Lausitz mehrmals als FamN bezeugt, ist eine KurzF von Ranožir oder ähnl. VollN mit dem Vorderglied zu aksl. ranъ, oso. nso. rano ›früh‹. / Die oso. Formen dürften an oso. ranca, Verkleinerungsform rančka, ›Sau, Mutterschwein‹, rancować ›sich herumtreiben, huren‹, angelehnt sein, möglicherweise ein SpottN.

Reichenau ö. Königsbrück, 1432 *Richinaw*, 1445 *Richnaw*, 1485 *Reichenau*, *Reychenaw*, 1551 *Reichenaw*, 1658 *Reichenau*. – Dt., ›Siedlung in der reichen, fruchtbaren Aue‹, zu mhd. rīch(e) ›stark, mächtig, kräftig, reich an, ergiebig‹. Zum Grundwort -au(e) siehe oben Gelenau.

Reichenbach osö. Königsbrück, 1248 *de Richenbach*, 1313 *de Richinbach*, 1338 *de Richinbach*, 1358 *Richinbach*, 1445 *Richembach*, 1495 *Reichenbach*, 1658 *Reichenbach*. – Dt., ›Siedlung am (wasser-, fisch-) reichen Bach, Siedlung im fruchtbaren Bachgrund, Tal‹. Zum Bestimmungswort siehe oben Reichenau, das Grundwort beruht auf mhd. bach ›Bach‹. Vgl. Reichenbach/Rychbach in der Niederlausitz.

Reichenbach/O.L./Rychbach Stadt w. Görlitz, mit den Stadtteilen (ehemal. Dörfern) *Nieder-* und *Ober-Reichenbach*, siehe unten; (1238) Transsumpt 1239 *Richenbach*, 1239 *Richinbach*, 1326 *de Richinbach*, 1346 *stat Richinbach*, 1380 ff. *Richinbach*, 1400 *Raychenbach*, 1400 *de Reichenbach*, 1469 *Reichenbach*, 1791 *Reichenbach*. / 1700 *Richbach*, 1843 *Rychbach*, 1886 *Rychbach*. – Siehe oben Reichenbach osö. Königsbrück.

Reichenbach, Nieder- ehemal. Dorf nw. Reichenbach/O. L., 1382 *Reychemsdorf*, 1420 *Reichenbachsdorff nederstes*, 1455 *Richmannsdorff*, 1791 *N. Reichenbach, Reichenbach Niederdorf; Reichenbach Ober= u. Nieder= ... liegen auf beyden Seiten des Städtgens Reichenbach.* – Dt., ›Dorf des Reichmann‹. Der PersN beruht auf ahd. rīhhi+man ›Herrschaft, Herrscher, Macht; reich, mächtig, hoch‹-›Mann, Kriegsmann‹. Später wurde der Name durch Reichenbach ersetzt, siehe oben Reichenbach/O. L.

Reichenbach, Ober- ehemal. Dorf nö. Reichenbach/O.L., 1420 *Reichenbachsdorff aberstes*, 1455 *zu Richmansdorff in dem oberdorff*, 1791 *Ob. Reichenbach, Reichenbach Oberdorf, Reichenbach, Ober=*. – Siehe oben Reichenbach, Nieder-.

Reichendorf, seit 1936, vorher **Kaana/ Kanjow** sw. Niesky, 1981 wegen Anlage des Speicherbeckens Quitzdorf abgebrochen, als HerkN: 1379/80 *Hannus Canow*; 1412 *von Kana*, 1419 *Kanaw*, 1597 *Cana*, 1719 *Cana*, 1791 *Caana*. / 1835 *Kanjow*, 1843 *Kanjow*. – Aoso. *Kanow ›Siedlung des Kan‹. Erst in zweiter Linie kommt *Kańow ›Siedlung des Kańa‹ in Betracht, da das Suffix -ow gewöhnlich an Konsonanten tritt, nicht an -a. Zu den PersN Kan und Kańa siehe oben Cannewitz w. Weißenberg. / Kanjow muss nicht unbe-

dingt auf *Kańow zurückgehen, der Name konnte an die oso. Vogelbezeichnung kanja ›Roter Milan (Gabelweihe)‹ angelehnt sein.

†**Reichersdorf** in der Stadt Zittau aufgegangenes Dorf, 1391 *Reychirstorff*, 1415 *Reychirsdorff*, 1425 *Reichartsdorff*. – Dt., ›Dorf des Reichart‹. Der PersN beruht auf ahd. rīhhi-hart ›Herrscher; Macht; Reich; Welt; reich, mächtig, prächtig‹-›hart, streng‹.

Reichwalde/Rychwałd s. Weißwasser, 1364 *Rychenwald*, 1394 *in Richinwalde*, 1396/97 *Richinwalde*, 1404 *Rychenwald*, 1430 *Reichinwalde*, 1463 *zu Reichinwalde*, 1569 *Reichwalde*, 1613 *Reichwald*, 1791 *Reichwalda*. / 1767 *Richwałd*, 1800 *Rychwald*, 1843 *Rychwałd*, 1885 *Rychwałd*. – Dt., ›Am/im Walde gelegene Rodungssiedlung des Rīcho‹. Der PersN beruht auf dem Vorderglied solcher VollN wie Reichart u. dgl., siehe oben Reichersdorf. Zum Grundwort -wald(e) siehe oben Grünewald. Möglich wäre auch ›Ertragreiche, am/im Walde gelegene Siedlung‹, zu mhd. rīch(e) ›stark, mächtig, kräftig, reich an, ergiebig‹. Vgl. oben Reichenau und Reichwalde/Rikowałd in der Niederlausitz. / Der sorb. Name ist aus dem dt. hervorgegangen.

†**Reinhardsdorf** ehemaliges, in der Stadt Kamenz aufgegangenes Dorf, 1248 *Reinhardsdorf*. – Dt., ›Dorf des Reinhard‹. Der PersN beruht auf ahd. ragin-hart ›Ratschluss der Götter, Schicksal‹-›hart, streng‹. Bei dem Ortsgründer handelt es sich wahrscheinlich um Reinhart von Strehla, der 1225 an der Kamenzer Kirchenweihe beteiligt und vielleicht auf Elstra ansässig war.

Rengersdorf (Nieder-, Ober-) sö. Nies-ky, um 1305 *Rengeresdorph*, um 1343 *Ren-kertsdorf*, 1375 *Rengirstorf*, 1400/01 *von Rengirsdorf*, 1427 *Rengersdorff*, 1561 *Renn-gerßdorff*, 1592 *Oberrengerßdorff*, 1708 *Nieder Rengersdorff*, 1791 *N. Rengersdorf; Ob. Rengersdf.; Rengersdorf bey Görlitz ... ein großes † Dorf, wird in Ober= und Nieder=Rengersdorf getheilt*, 1792 *Nie-der-, Ober-Rengersdorf.* – Dt., ›Dorf des Reinger‹. Der PersN erklärt sich aus ahd. ragin-gēr ›Ratschluss der Götter, Schick-sal‹-›Speer‹.

Rennersdorf, Nieder-, Ober- sö. Löbau, 1937 zu *Rennersdorf* vereinigt, seit 1994 *Rennersdorf/O. L.*, 1406 *Reinherstorf*, 1413 *Reynrsdorff*, 1419 *Renirsdorff*, 1429 *Rey-nerstorff*, 1488 *Reynerßdorff*, 1526 *Ren-nerssdorff*, 1567 *Rennersdorf aufm ni-derhoffe*, 1791 *N. Rennersdorf, Ob. Ren-nersdf.* – Dt., ›Dorf des Reinher‹. Der PersN beruht auf ahd. ragin-hari, heri ›Ratschluss der Götter, Schicksal‹-›Men-ge, (Heer)schar, Heerfahrt‹.

Riegel/Roholń ö. Hoyerswerda, 1537 *die Heyde am Rigell*, 1568 *Rügel*, 1612 *Riegel*, 1658 *Riegel*, 1791 *Riegel oder Rügel*, 1822 *Riegel, Rügel, wend. Ryhel.* / 1401 *Roge-lin*, 1744 *Rohol*, 1800 *Ryhel*, 1835 *Roholn*, 1843 *Roholn*, 1831/45 *Rohaln*, 1866 *Ro-holń.* – Dt., wahrscheinlich **Rigel* ›Siedl-ung an einer Sperre, einem Flussstau‹, zu mhd. rigel ›Querholz, Querstange‹, bezo-gen wohl auf einen Flussstau in der Klei-nen Spree für das Hammerwerk Burgham-mer. / Aoso. **Rogulin* ›Siedlung des Ro-gula‹. In der Niederlausitz kommt mehr-mals der FamN Rogula vor, in der Ober-lausitz in Zeißholz w. Wittichenau 1658 *Rohula*, im Poln. Rogola, Rogula u. a. Die-

se PersN beruhen auf oso. róh ›Horn‹, nso. rog ›Horn; Zacke, Ecke‹, urslaw. **rogъ* ›Horn, Ecke‹.

Rieschen/Zrěšin sö. Bautzen, als HerkN: 1365 ff. *Otto, Otte, Ottil Greschin, Gres-schin, Gresshin*; 1419 *Greschen*, 1475 *Gres-schen*, 1534 *Greschen*, 1562 *Greschen, Hre-schen*, 1658 *Reschen*, 1732 *Rischen*, 1777 *Rieschen*, 1791 *Rischen, Röschen*, 1836 *Rös-chen, Rischen*, 1908 *Rieschen.* / 1800 *Srje-schin*, 1834 *Srjeschin*, 1843 *Rježna*, 1886 *Zrěšin.* – Vielleicht MischN, **Grešin* ›Sied-lung des Grecha oder Greša‹. Die PersN Grecha und Greša erklären sich als KoseF des christl. RufN Gregor, wobei Greš mit mehreren Ableitungen im Sorb. als FamN vorkommt. Man dachte auch an aoso. **Grěšin* mit dem PersN Grěch bzw. Grě-cha, zu nso. grěch, oso. hrěch ›Sünde‹, nso. grěšyś, oso. hrěšić ›sündigen‹. / Zrěšin er-klärt sich wahrscheinlich durch Anglei-chung an oso. hrěšić ›sündigen‹ oder aus **z (H)rěšin*, also aus der Präposition z ›aus, von‹ und dem OrtsN **Hrěšin* < Grěšin.

Rietschen/Rěčicy n. Niesky, 1362 *Re-czicz*, um 1390 *de Reczecz*, 1415 *von Rid-schicz*, 1421 *Ratschitz*, 1421 ff. *Reczicz, Reczhicz, Retschitcz*, 1441 *von der Retschit*, 1442, 1454 *von der Ritschit*, 1463 *Ritzit*, 1473 *Retschicz*, 1499 *zcum Rytzschen*, 1503 *zcum Ritschenn*, 1543 *Ritschitz*, 1578 *Ricz-schen*, 1845 *Rietschen.* / 1835 *Rjeczizy*, 1843 *Rječicy*, 1848 *Rjecžiza*, 1885 *Rěčicy.* – Aoso. **Rěčica* ›Siedlung am kleinen Wasserlauf‹, zu oso. rěka, Verkleinerungsform rěčka ›Fluss‹, nso. rěcycka ›kleiner Fluss, Bach‹. Der Ort liegt am Weißen Schöps mit zahl-reichen kleinen Wasserläufen in der Nähe. Vgl. in der Niederlausitz Rietz, Groß-/Rěc, Rietz, Klein-.

Ringenhain/Rynar w. Schirgiswalde, als HerkN: 1359 *Rynginha(y)n*, *Ringinhan*, *Ringynhan* (Name einer Bautzener Bürgerfamilie); 1388 *Ringenhain*, 1426 *Ringenhain*, 1488 *Ringenhayn*, 1559 *Ringelhahn*, 1622 *Ringenhahn*, 1791 *Ringenhayn*. / 1843 *Rynař*, 1866 *Rynař*. – Dt., ›Rodungssiedlung eines Ringo‹. Der PersN beruht auf ahd. (h)ring ›Ring; Versammlung; Kreis(bahn), Kranz; Erdkreis; Panzerring‹. Zum Grundwort -hain siehe oben Bremenhain. Man dachte auch an eine appellativische Bildung mit dem Bestimmungswort aus mhd. rinc ›Ring‹ im Sinne von ›Ringwall, Ringmauer‹. Nicht auszuschließen sei ferner eine Ortsnamenübertragung durch die Adelsfamilie von *Ringenhain*, später Ringethal n. Mittweida.

Röderbrunn Häusergruppe nw. Bischofswerda, Gemeinde Rammenau, 1823 an der Großen Röder nw. Rammenau angelegt, 1836 *Röderbrunn*, 1904 *Röderbrunn*. – Dt., ›Siedlung an der Röderquelle‹. Das Grundwort beruht auf mhd. brunne ›Quell, Quellwasser, Brunnen‹.

Rodewitz/Rodecy ö. Bautzen, 1232 *de Rodeswiz*, 1354 *von Rodewicz*, 1370 *von Rodewicz*, 1391 *Rodewicz*, 1410 *Rodewicz*, 1584 *Rodewiz*, 1658 *Rodewitz*. / 1719 *Rodeze*, 1767 *Rodeze*, 1800 *Rodezy*, 1843 *Rodecy*, 1866 *Rodecy*. – Aoso. *Rodowici ›Siedlung der Leute des Rod‹. Rod ist eine KurzF von Rodosław oder ähnl. VollN mit dem Vorderglied aus urslaw. *rodъ ›Geschlecht, Geburt; Art, Gattung, Frucht‹, *roditi ›gebären, zeugen‹, oso. ród ›Geburt, Abstammung, Geschlecht, Gattung‹, rodźić ›gebären, zeugen‹. Unter den sorb. FamN kommen zahlreiche Ableitungen von *Rod- vor, so Roda, Rodak, Rodik u. a.

Rodewitz/Spree/Rozwodecy n. Schirgiswalde, s. Bautzen, um 1400 *von Roswadewicz*, 1419 *Roßwadewitz*, 1483 *Rod(e)witcz*, 1513 *Rodewicz*, 1519 *Roßwadewitz*, 1569 *Rodwitz*, 1671 *Rodewitz*, 1732 *Rödewitz*, 1791 *Rodewitz*. / 1700 *Roswodeze*, 1787 *Roswodeža*, 1843 *Rozwodecy*, 1866 *Rozwodecy*. – Aoso. *Rozwadowici ›Siedlung der Leute des Rozwad‹. Der PersN beruht auf dem Präfix oso. roz- ›auseinander-, auf-, aus-, entzwei-, zer-‹, z. B. in rozbić ›zerschlagen‹, urslaw. *orz- ›auseinander‹, und oso. wadźić ›hindern, hinderlich sein, schaden‹, wadźić so ›(sich) streiten, zanken‹, wada ›Fehler, Übel, Gebrechen, Hemmnis‹, urslaw. *vaditi ›rufen, anklagen, verleumden, schelten; schimpfen, zanken‹, *(sъ)vada ›Streit, Zank‹. / Rozwodecy beruht auf einem nicht mehr verstandenen und deshalb abgewandelten *Rozwadowici, wobei wohl oso. rozwod ›Trennung, Scheidung‹, rozwodźić ›trennen, scheiden‹ eingedeutet wurde.

† **Rohna** n. Königsbrück, 1938 aufgelöst und dem Truppenübungsplatz zugeschlagen, 1392 *Ranow*, als HerkN: 1432 ff. *Hans (Hanus) Rone, Ronaw*; 1473 *Ronaw*, 1497 *Rawnne*, 1531 *Rone, Rhona, Rona*, 1541 *Rohn*, 1547 *Rohnow, Rohnne*, 1658 *Rohna*. – Aoso. *Rowna oder *Rowno ›Siedlung in ebenem Gelände‹, zu oso. runy, nso. rowny ›eben, gleich, gerade‹. Vgl. in der Niederlausitz Rauno/Rowna.

† **Röhnau/Hronowy** Ortswüstung im östlichen Teil der Flur Camina n. Bautzen, 1313 *de Reno*, 1419 (Kop. 18. Jh.) *Camen und Ronau*, 1780 *Rehnow*. / 1887 *Ronowy*, 1895 *(H)ronowy*. – Vielleicht aoso. *Renów ›Siedlung bei einer Sandbank, auf Sand‹, zu russ. ren´, aruss. rěnь ›Sandbank‹,

ukrain. riń ›grober Sand‹. Nö. von Camina befindet sich heute ein kleiner See mit mehreren kleinen Zuflüssen. / Die oso. Form scheint erst künstlich geschaffen worden zu sein, wobei unklar bleibt, woran die Namenschöpfer dachten.

Rohne/Rowne   w. Weißwasser, 1513 *die von Rone*, 1552 *Raun*, 1597 *Dorff Rahn*, *Royn*, 1615 *Royn*, 1704 *Royna*, 1791 *Royhne*, 1845 *Rohne, Rhona, Rowne*. / 1800 *Rowne*, 1843 *Rowno*, 1866 *Rowno*, 1885 *Rowne*. – Aoso. *Rowna oder *Rowno, siehe oben Rohna.

Rohrbach   w. Kamenz, 1263 *Rorebach*, 1432 *Rorbach*, 1488 *Rorbach*, 1562 *Rorpach*, 1658 *Rohrbach*. – Dt., ›Siedlung am mit Schilfrohr bewachsenen Bach‹, zu mhd. rōr ›Schilfrohr‹. Der Ort liegt an einem kleinen See und einem Bach, der dann, an mehreren Teichen vorbeifließend, in das *Schwosdorfer Wasser* mündet.

Röhrsdorf   nw. Königsbrück, 1376 *Rudigersdorph*, 1406 *Rudegerstorff*, 1420 *Rudigistorff*, 1465 *Rurstorff*, 1555 *Rugerßdorff*, 1621 *Rürßdorff*, 1648 *Rörsdorff*, 1791 *Röhrsdorf, bey Königsbrück*. – Dt., ›Dorf des Rüdiger‹. Der PersN beruht auf ahd. hruod-gēr ›Ruhm‹‹-›Speer‹.

Röhrsdorf, Groß-   s. Pulsnitz, seit 1924 Stadt, 1350 *Grozen-Rudigersdorf*, 1373 *Rudegersdorff*, 1393 *Rüdigerstorff*, 1428 *maior* (= lat. ›größeres‹) *Rudigisdorff*, 1445 *Großen Rudigerstorff*, 1486 *zu Großen Rudigstorff*, 1495 *Rugerßtorff*, 1517 *Großruerßdorff*, 1551 *Gros Rürsdorf*, 1584 *Grosrörsdorff*, 1791 *Groß Röhrsdorf bey Radeberg*. – Dt., siehe oben Röhrsdorf.

Röhrsdorf, Klein-   ssw. Pulsnitz, 1350 *Rudigersdorf*, 1445 *czu cleinen Rudigerstorff*, *zcu wenigen Rudigerstorff*, 1445 *Wenige*

Rudigerstorff, 1495 *Rudigerßdorff minor* (= lat. ›kleineres‹), 1517 *Cleyn Ruerßdorff*, 1575 *Klein Rürßdorff*, 1616 *Klein Rorßdorff*, 1791 *Klein Röhrsdorf*. – Dt., siehe oben Röhrsdorf.

Rosenfeld   seit 1925 Ortsteil (Kolonie) von Girbigsdorf w. Görlitz, 1627 *Dörflein Rosenfeld*, 1696 *Girbigsdorf mit den Rosenfelden*, 1791 *Rosenfeld*. – Die auf Girbigsdorfer Feldern entstandene Siedlung ist nach dem Grundherrn *Franz v. der Rosen* benannt, der 1551 4 Bauern in Girbigsdorf hatte.

Rosenhain/Róžany   nö. Löbau, 1317 *Rosenhain*, 1348 *Rosenhayn*, 1397 *de Rosenhagen*, 1419 *Roßenhan*, 1440 *Rosenhayn*, 1485 *Rußenhayn*, 1519 *Roßenhan*, 1533 ff. *Rosenhayn*, 1657 *Rosenhain*. / 1719 *Rožan*, *Róžant*, 1800 *Rusynhojn*, 1835 *Rusinhojn*, *Rosynhojn*, 1843 *Rožany*, 1886 *Róžany*. – Dt., ›Rodungssiedlung am/im Heckenrosenwald‹, zu mhd. rōse ›Edel- oder Heckenrose, Weißdorn‹. Zum Grundwort siehe oben Bremenhain. / Der sorb. Form liegt der dt. OrtsN zu Grunde – vgl. 1519 *Roßenhan* –, wobei sich die Bildung wahrscheinlich an oso. róža ›Rose‹ anlehnte, ein Beleg von 1719 vielleicht an oso. róžant ›Querholz, Querleiste‹.

Rosenthal/Róžant   ö. Kamenz, 1350 *Rosental*, 1366 *de Rosintal*, 1374/82 *Rosintal*, 1495 *Rosental*, 1791 *Rosenthal*. / Als HerkN: aus Crostwitz 1374 *Rozsant, Roszant, Henczil Rozhant*; 1692 *Róžant*, 1767 *Rožan*, 1800 *Rozant*, 1843 *Róžant*, 1866 *Róžant*. – Dt., ›Siedlung im Rosental‹. Zum Bestimmungswort siehe oben Rosenhain, zum Grundwort siehe oben Frankenthal. OrtsN dieser Art gehören zu jener Gruppe von Wunschnamen, mit denen in der Zeit der dt. Ostsiedlung neue Siedler angelockt werden sollten. Dieser im dt. Sprachgebiet häufige OrtsN wird auch mit Totenkult- und Volksfeststätten in Zusammenhang gebracht, was hier wohl kaum zutrifft. Der Name geht wahrscheinlich auf die Siedlungstätigkeit des Zisterziensernonnenklosters St. Marienstern zurück. / Der sorb. Name ist aus dem dt. hervorgegangen. Vgl. oben Rosenhain.

† **Rosenthal** nnö. Zittau, auf der Flur von Hirschfelde, heute Ortsteil von Hirschfelde, 1368 *Rosental*, 1429 *Rosinthal*, 1440 *Rosinthal*, 1542 *Rosental*, 1648 *Auf dem Rosen Tahl, welches itzo wüste und unbewohnet stehet*, 1791 *Rosenthal*. – Dt., siehe oben Rosenthal. Die Namengebung steht wahrscheinlich in einem Zusammenhang mit dem Zisterziensernonnenkloster St. Marienthal, das nur ca. 7 km nördl. des Ortes liegt.

Rothenburg/O.L./Rózbork Stadt, onö. Niesky, 1264 *de Rotenburg*, 1268 *Rotenberg*, 1305 *Rothenburch*, 1361 *de Rotinberc*, 1380 *Rothinburg*, 1408 *Rotemburk*, 1420 *Rotenburg*, 1480 ff. *Rottinberg, Rottinbergk*, 1491 *Rotennbergk*, 1533 ff. *Rottemburgk*, 1791 *Rothenburg*. / 1866 *Rozbórk*. – Dt., ›Siedlung an der roten Burg bzw. am roten Berg‹, zu mhd. rōt ›rot‹ und mhd. burc ›Burg, Schloss, Stadt‹, das öfters mit -berg, zu mhd. berc ›Berg‹, wechselt, mit dem es im Ablautverhältnis steht. Eine Burg ist nicht mehr vorhanden, es befand sich hier aber einst ein Rittersitz. Der Name korrespondiert mit Weißenberg nö. Bautzen. / Rózbork entstand aus der dt. Namenform, wobei man Rothen- durch das Präfix roz- ›auseinander; aus-, auf- usw.‹ ersetzte.

Ruhethal/Wotpočink nnö. Bautzen, Ortsteil von Neudorf/Spree, erst nach 1800 entstanden, 1825 *Ruhethal*, 1836 *Ruhethal*. / 1886 *Wotpočink*. – Dt., ›Siedlung in einem ruhigen Tal‹. Dieser moderne, romantisierend-idyllische Name konnte vielleicht ursprünglich ›Siedlung in einem Tal, wo man Ruhe finden kann‹ bedeutet haben. / Wotpočink beruht auf oso. wotpočink ›Ruhe, Rast, Ruhestand‹ und entspricht in seiner Bedeutung der zweiten Erklärung des dt. Namens.

† **Ruppersdorf** nö. Königsbrück, n. von Schmorkau, 1527 *Ruppersdorff*, 1562 *Ruepperstorff*, 1803 *auf dem alten Dorf, der alte Dorfbusch*. Als FlurN: *das alte Dorf, Dorfstücken, Rupprechtsdörfchen*. – Dt., ›Dorf des Ruprecht‹. Ruprecht, aus ahd. hruod-beraht ›Ruhm‹-›hell, strahlend, glänzend‹, wurde gekürzt und abgeschliffen zu Ruppert oder Rupper. Vgl. unten Ruppersdorf/O.L.

Ruppersdorf/O.L. ssö. Löbau, 1320 *Ruperti villa* (= lat. ›Dorf‹), 1352 *Ruperti villa*, 1355 *Ruprechtisdorf*, 1363 *Rupertiuilla*, *Ruprichstorf*, 1416 *Ruprechtsdorff*, *Ruperti villa*, 1426 *Ruperßdorff*, 1485 *Rupperßdorff*, 1543 *Ruppersdorff*, 1791 *Ruppersdorf*. – Dt., ›Dorf des Ruprecht‹, siehe oben † Ruppersdorf.

S

Saalau/Salow s. Wittichenau, 1291 *Zalowe*, 1308 *Zalaw*, 1374/82 *Czalow*, 1436 *Salaw*, 1486 *Salow*, 1600 *Sallaw*, 1732 *Salo*, 1791 *Saalau*. / 1800 *Salo*, 1843 *Salow*, 1866 *Salow*. – Wahrscheinlich aoso. *Žalow* ›Siedlung des Žal‹. Der PersN beruht auf urslaw. *žalь ›Leid, Trauer; Gram; Wehmut; Schmerz‹, nso. in der Wendung mě jo žal, oso. mi je žel ›es tut mir leid‹, poln. żal ›Leid, Kummer, Gram; Wehmut; Klage‹. Im Sorb. gibt es die FamN Žala, Žalan, Žalik u. a. Auch im Poln. ist Żal mit zahlreichen Ableitungen vertreten. / Die sorb. Form lehnt sich an die dt. Überlieferung an.

Saalendorf wsw. Zittau, Ortsteil von Waltersdorf, um 1557 vom Zittauer Rat angelegt, 1732 *Salendorff*, 1791 *Sahlendorf*. – Dt., ›Dorf mit Salweiden‹, zu mhd. salhe ›Salweide‹. Der Ort liegt an der Quelle des *Salweidenbaches*, um 1835 *Sahl Brunnen*.

Sabrodt/Zabrod n. Hoyerswerda, 1936–1947 *Wolfsfurt*, 1380 *Zabrod*, 1401 *Sabrod*, 1419 *Sabrade*, 1519 *Sabrode*, 1568 *Sabrod*, 1573 *Sabrot*, vor 1635 *Sabrodtt, Saberode*, 1653 *Sabroda*, 1791 *Sabor oder Sabrodt*. / 1744 *Sabrod*, 1843 *Zabrod*, 1866 *Zabrod*. – Aoso. *Zabrod ›Siedlung hinter der Furt‹, zur Präposition oso. za ›hinter‹ und bród ›Furt‹. Vgl. Sabrodt/Zabrod in der Niederlausitz.

Sagar/Zahor sö. Bad Muskau, 1366 *Sagar*, 1409 *Zagar, Sagar*, 1463 *Sagar*, 1552 *Sager*, 1597 *Sagar*, 1704 *Sagar*, 1791 *Sagar*. / 1800 *Sagor*, 1831/45 *Sagory*, 1843 *Zahoř*, 1848 *Sagoř*, 1861 *Sagor, Zagorj*, 1866 *Zahoř*. – Aoso. *Zagorʹe ›Siedlung hinter dem Berg‹, zu oso. za ›hinter‹ und hora, nso. gora ›Berg‹. Die Siedlung erstreckt sich sö. der Höhe 137.

Salga/Załhow nö. Bautzen, 1419 *Salegaw*, als HerkN: 1444 *Niclos Saligo*, 1455 *Mertin Salgo*; um 1480 *Salgo*, 1519 *Salegaw*, 1545 *Sallge*, 1658 *Salgaw*, 1733 *Salga*. / 1800 *Sahow*, 1843 *Załhow*, 1866 *Załhow*,

1886 *Załhow*. – Aoso. *Załugow ›Siedlung hinter dem Sumpf‹, zu oso. za ›hinter‹ und łuh ›roter Bruchteich; Moor, Sumpf‹, nso.ług ›Grassumpf, sumpfige Niederung, Wiesenbruch‹. Die ungewöhnlich anmutende Bildung hat eine Entsprechung in den Niederlausitzer OrtsN Sacro/Zakrjow, Sacrow/Zakrjow sowie Türkendorf/Zakrjow, aus za + keŕ + ow ›Siedlung hinter den Sträuchern, dem Gebüsch‹.

† **Salmannsdorf** in der sw. Vorstadt von Görlitz aufgegangene Siedlung, heute noch die *Salomonstraße*. 1385 *Salmansdorf*, 1386 *Salmannsdorf*, 1398 *Salmannsgasse*, 1432 *Salmansdorf*, 1443 *Salmansdorff*, 1500 *Salmonsgasse*. – Dt., ›Siedlung der Görlitzer Bürgerfamilie Salmann‹. 1377 wird ein *Jocof Saleman* überliefert, 1428 ein *Merten Salman*. Salmann erklärt sich als Standes- bzw. Amtsname aus mhd. salman ›Mittels- und Gewährsmann bei einer rechtlichen Übergabe, Testamentsvollstrecker; Vormund; Schutzherr‹, oder aus dem alten dt. RufN Salman, zu ahd. salo-man ›dunkel‹-›Mann, Kriegsmann‹. Schon früh konnte eine Vermischung mit dem christl. RufN Salomon eintreten.

Salza, Neu- Stadt sw. Löbau, 1929 mit Spremberg zu *Neusalza-Spremberg* vereinigt. 1662 *Gut Neuen-Salza*, 1673 *Neuen Salza*, 1675 *samt dem neuerbauten Städtlein Neusalza*, 1791 *Neu Salza*. – Die 1670 von *Christoph Friedrich v. Salza* auf der Flur seines Rittergutes gegründete Stadt diente zur Aufnahme von böhmischen, ungarischen und schlesischen Exulanten. Der nach ihm benannte Ort wurde durch den Zusatz *Neu-* als Neugründung gekennzeichnet.

Salza-Spremberg, Neu- Stadt sw. Löbau, siehe oben Salza, Neu- und unten Spremberg.

Särchen/Zdźar nnö. Bautzen, 1419 *Serchin prope clux* (= lat. ›nahe bei‹ Klix), 1454 *von Serichin*, 1461 *Zerichin*, 1519 *Serchin prope Clux*, 1546 *vom Serchin*, 1658 *Särche, Sährigk*, 1791 *Särchen*. / 1800 *Sdzar*, 1843 *Zdžary, Ždžary*, 1866 *Zdźary*, 1886 *Zdźaŕ, Zdźarki*, 1959 *Zdźar*. – Aoso. *Žžar oder *Žžary, später *Ždžar oder *Ždžary* ›Nach Abbrennen des Waldes (Brandrodung) angelegte Siedlung‹, zu urslaw. *jьzžarъ ›Brand, Brandrodung‹. Die Konsonantenverbindung -zž- in *jьzžarъ entwickelte sich über -žž- zu -ždž- und weiter zu *ždź-*, heute *-zdź-*. Vgl. poln. *žar*, russ. *žar* ›Glut, Hitze‹, die auf eine Wurzel *gēr- zurückgehen, welche mit anderem Wurzelvokal in nso. *gorjeś* ›brennen‹ enthalten ist. Da es sich um eine kleine Siedlung handelte, trat im Dt. das Verkleinerungssuffix *-chen* an.

Särchen, Groß-/Wulke Zdźary osö. Wittichenau, 1374/82 *in Zore, von dem Zore*, 1385 *Sar*, 1410 *Sare*, 1418 *Zar*, 1474 *zum Serichen*, 1476 *zum Zerichinn, zcum Szerchin*, 1494 *Serchein*, 1495 *Soer*, 1590 *Soraw*, vor 1635 *Klein Soraw*, 1658 *Särchen*, 1759 *Sehrigen*, 1831/45 *Groß-Särchen*. / 1684 *ze Ždžarow*, 1692 *ex Zdzare*, 1744 *Sczarow*, 1787 *Wulki Sdžar, Sdžark*, 1797 *we Wulkich Sdžarach*, 1800 *Wulke Sdzary*, 1843 *Zdžary, Ždžary*, 1866 *Wulke Zdźary*, 1885 *Zdźary*, 1969 *Wulke Ždźary*. – Siehe oben Särchen nnö. Bautzen.

Särichen/Zdźarki sö. Niesky, 1408 *von Serichin*, 1411 *von Zarichen*, 1412 *vom Zerchin*, 1419 *czum Serichin*, 1427 *die von Serichen*, 1479 *das Serichen*, 1553 ff. *Serchen*

bei Rengersdorff, 1545 *von Zcerchin*, 1791 *Särchen oder Särichen*. / 1767 *Zarki*, 1894 *Zdźarki*. – Siehe oben Särchen nnö. Bautzen.

Saritsch/Zarěč nw. Bautzen, 1412, 1413 *Scharezk, Sczarezk*, 1416 *Sarecz*, 1437 *Sarecz*, 1453 *von Saratsch*, 1461 *Sarich*, 1514 *Saricz*, 1519 *Saretz*, 1580 *Dzaritzsch, Saritzsch*, 1658 *Saritsch*. / 1681 ff. *Saricz*, 1800 *Sarycz*, 1835 *Sarycž*, 1843 *Zarječ = Zarěč*, 1866 *Zarěč, Zaryč*. – Aoso. *Zarěč´e ›Im Gelände hinter dem Fluss gelegene Siedlung‹, zu oso. za ›hinter‹ und rěka ›Fluss‹. Der Ort liegt am Westufer des Schwarzwassers. / Bei Zarěč´e ist das auslautende -e, wie des Öfteren bei diesem Namentyp zu beobachten, abgefallen. Vgl. in der Niederlausitz Säritz/Zarěc.

Särka/Žarki ssw. Weißenberg, 1365 *de Zarg*, als HerkN: um 1400 *Sarik, Zarig, Zaryg, Sarg*; 1424 *Sarig*, 1445 *zum Sarge*, 1538 *Sargk*, 1661 *Serk*, 1664 *Särck*, 1732 *Sercka*, 1791 *Särka*. / 1700 *Žarki*, 1800 *Sdziark*, 1835 *Žarki*, 1843 *Zdžarki, Ždžarki*, 1866 *Zdźarki*, 1886 *Žarki*. – Aoso. *Žžark oder *Žžarki* ›Nach Abbrennen des Waldes (Brandrodung) angelegte kleine Siedlung‹, siehe oben Särchen nnö. Bautzen.

Saubernitz, Groß-/Zubornica nw. Weißenberg, um 1400 *von Sobirnicz*, 1408 *Sawbernicz*, 1419 *Zaubernicz magna* (= lat. ›groß‹), 1533 *Sawernitz bei Gebeltzig*, 1572 *Sawernitz*, 1791 *Groß Saubernitz*. / 1800 *Wulka Suborniza*, 1843 *Zubernica*, 1866 *Zubornica*. – Aoso. *Zubŕnica ›Siedlung am Auerochsenbach‹, zu oso. zubr ›Auerochs, Wisent, Bison‹, urslaw. *zobrъ. Sowohl Groß- als auch Kleinsaubernitz liegen an einem Bach, der in das Löbauer Wasser mündet. Er floss durch ein Waldgebiet, in dem es viele Auerochsen gab, daher der Name.

Saubernitz, Klein-/Zubornička nw. Weißenberg, 1419 *Zaubernicz parua* (= lat. parva ›klein‹), 1490 *Sawbernicz*, 1504 *Cleyne Sawbernicz*, 1658 *Kleinsaubernitz*. / 1800 *Mała Subornicza*, 1843 *Mała Zubernica*, 1866 *Zubornica*, 1886 *Zubernička*, 1959 *Zubornička*. – Siehe oben Saubernitz, Groß-.

Säuritz/Žuricy sö. Elstra, 1357 *Zuricz*, 1365 *Zuyritz*, 1374/82 *Zugericz* oder *Zuyericz*, 1400 *Swricz*, 1419 *Suritz*, 1456 *von Zawericz*, 1476 *Säritz*, 1512 *Sewritz*, *Seuricz*, 1572 *Seyritz*, 1791 *Seuritz oder Seyeritz*, 1908 *Säuritz*. / 1800 *Žurizy*, 1835 *Žurcy*, 1866 *Žuricy*. – Aoso. *Žurici ›Siedlung der Leute des Žur‹. Žur, auch ein häufiger sorb. FamN mit zahlreichen Ableitungen und ganz in der Nähe vorkommend, beruht auf nso. älter žur ›mühselige Arbeit‹, oso. žurnosć ›Anstrengung‹, apoln. žurzyć się ›sich ärgern; erzürnen; wettern‹, kaschub. žur ›Ärger, Zorn‹, russ. žurit´ ›schelten, zurechtweisen‹, urslaw. dial. *žurъ ›Ärger, Zorn‹. Es handelt sich wahrscheinlich um einen ÜberN für einen zornigen, streitsüchtigen Menschen.

† Schadendorf/Pakosnica s. Weißwasser, 1984/85 wegen Braunkohlentagebaus abgebrochen, 1625 *Pakosnitz*, 1657 *Dörfel Pakosnitz*, 1759 *Schadendorff*, 1768 *Bacoseng*, 1791 *Schadendorf*, 1797 *Dörfel Backosnitz*, 1799 *Dörflein Packosnitz, auch Schadendorf genannt*. / 1800 *Pakosniza*, 1843 *Pakosnica*, 1866 *Pakostnica (spottweise einige Dörfer so genannt)*, 1885 *Pakostnica*. – Dt., ›Dorf, wo man geschädigt wird‹, zu mhd. schade ›Schaden, Schädigung‹, möglicherweise ein SpottN, auch

eine ärmliche Siedlung konnte gemeint sein. / Aoso. *Pakosťnica ›Dorf, wo gestohlen wird‹ oder ›Dorf mit schlechten Häusern, elenden Buden‹, zu oso. pakostnica ›Diebin‹, auch ›schlechtes Haus, Genist, Gehöft, elende Bude‹, pakostnik ›Spitzbube; Langfinger‹, pakosćić ›mausen, lange Finger machen‹.

Schaudorf nw. Bischofswerda, Ortsteil von Rammenau, 1777 *Schaudörfel*, 1783 *Schaudorf*, 1836 *Schaudorf*. – Dt., ›Dorf, wo man Ausschau halten kann, Ausguck oder ähnlich‹, zu mhd. schouwen ›schauen, Blick auf etwas richten, betrachten, achtgeben‹. Die Siedlung liegt auf einer Anhöhe sw. Rammenau. Man erklärte den OrtsN aber auch im Sinne solcher Namen wie *Heiterer Blick*, *Schöne Aussicht* nach dem Vorbild von *Bellevue*, *Belvedere*.

Scheckwitz/Šekecy osö. Bautzen, als HerkN: um 1400 *Pawil und Hanczeman Czakewicz*, *Richardus Czakewicz*, *dy czakewiczinne, czekewiczinne*, eine Bautzener Bürgerfamilie; 1419 *Czackewitz*, 1562 *Scheckwitz*, 1588 *Szeckwitz*, 1759 *Scheckwitz*. / 1800 *Schekezy*, 1835 *Schekezy*, 1843 *Šekecy*, 1866 *Šekecy*. – Aoso. *Čakowici ›Siedlung der Leute des Čak‹. Čak, im Sorb. auch als FamN bezeugt, so in Bautzen 1499 *Tschag*, 1553 *Tzschack*, beruht auf urslaw. *čakati, oso. čakać, nso. cakaś, poln. czekać, apoln. czakać ›warten‹. / Šekecy entstand aus späten eingedeutschten Formen.

† Scheibe/Šiboj ö. Hoyerswerda, 1986/87 wegen Braunkohlentagebaus abgebrochen, 1568 *Scheibe*, vor 1635 *Scheuba*, 1658 *Scheybaw*, 1732 *Scheibe*. / 1843 *Šiboj*, 1866 *Šiboj*. – Dt., ›Siedlung an/auf der Scheibe‹, zu mhd. schībe ›Scheibe, Platte, Teller‹. Scheibe, ein im ostmitteldt. Sprachraum häufiger FlurN, bezeichnet ein scheibenartig abgerundetes Geländestück, einer Platte ähnlich, wobei oft Wege und Flussbiegungen eine Seite des Flurstückes abrunden. / Die oso. Form ist aus der dt. hervorgegangen.

Scheidenbach, Alt-, Neu- s. Schirgiswalde, Ortsteile von Wendischsohland, Altscheidenbach wurde seit etwa 1700, Neuscheidenbach seit 1774 angelegt. 1759 *Scheidebach*, 1791 *Scheidenbach*, 1836 *Scheidenbach (Alt- und Neu-)*. – Dt., ›Siedlung am Scheidebach, Grenzbach‹. Scheide hat hier die Bedeutung ›Grenze‹, vgl. Wasserscheide, scheiden ›trennen‹.

Schiedel/Křidoł nnö. Kamenz, 1225 *Schildowe* (richtiger: *Schidlowe*), als HerkN: 1370 ff. *Heynich Shedelow, Shidelow*, Bautzener Bürger; 1374/82 *Schzedelow, Schedelow*, 1401 *Schedelow*, 1462 *Schedelaw*, als HerkN: 1481 *Caspar Schidelow*; 2. Hä. 15. Jh. *Schydelaw*, 1522 *zcum Shedel*, 1542 *Schidlo*, 1594 *von Schiedlo*, 1721 *Zschiedel*, 1791 *Schiedel*, 1836 *Zschiedlo, Schiedel*. / 1700 *Schidlo*, 1719 *Kschidlop*, 1759 *Kschidel*, 1800 *Tschidwowe*, 1835 *Tschidwowe*, 1843 *Pšidoł*, 1848 *Kschidow*, 1866 *Křidoł*. – Vielleicht aoso. *Šidło ›Siedlung an/auf einer spitz in den Wald hineinragenden urbar gemachten Fläche‹ oder ›Siedlung bei einem spitzen Objekt im Gelände‹, zu oso. šidło ›(Schuster-)Ahle, Pfriem‹. Anderenfalls aoso. *Šidłow ›Siedlung des Šidło‹. Dieser PersN, der als mittelbarer BerufsN im Sorb. und anderen westslaw. Sprachen gut bezeugt ist, beruht auf dem schon oben erwähnten šidło ›(Schuster-)Ahle, Pfriem‹. / Die oso. Formen stehen z. T. unter dem Einfluss von

oso. křidło ›Flügel; Federwisch‹, Verkleinerungsform křidleško auch ›Schusterahle‹, mundartl. auch šćidło.

† Schilda/Šildowski Młyn ehemal. Dorf n. von Zerre, nö. Hoyerswerda, wurde 1520 niedergebrannt, nur die Mühle blieb bestehen. 1511 *dorff Schilde*, 1520 *Schildaw*, 1658 *Schilda*, 1759 *Schilda Mühl*. / 1831/45 *Schildowsky Muin*, 1886 *Šildowski młyn*. – Dt., ›Siedlung in einer dreieckigen, einem Schild ähnelnden Aue‹, zu mhd. schilt ›Schild‹ und mhd. ouwe, owe ›Land am Wasser, nasse Wiese, (Halb)insel‹.

Schirgiswalde/Šěrachow Stadt s. Bautzen, 1376 *Scherigiswalde*, als HerkN: 1399 *Mathey Scherixwalt*; 1405 *Schergiswalde*, 1411 *zcu Scheringeswalde*, 1419 *Schergißwalde*, 1423 *Schergeswalde*, 1487 *Scherygswalde*, 1490 *Schergeßwalde*, 1495 *Schirgißwalde*, 1551 *Schirgeswalde*, 1571 *Schirgißwaldt*, 1617 *Schirgiswaltau*, 1732 *Schirgiswalde*. / 1835 *Schjerachow*, 1843 *Šjerajow = Šěrachow*, 1866 *Šěrachow*, 1886 *Šěrachow*. – Dt., ›Am/im Walde gelegene (Rodungs)siedlung des Scherge‹. Der PersN beruht auf mhd. scherge, scherje ›Gerichtsperson, Amtsvorsteher, Henker, Scherge‹. Zum Grundwort siehe oben Grünewald. / In Šěrachow, einer späten oso. Umbildung von Schirgiswalde bzw. *Schergeswalde* usw., ist eine abgewandelte Form des häufigen PersN *Šěrak enthalten, so in Bautzen 1359 *Schirag*, ders. *Scherag*, in Spremberg 1551 *Schirach*, zu oso. šěrak ›Graukopf‹, šěry ›grau‹.

Schlauroth w. Görlitz, 1285 *villa* (= lat. ›Dorf‹) *Slurath juxta* (= lat. ›nahe bei‹) *Landiscrone*, 1327 *von Slurat*, als HerkN: 1342 *Petrus Slurot*; 1408 *de Schluwert*, 1455 *Slawroth*, 1517 *Slawrot*, 1559 *Schlaurot*,

1606 *Schlauert*, 1791 *Schlauroth*. – Dt., ›Siedlung an/in einer gerodeten Schlucht‹, zu mhd. slū(ch) ›Schlucht, Abgrund‹ und mhd. rōt, mundartl. rāt ›Rodung‹. Der Ort liegt an einem Bachgrund, der von der Landeskrone herabkommt.

Schlegel   ssw. Ostritz, 1287 *Slekel*, 1334 *Slegil*, 1346 *Slegil*, 1425/26 *zum Slegil*, *Slegel*, 1558 *Schlegel*, 1732 *Schlegel*. – Dt., ›Siedlung mit einer Mühle‹, zu mhd. slegel ›Werkzeug zum Schlagen, Keule, Flegel, Hammer‹. Die Benennung erfolgte wahrscheinlich nach einer Ölmühle, gemeint sein kann die *Scheibler-Mühle* unterhalb des Ortes, der am Kemlitzbach liegt.

Schleife/Slepo   nw. Weißwasser, 1272 *circa villam* (= lat. ›nahe bei dem Dorf‹) *Slepe*, *Zlepe*, 1399, 1404 *von der Sleife*, *Sleyffe*, 1419 *bie der Sleiffe*, 1422 *zu der Sleiffen*, 1495 *Sleiff*, 1597 *Schleiffe*, 1791 *Schleife*. / 1767 *Sslepow*, 1800 *Sslepo*, 1835 *Sslepo*, 1843 *Slepo (Sljepo = Slěpo)*, 1866 *Slepo*. – Aoso., aber schwer deutbar. Man dachte an *Slěpe ›Siedlung am trüben Bach‹, zu oso. slepy, nso. slěpy ›blind‹, aber auch an eine Wurzel *slep- ›hervorquellen, sprudeln‹, auch ›murmeln (vom Wasser)‹, mit anderem Wurzelvokal (Ablaut) oso. słopotać ›murmeln (auch Wasser)‹, nso. słop ›bei Schneeschmelze im Frühjahr ... unter Wasser stehender ... Boden ...‹, aruss. slěpati ›fließen, wogen‹. Vielleicht könnte man *Slep´e < *Slepьje ansetzen ›Siedlung am/im Gelände eines Baches, auf feuchtem Boden‹. Vgl. den Niederlausitzer OrtsN Schlepzig/Slopišća. Im Dt. wurde, wie die Belegreihe zeigt, das Wort Schleife eingedeutet. / Im Oso. glich sich später der Name an die zahlreichen Bildungen auf -ow an.

Schlungwitz/Słónkecy   sw. Bautzen, 1363 *Slonkewicz*, 1439 *Slonckewicz*, 1489 *Schlunckewicz*, 1559 *Schlonckwitz*, 1565 *Schlungwitz*, 1791 *Schlunckwitz*. / 1835 *Ssłómkezy*, 1843 *Słónkecy*, 1866 *Słónkecy*. – Aoso. *Słońkowici ›Siedlung der Leute des Słóńk oder Słóńka‹. Die Wurzel dieses PersN beruht auf urslaw. *-sloniti ›schützen‹, vertreten in oso. zasłonić ›beschatten, über etwas Schatten werfen; verschleiern, einhüllen‹, słońka ›Beschirmerin der Braut, Brautführerin‹, poln. osłonić ›beschützen; verhüllen; bedecken‹. Im Poln. gibt es zahlreiche FamN mit Słon-, darunter Słoniek und Słóńka, aus Bautzen ist uns 1416 eine *Elze Slonczka* überliefert.

Schmeckwitz/Smječkecy   ö. Kamenz, 1280 *Zmethechwicz*, *Zmetechwicz*, 1374/82 *Smecchewitz*, 1419 *Smeckewitz*, 1430 *Smeceuicz*, 1519 *Smeckewitz*, 1523/24 *Smeckwiz*, *Schmeckwiz*, 1529 *Schmettwitz*, 1547 *Schmetzwitz*, *Smetitz*, *Schmetitz*, 1732 *Schmeckwitz*. / 1684 ff. *ze Změschkecž*, *Směczkecy*, *ze Směczkecz*, 1800 *Schmeczkecze*, 1835 *Ssměczkezy*, 1843 *Směčkecy*, 1866 *Smječkecy*. – Ein schwer deutbarer Name. Vielleicht aoso. *Zmetkowici ›Siedlung der Leute des Zmetk‹. Der PersN beruht auf oso. zmjet ›Zusammen-, Herabwerfen‹, nso. změt, mundartl. auch zmjet ›Zusammengewehtes, Stroh, Staub, Schnee‹, urslaw. *sъmetъ, *sъmětъ. Hierher gehören wahrscheinlich die poln. FamN Śmiatek, Smiatek, Śmietka u. a., die auf apoln. śmiatać, śmietać ›zmiotać‹, dt. ›zusammenkehren, wegfegen‹ zurückgeführt werden. Vgl. auch poln. zmiotek ›Kehricht, Müll‹. Unter den nso. FamN finden sich, allerdings mit unsicherer Deutung, einmal Změtk und zweimal Smetojc. Bei der Eindeutschung des OrtsN im 13. Jh. müsste dann die Lautgruppe -tk- durch Vokaleinschub zu -tek- und dann zu -tech- vereinfacht worden sein, in den späteren Belegen, so 1419 usw., ist -t- ausgefallen, scheint aber im 16. Jh. vereinzelt wieder auf. / Die stark von der rekonstruierten Form abweichenden oso. Schreibungen haben sich erst später herausgebildet, wobei Wörter wie směšk ›Scherz, Witz‹ oder andere Faktoren eingewirkt haben können.

Schmerlitz/Smjerdźaca onö. Kamenz, 1374/82 *de Smerdacz*, 1419 *Smerditz*, 1519 *Smerditz*, 1529 *Schmerlitz*, 1658 *Schmerliz*, 1709 *Schmerlitz*, 1791 *Schmerlitz oder Schmertitz*, 1800 *Schmerlitz, auch Schmörlitz*. / 1719 *Smerdizwa*, 1835 *Ssmerdjezy*, 1843 *Śmerdźaca*, 1866 *Smjerdźaca*. – Aoso. *Smerďač ›Siedlung in übel riechendem, morastigem Gelände‹, zu oso. smjerdźeć ›stinken, Gestank verbreiten‹, urslaw. *smьrděti ›stinken, übel riechen‹. Eine ähnliche Motivation hat der Niederlausitzer OrtsN Goyatz/Gójac, *Goweńsk. Bisher ging man von aso. *Smiŕďaca, der weibl. Form des aktiven Partizipiums der Gegenwart oso. smjerdźacy ›stinkend‹ aus, *Siedlung an einem stinkenden Bach‹. Das entspricht zwar der Lage der Siedlung und kann sich auch auf poln. GewN und FlurN wie Śmierdząca stützen, *Smerďač passt aber besser zu den gängigen Ortsnamentypen, hier zu dem auf -ač. Im 16. Jh. wurde die dt. Fischbezeichnung Schmerle eingedeutet. / Die oso. Formen beruhen auf smjerdźacy, weibl. smjerdźaca ›stinkend‹, würden also, falls sie nicht erst sekundär aufkamen, für die zweite Deutung sprechen.

Schmiedefeld n. Stolpen, nw. Bischofswerda, 1221 *Smydivelt*, 1222 *Smidefeldt*, 1262 *Smedevelt*, 1354 *Smydeuelt*, 1480 *Smedefelt*, 1495 *Smedefelt*, 1512 *Schmidefeldt*, 1559 *Schmiedefeldt*, 1791 *Schmiedefeld*. – Dt., ›Rodungssiedlung bei/mit der Schmiede‹, zu mhd. smitte, mnd. smedde, smēde ›Schmiedewerkstatt‹, und mhd. velt ›Feld, Boden, Fläche, Ebene‹.

Schmiedenthal Ortsteil von Beiersdorf wsw. Löbau, 1687 kaufte der böhmische Exulant Nikolaus Zdźar Zdźarski, später Sahrer von Sahr genannt, das Rittergut Niederbeiersdorf und siedelte dort böhmische Messerschmiede an. 1804 *Schmiedenthal*, 1904 *Schmiedenthal*. – Dt., ›Im Tal gelegene Siedlung mit Schmieden‹.

Schmochtitz/Smochćicy nw. Bautzen, 1391 *Smochticz*, als HerkN: um 1400 *Smogticz*, 1441 *Petir Smochticz*; 1419 *Smacticz*, 1500 *Schmogkticz*, 1519 *Smoctitz*, 1538 *Schmochtitz*, 1658 *Schmochtiz*, 1717 *Schmochtiz*. / 1667 ff. *Schmochtzitz*, *Smochczicz*, *Zmožicz*, 1800 *Ssmochczizy*, 1843 *Smochćicy*, 1866 *Smochćicy*. – Aoso. *Smokotici ›Siedlung der Leute des Smokot oder Smokota‹. Der poln. FamN Smokot wird neben zahlreichen Varianten von smok ›Drachen‹, übertrag. ›Riese‹, abgeleitet, aber auch von apoln. smoczyć ›nass machen, anfeuchten, nässen‹ mit der Wurzel urslaw. *mokъ, oso. nso. mok ›Flüssigkeit, Nässe‹, oso. mokry ›nass‹. Bei der Eindeutschung von *Smokotici fiel das -o- der zweiten Silbe aus, die neu entstandene Lautgruppe -kt- in *Smoktic(i) wurde durch Dissimilation zu -cht-. / Die sorb. Formen übernahmen die dt. Lautungen mit -cht-.

Schmölln/O.L./Smělna ö. Bischofswerda, als HerkN: 1359 *Heyne Smollen*; 1412 *Smolin, Smollin, Smoln*, 1417 *Smollen*, 1419 *Smolen*, 1495 *Smollen*, 1512 *gen Schmölen*, 1572 *Schmöllen*, 1658 *Schmellen*, 1791 *Schmohlen oder Schmollen*, 1836 *Schmölln*. / 1719 *Smelnow*, 1767 *Ssmolena (wjes)*, 1800 *Ssmjelna*, 1835 *Ssmelna*, *Smyln*, 1843 *Smjelna = Smělna*, 1866 *Smjelno*, 1886 *Smělna*. – Bisher als aoso. *Smolna oder *Smolina ›Siedlung, bei der Harz gewonnen, Pech gesotten wird‹ erklärt, zu oso. smoła ›Harz, Pech‹. Wohl eher *Smolin ›Siedlung des Smoła‹. Der auf dem eben erwähnten oso. smoła beruhende PersN Smoła ist ein häufiger sorb. FamN, in Bautzen bereits 1484 *Smola*. / Dem heutigen oso. Smělna liegen wahrscheinlich dt. mundartl. Formen zu Grunde – siehe oben 1658 *Schmellen*, 1836 *Schmölln* –, es konnte aber auch an oso. smjelna ›Schilf, Binse, Rohr‹ angeglichen worden sein.

Schmölln, Neu- ö. Bischofswerda, Ortsteil von Schmölln/O.L., Anfang des 18. Jh. in der Flur Schmölln entstandene Siedlung, 1791 *4 Pachtgüther* (von Schmölln) *haben einen besonderen Eigenthümer, unter dem Namen NeuSchmöllen, welches ein neu angebauter Ort bey Trobigau ... liegt an der Grenze bey Bischofswerda und Putzka*, 1908 *Neuschmölln, Dorf, Rittergut*. – Siehe oben Schmölln/O. L.

Schmorkau/Šmorkow, Ponchawecy n. Königsbrück, 1430 *Smorgkaw*, 1432 *Smorkow*, 1488 *Schmarcke*, 1495 *Smorckaw*, 1527 *Schmorke*, 1542 *Smorckaw*, 1561 *Schmurka*, 1658 *Schmorka*, 1791 *Schmorckau*. / 1767 *Ponchawezy*, 1843 *Smorkow*, 1866 *Ponchawecy*, 1886 *Ponchawecy*. –

Aoso. *Zmorkow ›Siedlung des Zmork‹. Im Poln. kommt der PersN Zmorek vor, der neben Zmora und zahlreichen weiteren Bildungen von zmora ›Alp, Alpdrücken, quälender Traum, Schreckbild‹, zmorzyć ›entkräften, überwältigen‹, urslaw. *jьzmora, *jьzmoriti, abgeleitet wird. Dieselbe Wurzel ist in nso. morawa ›Alp, Alpdrücken, Nachtgespenst‹ enthalten. Im Tschech. gibt es den FamN Mora. Der Name wurde bisher als aso. *Smorkov- ›Fichtenort‹ gedeutet, zu tschech. smrk, oso. šmrěk ›Fichte‹. Das ist lautlich problematisch. / *Šmorkow beruht auf den eingedeutschten Formen. *Ponchawecy* geht auf das Besitzergeschlecht derer von Ponikau zurück.

Schönau/Šunow nö. Kamenz, 1374/82 *Schzonow*, 1417 *Schonaw*, 1462 *Schonaw*, 1573 *Schönaw*, 1658 *Schöna*, 1836 *Schönau b. Camenz*. / 1682 *Šunow*, 1835 *Schónow*, 1843 *Šunow*, 1866 *Šunow*. – Dt., ›Siedlung in der schönen Aue‹, zu mhd. schœn(e) ›schön, anmutig‹, zum Grundwort -au siehe oben Gelenau.

Schönau a. d. Eigen ssw. Görlitz, 1264 *Schonowe*, 1281 *Schonowe*, 1384 *Schonaw*, 1428 *Schonow, Schonaw*, 1433, 1449 *Schonaw uff dem Eigen*, 1490 *Schone uffem eigen*, 1524 *Schone*, 1791 *Schönau*. – Dt., siehe oben Schönau/Šunow.

Schönau, Groß- Stadt w. Zittau, 1352 *Magnum* (= lat. ›groß‹) *Sonow*, 1358 *Magna Sonaw*, 1360 *Maior* (= lat. ›größeres‹) *Schonow*, 1430 *vom Grozen Schone*, 1430 *Gross Schonaw*, 1515 *zcu Grossen Schone*, 1576 *Groschinaw*, 1791 *Groß-Schönau*. – Dt., siehe oben Schönau/Šunow. Der Zusatz *Groß*- unterschied früher den Ort von Kleinschönau ö. Zittau, heute zu Polen, poln. *Sieniawka*, 1473 *zu dem Cleinen Schone*.

Schönau-Berzdorf a. d. Eigen sw. Görlitz. Als sich der Braunkohlentagebau *Berzdorf* näherte und dessen teilweise bzw. vollständige Abbaggerung drohte, schlossen sich die Orte *Schönau auf dem Eigen* und *Berzdorf auf dem Eigen* 1963 verwaltungsmäßig zusammen. 1969/70 wurden *Berzdorf* und der östliche Teil von *Schönau* abgebaggert.

Schönbach nw. Kamenz, 1225 *Sconenbach*, 1374/82 *Schzonenbach, Schonenbach*, 1401 *Schonebach*, 1562 *Schonbach*, 1791 *Schönbach*. – Dt., ›Siedlung am schönen Bach‹. Zum Bestimmungswort siehe oben Schönau/Šunow, zum Grundwort siehe oben Reichenbach osö. Königsbrück.

Schönbach/Šumbach sw. Löbau, 1306 *Sconenbuch*, 1336/59 *de Schon(en)buch*, 1419 *Schonenbuch*, 1491 *Schonenbuch*, 1495 *Schonebach*, 1499 *Schonbach*, 1502 *Schonbuch*, 1519 *Schonenbuch*, 1657 *Schönbach*, 1791 *Ober-, Nieder-Schönbach*. / 1547 *Schumbach*, 1700 *Schimbach*, 1835 *Šumbach*. – Dt., ›Siedlung am/im schönen Buchenwald‹, zum Bestimmungswort siehe oben Schönau/Šunow, das Grundwort beruht auf mhd. buoch ›Buchenwald, Waldung überhaupt‹. Ende des 15. Jh. wurde das seltenere *-buch* durch das häufigere *-bach* verdrängt. / Die sorb. Form ging aus der dt. hervor.

Schönberg/Šumberk nö. Schirgiswalde, 1317 *Schoneberg, Schenberg*, 1350 *Schonynberg*, 1419 *Schonbergk*, 1453 *Schonberg*, 1519 *Schonbergk*, 1569 *Schombergk*, 1657 *Schönberg*. / 1719 *Schimberk*, 1719 *Schumberk*, 1894 *Jasna Hora*, 1920 *Jasna Hora*. – Dt., ›Siedlung an dem schönen

Berg‹. Zum Bestimmungswort siehe oben Schönau/Šunow, das Grundwort beruht auf mhd. berc ›Berg‹. Gemeint ist wohl der *Herrnsberg*, 402 m. / Die ältere sorb. Form ist aus der dt. hervorgegangen. Erst spät und künstlich wurde *Jasna Hora* gebildet, zu oso. jasny ›hell, klar, deutlich‹ und hora ›Berg‹.

Schönbrunn/Šumborn n. Bischofswerda, als HerkN: um 1400 *Jotte Schonebornynne*; 1412 *Schoneburn*, 1419 *Schonborn*, 1491 *Schonborn*, 1511 *Schonbornn*, 1540 *Schönborn*, 1658 *Schonborn*, 1791 *Schönborn, bey Bischofswerda*, 1908 *Schönbrunn (Schönborn)*. / 1800 *Schumbern*, 1835 *Schumborn*, 1886 *Šumborn*. – Dt., ›Siedlung am schönen Quell‹ (gemeint ist die Quelle des Silberwassers). Zum Bestimmungswort siehe oben Schönau/Šunow, das Grundwort beruht auf mhd. born ›Brunnen, Quelle, Wasser‹. In der Neuzeit wurde der Name an den alten Typ der OrtsN auf *-brunn* angeglichen, zu mhd. brunne ›Quell, Quellwasser, Brunnen‹.

Schönbrunn s. Bernstadt, Ortsteil von Großhennersdorf, 1724 mit böhmischen Exulanten angelegte Nebensiedlung von Großhennersdorf, 1791 *Schönbrunn*, 1805 *Schönbrunn*, 1908 *Schönbrunn bei Großhennersdorf*. – Dt., siehe oben Schönbrunn n. Bischofswerda.

Schönlinden siehe unten Skerbersdorf.

Schöps/Šepc wnw. Reichenbach, liegt am Schwarzen Schöps, 1352 *von dem Shepcze*, 1419 *Schopcz*, 1447 ff. *Schabcz, vom Schobcze, vom Schopcze*, 1452/55 *Schappcz, Schöpcz, vom Schoptcze*, 1462/63 *zum Scheppsse*, 1486 *zu dem Schoptcz*, 1551 *Schöptz*, 1592 *Schöpß*, 1767 *Schöps*. / 1719 *Scheps*, 1843 GewN *Čorny Šepc*, 1920

Šepc. – Man nahm an, dass der GewN (Schwarzer) *Schöps* auf die Siedlung übertragen wurde und dass der Name auf dem slaw. Lehnwort *Schöps* ›verschnittener Hammel‹ beruht, das auf ein westslaw. *skop(e)c* zurückgeführt wird. Es ließe sich aber auch aoso. *Skopć ansetzen, zu oso. skop ›Hammel, Schöps‹, Verkleinerungsform skopčk, im heutigen Oso. ›Heuschrecke‹, mundartl. auch *skopc*. Zum FlussN Schöps siehe auch unten Sprey und Sproitz.

Schöpsdorf/Šepšecy sw. Weißwasser, 1981 wegen Braunkohlentagebaus abgebrochen, 1418 *Schewbsdorf*, 1571 *Schebißdorf*, 1572 *Schobsdorf*, 1658 *Schebsdorff*, 1759 *Schöpsdorff*. / 1800 *Ssypschezy*, 1831/35 *Sypschez*, 1843 *Sepšecy*, 1866 *Sepšecy*, 1969 *Šepšecy*. – Dt., ›Dorf des Scheub‹. Der PersN, als FamN *Schaub*, *Schöb*, in umgelauteter Form als *Scheuble*, *Schäuble* belegt, beruht auf mhd. schoup, Genitiv schoubes ›Bündel, Strohwisch‹, im Obersächs. bedeutet Schaub ›Stohbündel, Strohbüschel‹. Der FamN bezieht sich wahrscheinlich auf einen hageren Menschen. In der Neuzeit wurde Schöps, siehe oben Schöps, eingedeutet. / Die älteren oso. Formen könnten vielleicht auf ein aoso. *Sypišowici ›Siedlung der Leute des Sypiš‹ hinweisen, denn ein solcher PersN ist im Oso. belegt und wird von oso. sypać ›schütten, streuen‹, syp ›Schüttung, Schutt‹, nso. sypka ›Stückchen, Bißchen‹ abgeleitet.

Schwarzbach/Čorna Woda ö. Ruhland, 1455 *Swarzpach*, 1529 *Schwartzbach*, um 1600 *Schwartzbach*, 1791 *Schwarzbach*. / 1843 *Čorna Woda*, 1885 *Čorna Woda*. – Dt., ›Siedlung am schwarzen Bach‹, zu mhd. swarz ›dunkelfarbig, schwarz‹. Zum Grundwort -bach siehe oben Reichenbach. Ursprünglich ist mit einem BachN zu rechnen, der dann zur Benennung der Siedlung diente. / Čorna Woda, zu oso. čorny, weibl. čorna ›schwarz‹, und woda ›Wasser‹.

Schweidnitz, Groß-/Swóńca sw. Löbau, 1306 *de Swoynicz*, 1306 *ambae* (= lat. ›beide‹) *Sweynicz*, 1352 *Suo(y)nicz*, 1374 *Große Swoynicz*, 1419 *Swoynitz magnum* (= lat. ›groß‹), *Sweynicz*, 1420 *zur Großen Sweydnitcz*, 1471 *die Grosse Swoynicz*, 1478 *dy Große Swenitz*, 1490 *Sweidenitz*, 1533 *Grossen Schwenitz*, 1569 *Groß Schweidnicz*, 1816 *Groß Schweidnitz*, *Groß Schweinitz*. / 1719 *Ssloinza*, 1835 *Wulka Sswónza*, 1843 *Swońca*, 1886 *Wulka Swóńca*, 1920 *Swidnica (vulg. Swóńca)*. – Aoso. *Swojanici ›Siedlung der Leute des Swojan‹. Swojan ist eine KurzF von Swojsław und ähnl. VollN mit dem Vorderglied aus urslaw. *svojь, oso. swój ›sein‹. Den PersN Svojan gibt es z. B. im Atschech. Bereits im 15. Jh. erfolgte in der Schreibung eine Angleichung an den OrtsN Schweidnitz in Schlesien. / Swóńca entstand durch Veränderung der aoso. Form, wobei das Wort słońca ›Salzgefäß‹ eingewirkt haben könnte.

Schweidnitz, Klein-/Mała Swóńca s. Löbau, 1306 *ambae* (= lat. ›beide‹) *Sweynicz*, 1401 *zcur kleinen Swoynicz*, 1419 *Swoynitz parva* (= lat., weibl. Form von parvus ›klein‹), 1484 *Cleine Sweinitcz*, 1519 *Swoynitz parva*, 1547 *Klein Schweidnitz*, 1657 *Klein Schweidnitz*, 1791 *Klein Schweidnitz*. / 1835 *Mała Sswónza*, 1848 *Mała Sswónza*, 1886 *Mała Swóńca*. – Siehe oben Schweidnitz, Groß-.

Schweinerden/Swinjarnja sö. Kamenz, 1296 *Zwinern*, *Zwynern*, 1374/82 *Swinern*, um 1400 *von der Swynerne*, 1469 *zu Swey-nerne, zu Sweynerde*, 1499 *Schweynerne, Schweynernte*, 1518 *Schweynerne*, 1791 *Schweinerden oder Schwemerden.* / 1767 *Sswinernia*, 1800 *Sswinernja*, 1835 *Sswinernja*, 1843 *Swińernja*, 1866 *Swinjarnja.* – Aoso. *Swińarńa ›Siedlung, wo Schweine gezüchtet werden‹, zu oso. swinjo, nso. swinja ›Schwein‹, oso. swinjer, älter *βwinar* ›Schweinehirt‹, älter *βwinarnia* ›Sau-, Schweinestall‹, swinjernja ›Schweinezüchterei‹, nso. älter und mundartl. swinarńa = swińarńa ›Schweinestall‹.

Schwepnitz/Sepicy n. Königsbrück, 1387 *de Swepetenycz*, 1432 *zcur Sweptenitcz*, 1479 *zu der Sweppenicz*, 1495 *Sweppenitz*, 1508 *zur Schweppenitzs*, 1562 *Schwepnitz*, 1511 *zur Schwetenitz*, 1652 *Schwepnitz.* – Aoso. *Swepeťnica, bisher zu russ. svepet ›Waldbienenstock, hängender Bienenstock‹, apoln. świepiet, świepiot ›Baumhöhlung für Waldbienen, Bienenbeute‹ gestellt und als ›Siedlung mit Bienenstöcken‹ erklärt. Möglicherweise liegt aber ein GewN zu Grunde, denn an der Siedlung fließt heute der *Wasserstrich* vorbei. Dann ergäbe sich auch ein Anschluss an russ.-ksl. svepetati ›sich hin- und herbewegen‹, slowen. svepetáti ›sich zitternd bewegen, flimmern‹, also ›Siedlung an einem sich hin- und herbewegenden, d. h. sich dahinschlängelnden Bach‹. Nach Begradigung der Flusswindungen erhielt er dann den Namen *Wasserstrich*. Geht man aber von obigem russ. svepet aus, müsste man ›Siedlung an einem Bach, der durch einen Wald mit Bienenzucht fließt‹ annehmen. Der poln. OrtsN *Siepietnica* wird auf *Świepietnicy ›Siedlung der Waldbienenzüchter‹ zurückgeführt, aus einem historisch nicht nachgewiesenen *świepietnik ›Waldbienenzüchter‹. Dem entspräche ein aoso. *Swepetnici ›Siedlung der Waldbienenzüchter‹. Auch diese Deutung bleibt unsicher.

Schwosdorf w. Kamenz, 1225 *Swavesdorf*, 1245 *de Svabistorf*, 1263 *Swabisdorf*, 1284 *de Swabistorf*, 1455 *Swobisdorf*, 1574 *Schwoßdorff*, 1658 *Schwoßdorff.* – Dt., ›Siedlung des Schwab oder Schwabe‹. Der PersN, ein StammesN, beruht auf mhd. Swāp, Swāb(e) ›Mann aus Schwaben‹.

Sciciani siehe unten Seitschen, Groß-.

Sdier/Zdźěr n. Bautzen, um 1400 *von Dzyr*, 1413 *Sder*, 1419 *Dyer*, 1427 *Stiry*, 1447 *zum Sdere*, 1474 *vom Zdehir*, 1479 *zum Zdeer*, 1502 *Zdir*, 1504 *Szdir*, 1536 *zum Sdier*, 1597 *Sdier*, 1791 *Sdier, Stier.* / 1800 *Sder*, 1843 *Zdeŕ*, 1866 *Zdźeŕ, Zdeŕ*, 1886 *Zdźěŕ, Zdeŕ*, 1959 *Zdźer.* – Man geht von aso. *žděr- oder ähnl. neben *žďar ›Brandrodung‹ aus, also ›Nach Brandrodung angelegte Siedlung‹. Siehe oben Särchen nnö. Bautzen. Die lautliche Entwicklung von urslaw. *jьzžarъ konnte nicht nur zu oso. älter *zdźar ›Brandrodung‹ führen, sondern auch zu zdźěr wie in dem Wort zdźěr ›Sauerampfer‹. Vielleicht wäre ein *Zděŕe ›Siedlung in einem Gelände, wo es viel Sauerampfer gab‹ möglich. Unsicher ist *Zděŕe aus *Sъdьrьje , zu oso. dŕěć, in der Ich-Form dŕěju, älter dru ›reißen, zerren, schinden‹, urslaw. *derti, *dьrǫ, russ. sodratʹ aus *sъdьrati ›abreißen‹, also ›Siedlung, wo durch Abreissen der Äste die Brandrodung vorbereitet wurde‹.

See/Jězor w. Niesky, um 1390 *de Sehe*, 1394 ff. *de Sehe, vom Sehe, vom Zee*, 1410 *czum See*, 1415 *bie deme Zehe*, 1425 *See*, 1452 *zum Zee*, 1463 *zum Sehee*, 1791 *See.* /

1719 *Jysor*, 1767 *Jysor*, 1800 *Jysor*, 1835 *Jysor*, 1843 *Jjezoŕ = Jězoŕ*, 1866 *Jězor*, 1885 *Jězor*. – Dt., ›Am See gelegene Siedlung‹, zu mhd. sē ›See, Landsee‹. / Jězor, zu oso. jězor, urslaw. *(j)ezerъ ›Landsee‹.

Seeligstadt wsw. Bischofswerda, 1241 *Selingenstat, Seligenstat, Saeliginstat*, 1262 *Seleginstat*, 1413 *czu Seligestad*, 1559 *Seeligstadt, Sehligstadt*, 1588 *Sellichstadt*, 1622 *Selligkstadt*, 1791 *Seeligstadt bey Stolpen*. – Dt., ›Siedlung an der glückverheißenden Stelle‹, zu mhd. sælec, sælic ›glücklich, glückverheißend, selig‹. Möglicherweise bestand bei der Namengebung ein kirchlich-geistlicher Zusammenhang mit dem Bischof von Meißen, der kurz vor 1222 in den Besitz des Burgwards Stolpen gelangte, zu dessen Dörfern Seeligstadt stets gehörte.

Seidau/Židow nw. Bautzen, heute zu Bautzen, 1359 *Sydaw*, 1360 ff. *de Sydow, Zidow, Zydow, Sidaw*, 1395 *Saydaw*, um 1400 *Sydaw, Sidaw, uff/off der Sydaw*, 1411 *Zayda*, 1431 *uff die Seydaw*, 1459 *in suburbio* (= lat. ›in der Vorstadt‹) *Seydo*, 1475 *Saydo*, 1519 *Sawyda* (hierher oder zu Kl. Seidau?), 1534 *zu Seude* (hierher?), 1569 *Seyda*, 1658 *auff der Seydau*. / 1684 ff. *z Židowa*, 1800 *Zidow*, 1843 *Židow*, 1866 *Židow*. – Wahrscheinlich aoso. *Židawa ›Siedlung am Bach *Židawa‹, einem linken Zufluss zur Spree. Der GewN beruht auf der urslaw. Wurzel *židъ wie in oso. židki ›dünnflüssig‹, russ. žiža < urslaw. *židja ›Feuchtigkeit, Schlamm‹.

Seidau, Klein-/Zajdow nw. Bautzen, 1419 *Sawyda*, 1424 *Sauyda an der Viwalze bei Welka*, 1759 *Kl. Seyden*, 1767 *Klein Seyda*, 1791 *Klein Seydau*. – 1835 *Židowk, Sajdow*, 1843 *Zajdow*, 1866 *Zajdow*, 1886 *Za-*

widow, 1920 *Zajdow (für Zawidow)*. – Aoso. *Zawidow ›Siedlung des Zawid‹. Der PersN, bereits im Apoln. und Atschech. nachgewiesen, beruht auf der Präposition urslaw. *za ›nach, hinter, für, über (etwas hinaus)‹, oso. za ›hinter u. a.‹, sowie auf dem Vollnamenhinterglied -wid, aus urslaw. *viděti, oso. widźeć ›sehen‹. Man leitete den PersN aber auch von urslaw. *zaviděti, dazu oso. zawidźeć ›um etwas beneiden, jmdm. etwas mißgönnen‹, ab.

Seidewinkel/Židźino n. Hoyerswerda, 1401 *Sydewinkel*, 1462 *im, von Seidinwingkil, Seydinwingkil*, 1568 *Seydewinckel*, 1658 *Seydewinckel*, 1791 *Seidenwinkel, Seydewinckel*. / 1692 *ße schüschenow (von Seidewinkel)*, 1744 *Scziczinow, Dcziczinow*, 1800 *Schidziny*, 1835 *Schidźini, Żidźiny*, 1843 *Židźino*, 1866 *Židźino*. – Wahrscheinlich aoso. *Židino, eine Ableitung von ders. Wurzel wie *Židawa, siehe oben Seidau, Groß-, also ›Siedlung in einer feuchten, morastigen Gegend‹. Der sorb. Beleg von 1692 (aus dem Kirchenbuch von Senftenberg) zeigt die nso. Lautung *Žyźino. Nach der Eindeutschung konnte der Name an Seide, mhd. sīde ›seidener Stoff, seidenes Gewand‹, angelehnt worden sein. Daran trat das dt. Grundwort -winkel, zu mhd. winkel ›Winkel, Ecke, Ende; abseits gelegener, verborgener Raum‹. / Oso. Židźino ist die lautgerechte Entwicklung von Židino, siehe oben.

†Seifersdorf s. Ostritz, durch Gründung des Klosters Marienthal nach und nach aufgelöst, 1396 als wüst bezeichnet, 1234 *Syfridistorph*, 1237 *Sifridisdorp*, 1239 *Siverdesdorf*, 1241 *Siuerdesdorf*, 1262 *Siuirdsdorph*, 1273 *Sivridesdorf*, 1304 *Sifridi villa* (= lat. ›Dorf‹), 1346 *Syffridisdorf*,

1384 *das Kloster gen. Sifirsdorf*, 1409 *Sifirsdorf*, 1440 *Zeyfferstorff*, 1533 *Seyffersdorff, der nonnen zu Osteritz*. – Dt., ›Dorf des Siegfried‹. Der PersN beruht auf ahd. sigu-fridu ›Sieg, Leistung‹-›Friede, Schutz, Sicherheit‹.

Seifersdorf, Nieder- onö. Weißenberg, 1386 *Sigfridisdorf*, 1431 *Seifirsdurff*, 1495 *Seiferßdorff*, 1582 *Seyferßdorff*, 1759 *Nieder Seyfersdorff*, 1791 *Seyfersdf. Nder.* – Dt., siehe oben † Seifersdorf.

Seifersdorf, Ober- n. Zittau, 1267 *Syfridisdorff prope* (= lat. ›nahe bei‹) *Zittaw*, 1346 *Siffridisdorff prope Zittaviam*, 1384 *Sifridi villa* (= lat. ›Dorf‹), 1527 *Szeyfferßdorff*, 1759 *Ober Seyfersdorff*, 1791 *Seyfersdf. Ober=.* – Dt., siehe oben † Seifersdorf. Die Siedlung wurde wahrscheinlich nach *Siegfried von Kittlitz* benannt.

Seitschen/Žičeń wsw. Bautzen, Gemeinde, die 1936 aus *Groß-* und *Kleinseitschen* gebildet wurde, siehe dies. unten.

Seitschen, Groß-/Žičeń wsw. Bautzen, 1012/18 *Sciciani, Cziczani*, 1091 (Fälschung) *in burgwardo Schizani*, 1241 *burquardus Sizen*, um 1276 *de Zitzin*, 1357 *Seyczen*, 1365 *de Ziczan*, als HerkN: 1373 *Petir Syczhen*, 1381 *Henricus Sytschyn*; 1387 *de Zyschin, Zyzschen*, 1374/82 *Maior Siczen, Maior* (= lat. ›größer‹) *Zyschen*, 1404 *Siczen*, 1419 *Zeitzan magna* (= lat. ›groß‹), 1423 *Syczan*, 1440 *zur Seitschen*, 1447 *Magna Syczen*, 1498 *Seytzynn*, 1498 *Seitzschenn*, 15. Jh. *Zitzan magna*, 1519 *Zeitzan magna*, 1551 *Seitzschen*, 1658 *Groß Seitzschen*, 1791 *Groß Seitschen*. / 1800 *Wulki Ziczen*, 1843 *Žičeń*, 1848 *Wulki Ziczin*, 1866 *Žičeń*, 1886 *Žičeń*. – Ein umstrittener Name, wobei es auch um die Lokalisierung des bei Thietmar von Mer-

seburg genannten *Sciciani, Cziczani* ging, siehe oben. Wir schließen uns der Deutung und Lagebestimmung von H. Schuster-Šewc an: Aoso. *Židčane*, später *Židčany* ›Siedlung der Sumpflandbewohner‹, zu oso. židki ›dünnflüssig‹, urslaw. *židъkъjь, mit der urslaw. Wurzel *židъ wie oben in Seidau, siehe dass. Der Name zeigt die gleiche Bildung – von einem Adjektiv – und Bedeutung wie die OrtsN *Mockern*, s. Altenburg, *Mockrehna*, sw. Torgau, u. a., aso. *Mokŕane* ›Siedlung der Leute, die auf feuchtem Boden wohnen‹, zu oso. mokry ›nass‹, urslaw. *mokrъjь. Unsere Siedlung liegt in der sumpfigen Talaue des den Ort durchfließenden Baches, heute *Langes Wasser*, auch *Gödaer Wasser* genannt, 1413 *Hodziwicze*. In Bezug auf die Bedeutung des OrtsN vgl. auch oben Plotzen/Błocany. / Žičeń entstand durch Angleichung an eingedeutschte Formen auf *-en*, wobei des Weiteren das sorb. Suffix *-eń* wie in oso. bróžeń ›Scheune‹, studźeń ›Brunnen‹ u. a. mit eingewirkt haben kann.

Seitschen, Klein-/Žičeńk wsw. Bautzen, 1225 *allodium novum* (= lat. ›neues Allod, adeliges Eigengut‹) *in Sycene*, 1374/82 *Parva* (= lat. ›klein‹) *Zyczchen, Parvum Zyczchen*, 1419 *Zeitzan parva*, 1443 *czum cleynen Zeitschan, Zeytschan, Seytschen*, 1492 *Parva Sseytschin*, 15. Jh. *Zitzan parva*, 1519 *Zeitzan parva*, 1569 *zcum Klein Sseytzschen, Klein Seutschen*, 1658 *Klein Seitzschen*, 1791 *Klein Seitschen*. / 1800 *Maly Ziczen*, 1848 *Mały Žičžen*, 1886 *Žičeńk*. – Siehe oben Seitschen, Groß-.

† Sella/Želnja nw. Königsbrück, seit 1938 aufgelöst und dem Truppenübungsplatz Königsbrück angegliedert, 1379 (*villa*) *Sellende*, 1406 *czu der Selle*, 1486 *Sele*,

1502 *die Selne*, 1540 *Sellawe*, 1551 *Sella*, 1676 *Dorf die Sella.* / 1866 *Želnje*, 1886 *Želnja*. – Aoso. **Želn´e < *Žьlnьje* ›Siedlung in einer Gegend, wo es (viele) Spechte gibt‹, zu oso. žołma ›Grünspecht‹, poln. żołna ›Specht‹, russ. želna ›Schwarzspecht‹, urslaw. *žьlna ›Specht‹.

Sella/Želnje sö. Ruhland, 1936–1945 *Lindhain*, 1455 *Sell*, 1525 *Sella*, 1558 *Selle*, 1588 *von der Sella*, 1678 *Sölla*, 1685 *Selle*, 1791, 1800 *Wendisch Sella.* / 1678 *von Selle (wott Schelneje)* im Kirchenbuch von Senftenberg, 1831/45 *Zellna*, 1885 *Želnje*. – Aoso. *Želn´e, siehe oben † Sella nw. Königsbrück.

Semmichau/Semichow w. Bautzen, 1377 *Zemschow*, 1385 *Semchaw*, 1399 *de Zomechaw*, um 1400 *von Zemechaw, Semechaw, Semichaw, Schemechaw*, 1412 *Sempchow*, 1465 *Semchow*, 1488 *Semicho*, 1509 *Semichaw, Semmichen*, 1572 *Semicho*, 1622 *Semichen*, 1791 *Semmichau.* / 1843 *Semichow*, 1866 *Semichow*, 1886 *Semchow*, 1959 *Zemichow*. – Aoso. *Sěmichow ›Siedlung des Sěmich‹. Sěmich, in der Lausitz öfters als FamN belegt, ist eine KurzF solcher VollN wie Sěmirad u. dgl. mit dem Vorderglied zu urslaw. *sěmьja ›Geschlecht, Familie‹, russ.-ksl. sěmь ›Person, Persönlichkeit‹.

Siebenhufen n. Görlitz, Ortsteil von Kunnersdorf, 1409 *von den sebin hufyn*, 1411 *off den sebin huben*, 1419 *Cunirsdorff die seben huben*, 1446 *in den sebin Huben*, 1579 *Siebenhuben*, 1791 *Siebenhuben od. Siebenhufen*. – Dt., ›Siedlung mit sieben Hufen‹, zu mhd. siben ›sieben‹ und mhd. huobe, md. hufe ›Stück Land eines bestimmten Ausmaßes‹.

Siebitz/Dźiwoćicy wsw. Bautzen, 1374/82 *Dewecicz*, als HerkN: 1387 *Martinus Dybyticz*; 1493 *Dywetitz*, 1519 *Dywetitz*, 1580 *Syweschitz*, 1600 *Siwotschitz* (im Decem-Register d. Kl. Marienstern), 1791 *Siebitz.* / 1617 *Dziwoczicz*, 1835 *Dźiwoczizy, Žiwoczizy*, 1843 *Dźiwoćicy*, 1866 *Dźiwoćicy*. – Aoso. *Diwotici ›Siedlung der Leute des Diwota‹. Der PersN ist eine KurzF von Diwisław und ähnl. VollN mit dem Vorderglied zu urslaw. *divъ ›Verwunderung, Entzückung‹, oso. dźiw ›Wunder, Zeichen‹, nso. źiw ›Wunder, Verwunderung‹, oder zu urslaw. *divъjь, oso. dźiwi, nso. źiwy, poln. alt und mundartl. dziwy ›wild‹. Im Poln. gibt es den FamN Dziwota, den man aber auch von dziwota ›Wunder‹ ableitet. Vgl. den OrstN Siewisch in der Niederlausitz.

Siebitz/Zejicy ö. Elstra, 1351 *Siwycz, Sywicz*, 1376 *de Sybicz*, 1419 *Sywitz*, um 1500 *Syuuitz*, 1519 *Sywitz*, 1559 *Siebitz*, 1562 *Siewicz*, 1681 *Siebitz.* / 1800 *Siwezy*, 1835 *Žiwizy*, 1866 *Zyjicy, Zybicy*, 1886 *Zyjicy*, 1959 *Zejicy*. – Aoso. *Siwici ›Siedlung der Leute des Siw oder Siwa‹. Der betreffende PersN, im Poln. und Tschech. mit zahlreichen Ableitungen vertreten, beruht auf urslaw. *sivъ, oso. sywy ›grau, wasserblau‹, poln. siwy ›grau‹, tschech. sivý ›(asch)-grau‹. / Das anlautende stimmhafte Z- der sorb. Formen beruht wahrscheinlich auf Einfluss der dt. Lautungen.

Singwitz/Dźěžnikecy s. Bautzen, 1221 *de Synkewicz*, 1305 *Sinkiwicz*, um 1400 *von Sinkewicz*, 1407 *Zynkewicz, Sinkewicz*, 1506 *Singkwitz*, 1549 *Synquitz*, 1572 *Sinckewitz*, 1622 *Singwicz*, 1791 *Sinckwitz*, 1908 *Singwitz (Sinkwitz).* / 1684 ff. *Dźěžnikecz*, 1835 *Dżeźnikezy*, 1843 *Džježnikecy = Dźěžnikecy*, 1866 *Dźěžnikecy*. – Der Name ließe sich leicht als aoso. *Synkowici ›Siedlung der Leute des Synk‹ erklären, mit dem in der Lausitz verbreiteten PersN Synk, zu nso. oso. syn ›Sohn‹, in Bautzen 1416 *Synne*, 1457 *Synn*, dazu die Ableitungen 1398 *Synacz*, 1500 *Singk* u. a. Dagegen spricht aber, dass in der ersten Hä. d. 13. Jh. und davor anlautendes aoso. s- vor Vokal in der Regel im Dt. mit *ts*, im Schriftbild *cz*, *z* oder ähnlich, wiedergegeben wurde, siehe z. B. unten Zockau, aoso. *Sokow. Es konnte zwar das dt. Wort sinken, mhd. sinken, eingewirkt haben, doch bleibt diese Deutung problematisch. Man ging deshalb von aso. *Žińkovici, eventuell auch *Žizńkovici (mit frühem Schwinden des -z-) aus, mit dem PersN *Žińk bzw. *Žizń, wohl zu einer Basis *ži- neben *žit- wie in Žitomir, oder *žizń wie in solchen poln. PersN wie Żyznowic usw., zu *žiti ›leben‹, *žiznь ›Leben‹. Aber auch diese Erklärung kann nicht befriedigen. / Aus der späten oso. Überlieferung lässt sich *Děžnikowici ›Siedlung der Leute, die sich mit der Herstellung von Backtrögen befassen‹, zu oso. dźěža ›Backtrog‹, erschließen. Ein oso. *dźěžnik ›Backtrogmacher‹ ist allerdings in den Wörterbüchern nicht zu finden.

Skaska/Skaskow ssw. Wittichenau, 1383 *Skasskaw*, 1401 *Schaskaw*, 1413 *Scaßkow*, 1562 *Skaßka*, 1658 *Skaßka*, 1732 *Gaßke*, 1759 *Schaschke*, 1796 *Skaßke*, 1908 *Skaska*, (*Scasca, Skaske, Skaßke*), *Neuskaska*. / 1800 *Skaßkow*, 1835 *Skaskow*, 1843 *Skaskow*. – Aoso. *Skazkow ›Siedlung des Skazk‹. Der PersN, im Poln. vertreten als Skazik, Skazko u. dgl., beruht auf urslaw. *jьzkaziti, oso. skazyć ›vernichten, verderben‹, nso. skazyś ›verderben, ungenießbar machen; ruinieren, zunichte machen‹, poln. skazić ›verderben, beflecken, vergiften‹.

Skerbersdorf/Skarbišecy sö. Bad Muskau, 1936–1947 *Schönlinden*, 1366 *Skerbesdorff*, 1457 *Skerwirsdorf*, 1463 *Sgerbißdorff*, 1542 *Scherbersdorf*, 1552 *Skerberstorff*, 1590 *Gewersdorff*, 1597 *Skarbersdorff*, 1704 *Sckerberrsdorff*, 1791 *Skerbersdorf, Sckerbersdorf*. / 1800 *Skarbischoiz*, 1835 *Skarbischojzy*, 1843 *Skarbišecy, Skarbišojce*, 1886 *Skarbišecy*. – MischN, ›Dorf des Skerbiš‹. Der PersN, der eine genaue Parallele in apoln. Skarbisz hat, ist eine KurzF von *Skerbimir, dazu entsprechend poln. Skarbimir, mit dem Vorderglied aus urslaw. *skъrbъ ›Trauer, Traurigkeit, Betrübnis‹, *skъrběti ›betrüben, kränken; traurig sein, trauern‹, russ. skorbetʹ ›trauern‹. In einem Zinsregister von Cottbus ist uns aus Dissen 1489 der PersN *Skerba* überliefert. Die gleiche Personennamenwurzel enthält der Niederlausitzer OrtsN Schorbus/Skjarbošc. Das in den meisten Belegen seit 1457 in der zweiten Silbe des PersN auftretende -r- kam im Dt. durch den Einfluss des vorangehenden und nachfolgenden -r- auf. / Aoso. bzw. anso. *Skerbišowici ›Siedlung der Leute des Skerbiš‹ ergab dann hier im nso. – oso. Grenzdialektraum Skarbišojce bzw. Skarbišecy. Möglicherweise ist das ursprüngliche *Skerbišowici erst zu einem MischN umgeformt worden, wie es öfters in der Niederlausitz zu beobachten ist.

Soculahora/Sokolca sö. Bautzen, 1366 *de Valkinberg*, 1419 *Valkenbergk*, 1456 *uff dem Falkinberge*, 1505 *Falkenberg*, 1569 *Falckenbergk*, 1791 *Soculahora oder Falkenberg*. / 1574 *Socklo Horcka*, 1576 *Socolo Horkaw*, 1578 *Sokolhore*, 1579 *Sockolhora*, 1772 *Soculahora*, 1800 *Ssokolza*,

1835 *Ssokolza, Ssokolniza,* 1843 *Sokolca,* 1866 *Sokolca,* 1886 *Sokolnica,* 1920 *Sokol(ni)ca.* – Nach den ältesten Belegen dt. Falkenberg, ursprünglich ›Siedlung auf dem Berge, wo sich Falken aufhalten‹, zu mhd. valke ›Falke, graubrauner Greifvogel, oft für die Beizjagd abgerichtet‹, und mhd. berc ›Berg‹. Es handelt sich hier um einen weit verbreiteten, meist heraldischen, oft von dt. Feudalherren und Rittern gegebenen Namen, die in ihrem Wappen einen Falken führten. Der *Falke* war ein wichtiges Kennzeichen und Standessymbol des Feudaladels. Vgl. in der Niederlausitz Falkenberg und Falkenhain. / Der oso. Name stellt eine Übersetzung des dt. Namens dar, zu oso. sokoł ›Falke‹ und hora, Verkleinerungsform horka ›Berg‹, wobei neben Sokola Hora auch Sokola Horka, Sokol(i)ca und Sokolnica im Gebrauch waren.

Sohland, Mittel-, Nieder-, Ober-, Dorf(teile)   s. Reichenbach/O. L., 1939 zu Sohland vereinigt, heute Sohland a. Rotstein, siehe dass. unten.

Sohland, Mittel-, Nieder-, Ober-   s. Schirgiswalde, 1877 mit *Wendischsohland* zu Sohland vereinigt, heute Sohland a. d. Spree, siehe dass. unten.

Sohland a. d. Spree/Załom   s. Schirgiswalde, 1877 als Sohland aus *Mittel-, Nieder- Ober-* und *Wendischsohland* gebildet. 1222 (Kop. 1550) *Solant,* 1350 *in Zalant,* 1361 ff. *de Zolant, von dem Soland, vom Solande, Solant,* 1386 *zum Solande,* 1404 *Soland,* 1535 *zcum Salande,* 1618 *zum Soland(e), Sohlandt,* 1791 *Sohland, bey Taubenheim … ein adelich Dorf, darinne 4 Rg.* (= Rittergüter) *nämlich: Mittel= Nieder= Oberer= und Wendisch=Sohland. Wird*

auch Sohland an der Spree gen. ist ein weitläuftiges Dorf zwischen Taubenheim und Wersdorf, 1908 *Sohland an der Spree (Ober-, Mittel- u. Nieder-), Dörfer, 2. Rgtr.* 1908 werden noch genannt *Äußerstmittel-* und *Äußerstniedersohland,* dazu der Teil *Neuobersohland (Tännichthäuser).* / 1886 *Załom,* 1894 *Załom,* 1920 *Załoń.* – Dt., Sohland beruht auf mhd. sallant ›Land, das der Grundherr sich zur Eigenbewirtschaftung vorbehält, Herrengut‹. / Załom ist wegen seiner späten Belege nicht ursprünglich, sondern erst künstlich geschaffen worden. Siehe unten Sohland a. Rotstein/Załom.

Sohland a. Rotstein/Załom   s. Reichenbach/O. L., ö. Löbau, 1939 als *Sohland* aus *Mittel-, Nieder-* und *Obersohland* gebildet, 1241 *Zalom,* um 1280 *de Salando, de Salant,* 1337 *von dem Salande,* 1376 ff. *Soland, Solant,* 1382 *Salant,* 1419 *zum Salande,* 1429 *vom Soland,* 1454 *zum Zoland,* 1479 *dorf, heist der Solandt,* 1495 *zcum Solant,* 1569 *Soland prope* (= lat. ›nahe bei‹) *Reichenbach,* 1791 *Sohland, bey Reichenbach am Rothstein … ein adelich Dorf mit 3 Rg.* (= Rittergütern) *nämlich Mittel= Nieder= und Ober=Sohland, wird auch Langen=Sohland genennt,* 1908 *Mittelsohland am Rotstein, Niedersohland am Rotstein, Obersohland am Rotstein.* / 1886 *Sólany,* 1920 *Załom.* – Nach dem ältesten Beleg aoso. **Załoń,* später **Załom* ›Siedlung hinter dem Sumpfgebüsch, dem (Wind)bruch‹, zu oso. za ›hinter‹ und **łom,* nso. łom ›Bruch, Windbruch, Sumpfgebüsch‹. Zu dem dt. Namen Sohland siehe oben Sohland a. d. Spree. Sohland hat den aoso. OrtsN verdrängt, eine Umdeutung von *Zalom* zu *Salant* oder umgekehrt im

13. Jh. ist unwahrscheinlich. Man kann annehmen, dass eine ursprünglich kleine sorb. Siedlung während der dt. Ostsiedlung zu einem langen Reihendorf umgestaltet sowie erweitert wurde und dabei vom Grundherrn einen neuen Namen erhielt. / Sólany ist eine späte sorabisierte Form von Sohland.

Sohland, Wendisch-/Serbski Załom s. Schirgiswalde, seit 1877 Ortsteil von Sohland, heute Sohland a. d. Spree, siehe oben. 1487 *czu dem windischen Solende*, 1509, 1514 *zcum Windischen Solant, Soland*, 1569 *Wendisch Solandt*, 1657 *Wendisch Sohland*, 1791 *Wend. Sohland*, 1908 *Wendischsohland*, 1938 *Am Frühlingsberg*. / 1886 *Serbski Załoń*, 1920 *Serbski Załoń*. – Siehe oben Sohland a. d. Spree. Da der Ort vornehmlich von Sorben bewohnt war (um 1700 sprach man hier noch sorbisch), wurde der differenzierende Zusatz *Wendisch-* gebraucht. / Zu Załom siehe oben Sohland a. Rotstein/Załom.

Sollschwitz/Sulšecy wnw. Bautzen,1359 *de Schulsewicz*, 1389 *Sulschewicz*, 1394 *Solschewicz*, 1415 *Sulschewicz*, 1419 *Sulßwitz*, 1472 *Schulschwitcz*, 1485 *Solsch(e)wicz*, 1499 *Tscholschewitz*, 1508, 1522 *Solßwitz*, 1519 *Sulßwitz*, 1524 *Solschwitz*, 1695 *Solschwitz*, 1791 *Sollschwitz*. / 1684 *Sulžecz*, 1800 *Ssulschezy*, 1843 *Sólšecy*, 1866 *Sulšecy*. – Aoso. *Sulišowici ›Siedlung der Leute des Suliš‹. Der PersN, in der Lausitz öfters als FamN vertreten, ist eine KurzF von Sulisław und ähnl. VollN mit dem Vorderglied zu urslaw. *suliti, russ. su-lit´ ›versprechen, verheißen‹, oder zu aksl. suľěi, russ. sulej ›besser‹.

Sollschwitz/Sulšecy ssw. Wittichenau, 1291 *Zhulisdorph*, (1308) *Zulisdorff*,

1374/82 *Czollicsdorf, Czullichzdorf, Czolllichsdorf, Czollischdorf, Sczullichsdorf*, 1440 *Czolstorff*, 1486 *Czulschdorff*, 1732 *Solschwitz*, 1759 *Solchdorff*, 1791 *Zollsdorf*, 1845 *Solschwitz*. / 1800 *Ssulschezy*, 1835 *Ssulschezy*, 1843 *Sulšecy*, 1866 *Sulšecy*. – MischN, ›Dorf des Suliš‹. / Aoso. *Sulišowici ›Siedlung der Leute des Suliš‹, siehe oben Sollschwitz wnw. Bautzen. Der MischN entstand wahrscheinlich aus einem ursprünglichen *Sulišowici durch Ersatz des sorb. Ortsnamensuffixes *-owici* durch dt. *-dorf*, wie das auch in der Niederlausitz öfters zu beobachten ist. Vgl. dort Kochsdorf/Kochanojce, Laubsdorf/Libanojce u. a.

Sora/Zdźar ssw. Bautzen, 1419 (Kop. 18. Jh.) *Sorpolka oder Sorau*, 1477 *Sahir*, 1482 *Sorow*, 1488 *Sor*, 1489 *Zoro, Zora*, 1499 *Szoro*, 1513 *Soro*, 1519 *Soer polkem*, 1542 *Soer*, 1559 *Serichen*, 1759 *Klein Sohra*, 1791 *Sorau*, 1836 *Sora, (Sohra)*. / 1684 ff. *ze Ždžarow*, 1835 *Sdžar*, 1843 *Zdžar*, 1866 *Zdźař*, 1959 *Zdźar*. – Aoso. *Žžar ›Nach Abbrennen des Waldes (Brandrodung) angelegte Siedlung‹, siehe oben Särchen/Zdźar nnö. Bautzen. Was die Belege von 1419 und 1519 anbelangt, so ist das nachgesetzte *-polka* bzw. *polkem* auf oso. połka ›Hälfte‹ zurückzuführen, also ›das halbe Dorf Sora, das Dorf Sora zur Hälfte‹.

Soritz/Sowrjecy osö. Bautzen, 1419 (Kop. 18. Jh.) *Soritz*, 1534 *Sohornitz*, 1573 *Szoriz*, 1579 *Sohoritz*, 1589 *Souritz*, 1657 *Soritz*, 1732 *Soritz*. / 1684 ff. *ze Soworicz*, 1719 *Ssowyrcze*, 1800 *Ssowrecy*, 1835 *Ssowrizy*, 1843 *Sowricy*, 1866 *Sowricy*, 1886 *Sowrjecy*. – Vielleicht aoso. *Sěwerica ›Siedlung in einer Gegend, die oft in Nebeldunst gehüllt ist‹, zu urslaw. *sěverъ, *sěverь ›Nordwind, nördliche Himmels-richtung, Norden‹, oso. sowjer ›Höhen-rauch, Nebeldunst‹. Die oso. Bedeutung des Wortes ergab sich durch die Entwick-lung ›(kühle) nördliche Winde‹ > ›Höhen-dunst, Nebeldunst, der durch das Eindrin-gen kühler, nördlicher Luftmassen ent-steht‹. Nicht auszuschließen ist ein GewN, denn der Ort liegt am *Wuischker Wasser*, in das kurz vor Soritz ein von Rachlau kommender Bach mündet, also ›Bach, über dem oft Dunst liegt‹.

Sornßig/Žornosyki   osö. Bautzen, wnw. Löbau, 1225 *de Surnzic, Zur(n)zk*, 1394 *Sorniczk*, 1400 ff. *von Sornesik, Sornesig, Sorsik*, 1419 *Sornßig*, 1461 *Sornsk*, 1486 *Szorn(n)eßitz*, 1525 *Sornsich*, 1585 *Sorn-sig*, 1657 *Sornsig*, 1791 *Sornßig*. / 1700 *Žor-noßyki*, 1800 *Zornoßyky*, 1835 *Žornoßy-ki*, 1843 *Žornoseki*, 1866 *Žornosyki*, 1886 *Žornosyki*. – Aoso. *Žornosěky < *Žьrno-sěky ›Siedlung der Mühlsteinhauer‹, zu urslaw. *žьrny, Genitiv *žьrnъve ›Mühl-stein; Handmühle‹, apoln. żarnów ›Mahl-stein der Mühle‹, atschech. žrnov, russ. žernov ›Mühlstein‹, russ. mundartl. žern ›Handmühle‹, und urslaw. *sěk- in *sěkti ›hacken, hauen, schneiden‹, oso. syc, sy-kati ›mähen, hauen (mit der Sense)‹, nso. sec, sekaś ›hauen, hacken, stampfen‹. Vgl. in der Niederlausitz Sorno, Deutsch- und Wendisch-/Žarnow, Nimski und Serbski.

Spittel/Špikały   s. Weißenberg, 1345 *Spital*, 1348 *von dem Spital, de Hospitali*, 1382 *von Spital*, 1390 *Spital*, 1396 ff. *Spi-tal, Spittal, Spittel*, 1419 *Spetal*, 1434 *uff den Spittil*, 1519 *Spetal*, 1538 *Spital*, 1657 *Spit-tel*. / 1676 *se Spikale*, 1700 *Spikawe*, 1835 *Schpikawy*, 1843 *Špikawy*, 1866 *Špikały*. – Dt., ›Siedlung mit/bei einem Spital, einem Kranken- bzw. Pflegehaus‹, zu mhd. spitāl, spitel, spittel ›Pflegehaus, Krankenhaus‹, auch ›Armenhaus‹. / Im Oso. wurde der Name wahrscheinlich volksetymologisch mit špikować ›spicken‹ in Zusammenhang gebracht.

Spittel/Špital   ö. Kamenz, seit 1903 zur Stadt Kamenz, 1348 *Hospitale nostrum* (= lat. ›unser Hospital‹, d. h. des Klosters St. Marienstern, gelangt dann an die Stadt Kamenz), 1355 *molendinum hospitalis* (= lat. ›Mühle des Hospitals‹), 1471 ff. *Spit-tel*, 1732 *Spittel*, 1759 *Spital*, 1791 *Spittel*, 1824 *Spittel, Spital, wend. Spitaluga*. / 1800 *Spittaluga*, 1835 *Schpitaluje*, 1843 *Špital-nje*, 1886 *Špital*, 1920 *Špital*. – Siehe oben Spittel s. Weißenberg. Das bis zu seiner Eingemeindung in die Stadt Kamenz im Jahre 1903 klostereigene Dorf entstand auf den zum Hospital des Klosters gehören-den Hufen. Das Hospital war zunächst Hospiz für Nonnen, dann Pflegeheim.

Spittwitz/Spytecy   nö. Bischofswerda, 1374/82 *Spetewicz*, als HerkN: um 1400 *Spittewicz*; 1413 *Spittewicz*, 1419 *Spetewitz*, 1518 *Spittewicz*, 1519 *Spetavitz*, 1559 *Spit-witz*, 1617 *Spitkewitz*, 1658 *Spittwitz*. / 1800 *Sbotezy*, 1843 *Spótecy*, 1886 *Spytecy*. – Aoso. *Spytowici ›Siedlung der Leute des Spyt oder Spyta‹. Der PersN, in der Lausitz als Spyt, Spytank, Spytik, Spytka und Spytko vertreten, ist eine KurzF von Spytimir und ähnl. VollN mit dem Vorderglied aus ur-slaw. *spyti, aksl. spyti ›vergeblich, unnütz, ohne Ursache‹.

Spohla/Spale   nö. Wittichenau, 1936–1945 *Brandhofen*, 1374/82 *von dem Spole*, 1408 ff. *de (vom, von) Spal, Spall, Spale, Spol*, 1445 *zum Spol*, 1474 *Spole*, 1529 *Spal*, 1541 *Spola*, 1585 *Spohle*, 1658 *Spohlaw*,

1791 *Spohla.* / 1682 *Spohla (Se Spahlo)*, 1712 ff. *Spalow*, 1744 *Spahl*, 1800 *Spalow*, 1843 *Spalje*, 1866 *Spale*. – Aoso. *Spal´e ›Siedlung auf durch Brandrodung gewonnenem Lande‹, zu oso. spalić ›verbrennen‹, spalenišćo ›Brandstätte‹, nso. spaliś ›zusammenbrennen, verbrennen, durch Brand zerstören; anbrennen, anzünden‹.

Spree/Sprjewje nnö. Niesky, 1403 *zur Spreh*, 1422 *zur Sprehe*, 1423 *de Spreu*, *von der Sprey*, 1447 *villa* (= lat. ›Dorf‹) *Sprewe*, 1448 *zur Spree*, 1519 *von der Sprehe*, 1529 *zu Sprehn*, 1552 *Spree*. / 1848 *Sprewje*, 1886 *Sprowje*. – Die Siedlung liegt am Flusslauf *Weißer Schöps*, in älterer Zeit *Spree* genannt. Der FlussN, auf dem der OrtsN beruht, ist vorslaw. Herkunft und geht auf german. *Sprēwja zurück, zu der indogerman. Wurzel *spreu̯- ›spritzen, sprühen, stieben‹, mhd. spræwen, spræjen ›spritzen, stieben, sprühen machen, streuen‹. Der FlussN Spree ist uns erstmals 965 als *Sprewa*, 1012/18 als *Sprewa* überliefert, im Oso. Sprjewja, umgangssprachl. *Šprewja*, älter auch *Sprewja* und *Sprowja*.

Spreedorf ssw. Löbau, seit 1708 angelegte Siedlung, 1791 *Spreedorf ... ein neu angebauter Ort an Ebersbach*, 1836 *Spreedorf*, 1908 *Altspreedorf (Teil)*, *Neuspreedorf (Teil)*, 1952 *Spreedorf, Stadtteil von Ebersbach*. – Dt., ›Das an der Spree gelegene Dorf‹. Zum Namen der Spree siehe oben Spree nnö. Niesky.

Spreehammer w. Rothenburg/O.L., Ortsteil von Spree, seit 1521 Hammerwerk und Werksiedlung, 1577 *Hammer zur Sprähe*, 1759 *Sprey Hammer*, 1791 *Spreehammer*, 1831/45 *Nieder- und Ober-Spreehammer*. – Dt., ›Siedlung beim Hammerwerk an der Spree‹. Zum Bestimmungswort Spree

siehe oben Spree/Sprjewje, zum Grundwort -hammer siehe oben Hammerstadt/ Hamoršć.

Spreetal siehe unten Zerre.

Spreewiese/Lichań nnö. Bautzen, vor 1911 *Leichnam*, mit †*Kleinleichnam/Lichank*, 1394 *Lycham*, 1399 *Leichaime*, 1419 *Leichnam parvum* (= lat. ›klein‹), 1443 *Leicham*, *Leichan*, 1461 *Leichan*, 1532 *Leichhaimb*, 1533 ff. *Großleichnam*, 1545 *zum Leichnam*, 1621 *zum Leichnamb*, 1791 *Klein Leichnam ... ein Forwerg zu Göbeln geh. unter Klix*, *Leichnam*, 1904 *Rittergut Kleinleichnam*, 1908 *Leichnam mit Kleinleichnam*, 1911 ff. *Spreewiese*. / 1719 *Wulki*, *Maly Lichan*, 1800 *Lichan*, 1835 *Lichank(ez)*, 1843 *Lichań*, 1866 *Lichań*. – Aoso. *Lichań ›Siedlung des Lichan‹. Der PersN, im Poln. u. a. als Lichanic, Lichanin überliefert, erklärt sich aus urslaw. *lichъ, aksl. lichъ ›übermäßig, über etwas hinaus, Mangel habend‹, nso. lichy ›frei, ledig‹, poln. lichy ›elend, schlecht‹, russ. lichoj ›böse, arg, kühn, tapfer‹. *Lichań wurde schon früh mit mhd. līcham(e), līchname ›Leib, Körper, Fleisch, Leiche‹, nhd. Leichnam, gleichgesetzt, später als anrüchig empfunden und deshalb 1911 in *Spreewiese* umbenannt. Man wählte diesen Namen deshalb, weil der Ort im Winkel zwischen der Spree und der Kleinen Spree lag.

Spreewitz/Šprjejcy nö. Hoyerswerda, am Zusammenfluss von Spree und Kleiner Spree gelegen, 1419 *Sprewitz*, 1568 *Sprewitz*, vor 1635 *Sprewitz*, 1732 *Spröwitz*, 1791 *Spröwitz*, 1824 *Spröwitz*, *Spreewitz*. / Aus dem Kirchenbuch von Jessen: 1624 *von Spreitz*, 1699 *Spretz*, 1701 *von Spreitz*, 1727 *von Sproitz*; 1831/45 *Spreetza*, 1843

Sprejcy, *Šprejcy*, *Sprojcy*, 1855 *Sprojza*, 1885 *Sprejcy*, 1969 *Šprjejcy*. – Aoso. *Sprewica ›Siedlung an der (Kleinen) Spree‹. Zum FlussN siehe oben Spree nnö. Niesky. / Die oso. Formen erscheinen in der Mehrzahl.

Spremberg sw. Löbau, seit 1920 mit *Neusalza* zur Stadt *Neusalza-Spremberg* vereinigt, 1242 *de Sprewemberch*, 1272 *Sprewenberc*, 1397 *Spremberk*, 1408 *Spremberg*, 1419 *Spremberg*, 1515 *Spremberg*, 1548 *Spremberg(k)*, 1791 *Spremberg*. – Dt., ›Siedlung an/auf dem Berg an der Spree‹, zum Bestimmungswort siehe oben Spree nnö. Niesky, das Grundwort beruht auf mhd. berc ›Berg‹. Vgl. Spremberg/Grodk in der Niederlausitz.

Sprey/Sprjowje sw. Weißwasser, an der Einmündung des Schöps in die Spree, 1597 *Dorf Sprey*, 1704 *Sprey*, 1732 *Spree*, 1791 *Spreu*, 1824 *Spree, auch Spreu, wend. Sprowja*, 1831/45 *Sprey*. / 1800 *Sprowja*, 1843 *Sprjowy*, 1831/45 *Spreje*, 1885 *Sprjowje*. – Dt., ›Siedlung an der Spree‹. Der Schöps hieß früher ebenfalls Spree. Siehe oben Spree nnö. Niesky.

Sproitz/Sprjojcy w. Niesky, 1399 *kein* (= gegen) *der Sprewicz*, 1408 *von der Spreewcz*, 1446 *zur Sprehicz*, 1449 *zur Spreicz*, 1533 ff. *Sprawitz*, 1658 *Sproytz*, 1659 *Sprowitz*, 1791 *Sproitz*. / 1800 *Sproiza*, 1831/45 *Sproitza*, 1835 *Sprowisa*, 1843 *Sprojcy = Sprjowcy*, 1886 *Spr(j)ojcy*, *Sprjójcy*. – Siehe oben Spreewitz nö. Hoyerswerda. Die Siedlung liegt am Schwarzen Schöps, der früher auch Spree hieß.

Stacha/Stachow nö. Bischofswerda, als HerkN: 1374 *Nicze Stachow*, 1374/82 *Jon Stachow*; 1419 *Stachaw*, 1430 *Stochowe*, 1569 *Stachaw*, 1580 *Stachow*, 1617 *Stache*, 1658 *Stacha*, 1708 *Stocha*, 1791 *Stacha*. /

1800 *Stachow*, 1843 *Stachow*, 1886 *Stachow*. – Aoso. *Stachow ›Siedlung des Stach‹. Stach, bes. in der Niederlausitz oft als FamN gebraucht, ist eine KoseF von Stanisław und ähnl. VollN mit dem Vorderglied aus urslaw. *stati, in der Ichform *stanǫ (sę) ›sich (hin)stellen; werden, geschehen, beginnen‹, oso. stać so, in der Ichform stanu so ›geschehen, sich ereignen‹.

Stannewisch/Stanojšćo n. Niesky, 1936–1947 *Steinhufen*, 1358 *Stanewicz*, 1415 *Stanewisch*, 1452 *von Stanewitsch*, 1490 *Stanewisch*, 1527 *Stanewisch*, 1791 *Stannewisch*. / 1610 *Stennisch*, 1700 *Stanoschcizo*, 1800 *Stonoschczo*, 1843 *Stanojšćo*, 1866 *Stanošćo*, 1886 *Stanojšćo*. – Aoso. *Stanowišče ›Siedlungs-, Wohn-, Halteplatz‹, eine Ableitung von urslaw. *stanъ, oso. stan ›Zelt(dach)‹, poln. stan ›Standort u. a.‹, tschech. stanoviště ›Standort, Standplatz‹. Der Name bezog sich angeblich auf einen Halteplatz für Fuhrleute an der Fernstraße nach Sagan, poln. Żagań.

Steina nö. Pulsnitz, 1950 aus *Nieder-* und *Obersteina* gebildet, siehe dies.

Steina, Nieder- nö. Pulsnitz, seit 1950 mit *Obersteina* zu *Steina* vereinigt, 1445 *Nedirstein*, 1534 *Niderstein*, 1658 *Niderstein*, 1791 *Nieder Steina*, 1908 *Niedersteina b. Pulsnitz*. – Dt., ›Siedlung in steinigem Gelände bzw. am Steinberg‹, zu mhd. stein ›Stein‹. Die Siedlung liegt am Berg *Schwedenstein*, 420 m.

Steina, Ober- onö. Pulsnitz, (1420) *mit dem Dorffe genannt der Oberstein*, 1453 *Oberst(e)in bie der Pulsnicz*, 1524 *Obersteyn*, 1534 *Oberstein*, 1658 *Obersteine*, *Oberstein*, 1791 *Ober Steina*, 1908 *Obersteina bei Pulsnitz*. – Siehe Steina, Nieder-.

Steinbach n. Rothenburg/O.L., um 1396 *de Stincbach*, 1399 *an der Stincbach*, 1405 *an dy Styncbach*, 1419 *Stincbach*, 1426 *by der Stingbach*, 1519 *Styndbach*, 1520 *die Stimbach*, 1598 *Gut die Stimpach*, 1732 *Stimbach*, 1759 *Stimpach*, 1791 *Steinbach*. – Dt., ›Siedlung am stinkenden, übelriechenden Bach‹, zu mhd. stinken ›üblen Geruch von sich geben, unangenehm riechen, stinken‹, und mhd. bach ›Bach‹. Da man den Namen als anstößig empfand, erfolgte eine Veränderung und Umdeutung von Stinkbach über Stimbach zu Steinbach, einem recht häufigen OrtsN.

† **Steinborn** nw. Königsbrück, 1938 abgebrochen und in den Truppenübungsplatz Königsbrück einbezogen, nach 1945 mit Bohra kurzzeitig wiederbesiedelt, Ende der vierziger Jahre erneut abgebrochen, 1418 *Steinborn*, 1482 *Steinborn*, 1535 *Steynborn*, 1703 *Steinborn*, 1947 *Steinborn-Bohra*, 1952 *Steinborn, jetzt Königsbrück*. – Dt., ›Siedlung in steinigem Gelände mit einer Quelle‹. Zum Bestimmungswort Stein- siehe oben Steina, Nieder-, das Grundwort beruht auf mhd. born ›Brunnen, Quelle, Wasser‹. Die Siedlung lag zwischen steinigen Höhen in einem kleinen Tal seitwärts der Pulsnitz.

Steindörfel/Trjebjeńca ö. Bautzen, 1419 *Vlemischentorff*, als HerkN: 1430 *Hanus Flemischindorff*; 1512 (Kop. 18. Jh.) *Flemmingsdorff vel* (= lat. ›oder‹) *Trebnitz*, 1520 *Trebnitz, Trebenitz, Trebnytz*, 1538 *Trebnitz*, 1573 *Trebenitz*, 1657 *Trebentz*, *Steindörffel*, 1759 *Steindörffel*, 1791 *Steindörfel oder Tröbnitz*. / 1719 *Drebenza*, 1800 *Trebenza*, 1843 *Třebeńca*, 1866 *Trjebjenca*, 1959 *Trjebjeńca*. – Nach den ältesten Belegen dt. ›Siedlung, in der Flamen wohnen‹, zu mhd.

vlæmisch ›flämisch‹, Vlæminc ›Flamländer, einer aus Flandern‹. Der Ort trug ursprünglich den aoso. Namen *Trebnica ›Siedlung am Bach im Rodungsgebiet‹, zu oso. trjebić ›reinigen, (Wald) lichten‹, nso. trjebiś ›reinigen; Wald zum Acker umgestalten‹, poln. trzebić ›reinigen, roden‹, urslaw. *terbiti ›reinigen; (Wald) roden u. a.‹ Der Ort liegt an einem kleinen Bach. Der erst sehr spät aufgekommene dt. Name Steindörfel erklärt sich als ›kleines Dorf in steinigem Gelände‹.

Steinerlen siehe oben Ölsa, Stein-.

Steinhufen siehe oben Stannewisch.

Steinitz/Šćeńca nö. Königswartha, 1306 *Steinicz*, 1410 *Steynicz*, 1455 *Steynicz*, 1469 *zur Steynicz*, 1510 *Steinicz*, 1622 *Steinitz*, 1791 *Steinitz*. / 1800 *Schczenza*, 1831/45 *Chczenza*, 1835 *Schczenza*, 1843 *Šćeńca*, 1866 *Šćenica*, 1969 *Šćeńca*. – Wahrscheinlich aoso. *Stajnica ›Siedlung mit/bei einem Stall‹ oder vielleicht nur ›Siedlung‹, zu tschech. stáj ›Stall‹, aruss. staja ›Viehstall, Lager(stätte), Zelt, Schutzdach‹, kslaw. staja ›Gehöft‹, ukrain. staja auch ›Sennhütte‹. Im Dt. wurde schon früh das Wort Stein eingedeutet. / Šćeńca könnte auf einer eingedeutschten Form beruhen, wobei sich anlautendes *St*- im Sorb. zu *Šć*- wandelte, anderenfalls müsste man als Ausgangsform *Šćenica ›Siedlung , wo es junge Tiere, junge Hunde gibt‹, annehmen, zu oso. šćenjo ›junges Tier (bes. Hunde)‹, urslaw. *ščenę ›Junges eines (wilden) Tieres (Hunde, Füchse, Wölfe)‹. Vgl. in der Niederlausitz Steinitz/Šćeńc mit auch anderer Deutung.

Stenz w. Königsbrück, 1305 *Stenz*, 1350 *der Stencz*, 1378 *Stencz*, 1443 *zu Stentzen*, 1455 *Stentz*, 1468 *Stantzs*, 1471 *Stenntzsch*,

1503 *zu Stenschen*, 1563 *Stentz*, 1791 *Stenz, oder Stenzsch.* – Es könnte vielleicht wie oben bei Steinitz aoso. *Ščenica vorliegen, wobei schon zeitig das *-i-* der zweiten Silbe geschwunden sein müsste. Anderenfalls wäre möglicherweise von *Ščeńc < *Ščeньcь auszugehen.

Stiebitz/Sćijecy   w. Bautzen, 1242 *de Stewicz*, 1303 ff. *de Stewicz*, 1306 *Stewicz*, 1374 *de Stewitz*, 1442 *Stewicz*, 1499 *Stybitz*, 1534 *Stewitz*, um 1550 *Stywitz, Stibitz*, 1732 *Stiebitz*. / 1800 *Szijezy*, 1835 *Sywezy*, 1843 *Scijecy*, 1866 *Sćijecy, Sćiwjecy.* – Wahrscheinlich aoso. *Stawica ›Siedlung bei einem stehenden Gewässer, einem Teich, einem Damm oder Wehr‹, zu oso. staw ›Stand (Stellung) u. a.‹, nso. staw ›Stand; Lage, Zustand u. a.‹, auch ›Teich‹, poln. staw ›Teich, See (stehendes Gewässer)‹, tschech. stav auch ›Wehr, Schleuse‹, urslaw. *stavъ ›Stehendes, Stand, Gefüge‹. Durch den Umlaut von *a > e* wurde im Dt. *Stawica zu *Stewicz* usw. Auf die weitere Entwicklung des Namens konnte auch das dt. Wort stieben ›fort , umherwirbeln, sprühen‹ eingewirkt haben. / Die spät aufgezeichnete oso. Lautung stützt sich auf solche dt. Formen wie *Stywitz, Stiebitz* usw.

Stiftswiese   siehe unten Thräna.

Stiller(s)rode   siehe oben Puschwitz, Neu-.

Storcha/Baćoń   wnw. Bautzen, 1380 *Batin*, 1386 *Bathin*, 1411 *Batyn*, 1419 *Baten*, 1479 *Batun*, 1504 *Bathan*, 1519 *Baten*, 1565 *Bahten*, 1570 *Bathen*, 1616 *Pahten*, 1657 *Storcha*, 1658 *Storcha*, 1719 *Storche*, 1780 *Storich oder Bathen (selten Baczen)*, 1791 *Storcha*. / 1580 *Båtzschin*, 1617 *Baczen*, 1684 *z Baczĕna*, 1719 *Bacżon*, 1800 *Baczan*, 1843 *Baćoń*, 1866 *Baćoń.* – Aoso. *Batin ›Siedlung des Ba-ťa‹. Der PersN

Batin beruht auf der Verwandtschaftsbezeichnung urslaw. *baťa, russ. batja ›Vater‹, tschech. báťa ›Bruder, Verwandter, Genosse‹. Es handelt sich hierbei um eine KoseF von urslaw. *brat(r)ъ ›Bruder‹. / Der Name musste im späteren Oso. *Baćin ergeben, da er aber in dieser Form unverständlich war, identifizierte man ihn mit oso. baćon, älter auch *baćen* ›Storch‹. Diese Deutung wurde als *Storcha* in das Dt. übersetzt.

Strahwalde, Nieder-, Ober-   sö. Löbau, 1317 (Transsumt 1493) *Strabenwal(d)t*, als HerkN: 1363 *Hensilinus Strubinwalde*, 1381 *Johannes Struwenwalde*, 1399 *Nicze Struenwald*; 1375 *von Struwenwalde*, 1419 *Strumwalde*, 1430 *Struwenwalde*, 1472 *Strawenwalde*, 1499 *Strawwalde*, 1545 *Strauwallda*, 1573 *Strowalde*, 1657 *Nieder-, Ober Strahwalde.* – Dt., ›Siedlung am/ im (schwer durchdringlichen) Walde mit viel Gestrüpp‹, zu mhd. strúbe, strúp ›starrend, rauh emporstehend, struppig‹. Zum Grundwort -walde siehe oben Grünewald.

Strehla/Třělany   sö. Bautzen, seit 1913 zu Bautzen, 1241 *de Trelen, de Ztraele*, 1242 *de Strel*, 1360 ff. *de Strelen*, 1396 *Strelan*, als HerkN: um 1400 *Johannes Strelan*; 1419 *Strelan*, 1430 *Strelin*, 1450 ff. *Strelan, Strelen*, 1497 *Strelan*, 1519 *Strelan*, 1571 *Strelenn*, 1791 *Strehla*. / 1719 *Tzielan*, 1767 *Zylan*, 1800 *Zylany*, 1835 *Zylany*, 1843 *Tsjelany*, 1866 *Třělany.* – Aoso. *Strělane ›Siedlung der Leute aus dem Ort Strěła‹, zu urslaw. *strěla, nso. stśěła, poln. strzała, tschech. střela ›Pfeil‹, oso. älter třěł ›Bogen‹. *Strěła bedeutete in Orts- und GewN wahrscheinlich ›Streifen, Wasserstrahl; Flussarm‹. Der Name des Ortes Strehla

a. d. Elbe wurde durch ein dt. Adelsgeschlecht hierher übertragen.

Strohschütz/Stróžišćo   nw. Bautzen,
1419 *Stroschitz*, 1440 *Stroschicz, Strosicz,*
1513 *Strozitz,* 1519 *Stroschitz,* 1572 *Stroschitz,* 1571/73 *Stroßchitz, Strositz, Stroß-
witz, Stroschitz,* 1732 *Struschitz,* 1791 *Strohschütz.* / 1580 *Stroschischtza, Strossisch-
tza,* 1617 *Strosischcz,* 1684 ff. *Strožyžco, ze
Strožyzcz, ze Strožischcza,* 1719 *Strohža,*
1800 *Stroschz,* 1843 *Stróžišćo,* 1866 *Stróžišćo.* – Aoso. *Strožici ›Siedlung der Leute des Strog oder Stroga‹. Der PersN, bes.
in der Niederlausitz öfters als Strog, Stroga, Strogo, Strogan u. dgl. vertreten, ist eine KurzF von Strogobor oder ähnl. VollN
mit dem Vorderglied zu urslaw. *strogъ,
poln. srogi, tschech. strohý, russ. strogij
›streng, grimmig, scharf‹. / Im Oso. wurde
dieser nicht mehr verstandene aoso. Name
mit stróžišćo ›Wachtposten‹, stróža ›Wache, Warte‹ identifiziert.

Suppo/Supow   nö. Schirgiswalde, 1419
Suppe, 1519 *Suppe,* 1777 *Suppo,* 1783 *Sup-
po,* 1791 *Süppo,* 1836 *Suppo (Süppe).* / 1800
Suppow, 1835 *Supow,* 1866 *Supow.* – Aoso.
*Sup´e ›Siedlung, in deren Nähe es (viele)
Geier gibt‹, zu urslaw. *sǫpъ, oso. nso. sup
›Geier‹. Später wurde der OrtsN an die
zahlreichen Namen auf *-ow* angeglichen.

T

Talpenberg   sw. Elstra, seit 1950 zu Elstra, als HerkN: 1374/82 *Jordan Talkinburg*;
(1420) 1453 *Talckenberg,* 1435 *Talchenberg,*
1559 *Talckenbergk,* 1732 *Talpenberg,* 1791
Talpenberg. – Dt., ›Siedlung am Talken-
berg‹, zu mhd. md. talke ›klebrige Mas-

se‹, mhd. talgen ›kneten‹, mundartl. (bes.
in der Oberlausitz) Talke ›mißratenes, noch
nicht ausgebackenes Gebäck, Schliff‹.
Später erfolgte Angleichung an das mundartl. talpen ›alles betasten‹. Der Name bezog sich wohl ursprünglich auf die Höhe
Schwarzenberg (413 m), in deren Nähe die
Siedlung liegt.

Taschendorf/Ledźborecy   n. Bischofswerda, 1532 *Taschendorff,* 1547 *Taschendorff,* 1572 *Taschendorf,* 1658 *Taschendorff,*
1791 *Taschendorf.* / 1684 ff. *Ledźborec, z
Ležborecz,* 1800 *Ledzborzy,* 1843 *Ledźbóŕcy,* 1866 *Ledźboricy,* 1886 *Ledźbóŕcy,*
1959 *Ledźborecy.* – Bisher als dt. erklärt,
mit dem Bestimmungswort Tasche, mhd.
tasche, das als FlurN auch ›Bodensenke,
Talmulde‹ bedeutete. Es gibt zwar auch
den PersN (Berufsübernamen) Tasche,
ebenfalls aus mhd. tasche, doch ist ein solcher hier kaum anzunehmen. Möglicherweise MischN ›Dorf des Taša‹. Der PersN
Taša, bereits im Apoln. bezeugt, ist eine
KoseF von Tatomir oder ähnl. VollN mit
dem Vorderglied zu urslaw. *tata, oso. (kin-
dersprachl.) tata, nso. tata und tato ›Vater‹. Im Nso. gibt es die FamN Tatko und
Taša, wobei letzteres bislang (wohl unzu-
treffend) aus nso. taša ›Tasche‹ erklärt wurde. / Aoso. *Ledźborowici, *Ledźborici,
später Ledźborecy bzw. Ledźboricy, beruht
auf dem PersN *Ledźbor(a), zu oso. ledźbora ›Labertasche, Laberhans‹, auch ›unordentlich gekleidete Frau, Schlampe‹,
ledźborić (so) ›schwatzen, labern; sich un-
geschickt, unordentlich kleiden; anstellen,
machen‹. In der Oberlausitz kommt öfters
der FamN Ledźbor vor, in Altlöbau bereits
1533 *Letzber.* Möglicherweise handelt es
sich bei dem OrtsN um einen SpottN.

Tätzschwitz/Ptačecy nw. Hoyerswerda, 1936–1947 *Vogelhain*, 1280 *Tazwiz*, 1401 *Taczewicz*, 1551 *Datwitsch, Datschwitz*, 1568 *Tatzwitz*, 1586 *Teitschwitz*, 1590 *Taschwitz*, um 1600 *Datzwitz*, vor 1635 *Tätzschwitz, Detschwitz*, 1658 *Tätzschwitz*. / 1687 *von Tetzschwitz (Statschez)*, 1700 *Ptaczeze, vulgo Taczeze*, 1704 *von Tetschwitz (Statschets)*, 1744 *Tadzez, Ptadziz*, 1767 *Tadżez*, 1800 *Taczezy*, 1835 *Tacżizy*, 1843 *Tačecy*, 1866 *Ptačecy*. – Vielleicht aoso. *Ptačowici ›Siedlung der Leute des Ptače‹. Der PersN lässt sich aus oso. ptak, ptačk ›Vogel‹, ptačo ›junger, kleiner Vogel‹ erklären. Im Sorb. kommen die FamN Ptak, Ptačk und Ptašk vor, im Atschech. Ptáčě, 1416 *Ptáče*, im Poln. Ptak und Ptach mit vielen Ableitungen. Bei einem Ansatz *Ptačkowici müsste man annehmen, dass bei der Eindeutschung eine Form *(P)tatschkwitz oder ähnl. entstand, wobei dann die Lautgruppe -tschkw- zu -tschw- vereinfacht wurde. Möglicherweise aber ist *Ptačowica oder vielleicht *Ptačkowica ›Siedlung, wo es (viele) (kleine) Vögel gibt‹, denn in dieser Gegend sind OrtsN auf -owici kaum zu erwarten.

Taubenheim/Spree/Hołbin w. Neusalza-Spremberg, 1345 *de Tubinheym*, 1354 *von Tubenheim*, 1397 *Tubenheym*, 1408 *Tubenheim*, 1419 *Tawbenheym*, 1443 *Tawbenheim*, 1503 *Tawbenheym*, 1549 *Taubenhain*, 1619 *Taubenheimb*, 1791 *Taubenheim*. / 1835 *Hołbin*, 1843 *Hołbin*, 1866 *Hołbin*. – Dt., ›Wohnplatz, an dem sich (wilde) Tauben aufhalten‹, zu mhd. tûbe ›Taube‹ und mhd. heim ›Wohnstätte, Haus, Heimat‹, ursprünglich ›Heimat, Wohnort, -platz, Dorf‹, schon seit german. Zeit in OrtsN als Grundwort verwendet. Der Name wur-

de wahrscheinlich von Taubenheim b. Meißen durch das dort ansässige Adelsgeschlecht hierher übertragen, wobei auch dieser OrtsN während der dt. Ostsiedlung aus dem Westen mitgebracht worden sein dürfte, denn 1186 werden dort fränkische Siedler erwähnt. Solche Namen sind in den Neusiedelgebieten sonst nicht üblich. / Hołbin ist eine von dem dt. Namen beeinflusste junge Bildung, beruhend auf oso. hołb ›Taube‹.

Tauchritz/Tuchoricy n. Ostritz, s. Görlitz, 1317 *de Thucharaz*, 1322 *Tucheracz*, 1357 *Tucheras*, 1399 *Tuchoraz*, 1401 *Tucherus*, 1409 *Tucheroz, Tucheras*, 1413 *Tucheros*, 1420 *Taucheros*, 1431 *kein* (= gegen) *Tawcheris*, 1469 *Tauchritz*, 1495 *Tewchoritz, Teucheritz*, 1533 *Taucheritz*, 1664 *Tauchritz*. / 1719 *Tuchorz, Tuchrize*, 1920 *Tuchoricy*. – Aoso. *Tuchoraź aus älterem *Tuchoradź ›Siedlung des Tuchorad‹. Das Vorderglied dieses VollN beruht auf urslaw. *tucha ›Mut, Tapferkeit‹, apoln. potuchać ›ermuntern, anspornen, ermutigen, anregen‹, zum Hinterglied -rad siehe oben Radibor. / Im Oso. erfolgte dann eine Angleichung an die zahlreichen OrtsN auf -icy.

Tauer/Turjo w. Niesky, ssö. Klitten, 1447 *Thure*, 1490 *Tawer*, 1527 *Tawer*, (1519) 1542 *zum, beim Tauer, Thauer, Taur*, 1658 *Tauer*. / 1800 *Turjo*, 1843 *Turjo*, 1866 *Turjo*. – Aoso. *Tur´e ›Siedlung in einer Gegend, wo es (viele) Auerochsen gibt‹, zu nso. tur ›Auerochse‹. Vgl. in der Niederlausitz Tauer/Turjej.

Tautewalde/Tućicy wnw. Schirgiswalde, 1374 *Tutenwalde*, als HerkN: um 1400 *Tutewalt*; 1469 *zu Tawtinwalde*, 1474 *von Tawtenwalde*, 1520 *Tawtenwalde*, 1555 *Tauttewalde*, 1588 *Tauthenwaldt*, 1791 *Tautewal-*

de. / 1835 *Tucźicy*, 1843 *Tućicy*, 1866 *Tući-cy*. – Dt., ›Rodungssiedlung des Tūto‹. Tūto ist eine Lallform eines mit dem Namenglied thiot gebildeten Namens, z. B. Theudebert aus ahd. thiot-beraht ›Volk‹-›glänzend‹. Zum Grundwort -walde siehe oben Grünewald.

Techritz/Ćechorjecy sw. Bautzen, 1380 *Decherwicz*, 1396 *von Decherwicz*, 1407 *Techirwicz*, *Dechirwicz*, 1419 *Techerwitz*, 1447 *Techirwicz*, 1535 *Techerwitz*, 1658 *Techriz*, 1694 *Dechriz*, 1791 *Techritz*. / 1684 ff. *z Dźechoricz*, 1800 *Czjechorizy*, 1835 *Cżechorizy*, 1843 *Ćechoricy*, 1848 *Cžichorezy*, 1959 *Ćěchorecy*. – Aoso. *Těchorowici ›Siedlung der Leute des Těchor‹. Der PersN ist eine KurzF des VollN Těchorad mit dem Vorderglied aus urslaw. *těcha ›Freude, Trost‹, poln. uciecha, pociecha, dass., tschech. útěcha, potěcha ›Trost‹. *Těchor ist als *Ciechor in den poln. FamN Ciechor-czyk, Ciechor-owski und Ciechorski enthalten.

Teicha/Hat ö. Königswartha, 1600 *zum Teiche*, 1658 *Teicha*, 1692 *Teiche*, 1694 *Teichau*, 1791 *Teicha*. / 1800 *Hatk*, 1843 *Hat*, 1866 *Hatk*, 1959 *Hat*. – Dt., ›Siedlung am Teich, mit einem Teich‹, zu mhd. tīch ›Damm, kleines stehendes Gewässer‹. / Hat beruht auf oso. hat, Verkleinerungsform hatk ›Teich‹, nso. gat ›Damm; Teich, Weiher; Schwemme‹.

Teicha/Hatk n. Niesky, ö. Rietschen, 1936–1947 *Teichrode*, 1402 *vom Tyche*, 1405 *de Tyche*, 1419 *Teiche by dem Dawpiz* (= Daubitz), 1455 *vom Teiche*, 1497 *vom Teich*, 1532 *das Gut und Dorf der Teich*, 1533 *Teiche beym Dauptzigk*, 1545 *Teichen*, 1643 *Dörflein Teicha*. / 1835 *Hatk*, 1886 *Hatk*. – Siehe Teicha/Hat.

Teichhäuser/Haty ö. Kamenz, Häusergruppe, zur Gemeinde Räckelwitz, 1821 *die Teichhäuser*, 1834 *Teichhäuser*, 1876 *Teichen*, 1904 *Teichhäuser*, 1957 *Teichen*. / 1886 *Haty*. – Dt., ›Häuser bzw. Siedlung bei den Teichen‹, siehe oben Teicha/Hat. / Haty ist die Mehrzahlform von oso. hat ›Teich‹.

Teichnitz/Ćichońca nnw. Bautzen, 1303 *de Thichenicz*, 1331 *de Thichenicz*, 1345 *de Thichenicz*, 1354 *von Tichnicz*, 1365 *von Thychenicz*, 1400 ff. *Tychenicz*, *Teychnicz*, *Teichenicz*, 1419 *Teichnitz*, 1461 *Teychnicz*, 1519 *Teychnitz*, um 1780 (zum Jahre 1522) *Teuchnitz*, 1791 *Teichnitz*. / 1700 *Cżichonze*, 1700 *Cżichezy*, 1800 *Czichomnizy*, 1835 *Czichonz*, 1843 *Ćichonc*, 1866 *Ćichonicy*, 1886 *Ćichońcy*, 1959 *Ćichońca*. – Aoso. *Tichonici ›Siedlung der Leute des Tichon oder Tichoń‹. Der PersN, im Poln. als Cichon und Cichoń überliefert, im Tschech. als Tichoň, beruht auf urslaw. *tichъ, oso. ćichi, nso. śichy ›still, ruhig, sanft‹. Im Nso. findet sich mehrmals der FamN Śichan.

Teichrode siehe oben Teicha n. Niesky.

Temritz/Ćemjercy nw. Bautzen, 1225 *Tymericz*, 1272 ff. *de Temericz*, *Temeriz*, *Themericz*, 1381 *Temericz*, 1419 *Temeritz*, 1453 *czur Temmericz*, 1519 *Temeritz*, 1582 *Temritz*, 1791 *Temritz*. / 1682 ff. *Czěmericž*, *z Cżemeritz*, 1800 *Czemerizy*, 1843 *Ćemericy*, 1866 *Ćemjericy*, *Ćemjeŕcy*, 1886 *Ćemjeŕcy*, 2005 *Ćemjercy*. – Aoso. *Těmirici ›Siedlung der Leute des Těmir‹. Těmir ist eine durch Weglassen der zweiten Silbe gekürzte Form von *Tešimir mit dem Vorderglied aus urslaw. *těšiti ›erfreuen, trösten‹, poln. cieszyć ›erfreuen, Freude machen‹, tschech. těšit ›trösten, (er)freuen‹, oso. ćěšić ›säugen, stillen‹. Das Hinterglied beruht auf urslaw. *mirъ, oso. měr ›Frie-

de(n), Ruhe‹. Im Apoln. gibt es die PersN
Cieszymir, Cieszmir u. a.

Tetta (Groß-)/**Ćětow** (Wulki)   ö. Weißen-
berg, 1936–1949 *Margarethenhof*, 1306 *zu*
Tetaw, 1318 *de Tetowe*, 1396 *Tetow*, 1403
Tetaw, 1416 *Tetaw*, 1533 *Tettau*, 1676 *Theta*,
1791 *Groß Tetta*, 1824 *Tetta, auch Tettau*,
Tetha. / 1800 *Wulky Zyttowy*, 1843 *Ćje-*
tow = Ćětow, 1848 *Zytow*, 1885 *Ćětow*. –
Aoso. *Tetow ›Siedlung des Tet oder Teta‹.
Der PersN beruht auf urslaw. *teta, oso.
ćeta, tschech. teta, poln. ciota, ciotka
›Tante‹. Im Poln. gibt es nicht nur den
FamN Ciota, Ciotka u. dgl., sondern auch
Cioth. Der zeitwilige Zusatz *Groß* unter-
scheidet den Ort von *Kleintetta*, einem
Einzelgut in der Flur Maltitz: 1412 *czu*
Tetechin, 1491 *zu cleyne Tettich*, 1759 *Klein*
Tettau, 1908 *Kleintettau (Kleintetta)*.

† Teupitz, Teutitz   n. Bischofswerda, bei
Pickau (nördl. Teil der Flur), (1230) 1241
Tutizc, 1412 *dy wuste dorff stad Tuczicz,*
gelegen czwischen Bischoffswerde vnd Po-
law, (1420) 1453 *Teypitz*, 1465 *Tawticz*, 1475
(Kop.) *Tawptitz*, um 1500 *Teutitz*, 1551 *Teu-*
titz, 1586 *Teuptitz*, 1588 *Teuptitz*, 1597 *bei*
der Teupicz, *vf der Teupizer Flur*, um 1600
Deutzenn, im Deutschenn, 1724 *Teipticz*,
1791 *Teipitz*, *Teupitz … eine Wüstung … zur*
Stadt Bischoffswerda gehörig, 19. u. 20. Jh.
FlurN: *die Deupitz*, *der Teupitzbach*, *Deutz-*
berg; *wüste Mark, Deubitz genannt*. –
Wahrscheinlich aoso. *Tupotici ›Siedlung
der Leute des Tupota‹. Der PersN beruht
auf der lautnachahmenden Bildung urslaw. *tupati, *tọpati ›(mit den Füßen)
stampfen, trampeln; traben‹, oso. tupać,
tupotać ›trippeln‹, nso. tupaś ›stampfen,
trampeln, trotten‹, poln. tup(ot)ać ›mit den
Füßen stampfen, trampeln‹. Im Poln. gibt

es zahlreiche FamN, abgeleitet von tupać,
darunter Tupa, Tupacz, Tupała u. a. Die oso.
FamN Tupač und Tupan lassen sich sowohl
von tupać als auch von tupy ›stumpf‹, übertragen ›altersschwach, blödsinnig‹, herleiten. Daneben gibt es im Poln. Tupta,
Tuptało u. a., die man auf tuptać ›viel gehen‹ zurückführt. Bei der Eindeutschung
müsste die zweite Silbe von *Tupotici geschwunden sein, von der in einigen späteren Belegen aber -p- wieder auftaucht.
1412 macht sich im Inlaut der oso. Wandel -ť- > -ć- bemerkbar.

Thiemendorf   n. Pulsnitz, 1445 *Tymen-*
dorff, 1517 *Tymendorff*, 1534 *Tymendorff*,
1791 *Thiemendorf*. – Dt., ›Dorf des Timo‹.
Der PersN ist eine KurzF von Thietmar,
Dietmar, die auf ahd. thiot-māri ›Volk‹-
›bekannt, berühmt, angesehen‹ beruhen.

Thiemendorf   s. Niesky, 1389 *Tymendorf*,
1408 *Timendorf*, 1412 *Tymendorff*, 1439
Tymendurff, 1528 *Thymendorff*, 1642 *Tie-*
mendorf, 1791 *Thiemendorf*. – Dt., siehe
Thiemendorf n. Pulsnitz.

Thomaswalde/Domswałd   Nebensiedlung von Dürrbach, nw. Niesky, Gemeinde Klitten, 1965 nur noch Försterei, 1777
Thomaswalde, 1845 *Thomaswalde*. / 1845
Thomswald, 1885 *Domswałd*, 1920 *Doms-*
wałd. – Dt., ›Am/im Walde gelegene Siedlung des Thomas‹. Thomas ist ein aus der
Bibel übernommener christl. RufN ara-
mäischen Ursprungs.

Thräna/Drěnow   nnö. Weißenberg, 1936–
1947 *Stiftswiese*, 1380 *Trahnow*, 1400 *Dre-*
naw, 1427 *Drene*, 1533 ff. *Drenaw*, 1658 *Trä-*
naw, 1791 *Drähna*, 1831/45 *Thräna*. / 1800
Drjenow, 1835 *Drjenjow*, 1843 *Drjenjow =*
Drěnjow, 1959 *Drěnow*. – Aoso. *Drenow
›Siedlung, wo es Kornelkirschen gibt, wo

Hartriegelsträucher wachsen‹, zu oso. drěn ›Hartriegel, Kornelkirsche‹. Siehe oben Drehna/Tranje. Vgl. in der Niederlausitz Drehna/Drjenow, Drehnow/Drjenow und Walddrehna/Serbski Drjenow.

Thumitz/Tumicy onö. Bischofswerda, 1350 *Thumicz*, 1374/82 *Thomicz*, 1396 *de Tomicz*, als HerkN: um 1400 *Tumicz*; 1419 *Tumitz*, 1519 *Thumitz*, 1565 *Tumitz*, 1574 *Thumytz*, *Thummitz*, 1617 *Dumitz*, 1658 *Tuhmitz*, 1704 *Duhmitz*, 1791 *Thumitz*. / 1800 *Thumizy*, 1843 *Tumicy*, 1866 *Tumicy*. Der Name ist mehrdeutig. 1) MischN, ›Siedlung der Leute des Tůmo‹, mit dem PersN zu ahd. tuom ›Urteil, Gericht; Ruhm‹. 2) Vertraut man den Belegen von 1374/82 und 1396 mit -*o*-, so ließe sich aoso. *Tomici ›Siedlung der Leute des To- ma‹ ansetzen, KurzF von solchen VollN wie Tomisław mit dem Vorderglied aus urslaw. *tomiti ›quälen, plagen‹, russ. to- mit´ ›quälen‹. Toma ist im Apoln. belegt. Toma kommt als FamN auch in der Nie- derlausitz vor, jedoch ist hier eher vom christl. RufN Thomas auszugehen, der in unserem OrtsN weniger in Frage kommt. 3) Man dachte des Weiteren an eine Ver- bindung mit ahd. tuom ›Gericht‹ sowie mit mhd. tuom, md. tūm ›Bischofskirche, Stiftskirche, Dom‹ und vermutete ›Dorf, das zum Meißner bzw. später Bautzener Dom gehörte und deren Einwohner die- sen zinspflichtig waren‹. Der Ort zinste 1350 dem Meißener Domkapitel, im 16. Jh. dem Bautzener Domstift.

† **Tiefendorf** sö. Löbau, seit 1844 nach Löbau eingemeindet, 1306 *Dibesdorpp*, 1359 *Dybisdorff*, 1366 *Dybistorff*, 1439 *Di- bisdorff*, 1499 *Dybisdorff*, 1549 *Diebsdorff*, 1549 *Diebsdorff*, um 1700 *Diebsdörfel*,

1759 *Dieffendorff*, 1791 *Tieffendorff*. – Dt., ›Dorf der Diebe, der Spitzbuben‹, zu mhd. diep, diup ›Dieb‹. Das Bestimmungswort, mit dem man die Einwohner verspottete und sozial diskrimminierte, wurde im 18. Jh. durch das stilistisch neutrale *Tief*-, nhd. tief, ersetzt, das in zahlreichen ande- ren OrtsN vorkommt, so in Tiefenbach, -brunn usw.

Tiegling/Tyhelk ö. Hoyerswerda, 1746 *Tiegling (das Tiegelchen)*, 1759 *Tiegling*, 1767 *Dyglich*, 1777 *Tiegling*, 1791 *Tieglitz*, 1824 *Tieglich (wend. Tygelk)*, 1831/45 *Tieg- ling*. / 1800 *Tygelk*, 1831/45 *Tygelk, Tyglk*, 1843 *Tyhelk*, 1885 *Tyhlk*, 1969 *Tyhelk*. – Dt., ›Siedlung am/im Tiegel‹, zu nhd. Tiegel ›flaches Gefäß zum Erhitzen und Schmel- zen‹, omd. ›Pfanne mit Stiel‹. Der Name bezog sich wohl, ausgehend von der Ge- ländeform, auf die Lage des Ortes am oder im Tal der Kleinen Spree. / In den sorabi- sierten dt. Formen spiegelt sich bald nso. -*g*-, bald oso. -*h*- wider.

Torga nw. Görlitz, 1936–1947 *Kleeberg*. 1399 *de Torge*, 1416 *Turgaw*, 1454 *Turkow*, 1500 *Torgaw*, 1519 *von Torge bey Ebirß- bach*, 1532 *Torgaw*, 1602 *Torga*, 1616 *Tur- gau*, 1791 *Torga*. – Aoso. *Torgow ›Sied- lung, wo Handel getrieben wurde, Markt- ort‹, zu oso. torhošćo ›Markt, Markt- platz‹, nso. älter terg ›Handelsplatz‹, russ. torg ›Markt, Handel, Marktplatz‹, urslaw. *tъrgъ. Vgl. den Namen der Stadt Torgau a. d. Elbe.

Torno/Tornow w. Hoyerswerda, 1568 *Torne, Tornaw*, vor 1635 *zur Turna(u)*, 1732 *Torna*, 1791 *Torno*, 1800 *Torne*. / 1744 *Tor- ne*, 1843 *Torno*, 1831/45 *Tornow*, 1884 *Tor- now*. – Aoso. *Tornow ›Siedlung, in deren Nähe es (viele) Dornen, Dornensträucher

gibt‹, zu oso. ćerń ›Dorn, Stachel am Dorn-
strauch‹, apoln. tarn, tschech. trn ›Dorn‹,
urslaw. *tьrnь, *tьrnъ, später auch *tъrnъ.
Vgl. Tornow/Tornow in der Niederlausitz.
Trado/Tradow   nö. Kamenz, als HerkN:
1374/82 *Matei Tradow*; 1383 *Tradaw*, 1487
Tradow, 1519 *Tradaw*, 1529 *Dradaw*, 1590
von Trade, 1658 *Trado*. / 1800 *Tradow*, 1843
Tradow, 1866 *Tradow*. – Aoso. *Stradow
›Siedlung des Strad‹. Der PersN, bereits
im Apoln. als Strad überliefert, beruht auf
urslaw. *stradati ›darben, Mangel leiden‹,
oso. tradać ›darben, schmachten (vor Hunger)‹, tschech. strádat, russ. stradat´ ›leiden‹. Vgl. in der Niederlausitz Stradow/
Tšadow n. Vetschau und Stradow/Tšadow
nw. Spremberg.
† **Tränke/Napojka**   nnw. Rothenburg,
1732 Gasthaus an einer alten Pferdeträn-
ke, später Dorf, das 1962 aufgelöst wurde,
1355 *ripa, que dicitur* (= lat. ›Flußufer, das
genannt wird‹) *dy Trenke*, 1768 *Tränke*,
1831/45 *Tränke*, 1925 *Tränke*. – Dt., ›Siedlung bei einer Tränke‹, zu mhd. trenke
›Stelle, an der Tiere trinken können‹. / Napojka, hier mit ders. Bedeutung wie der
dt. OrtsN, ist von oso. napojeć, napojić
›tränken‹ abgeleitet. Die Tränke heißt
sonst napojišćo.
Trauschwitz/Trušecy   s. Weißenberg,
1345 *Trußkowicz*, 1348 *Trußkewitz*, 1485
Trawschitcz, *Trawschnitcz*, 1487 *Trawße-
nitz*, 1504 *Draußnitz*, 1515 *Drawschig*, 1567
Traußwicz, 1732 *Trauschwitz*, 1791
Drauschwitz. / 1719 *Drußeze*, 1800 *Struschezy*, 1835 *Trußecy*, 1843 *Trusecy*, 1886
Trusecy, 1959 *Trušecy*. – Wahrscheinlich
aoso. *Truskowici ›Siedlung der Leute des
Trusk‹. Der PersN, bereits im Apoln. belegt und in mehreren poln. FamN enthal-

ten, beruht auf der urslaw. Wurzel *trǫsk-
neben *trusk- in *trǫskati, *truskati ›ab-
spalten, platzen, krachen, zerstieben, (ver)-
streuen‹, oso. trusk(ot)ać ›(ver)streuen,
zerstieben‹, trusk ›verstreutes Stückchen‹,
truska ›Feilspan; (ein Stück) Schlacke‹.
Trebendorf/Trjebin   w. Weißwasser,
1382 *Trebindorf*, 1552 *Dreben*, 1597 *Dorff
Treben*, 1704 *Trebendorff*, 1732 *Dreben-
dorff*, 1791 *Trebendorf*. / 1843 *Třebin*, 1866
Trjebin, 1885 *Trebin*. – MischN, ›Dorf des
Treba‹. Der PersN ist eine KurzF von Trebosław und ähnl. VollN mit dem Vorderglied aus urslaw. *terba ›Not, Notwendig-
keit, Bedürfnis‹, aksl. trěba, oso. nso. trje-
ba, nso. mundartl. auch trjoba ›nötig, notwendig‹, aksl. trěbovati ›bedürfen‹, russ.
trebovat´ ›fordern, verlangen‹. Unter den
sorb. PersN kommen zahlreiche Ableitungen von dieser Basis vor: Trjebik, Trjebiš,
Trjebk sowie nso. Trjoba u. a. Vgl. in der
Niederlausitz Trebitz/Třebac, Trebbin-
chen/Trjebink und Trebendorf/Trjebejce. /
Aoso. *Trebin ›Siedlung des Treba‹. Wahrscheinlich wurde *Trebin im Dt. erst zu
einem MischN umgeformt, wie das öfters
in der Niederlausitz zu beobachten ist.
† **Trebista**   ehemaliger Burgwart im Milzenerland, nicht mehr genau lokalisier-
bar, wahrscheinlich südwestlich von Göda, bes. in der Umgebung von Bischofswerda zu suchen, man dachte aber auch
an den Burgwall von Doberschau sw.
Bautzen oder bei Dolgowitz nö. Löbau.
1007 *castellum Trebista*, (Dorsual aus jüngerer Zeit: *Tribesch*), (1071) *in burcwardo
Trebiste* (Fälschung vom Anf. d. 12. Jh.). –
Aoso. *Trebišče ›Rodungsort‹, zur Wurzel
*treb-, siehe oben Steindörfel (Trebnitz)/
Trjebjeńca.

Trebnitz siehe oben Steindörfel.

Trebus/Trjebuz n. Niesky, 1390 *Trebuz*, 1409 *von Trebis*, 1410/12 *de Trebus, von Trebusse, Trebis*, 1483 *zur Trebiß*, 1500 *Trebuß*, 1577 *von Trebs*, 1732 *Trebitz*, 1791 *Trebus*. / 1843 *Tšebz* = *Třebz*, 1866 *Trěbuz*, *Trěbz*, 1886 *Třebuz*, 1959 *Trjebuz*. – Wahrscheinlich aoso. *Trebobuź ›Siedlung des Trebobud‹. Zum Vorderglied des VollN Trebobud siehe oben Trebendorf, das Hinterglied beruht auf urslaw. *buditi, oso. budźić ›wecken‹, oder auf urslaw. *byti, *bǫdǫ, oso. być, budu ›sein, existieren‹. Kaum *Trebuš ›Siedlung des Trebuch oder Trebuš‹. Vgl. Trebbus/Tšebuz in der Niederlausitz.

Tröbigau/Trjechow ö. Bischofswerda, 1374/82 *de Trebechow*, um 1412 *Drebekow*, 1414 *Drebkaw*, 1428 *Drebikow*, 1433 *Drebeko*, 1443 *Drewekow*, 1459 *Drebichaw*, 1488 *Trebichen*, 1507 *Trebichow*, 1517 *Drobiche*, 1559 *Drebichen*, 1664 *Trebichau*, 1791 *Trebichen oder Trebigau*, 1833 *Trebichau*, 1836 *Tröbigau (Trebigau)*. / 1835 *Trjechowy*, 1848 *Trje(bi)chow*, 1866 *Trjechowy*, 1886 *Trjechowy*, 1959 *Trjechow*. – Aoso. *Trebichow oder *Trebikow ›Siedlung des Trebich oder Trebik‹. Der betreffende PersN ist eine KurzF von Trebosław oder ähnl. VollN, siehe oben Trebendorf. Unter den sorb. FamN findet sich mehrmals Trebik.

Truppen/Trupin wnw. Königswartha, 1380 *Trupin*, 1407 *Tropin*, 1419 *Truppe*, 1499 *Droppe*, 1519 *Truppe*, 1528 *Troppen*, 1556 *Troppen*, 1658 *Troppen*, 1791 *Truppen*. / 1835 *Trupin*, 1843 *Trupin*, 1866 *Trupin*. – Wahrscheinlich aoso. *Strupin ›Siedlung des Strup oder Strupa‹. Dieser PersN beruht auf oso. trup, nso. tšup ›Grind, Schorf‹,

urslaw. *strupъ ›Grind, Schorf, Kruste‹. Strup kommt als PersN schon im Apoln. vor und ist auch in dem Niederlausitzer OrtsN Straupitz/Tšupc enthalten, ferner in dem poln. OrtsN Strupin. Diese Deutung setzt den oso. Wandel *str* > *tr* voraus, wie er schon oben bei Trado/Tradow zu beobachten war. Man ging daneben von aoso. *Trupin-, *Trupno aus, zu tschech. trup ›Rumpf‹, poln. trup, aruss. trupъ ›Baumstamm; Leiche, Leichenfeld‹, wobei angeblich ein RodungsN vorliegen könnte. Dann schon eher *Trupin ›Siedlung des Trup oder Trupa‹. Im Poln. kommt der PersN Trup, zu trup ›Leiche‹, mit mehreren Ableitungen vor.

Tschaschwitz/Časecy ö. Elstra, 1264 *Scha(s)tiz*, 1291 *Schazticz*, 1374/82 *Czasticz, Czhasticz*, als HerkN: 1376 *Johannes Tschasticz*; 1559 *Tschaschwitz*, 1580 *Tschǎsitz, Zschaschitz*, 1703 *Tzazwitz*, 1791 *Tschastwiz, oder Tschachwitz, Zschachwitz*, 1836 *Tschaschwitz (Zschaschwitz)*. / 1848 *Tžasecze*, 1866 *Třasecy*, 1886 *Časecy*. – Aoso. *Častici ›Siedlung der Leute des Čast‹. Der PersN ist eine KurzF von Častobor oder ähnl. VollN mit dem Vorderglied aus urslaw. *čęstъ, aksl. čęstъ ›dicht, beharrlich‹, čęsto ›oft; unablässig‹, oso. často ›oft‹. In Bautzen sowie in Zittau ist im 13. Jh. der PersN *Častosław belegt. / Časecy geht auf eingedeutschte Formen zurück – siehe 1580 *Tschasitz* –, in denen das inlautende -*t*- ausgefallen war.

Tschernske/Černsk nw. Niesky, 1936–1947 *Hirschwalde*, 1423 *Czirniski*, 1490 *Tschyrrnosc*, (1519) 1542 *Stzirnosch*, 1527 *Czerniessky*, 1607 *Tczschernicko*, 1632 *Tschernsko*, 1759 *Tzschernsko*, 1791 *Zernß-*

ke, *Zschernicke*, 1826 *Zschernicke*, auch *Czerniske*. / 1826 *Zernsk, Tzschernizke*, 1831/45 *Czernsk*, 1843 *Černsk*, 1885 *Černsk*. – Aoso. *Čerńsk ›Siedlung an einem dunklen Ort, wahrscheinlich am/im Walde‹, zu oso. čorny, nso. carny, älter *čerrny, urslaw. *čьrnъ ›schwarz‹. Vgl. in der Niederlausitz Tschernitz/Cernsk.

† **Tzschelln/Čelno** sw. Weißwasser, 1936–1947 *Nelkenberg*, 1979 wegen Braunkohlentagebaus abgebrochen. 1453 *zum Czhillen*, 1479 *zu Tschellen*, 1513 *im Schellin, Schelm*, 1597 *Dorff Scholn, Tcheln*, 1704 *Zscheln*, 1791 *Zschellen*, 1825 *Tzschellen, Tzschelln, wendisch Czjelno*, 1831/45 *Tschelln*. / 1767 *Czilne*, 1800 *Czjelno*, 1831/45 *Tzschellnog, kirchlich Dzielnij*, 1843 *Ćjelno = Ćělno*, 1866 *Ćělno*, 1885 *Třelno*, 1969 *Čelno*. – Aoso. *Čelno ›Siedlung an/auf einer Anhöhe‹, zu oso. čoło ›Stirn‹, russ. čelo ›Stirn, Haupt, Spitze‹, ukrain. mundartl. čolo auch ›Bergspitze; sehr steiler Bergabhang‹. Urslaw. *čelo ist urverwandt mit lit. kālnas ›Berg‹, griech. kolōnós, lat. collis ›Hügel‹. In der Nähe befindet sich die Höhe 138.

U

Uebigau/Wbohow s. Königswartha, 1353 *Obegow*, 1473 *Obegow*, 1485 *Ibgaw*, 1499 *Ebigaw*, 1509 *zcw Ubigen*, 1528 *Obige, Obigaw*, 1542 *Vbigaw*, 1547 *Vbigo*, 1569 *Ebigo*, 1572 *Obigo*, 1590 *Ybingen*, 1635 *Vbigaw*, 1658 *Übigau*, 1711 *Ibichen*, 1791 *Uebigau*. / 1521 *Bochow*, 1800 *Bohow*, 1843 *Bohow = Wbohow*, 1866 *Bohow, Wbohow*. – Aoso. *Obĕgow ›Siedlung, um die ein Fluss fließt‹, zu oso. wobĕhać ›umlau-

fen‹, nso. wobĕgać ›umlaufen; ablaufen u. a.‹, atschech. obĕhnúti, obiehati ›eine Bewegung um etwas ausführen‹. Der Ort liegt in geringer Entfernung w. vom Schwarzwasser und wird in einem Bogen von diesem umflossen. Noch ausgeprägter ist diese Lage bei Übigau w. Dresden zu beobachten. Ähnliches gilt für Übigau an der Schwarzen Elster. / Da der Name nicht mehr verstanden wurde, sah man in ihm ein *Bohow, abgeleitet direkt von oso. bóh ›Gott‹ oder von einem entsprechenden PersN. Bei den Formen mit anlautendem *W-* bzw. *U-*, auf die dt. Schreibungen bzw. Lautungen mit eingewirkt haben können, dachte man vielleicht an *ubohi, daraus heute oso. wbohi ›arm, armselig‹, tschech. ubohý, poln. ubogi ›arm, ärmlich‹.

Uhna, Nieder-/Wunjow, Delni wnw. Bautzen, 1500 *Clein Unaw*, 1505 *Cleyn Unaw, Nedir Unaw*, 1511 *Nydder Vnaw*, 1531 *Vnder Vnaw*, 1544 *Klein Vna*, 1573 *Nieder Vnaw, Klein Vnaw*, 1658 *Nieder Uhna*. / 1580 *Nider Wuyno*, 1800 *Delny Huhnjow*, 1843 *Hunjow*, 1866 *Delni Hunjow*, 1920 *Wunjow, gespr. Hunjow*. – Aoso. *Uńow ›Siedlung des Uń‹. Der PersN ist eine KurzF von Unĕsław oder ähnl. VollN mit dem Vorderglied zu urslaw. *unijь, aksl. unjii, unje, unĕji, russ. une ›besser‹. Vgl. unten Unwürde und Wunscha. / Im Oso. trat ein *W-* bzw. *H-* vor das anlautende *U-*.

Uhna, Ober-/Wunjow, Horni wnw. Bautzen, 1359 *Unaw*, 1362 ff. *von Unaw, de Unaw*, 1404 *de Vnaw*, 1419 *Unaw*, 1452 *Vhnaw*, 1535 *Ober Vnaw*, 1572 *Vna superior* (= lat. ›oberes‹), 1658 *Ober Uhna*. / 1684 *z Huwnowa*, 1800 *Horny Huhnjow*, 1866 *Horni Hunjow*, 1959 *Horni Wunjow*. – Siehe oben Uhna, Nieder-.

Uhsmannsdorf w. Rothenburg/O.L., 1388 *Osansdorf*, als HerkN: 1400 ff. *Nykyl* u. *Frenczil Osisdorf, Ossysdorf, Osens-dorff, Ozendorf*; 1416 *Osensdorff*, 1494 *Osenssdorff*, 1562 *Vsesdorf*, 1590 *Vsdorff*, 1732 *Ußdorf*, 1759 *Ußmannßdorff*. – Dt., ›Dorf des Osan(n)‹. Der PersN beruht auf dem im Mittelalter verbreiteten christl. Frauennamen Osann bzw. Osanna, aus hebr. hosianna ›Herr, hilf ihm‹. Osan(n) kommt in der Oberlausitz und in Schlesien als RufN und FamN vor, darunter öfters in den Dörfern des Klosters Marienstern, auch weibl. Osanna.

Uhyst (Klein)/**Delni Wujězd** ö. Wittichenau, an der Spree, 1418 *Ugezd*, 1419 *Ugißt parvum* (= lat. ›klein‹), 1449 *vom Ugiß*, 1452 *kein* (= gegen) *dem Ugist*, 1474 *zum Ugesd*, 1535 *Klein-Ougist*, 1549 *Klein Ugissdt*, 1565 *Vgist*, 1678 *Vhyst*, 1791 *Uhyst an der Spree*. / Um 1430 *zum Wugisde*, 1466 *Wuyez*, 1489 *zum Wuyest*, 1767 *Wujesd*, 1800 *Delny Wujesd*, 1843 *Delni Wujezd*, 1969 *Delni Wujězd*. – Aoso. *Ujězd ›Siedlung auf durch Umreiten abgegrenztem Rodungsland‹, siehe oben Breitendorf/Wujězd. / Zur Unterscheidung von dem nachfolgenden Horni Wujězd wird der Zusatz Delni, zu oso. delni ›untere‹, gebraucht.

Uhyst a. Taucher/Horni Wujězd n. Bischofswerda, 1336 *Vgez*, 1412 *Vgesd*, 1414 *Vgesd*, 1419 *Ugißdt prope tucher* (= lat. ›nahe bei dem Taucherwalde‹), um 1430 *vor dem Ugisde*, 1495 *Ugist*, 1498 *Ugeßt beym Taucher* (= Taucherwald), 1519 *Vgißdt prope Tucher*, 1554 *Augesd*, 1590 *Oijest*, 1684 *Uihist*, 1731 *Üst*, 1791 *Uhyst am Taucherwalde*, 1908 *Uhyst am Taucherwalde*. / 1533 ff. *Hwuiß*, 1719 *Wujesd*, 1767 *Wujesd*, 1800 *Horny Wujesd*, 1843 *Horni Wujezd*, 1866 *Horni Wujezd*, 1970 *Horni Wujězd*. – Siehe oben Uhyst (Klein)/Delni Wujězd und Breitendorf/Wujězd. / Um diesen von den vorangehenden Wujězd-Namen zu unterscheiden, wird der Zusatz Horni, zu oso. horni ›obere‹, gebraucht.

Ullersdorf s. Niesky, 1289 ff. *von/de Ulrichsdorf(f)*, 1342 *von Ulrichstorf*, 1403 *Ulrichsdorff*, 1454 *Ulrichsdurff*, 1473 *Vllirsdorf*, 1531 *Vllersdorff*, 1551 *Ullerstorff*, 1694 *Ullersdorff*, 1791 *Ullersdorf (Ober-)*. – Dt., ›Dorf des Ulrich‹. Der PersN beruht auf ahd. uodal-rīh(h)i ›Besitztum, Heimat‹-›Herrschaft, Herrscher, Macht; reich, mächtig, hoch‹. Die Siedlung wurde wahrscheinlich nach dem Adeligen *Ulrich von Nostitz* benannt.

Unwürde/Wujer n. Löbau, 1306 *Uwer*, 1405 *von der Unwirde*, um 1405 *von der Ungerde*, 1414 *kein* (= gegen) *der Unwirde*, 1419 *Unwirde*, 1499 *zcur Unwirde*, 1527 *Vnwürde*, 1543 *Vnwyrde*, 1657 *Unwürde*. / 1719 *Wujer, Wuher*, 1767 *Wujer*, 1800 *Wujer*, 1843 *Wujeŕ*, 1866 *Wujeŕ*, 1959 *Wujer*. – Aoso. *Uněwěŕ ›Siedlung des Uněwěr‹. Der PersN ist ein VollN, zu dessen Vorderglied siehe oben Uhna, Nieder-, das Hinterglied beruht auf urslaw. *věra ›Glaube‹, *věriti ›glauben‹, oso. wěra ›Glaube(n); Vertrauen, Zutrauen‹, wěrić ›glauben; (ver)trauen‹. Dieses Namenglied ist in dem atschech. VollN Věrislav enthalten. Der älteste Beleg *Uwer* lässt sich als Schwund der zweiten Silbe von *Uněwěŕ erklären (was auch bei anderen OrtsN sehr oft vorkommt), die Belege seit 1405 zeigen eine Angleichung des für Deutsche unverständlichen Namens an dt. Unwürde, mhd. unwirde ›Geringschätzung, Verachtung, Schmach, Unehre, Schande‹. / Da der Name auch für Sorben unklar war, identifizierte man ihn mit oso. wujeŕ ›Heuler‹, wuć ›heulen‹.

V

Viereichen/Štyri Duby   nnw. Niesky, 1399 *zu Vireichin*, 1416 *Fireichen*, 1426 *Viereichen*, 1463 *Viereichen, Viereichin, Vier Eichin*, 1552 *Vier Eichen*, 1597 *Vieraichen*, 1791 *Viereichen*. / 1800 *Stiry Dubi*, 1831/45 *Stiridube*, 1843 *Štyri Duby*, 1969 *Štyri Duby*. – Dt., ›Siedlung an/bei den vier Eichen‹, zu mhd. vier ›vier‹ und mhd. eich, eiche ›Eiche‹. / Štyri Duby ist die wörtliche Übersetzung des dt. OrtsN, zu oso. štyri ›vier‹ und dub, in der Mehrzahl duby ›Eiche(n)‹. Vgl. in der Niederlausitz Fünfeichen/Pěś Dubow.

Vogelhain   siehe oben Tätzschwitz.

Vollung   s. Pulsnitz, seit 1921 zu Pulsnitz, vorher Dorf mit zwei Teilen, »Meißnisch Vollung« und »Böhmisch Vollung«. 1309 *villa Vollunge*, 1350 *villa dicta* (= lat. ›Dorf genannt‹) *Vollunge*, 1375 *Vollungen*, 1393 *Völlungin*, 1445 *Ffolling*, 1478 *in der Follungen*, 1494 *Fuellunge*, 1503 *Volgung*, 1519 *Folge, Volge*, 1551 *Vollungk*, 1586 *Vollung oder Meisnische Seitte*, 1598 *die Volge oder Meißnische Seite*, 1724 *Vollung wird auch Meißnische Seite genannt*, 1759 *Meißnische Seite und Böhmisch Folge*, 1791 *Böhmisch Follung ... zum Rg.* (= Rittergut) *Pulßniz geh. Dorf*, 1908 *Pulsnitz, Meißn. Seite (Meißnisch-Vollung)*. – Dt., ›Siedlung auf zusätzlich erschlossenem Ackerland‹, zu mhd. vollunge ›das Vollsein, die Fülle‹, hier im Sinne von ›Auffüllung, Ergänzung‹,

ein Fachausdruck für die Erschließung zusätzlichen Ackerlandes, das nicht unmittelbar in die Hufenvermessung einbezogen war. Die an der Stadt vorbeifließende Pulsnitz bildete die Grenze zwischen der Mark Meißen und der (böhmischen) Oberlausitz, weshalb zwischen *Meißner Seite* oder *Vollung* und *Böhmisch-Vollung* unterschieden wurde. *Böhmisch-Vollung* hieß seit 1907 nur *Vollung* und wurde 1921 nach *Pulsnitz Meißner Seite* eingemeindet, das seinerseits 1948 zu Pulsnitz kam.

W

Waditz/Wadecy   ö. Bautzen, 1250 *de Wadewicz*, 1376 *de Wadewicz*, 1419 *Wadewitz*, 1441 *Wadewicz*, 1499 *Wadewittz*, 1534 *Wadewitz*, 1732 *Watitz*, 1791 *Waditz*. / 1800 *Wadecy*, 1835 *Wadezy*, 1843 *Wadecy*. – Aoso. *Wadowici ›Siedlung der Leute des Wad‹. Der PersN ist eine KurzF von Wadisław oder ähnl. VollN mit dem Vorderglied aus urslaw. *vaditi (sę) ›anklagen, verleumden, schelten; schimpfen, zanken‹, *(sъ)vada ›Streit, Zank‹, oso. wadźić ›hindern, hinderlich sein, schaden‹, wadźić so ›(sich) streiten, zanken‹, (z)wada ›Zank, Zwietracht, Uneinigkeit‹. Im Atschech. gibt es den VollN Vadislav und dazu die KurzF Vad, poln. Wada mit zahlreichen Ableitungen wird auf wada ›Fehler‹, zwada ›Streit, Zank‹ bzw. wadźić ›aufhetzen, in Streit verwickeln, hinderlich sein‹, wadźić się ›(sich) streiten, zanken‹ zurückgeführt, also als ÜberN und nicht als KurzF eines VollN betrachtet.

Walddorf   s. Löbau, ö. Ebersbach/Sa., 1791 *Walddorf ... Dorf, so zu Anfang des* *jezigen Seculi* (= lat. ›Jahrhunderts‹) *auf einen Waldraum angelegt worden, grenzet mit Eybau und Ebersbach,* 1836 *Walddorf,* 1908 *Walddorf bei Ebersbach.* – Dt., ›Siedlung am/im Walde‹. Die Siedlung wurde von Exulanten seit 1691 im Löbauer Ratswald am Kottmar angelegt.

Walddorf n. Niesky, 1759 *Heyde Hauß,* 1831/45 *Walddorf.* – Dt., ›Siedlung am/im Walde, in der Heide‹. Es handelt sich um eine Neusiedlung in der Flur Daubitz, entstanden in der 2. Hälfte des 18. Jh.

Waldhof/Dubrawa wsw. Niesky, Ortsteil von Steinölsa, 1582 *Dubraw,* 1658 *Dubrawe,* 1759 *Neue Vorwerk,* 1925 *Dubrau,* 1936 *Waldhof,* 1971 *Waldhof OL.* – Aoso. *Dubrawa, siehe oben Dubrau, Groß-/Wulka Dubrawa. Der Ort wurde 1936 in Waldhof umbenannt.

Waltersdorf wsw. Zittau, 1355/72 ff. *Waltheriuilla,* 1419 *Waltersdorff,* 1483 *Waltersdorff bei der Zittaw,* 1554 *Waltersdorff,* 1732 *Waltersdorff.* – Dt., ›Dorf des Walter‹. Der PersN beruht auf ahd. walt-heri ›Gewalt, Macht‹-›Heer‹.

Wartha/Stróža nw. Weißenberg, 1331 *Wartha,* 1350 *Wart,* 1419 *Warthe,* 1496 *czur Warthe,* 1658 *Wartha.* / 1700 *Stroża,* 1843 *Stróža,* 1866 *Stróža.* – Dt., ›Siedlung, von der aus gelauert, ausgespäht, ausgeschaut wird‹, zu mhd. warte ›spähendes Ausschauen, Wache, Wachort‹. / Stróža, zu oso. stróža ›Wache, Warte‹, ist die genaue Übersetzung des dt. OrtsN.

Wartha/Stróža sö. Wittichenau, 1374/82 *von der Warte,* 1419 *Warte,* 1441 *von der Warte,* 1557 *Wartthe,* 1614 *zur Warthe,* 1791 *Wartha.* / 1800 *Strohza,* 1835 *Stróža,* 1843 *Stróža.* – Siehe oben Wartha/Stróža nw. Weißenberg.

Wawitz/Wawicy sw. Weißenberg, (1228) *Wawiz,* 1368 *Wawicz,* 1419 *Wowitz,* 1426 *Wauwicz,* 1445 ff. *Wauwicz,* 1514 *Wautz,* 1531 *Wabiz,* 1569 *Wahwitz,* 1618 *zur Wawicz,* 1732 *Waitz,* 1791 *Wawitz.* / 1800 *Wawezy,* 1843 *Wawicy, Wajicy,* 1848 *Wajizy,* 1865 *Wajic,* 1866 *Wawicy.* – MischN, *Wawici ›Siedlung der Leute des Wawa‹. Der PersN Wawa beruht auf dem christl. RufN Laurentius, der durch den heiligen Laurentius (3. Jh.) im Mittelalter große Verbreitung erfuhr. Im Sorb., das zahlreiche Vor- und FamN von Laurentius bildete, wurde das anlautende L- bald durch *L*-, bald durch *Ł*- und *W*- wiedergegeben: 1440 *Laurencz,* 1568 *Waurentz,* 1532 *Laurick,* 1509 *Wawrik* und viele weitere. Das inlautende *-r-* konnte leicht ausfallen: 1507 *Lawrisch,* ders. 1514 *Lawisch,* sodass sich *Wawa problemlos aus *Wawra, 1552 *Waura,* erklären lässt. Im Poln. sind Waw und Wawa überliefert, im Atschech. bereits im 12. Jh. *Vaua,* später *Váva* geschrieben.

Wehrsdorf/Wernarjecy sw. Schirgiswalde, 1419 *Wernharstorff,* 1448 *Wernstorff,* 1453 *Wernstorf,* 1507 *Wernßdorff,* 1519 *Wernharstorff,* 1547 *Wernstorff, Wermsdorff,* 1567 *Werßdorf,* 1657 *Werschdorff, Wehrsdorff,* 1791 *Wehrsdorf, Werßdorf.* / 1800 *Wednarezy,* 1835 *Wernařezy,* 1843 *Ẃernařecy,* 1886 *Wjernarjecy,* 1920 *W(j)ernarjecy,* 1954 *Wernarjecy.* – Dt., bisher als ›Dorf des Wern(h)er‹ erklärt, mit dem PersN aus dem StammesN der Warnen, zu ahd. warin-heri ›bewahren, beschirmen‹-›Kriegsschar, Heer‹. Wegen der Belege von 1419 und 1519 möglicherweise ›Dorf des Wernhart‹ mit dem Hinterglied des PersN aus ahd. harti ›hart, kräftig, stark‹.

Wernhar(d)t, Wernard u. dgl. sind relativ häufige dt. FamN.

Weicha/Wichowy   w. Weißenberg, 1241 *de Wichow(e)*, 1419 *Weichaw*, 1433 *Weichaw*, 1466 *zu Weyche*, 1485 *Weyche*, 1543 ff. *Weichaw*, 1791 *Weicha*. / 1800 *Wichow*, 1843 *Wichowy*, 1866 *Wichowy*, *Wichow*, 1959 *Wichowy*. – Aoso. *Wichow ›Siedlung des Wich‹. Der PersN ist eine KoseF von Witosław oder ähnl. VollN mit dem Vorderglied aus urslaw. *vitati ›wohnen, Aufenthalt nehmen‹, oso. witać, nso. witaś ›willkommen heißen, begrüßen, empfangen‹. Von der Basis Wit- sind im Sorb. zahlreiche FamN abgeleitet, darunter 1374/82 *Witan*, im Poln. ist Wich belegt.

Weickersdorf/Wukrančicy   sw. Bischofswerda, um 1226 *Uikerisdorf*, 1262 *Wikerisdorph*, 1413 *Wykersdorff*, 1513 *Weyckersdorff*, 1559 *Weickersdorf*, 1791 *Weickersdorf*. / 1800 *Wukranczizy*, 1843 *Wukrančicy*, 1920 *Wukrančicy*. – Dt., ›Dorf des Wigger, Wicker‹. Der PersN, der in beiden Varianten auch öfters als FamN vorkommt, beruht auf ahd. wīg-gēr ›Kampf; Streit, Krieg‹-›Speer‹. / Wukrančicy entstand durch Umgestaltung des dt. Namens, wobei -*dorf* durch -*icy* ersetzt wurde.

Weidau, Groß- siehe oben Neida, Groß-, Klein-.

Weidlitz/Wutołčicy   nw. Bautzen, 1419 *Witolitz*, 1519 *Wittlitz*, 1535 *Weittelitz*, 1562 *Weittnitz*, 1565 *Weittelitz*, 1658 *Weidliz*, 1791 *Weidlitz*. / 1580 *Wutelzschicz*, 1617 *Wutolczicz*, 1800 *Wutoczizy*, 1835 *Wutołčizy*, 1843 *Wutołčicy*, 1866 *Wutołčicy*. – Bisher als MischN *Wītoldici ›Siedlung der Leute des Wītold‹ gedeutet, mit dem PersN zu ahd. wīt-walt ›weit‹-›walten, (be)herrschen; mächtig sein‹. Wohl eher aoso.

*Witolici ›Siedlung der Leute des Witoł oder Witoła‹. Beide PersN, im Sorb. auch als FamN nachweisbar, so 1510 *Wittols*, 1597 *Wittola*, sowie poln. Witoła, sind KurzF von Witosław oder ähnl. VollN. Siehe oben Weicha. / Wutołčicy würde einen PersN *Witołk voraussetzen, wahrscheinlich handelt es sich aber um eine Angleichung an andere OrtsN auf -ćicy oder -čicy. Die sorb. Form, auch wegen des anlautenden *Wu*-, war eigentlich der Anlass, einen MischN anzusetzen. *Wu*- kann aber auch auf dem eingedeutschten *Wi*- wie in 1519 *Wittlitz* beruhen.

Weifa/Motydło   w. Schirgiswalde, als HerkN: 1417 *Weiffener*; 1464 *Weiff*, 1469 *zur Weiffe*, 1488 *die Weyffe*, 1511 *uff die Weiffe*, 1588 *Weiffa*, 1586 *kegen der Weffe*, 1791 *Weiffa*. / 1730 *Motoldlo*, 1835 *Motydło*, 1886 *Motydło*. – Dt., ›Siedlung der Weber‹, im übertragenen Sinne benannt nach mhd. weife ›Haspel‹. Das Gerät, das mit der Hand gedreht wurde, diente zum Abwinden des gesponnenen Garns (Flachs, Wolle) von der Spinnradspuhle und zum Messen des Garns, ehe es verwebt werden konnte. / Die gleiche Bedeutung hat Motydło, zu oso. motydło ›Weife, Haspel‹.

Weigersdorf/Wukrančicy   n. Weißenberg, 1334 *de Wignandisdorff*, 1419 *Wiknantstorf*, *Winckmansdorf*, 1488 *Weygeßdorff*, 1527 *Weygesdorf*, 1529 *Weichmannsdorf*, 1658 *Weygersdorff*, 1791 *Weigersdorf*. / 1800 *Wukranczizy*, 1831/45 *Wokranczizy*, 1843 *Wukrančicy*, 1866 *Wukrančicy*, 1920 *Wukrančicy*. – Dt., ›Dorf des Wignand‹. Der PersN beruht auf ahd. wīgnand ›Kampf; Streit, Krieg‹-›kühn, wagemutig‹, wobei das Hinterglied -nand lediglich in Namen vorkommt, belegt ist sonst nur ahd. nenden ›wagen‹, auch ›sich wenden an; sich erkühnen u. dgl.‹ / Zu Wukrančicy vgl. oben Weickersdorf.

Weigsdorf/Wuhančicy nnö. Schirgiswalde, 1350 *Wygandistorf*, 1419 *Wiganstorff*, 1447 *Wyganßdorff*, 1454 *Wiegensdorf*, 1484 *Weyganstorff*, 1492 *Weygißdorff*, 1498 *Weygistorff*, 1511 *Weygißdorff*, 1524 *Weichßdorff*, 1657 *Weigsdorff*. / 1693 ff. *Wiganczize*, *Wuchanċzizo*, *Wuhanżize*, *Wuhainczize*, 1843 *Wuhančicy*, 1886 *Wuhančicy*. – Dt., ›Dorf des Wiegand(t)‹. Der PersN beruht auf ahd. wīgant ›der Kämpfende, Krieger‹. / Wuhančicy entstand durch Sorabisierung des dt. Namens, wobei -*dorf* durch -*icy* ersetzt wurde.

Weinhübel, bis 1936 **Leschwitz** s. Görlitz, um 1305 *von Leshewicz, Leshenewicz*, 1337 *Leschwicz*, 1367 *Leschewicz*, 1399 *Leschewicz*, 1427 *Leschwicz*, 1455 *Leschewicz*, 1495 *Leswitz, Leschwicz*, 1517 *Leschwitz*, 1732 *Leschwitz*, 1791 *Leschnitz, Ober=* und *Nieder=*, 1952 *Weinhübel, Stadtteil von Görlitz*. – Aoso. *Lešowici ›Siedlung der Leute des Leš‹. Der PersN, der in der Lausitz mehrmals als FamN vorkommt, ist eine KoseF von Lelistryj und ähnl. VollN mit dem Vorderglied zu urslaw. *lelějati, apoln. lelejać (się) ›(sich) schütteln, hin und her bewegen, schwanken, wackeln‹, russ. lelejat´ ›hätscheln, verzärteln‹. *Weinhübel* entstand in der Zeit des Nationalsozialismus, wobei man auf eine unter FlurN verbreitete Bildung zurückgriff mit der Bedeutung ›Hügel, auf dem Wein angebaut wird bzw. wurde‹.

Weißbach nnö. Königsbrück, 1396 *Wysbach*, 1432 *Weysbach*, 1445 *Weysbach*, 1481 *Weissbach*, 1491 *von Windischen Weißbach*, 1506 *Weißbach*, 1658 *Weißbach*. – Dt.,

›Siedlung am hellen, weißen, glänzenden Bach‹, zu mhd. wīʒ ›weiß, glänzend‹ und mhd. bach ›Bach‹.

Weißbach nnö. Pulsnitz, 1396 *Wysbach*, 1432 *Weysbach*, 1438 (Kop. um 1580) *Deutzsch Weissbach*, 1455 *Weisbach*, 1524 *Weysbach*, 1565 *Weispach*, 1791 *Weißbach*. – Dt., siehe oben Weißbach nnö. Königsbrück. Die Siedlung liegt am gleichnamigen Bach.

Weißenberg/Wóspork Stadt. ö. Bautzen, n. Löbau, 1228 *opidum* (= lat. ›Stadt‹) *Wizenburg*, 1238 *Wizenburch*, 1293 *Wizenburch, Wizenburck, Wizenburg, oppidum*, um 1305 ff. *von Wizzenborch, Wizzenborg, Wisinburg*, 1400 *Wysenburg*, 1402 *Wiesinberg*, 1415 ff. *Weissenberg*, 1450 *Weissenburg*, 1533 ff. *Weyssemburgk*, 1572 *Weissenburgk*, 1658 *Weyßenbergck*, 1791 *Weißenberg*. / 1700 *Wusberg, Woßberk*, 1767 *Wospork*, 1800 *Wuspurk*, 1835 *Wóspórk*, 1843 *Wóspork*, 1866 *Wóspork*. – Dt., ›Siedlung zur weißen Burg‹. Zum Bestimmungswort Weiß- siehe oben Weißbach nnö. Königsbrück, das Grundwort -burg beruht auf mhd. burc ›Burg, Schloss, Stadt‹. / Wóspork ist die sorabisierte dt. Namenform.

Weißig/Wysoka sö. Bautzen, um 1400 *von Wysag*, 1419 *Weissag prope* (= lat. ›nahe bei‹) *blesaw*, 1437 *Weysske*, 1496 *Weissag*, 1519 *Wissag prope Blesaw*, 1534 *Weissagk*, 1550 *Weissigk*, 1631 *Weißag*, 1791 *Weißig*. / 1719 *Woßoka*, 1843 *Wusoka*, 1848 *Wußoka*, 1959 *Wysoka*. – Aoso. *Wysoka ›Hoch gelegene Siedlung‹. Auszugehen ist wohl von *Wysoka wjes, zu oso. wysoki, weiblich wysoka ›hoch‹ und wjes ›Dorf‹. Bedeutungsmäßig entsprechen die zahlreichen dt. OrtsN *Hohendorf*. Vgl. in der Niederlausitz Weißack, Weißag und Weißagk.

Weißig/Wysoka nö. Königswartha, 1419 *Weissag*, 1469 *zur Weissigke*, 1492 *Weißag*, 1557 *zur Wissagk*, 1569 *Weyschock*, 1635 *Weißigk*, 1791 *Weißig*. / 1719 *Woßoka*, 1800 *Woßoka*, 1843 *Wusokej*, 1848 *Wußoka*, 1885 *Wysoka*. – Aoso. *Wysoka, siehe oben Weißig sö. Bautzen. In der Nähe liegt der Eichberg, 160 m.

Weißig/Wysoka n. Kamenz, 1374/82 *Wisok*, *Wysok*, 1481 *zcur Wissagk*, 1494 *Weisagk*, 1529 *Weyßk*, 1559 *Weißig(k)*, 1791 *Weißig*. / 1719 *Woßoka*, 1800 *Woßoka*, 1843 *Wusoka*, 1848 *Wußoka*, 1886 *Wysoka*. – Aoso. *Wysoka, siehe oben Weißig sö. Bautzen.

Weißkeißel/Wuskidź s. Bad Muskau, 1452 (Kop. 17. Jh.) *Weißkeusel*, 1463 *Weißgesele* (? oder *-gesche*?), 1552 *Weißtzkusch* (in: Urbarium d. Herrsch. Muskau, S. 31), 1593 *Weißkeussel*, 1597 *Weißkheißel*, *Weiß Khessel*, 1684 *von Weißgeisel* (in: Gesamtkirchenbuch Dubraucke, S. 34), 1704 *Weißkeißel*, 1732 *Weißgeißel*, 1791 *Weiß Keisel*. / 1800 *Wuskidz*, 1835 *Wuskidż*, 1843 *Wuskidž*, 1866 *Wuskidż*. – Aoso. *Wyskyď, wahrscheinlich ›Siedlung in einer Gegend mit viel (vom Sturm) umgeworfenen Bäumen, Wurzelwerk mit Lehm und Steinen‹, zu russ. mundartl. vyskid´ ›vom Sturm entwurzelter Baum‹, tschech. mundartl. výskyď ›Wurzelwerk (mit Lehm und Steinen)‹. Zu Grunde liegt urslaw. *kydati ›werfen‹. Man rechnete auch mit einem dt. BachN, der zu keuseln ›kreiseln, kräuseln‹ gehört. Das Wort keuseln wird möglicherweise auf die Umgestaltung des sorb. Namens eingewirkt haben.

Weißwasser/O.L./Běła Woda Stadt, ö. Hoyerswerda, 1351 *Wyzzenwasser*, 1357 *Weizzenwazzer*, 1459 *kegin Weissenwasser*, 1480 *vom Weysinwasser*, 1513 *von Weissenwasser*, 1552 *Weißwasser*, 1597 *Dorff Weiswaßer*, 1791 *Weißwasser*. / 1800 *Bjelawoda*, 1831/45 *Biła woda*, *Biwa woda*, 1835 *Běła Woda*, 1843 *Bjeła Woda* = *Běła W.*, 1969 *Běła Woda*. – Dt., ›Siedlung am weißen Wasser, am hellen, klaren Bach‹, zu mhd. wīʒ ›weiß, glänzend‹ und mhd. waʒʒer ›Wasser, Gewässer, Fluss‹. / Běła Woda ist die sorb. Übersetzung des dt. Namens. Die Annahme, dass es umgekehrt gewesen sein könnte, ist fraglich.

Welka/Wjelkow wnw. Elstra, (1420) 1453 *Welckau*, als HerkN: aus Kamenz 1500 *Welke*; 1622 *Welcke bey Elstra*, 1716 *Welcka*, 1759 *Welcke*, 1791 *Welcka*. / 1843 *Ẃelkowy*, 1866 *Ẃelkowy*, 1959 *Wjelkow*. – Aoso. *Wilkow, *Welkow, siehe unten Welka, Groß-.

Welka, Groß-/Wjelkow, Wulki nw. Bautzen, 1225 *de Wilchow*, 1416 *zur großin Welkaw*, 1419 *Welkaw pentz* (*pentz* ist ein PersN), 1428 *Welko*, *Welkow*, 1430 *Welkaw*, 1519 *Welkow*, 1537 *Groß Welcko*, 1569 *Welcko maior*, *Großwelcko*, 1658 *Groß Welcka*. / 1684 ff. *z Ẃelkowa*, 1719 *Welko*, 1800 *Wulki Welkow*, 1835 *Wulki Ẃelkow*, 1866 *Wulki Wjelkow*. – Wahrscheinlich aoso. *Wilkow, später *Welkow ›Siedlung des Wilk bzw. Welk‹. Der PersN beruht auf oso. wjelk, nso. wjelk, älter auch wilk, urslaw. *vьlkъ ›Wolf‹. Da der PersN im Sorb. oft als FamN vorkommt, so in Bautzen 1420 *Welk*, in Peitz 1545/59 *Wilck*, ders. auch *Welck*, ist kaum mit ›Siedlung, wo es Wölfe gibt‹ zu rechnen.

Welka, Klein-/Wjelkow, Mały n. Bautzen, 1419 *Welkaw opetz* (*opetz* ist ein PersN), 1504 *zu kleynen Welcko*, 1519 *zcu cleine Wilke*, 1593 *Klein Welcka*, 1658 *Klein*

Welcka. / 1800 *Maly Welkow*, 1843 *Mały Welkow*, 1866 *Mały Wjelkow*. – Siehe oben Welka, Groß-. Beide Orte wurden 1419 durch PersN unterschieden (Pentz, eine KurzF von Bernhard, und Opitz, eine KurzF von Albrecht), die vielleicht Grundherren oder Dorfschulzen benannten. Die seit 1751 entstandene Siedlung der Herrnhuter Brüdergemeinde wurde auch als *Kolonie Kleinwelka* bezeichnet und 1932 eingemeindet.

Werda ssö. Weißwasser, 1936–1947 *Inselheide*, 1411 *Werde*, 1419 *von Werde*, 1420 *und dem Werde*, 1463 *von Werde*, 1546 *Werdau*, 1767 *Werda*, 1791 *Werda*. – Dt., ›Auf erhöhtem, wasserfreiem Land gelegene Siedlung‹, zu mhd. werd, wert ›Ufer, Land, (Halb)insel, erhöhtes, wasserfreies Land zwischen Sümpfen‹. Vgl. in der Niederlausitz Werder/Łucka.

Werdeck n. Rothenburg/OL., ö. Weißwasser, 1521 *Werdig*, 1542 *Werdigk*, 1552 *Werdigk*, 1597 *Dorff Werdeckh (Werdigk)*, 1704 *Werdeck*, 1791 *Werdeck*. – Dt., siehe oben Werda. An mhd. werd trat das Kollektivsuffix -ech, -ich, das dann an Namen auf -ik angeglichen wurde, wobei auch das Sorb. eingewirkt haben könnte.

Werminghoff siehe oben Knappenrode.

Wessel/Wjesel ö. Königswartha, 1353 *Wessil*, 1377 *de Wessil*, 1419 *Wessele*, 1519 *Wessele*, 1586 *Weselaw*, 1658 *Wehsella*, 1692 *Wesel*, 1694 *Weßelau*, 1791 *Weßel*. / 1800 *Weßelje*, 1843 *Wesel*, 1886 *Wjesel*. – Aoso. *Weseľe ›Siedlung, in der Freude herrscht, herrschen möge‹, ein Wunschname für später erschlossene, abseits gelegene Wohnplätze, zu oso. wjesele ›Freude, Lust(barkeit), Vergnügen, Vergnügung‹, urslaw. *veseľbje ›Fröhlichkeit, Freude‹. In Böh-

men kommt öfters in gleicher Bedeutung der OrtsN Veselí vor.

Wetro/Wětrow s. Königswartha, 1374 *Wytrow*, 1374/82 *Wettrow*, 15. Jh. *Wytthraw*, 1600 *Wetro*, 1759 *Wietro*, 1791 *Wetro*, 1800 *Witterau*, 1836 *Wetro (Wietrau)*. / 1800 *Wietrow*, 1843 *Wjetro*, 1866 *Wětrow*. – Vielleicht aoso. *Wětrow ›Siedlung des Wětr‹. Der PersN, im Poln. als Wiatr mit zahlreichen Ableitungen vertreten, beruht auf oso. wětr ›Wind‹. Da aber der Ort am *Windmühlenberg* liegt und es solche oso. FlurN wie *Wětrowy* gibt, bevorzugte man zurecht die Deutung ›Siedlung am Windberg, an einer windigen Stelle‹. Auf diese Weise wird auch der tschech. OrtsN Větrov erklärt. Hinzu kommt, dass ein PersN Wětr im Sorb. noch nicht zu finden war.

† Wickersdorf n. Görlitz, 1404 *Wickersdorf*. – Dt., ›Dorf des Wicker‹. Der PersN beruht auf ahd. wīg-gēr oder wīg-heri ›Kampf; Streit, Krieg‹-›Speer‹ oder ›Menge, Schar, Heer(schar)‹. Wicker kann auch auf mhd. wicker ›Zauberer, Wahrsager, Gaukler‹ zurückgehen.

Wicknitz, Dürr-/Wěteńca osö. Kamenz, 1225 *Witeniz*, 1263 *Witenicz*, 1374 *Wyttenicz*, 1374 *czu (der) Wethenicz*, 1374/82 *Vetenicz*, *Wethenicz*, *Wetenicz*, 15. Jh. *Wytthenicz*, 1440 *von der Wickenitz*, 1658 *Wittnitz*, 1703 *Wetenitz*, 1721 *Wittnitz*, 1759 *Dürr Wiednitz*, 1791 *Dürrwicknitz oder Dürrwidtnitz*, 1800 *Wetenitz*, 1836 *Dürrwicknitz*. / 1800 *Suchewicknizy*, 1843 *Wjeteńca = Wěteńca ... Sucha W.*, 1866 *Wětenca*, 1959 *Wěteńca*. – Aoso. *Wětanici ›Siedlung der Leute des Wětan‹. Wětan und die sorb. FamN Wětak, Wětk, Wětko und Wětoš sind von der urslaw. Wurzel *vět- ›reden, sprechen; beraten‹ abgeleitet, die in aksl. větъ ›Beschluss, Vertrag‹, russ. vet ›Rat, Vertrag‹, otvet ›Antwort‹, privet ›Gruß‹ vorliegt. Der OrtsN wurde bisher als *Wětnici ›Siedlung bei den Ratgebern, den Ratmännern‹ erklärt, zu urslaw. *větьnikъ mit ders. Wurzel wie in dem PersN Wětan. Diese Rekonstruktion passt nicht in das aoso. Ortsnamensystem. / Da der Name später nicht mehr verstanden wurde, formte man ihn zu Wěteńca um.

Wiednitz/Wětnica   nnw. Kamenz, 1534, 1536 *Wittnitz*, 1551 *Wittnitz*, 1562 *zur Witnitz*, 1668 *Witnitz*, 1703 *zur Wittnitz*, 1732 *Wignitz*, 1759 *Wiednitz*, 1791 *Wicknitz*, *Wiedtnitz*, 1831/45 *Wiednitz*. / 1831/45 *Wiednitze*, 1885 *Wětnica*, 1920 *Wětnica*. – Da die Belege dieses Namens mit den ältesten Zeugnissen von Wicknitz, Dürr-, siehe oben, übereinstimmen, könnte man hier ebenfalls aoso. *Wětanici ansetzen. In der Belegreihe von Wiednitz taucht aber niemals ein -*e*- in der ersten Silbe auf, weshalb aoso. *Witanici ›Siedlung der Leute des Witan‹ vorzuziehen ist. Der PersN, bereits 1374/82 in Ralbitz, nö. Kamenz, als *Wytan* und *Witan* überliefert und ein recht häufiger sorb. FamN, ist eine KurzF von Witosław oder ähnl. VollN, siehe oben Weidlitz und Weicha.

Wiesa/Brěznja   sö. Kamenz, 1248 *de Prato* (= lat. prātum ›Wiese‹), 1263 *in Prato*, 1264 *villa que Pratum dicitur* (= lat. ›ein Dorf, das Wiese genannt wird‹), 1317 *Wese*, 1374/82 *villa Wezen*, 1401 *von der Wesin*, 1421 *sedelhof genant die Wisen*, 1441 *zcur Wese*, 1504 *im dorff Wise, zur Wise, Wese, Wiese*, 1571 *Wiese prope* (= lat. ›nahe bei‹) *Camentz*, 1665 *Wiesa*. / 1800 *Brezaina*, 1835 *Brazejna, Brjesow*, 1866 *Brěznja*. –

Dt., ›Siedlung an der Wiese, im Wiesengrund (in der Elsteraue)‹, zu mhd. wise, mundartl. omd. wese ›Wiese‹. / Brěznja beruht auf oso. brěza ›Birke‹.

Wiesa   s. Niesky, 1936–1938 *Rabental*, 1938–47 *Altwiese*, 1398 *von der Wezen*, 1427 *die von der Wesen*, 1448 *von der Wesin*, 1488, 1490 *zur Wysse, Wysse*, 1533 ff. *Wysse bey Rengersdorff*, 1719 *Wiese*, 1791 *Wiesa*. – Dt., siehe oben Wiesa sö. Kamenz.

Wiesdorf   siehe oben Rachlau.

Wildfelde   siehe oben Publik.

Wilhelmsfeld/Wylemocy   s. Weißwasser, 1831/45 *Wilhelmsfeld, nach dem damaligen Besitzer benannt.* / 1835 *Wilemocy*, 1885 *Wylemocy*, 1920 *Wylmo(j)cy*. – Dt., ›Siedlung des Wilhelm‹. Der im 19. Jh. weit verbreitete Vor- und FamN beruht auf ahd. willo-helm ›Wille, Wollen, Verlangen; Absicht, Entschluss‹-›Helm‹. Das Grundwort -feld wurde in Anlehnung an zahlreiche andere OrtsN auf -feld gewählt, zu mhd. velt ›Feld, Boden, Fläche, Ebene‹. / Bei der Übersetzung ins Oso. verwendete man Wylem, die sorb. Form von Wilhelm, und ersetzte -feld durch das mundartl. Suffix -*ocy* statt oso. -*ecy*.

Wilthen/Wjelećin   Stadt nw. Schirgiswalde, 1222 (Kop. 1550) *Welentin, Welintin*, 1241 *Weletin, Weletyn*, 1276 ff. *de Willentin*, 1305 ff. *de/von Willintin, Willentin, Wilntin, Wylletin*, 1324 *Wyllinthyn*, 1412 *Welletin*, 1430 *Willeten, Willinten*, 1469 *Willetin*, 1481 *Wilten*, 1495 *Wiltin*, 1555 *Wilthen*. / 1680 *Weležin*, 1766 *s Weleczina*, 1835 *Horny, Delny Weleczin*, 1843 *Ẃelećin*, 1866 *Wjelećin*. – Aoso. *Welętin ›Siedlung des Welęta‹. Welęta ist eine KurzF von Welemił oder ähnl. VollN mit dem Vorderglied aus urslaw. *velьjь ›groß, stark‹, nso.

älter wjeli ›groß‹, oso. wjele ›viel‹, oder vielleicht aus urslaw. *velěti, aksl. velěti ›befehlen‹. Im Sorb. gibt es zahlreiche PersN mit der Basis Wel-, darunter Wele-mił, Welat und sehr oft Welan.

Wittgendorf n. Zittau, 1322 *Witchendorf*, 1326 *Witchendorf*, 1352 *Wytigendorf*, 1405 *Wytchendorff*, 1433 *Wytichendorff*, 1486 *Witgendorff*, 1552 *Witchendorf*, 1791 *Wittgendorf*. – Dt., ›Dorf des Wittiko, Witticho‹. Der PersN beruht auf dem Namenglied ahd. widu ›Holz‹, mhd. wite auch ›Brennholz, Wald‹ und dem Suffix -k-.

Wittichenau/Kulow Stadt, s. Hoyerswerda, 1248 *Witegenowe*, 1264 *Witiginowe*, 1286 *Witegenhaw civitas* (= lat. ›Stadt‹), 1308 *Withegenaw*, 1374/82 *Witchenow*, 1424 *Witchenaw*, 1495 *Witgenaw*, 1569 *Wittchenaw*, 1658 *Wittichenau*. / 1641 *z Kulowa*, 1719 *Kulow, Nowy Kulow*, 1761 *Kulow*, 1800 *Kuhlowz*, 1831/45 *Kulowa*, 1835 *Kulow*, 1843 *Kulow*, 1866 *Kulow*. – Dt., ›In der Flussaue gelegene Siedlung des Wittiko, Witticho‹. Zum PersN siehe oben Wittgendorf. Die Siedlung wurde durch *Wittigo I.* von Kamenz, Sohn *Bernhards II.* von Kamenz, vor 1248 an der Schwarzen Elster angelegt. Zum Grundwort -aue siehe oben Gelenau. / Aoso. *Kula ›Auf einer leichten Anhöhe gelegene Siedlung‹, zu oso. kula ›Kugel; Beule; Buckel‹. Siehe oben Keula/Kulowc n. Wittichenau. *Kula wurde durch Angleichung an die zahlreichen OrtsN auf -ow zu *Kulow umgeformt.

Wizlawindorf siehe oben Paulsdorf, Deutsch-.

Wohla/Walow nw. Elstra, 1420 (Kop. 1453) *Walaw*, 1633 *Wohla*, 1732 *Wohle*, 1791 *Wohla*, 1875 *Ländchen Wohla*. / 1800 *Walow*, 1886 *Walowy*, 1959 *Walow*. – Wegen der dürftigen Belegreihe siehe unten Wohla n. Löbau mit mehr Belegen.

Wohla/Walowy n. Löbau, 1348 *Wal*, 1410 *Wol*, 1390 *von Wolo, Wole*, 1481 *zu Wale*, 1491 *Wolow*, 1501 *Wolaw*, 1538 *Wole*, 1583 *Wolau*, 1657 *Wohla*. / 1676 *s Walowa*, 1835 *Walowy*, 1866 *Walowy*. – Bisher zu aso. *vaľ ›das Wälzen, der Andrang‹ gestellt, mit der Ortsnamenbedeutung ›Aufschüttung‹, also ›Siedlung bei der Aufschüttung oder ähnlich‹. Möglicherweise vielleicht eher *Wal ›Siedlung bei/mit einem Wall‹, zu oso. wal ›Erdwall‹, nso. älter wal ›Wall‹. Legt man dieses Wort zu Grunde, das aus dem Dt. stammt – mhd. wal –, muss man eine recht frühe Entlehnung annehmen. Vgl. in der Niederlausitz Sawall/Zawal.

Wolfsfurt siehe oben Sabrodt.

Wölkau/Wjelkowy nö. Bischofswerda, (1318) *von Wolkow*, 1345 *de Wolcowe* (Zuweisung unsicher), 1369 *Welkow*, 1374/82 *Welkow*, 1412 *Welkaw*, 1430 *Welkow by Kyncz* (= Kynitzsch), 1469 *Welko*, 1498 *Welcke*, 1551 *Welcka*, 1559 *Welckau*, 1586/87 *Wolckau*, 1791 *Wölcka*. / 1700 *Welkowa*, *Wolkowa*, 1843 *Welkowy*, 1866 *Wjelkowy*. – Aoso. *Welkow ›Siedlung der Leute des Welk‹, siehe oben Welka, Groß-. In Teilen des aso. Sprachgebietes konnte sich aus urslaw. *vьlkъ ›Wolf‹ neben einem sorb. *wilk und *welk auch *wołk entwickeln, worauf oben die ältesten Belege hindeuten.

Wolmsdorf, Steinigt-/Wołbramecy w. Schirgiswalde, 1442 *von dem Stenychten Wolfersdorffe*, 1464 *Steinichtwolffframß-dorff*, 1488 *Steinichen Wolfframstorff*, 1495 *Steinicht Wolframßdorff*, 1539 *Steinwolf-fersdorf*, 1567 *Steinichten Wolmßdorff*, 1588 *Steinichtwulmsdorf*, 1791 *Steinicht Wolmß-dorf*. / 1835 *Wołbramozy*, 1843 *Wołbramocy*,

1866 *Wołbramocy*, 1920 *Wołbramecy*, *Wołbramocy*. – Dt., ›Dorf des Wolfram‹. Der PersN beruht auf ahd. wolf-hraban, hraben, ram ›Wolf‹-›Rabe‹. Der Zusatz Steinigt-, zu mhd. steineht, steinec, steinic ›steinig‹, weist auf die Bodenbeschaffenheit hin und dient gleichzeitig zur Unterscheidung von anderen Orten, so von Wolmsdorf, Klein- sö. Radeberg, und Wolmsdorf, Langen- nö. Pirna. / Wołbramocy bzw. Wołbramecy ist die sorabisierte Form von *Wolframsdorf, wobei -f- durch -b- und -dorf durch -ocy bzw. -ecy ersetzt wurde.

Womjatke/Womjatk   ö. Wittichenau, Ortsteil von Friedersdorf, in neuerer Zeit auch *Neufriedersdorf*. 1746 *Womatke*, 1759 *Womack*, 1777 *Wometcke*, 1831/45 *Womiatke*. / 1800 *Wometk*, 1835 *Womjatk*, 1831/45 *Womjatk*, 1843 *Womjatk*, 1866 *Womjatk*. – Sorb. *Womjetk vielleicht ›Abbausiedlung, Randsiedlung‹, zu nso. homjasć, homjetnuś, homjetowaś ›herabkehren, abfegen, wegfegen‹, mjasć, oso. mjesć ›kehren, fegen‹, tschech. ometat ›abkehren, abfegen‹. Für die Erschließung der Bedeutung des OrtsN bleibt die Rolle von oso. womjatk ›Rost‹ weiter zu klären.

Wuischke/Wujeźk   osö. Bautzen, um 1400 *von Ugyst, Ugest, Ugist* (Zuweisung unsicher), 1419 (Kop. 18. Jh.) *Ugest parva* (= lat. ›klein‹), 1441 *Wugist*, 1472 *zcum Vgest, Vgist*, 1498 *zum Vgest bei Hoenkirche*, 1499 *czum Vgischgk*, 1505 *Wgest bey Hoenkirche*, 1531 *Cleynen Wgest*, 1534 *Wujeschke*, 1569 *Vigist*, 1658 *Wuyschke*, 1760 *Wuischke*. / 1800 *Wujeschk*, 1843 *Wujeźk*, 1886 *Wujeźk*. – Aoso. *Ujězd ›Siedlung auf durch Umreiten abgegrenzter Waldfläche, die für die Rodung vorgesehen ist‹, siehe

oben Uhyst (Klein), mit dem sich die hiesigen Belege von 1419 und 1531 überschneiden, und Breitendorf/Wujězd. / Wujeźk beruht auf einer eingedeutschten sorb. Form, vgl. oben 1534 *Wujeschke*. Vgl. unten Wuischke nw. Weißenberg.

Wuischke/Wujeźk   nw. Weißenberg, 1419 *Vgestchen circa Gredes* (= lat. ›nahe bei‹ Gröditz), 1545 *Wuijeßk*, 1569 *Vigst*, 1658 *Wuiischke*, 1791 *Wüischke*, 1920 *Ziegen-Wuischke*. / 1700 *Wujeschk*, 1835 *Wujeźk*, 1843 *Kozacy Wujeźk*, 1886 *Wujeźk*, 1920 *Kozacy Wujeźk*. – Aoso. *Ujězd, siehe oben Wuischke osö. Bautzen. In der Belegreihe scheint das sorb. Verkleinerungssuffix -k durch, das wahrscheinlich an die Stelle des auslautenden -t trat. / Zur Unterscheidung von dem vorangehenden Wujeźk wurde in der Neuzeit der Zusatz *Kozacy*, zu oso. kozacy ›Ziegen-‹ gebraucht, so wie 1920 dann *Ziegen-Wuischke*.

† Wunscha/Wunšow   s. Weißwasser, 1936–1947 *Wunschhausen*, 1985 wegen Braunkohlentagebaus abgebrochen, 1426 *zu Vnissche*, 1427 *Wnscho*, 1489 *Wuynschaw*, 1533 ff. *Wuynschaw*, 1565 *Wunschaw*, 1759 *Wündsche*, 1791 *Wunsche*, 1831/45 *Wuntsche (Wuntscha)*. / 1831/45 *Wunschow*, 1843 *Wunšow*, 1885 *Wunšow*. – Aoso. *Unišow ›Siedlung des Uniš‹. Zum PersN siehe oben Uhna, Nieder-.

Wunschhausen   siehe oben † Wunscha.

Wurbis/Wurps   ö. Schirgiswalde, 1408 *Wurbiss*, 1419 *Worpus*, 1479 *Worpiß*, 1486 *Borps*, 1489 *Worps*, 1508 *czur Worpeßs*, *Worpus*, 1511 *Worpyß*, 1549 *Worpus*, 1571 *Worbs*, 1619 *Worpuß*, *Wurpuß*, 1659 *Worbst*, 1791 *Worbis oder Worbts*, 1836 *Wurbis (Worbs)*. / 1800 *Wurps*, 1835 *Wurps*, 1886 *Wurbis*, 1920 *Wurb(i)s*, 1951 *Wjerbjeź*. –

Ein schwer deutbarer Name. Vielleicht aoso. *Wropyš ›In/an einer Bodenfalte gelegene Siedlung‹, zu oso. ropa ›Falte‹, nso. ropa, umgangsspr. auch wropa ›Runzel, Falte‹, tschech. vráp ›Falte‹, urslaw. *vorpa, *vorpъ. Die erste Silbe mit der ungewöhnliche Anlautgruppe Wr- müsste dann im Dt. zu Wor- verändert worden sein. / Die späte und erst künstlich geschaffene Form Wjerbjež ist von oso. wjerba ›Weide‹ abgeleitet und lässt keinen Zusammenhang mit der historischen Überlieferung erkennen.

Wurschen/Worcyn w. Weißenberg, 1359 ff. *de Wursyn, Wursin, Vrschen*, 1390 *Wursyn*, 1410 *Wurssen*, 1419 *Wurßin*, 1448 *Worsen, Worssen*, 1449 *Wurczyn*, 1474 *zu Worschen*, 1507 *Worschin, Wurschin*, 1513 *Wurschin, Wurßin, Wursin*, 1556 *Worschen*, 1697 *Wurschen*. / 1700 *Worzin, Worżen*, 1800 *Worzyn*, 1835 *Worżyn*, 1843 *Worcyn*, 1866 *Worcyn*. – In der Fachliteratur finden sich mehrere Deutungen, die aber unsicher sind. Vertraut man dem Beleg von 1449 *Wurczyn* sowie den sorb. Belegen aus dem 19. Jh. und nimmt man an, dass die Lautverbindung -rč- bei oder nach der Eindeutschung (durch Dissimilation der Verschlusselemente) zu -rš- wurde, könnte man aoso. *Worčin ›Siedlung des Worča‹ ansetzen, wobei sich der PersN aus oso. wórćeć, wórkać ›brummen, murren‹, poln. warczeć ›knurren‹, erklären lässt. Dazu gibt es den sorb. PersN Worčeńc, 1501 *Worczencz*, sowie den HerkN 1649 *Wortzinschkj* aus Grubditz sö. Bautzen, der sich höchstwahrscheinlich auf unseren Ort bezieht. Im Poln. sind die FamN Warcz, Warczak u. a. belegt. In ähnlicher Weise wird der bekannte OrtsN Wurzen gedeutet.

Z

Zedlig/Sedlik nnw. Niesky, s. Rietschen, 1659 durch Hans Christoph v. Bischofswerder angelegt, 1759 *Zedlich*, 1791 *Zedlitz*, 1800 *Zeddlig*, 1831/45 *Zedlig*. / 1831/45 *Zedlix*, 1848 *Zedlik*, 1885 *Sedlik*, 1886 *Sedlik abo Fórbark* (= oder Vorwerk). – Der Ort wurde wahrscheinlich nach einem der (wohl sorb.) Ansiedler vom Grundherren *Sedlik genannt. Es handelt sich hier um einen bes. in der Niederlausitz häufigen FamN, in Spremberg 1619 *Sedlig*, in Gablenz 1652 *Zedligk*, zu erklären wie nso. sedlak ›Insasse, Ansiedler, Kolonist‹.

Zeisholz/Ćisow n. Königsbrück, 1455 *Czisolt*, 1525 *Zeißholltz*, 1584 *Zeißholtz*, 1590 *Zeysa*, 1658 *Zeißholtz*, 1791 *Deutsch Zeißholz*. / 1886 *Ćisow*, 1959 *Ćisow*. – Aoso. *Tisow ›Siedlung bei der Eibe, dem Eibenholz‹, zu oso. ćis, urslaw. *tisъ ›Eibe‹.

Zeißholz/Ćisow w. Wittichenau, 1401 *Czissaw*, 1500 *von der Czeysse*, 1568 *Zeise*, 1574 *Zeißholz*, 1658 *Zeißholtz, Zeyßholtz*, 1791 *Wendisch Zeißholz*. / 1744 *Czißow*, 1800 *Tzischow*, 1831/45 *Cziszoł*, 1843 *Ćisowa*, 1866 *Ćisowa*, 1886 *Ćisowa*, 1969 *Ćisow*. – Aoso. *Tisow, siehe oben Zeisholz. Beide Orte wurden 1791 durch die Zusätze *Deutsch* bzw. *Wendisch* unterschieden.

Zeißig (Groß-)/Ćisk sö. Hoyerswerda, *Klein-* oder *Neuzeißig* ist eine Kolonie von Zeißig. 1248 *de Zcyzizc*, 1401 *Czissig*, 1568 *Zeissigk*, 1575 *Zeisig, Zeysigk*, 1658 *Zeysigk*, 1791 *Zeißig*, 1848 *Groß Zeisig*. / 1682 *von Zeisig (wott Tschißka)*, 1693 *von Zeisig (S tschißka) polla Worez* (= bei Hoyerswerda), alle diese Belege stammen aus dem Kirchenbuch von Senftenberg; 1744 *Cizisk*, 1831/45 *Czisk*, 1835 *Cżisk*,

1843 *Čisk*, 1885 *Ćisk, W. a M.* (= Groß und Klein). – Aoso. *Tisk ›Siedlung bei den Eiben, dem Eibenholz‹, siehe oben Zeisholz. Im Gegensatz zu *Tisow nicht mit dem Suffix -*ow*, sondern mit -*k* gebildet. Schon recht früh wurde die dt. Vogelbezeichnung *Zeisig* eingedeutet, die übrigens aus dem Slawischen stammt.

Zentendorf   ssö. Rothenburg/O.L., n. Görlitz, 1390 *Cenetindorf*, 1416 *Czentendorff*, 1427 *Czenthendorff*, 1479 *Czentendorff*, 1533 ff. *Zenttendorff*, 1560 *Centendorff*, 1791 *Zentendorf*. – Vielleicht MischN, ›Dorf des Sěnota‹, wobei der PersN nicht sicher erklärbar ist, vielleicht zu oso. syno, nso. seno, poln. siano ›Heu‹, urslaw. *sěno. Im Poln. gibt es mehrere Ableitungen von dieser Basis, so Sianek, Sianik, Sianko, Sianosz u. a.

Zerna/Sernjany   ö. Kamenz, 1419 (Kop. 18. Jh.) *Czscherna*, 1534 *Zcernen*, 1551 *Zerna*, 1562 ff. *Zerna*, 1617 *Zerna*, 1689 *von Zerne*, 1791 *Zerna*. / 1800 *Sernanny*, 1843 *Sernjane*, 1866 *Sernjany*. – Wahrscheinlich aoso. *Sern´e ›Siedlung in einer Gegend, wo es (viele) Rehe gibt‹, zu oso. sorna, mundartl. auch serna, sernja, nso. sarnja ›Reh‹. / *Sernjane, später *Sernjany ›Siedlung der Bewohner einer Gegend, wo es (viele) Rehe gibt‹.

Zerre/Drětwja   nö. Hoyerswerda, 1936–1947 *Spreetal*, 1577 *Zehre, mit der Zerer muhlen*, vor 1635 *die Zerraw Mühle*, 1652 *Zerra*, 1732 *Zerra*, 1791 *Zerre*. / 1744 *Dretwa*, 1831/45 *Drjetwa*, 1835 *Drětwej*, 1843 *Drjetwej = Drětwej*, 1866 *Drětwa, Drětwej*, 1885 *Drětwja*. – Dt., *Zerre, zu mhd. zerren ›reißen, ziehen‹, vielleicht ›Siedlung wo etwas gezerrt, gezogen wird‹, möglicherweise mit Bezugnahme auf Rodung. /

Drětwja, zu oso. dřěć, drjeć ›reißen, ziehen, schinden‹, drěty ›gerissen usw.‹, also dieselbe Bedeutung wie der dt. Name.

Zescha/Šešow   s. Königswartha, 1357 *Zchesschow*, 1374/82 *Scheschow*, als HerkN: um 1400 *Czeschaw*; 1425 *zcu Zcesch*, 1443 *Czesschaw*, 1482 *Czessow*, 1513 *Tzescho*, *Tzesche, Zschesche*, 1563 *Zesche*, 1572 *Tzessaw*, 1612 *Zeschau*, 1658 *Zescha*. / 1800 *Scheschow*, 1835 *Scheschow*, 1843 *Šešow*, 1866 *Šešow*. – Aoso. *Češow ›Siedlung des Češ‹. Češ, im Sorb. öfters als FamN belegt, so in Görlitz 1411 *Czesch*, ist eine KoseF von Čəsław, in Crostwitz 1374/82 *Czeslaw*, aus urslaw. *Čьstьslavъ, mit dem Vorderglied zu urslaw. *čьstь, oso. česć ›Ehre‹. / Šešow erklärt sich aus Češow durch Angleichung des anlautenden Č- an das nachfolgende -š-, wie das bereits der Beleg von 1374/82 zeigt.

Ziegelscheune, Alte/Stara Cyhelnica   nö. Elstra, Ortsteil von Kuckau, entstand nach 1703 bei der alten Ziegelei des Klosters Marienstern, 1718 *Zigelscheine*, 1759 *Pacostense*, 1836 *Alte Ziegelscheine*, 1844/46 *Alte Ziegel Scheune oder Pacostensa*, 1904 *Alte Ziegelscheune, Dorf*. / 1742 *z Zehelnize*, 1800 *Stara Czejelniza*, 1886 *Stara Cyhelnica*. – Dt., ›Siedlung bei einem Ziegeleigebäude‹. / Stara Cyhelnica, zu oso. stara, weibl. Form von stary ›alt‹, und cyhelnica ›Ziegelei‹. Zu Pakostensa siehe oben † Schadendorf/Pakosnica. *Pakostnica wurde wahrscheinlich über *Pakostnca zu Pakostensa umgestaltet.

Ziegelscheune, Neue/Nowa Cyhelnica nö. Elstra, Ortsteil von Jauer, auch *Ziegelscheunhäuser* (laut ADAC Rad Tourenkarte 2005), 1717 *Neue Ziegelscheine bey Jauer*, 1844/46 *in der Ziegelei*. / 1848 *Nowa*

Cyějelncza, 1886 *Nowa Cyhelnica*. – Siehe oben Ziegelscheune, Alte/Stara Cyhelnica.

Zieglerthal w. Löbau, Ortsteil von Cunewalde, 1804 *Ziegelgrund*, 1836 *Zieglerthal*, 1904 *Zieglerthal*. – Ein ursprünglicher FlurN, auf dessen Bestimmungswort der Name der hier begüterten Adelsfamilie *v. Ziegler* einwirkte, gleichzeitig kam es zum Ersatz von *-grund* durch *-thal*.

Zieschütz/Cyžecy ö. Bautzen, als HerkN: 1359 ff. *Stresewicz, Strez(s)ewicz*; 1361 *Strzezwicz*, 1419 *Streßewitz*, 1428 *Streschewicz*, 1506 *Streßewitz*, 1529 *Streschwiz*, 1588 *Schzischiz*, 1589 *Szisiz*, 1622 *Tzschischitz*, 1632/34 *Tczschischwitz oder Strasswicz*, 1682 *Zischitz*, 1791 *Zieschütz, Zischüz.* / 1767 *Cźischezy*, 1800 *Zjezezy*, 1835 *Zjeżecy*, 1843 *Čješecy = Čěšecy*, 1886 *Cyžecy*. – Aoso. *Strežowici ›Siedlung der Leute des Strež‹. Strež ist eine KurzF von Strežimir oder ähnl. VollN mit dem Vorderglied zu urslaw. *stergti, oso. *strěc ›wachen, lauern‹, poln. strzec ›hüten, bewachen‹, strzeże ›er hütet, bewacht‹. / Einige der historischen Belege sowie die späten oso. Formen dürften auf Eindeutung von oso. čiž (neben čižik) ›Zeisig‹ beruhen.

† **Zietsch/Žič** n. Königsbrück, seit 1907 abgebrochen und dem Truppenübungsplatz Königsbrück zugeschlagen, 1363 ff. (Familie) *Zeisch, Seysch, Seisch, Zeysch, Zehs, Sesch*, um 1400 *Seysch, Seyschz*, 1425 *Secz*, 1514 *Czetzschenn*, 1520 *Seescz*, 1540 *Seizsch*, 1555 *Sizsch*, 1579 *Tzietzsch*, 1584 *Schitzsch, Tzschitzsch*, 1626 *Tzschitzsch*, 1658 *Zietzsch.* / 1886 *Žič*. – Aoso. *Sěč ›Siedlung auf durch Roden (Aushauen) des Waldes gewonnenem Land‹, zu urslaw. *sěkti, *sěkati ›hacken, hauen, schneiden (mähen)‹, oso. syc, sykać ›mähen, hauen (mit der Sense)‹, nso. sec, sekaś ›hauen, hacken‹. / Die späte, erst künstlich von A. Muka geschaffene Form lehnt sich an die dt. Überlieferung an.

Zimpel/Cympl w. Niesky, 1485 *von Zcymel*, 1505 *Zcumpel*, 1533 ff. *Zimpel*, 1551 *Zumpel*, 1568 *Zimpell*, 1569 *zum Zimpell*, 1572 *zcum Czimpel, Zimpel*, 1791 *Zimpel.* / 1800 *Zympel*, 1831/45 *Zimplow*, 1835 *Zymp(e)l*, 1843 *Cympel*, 1866 *Cympl*. – Dt., ›Siedlung am Zimpel‹. Omd. Zimpel, Simpel, Zumpel ist eine Nebenform von mhd. zipfel ›spitzes Ende, Zipfel, anhängender oder zwischeneingehender Land- oder Waldstreifen‹. / Cympl, zu oso. cympl ›Zipfel, Eckende‹, stammt aus dem Dt.

Zischelmühle siehe oben Horscha.

Zischkowitz/Čěškecy w. Bautzen, 1360 *Teschcowitz*, 1361 ff. *de Theskewicz, Theschewicz*, um 1400 *von Teskewicz*, 1374/82 *Theskewicz*, 1408 *Tetzschkewitz*, 1419 *Teßkewitz*, 1519 *Teßkewitz*, vor 1561 *Zischkowitz*, 1569 *Tzischkwitz*, 1573 *Tzschißkwitz, Zschißkwitz*, 1580 *Cyschkewitz*, 1791 *Zischkowiz.* / Um 1700 *Czeschketz*, 1800 *Zschjeschkezy*, 1843 *Čješkecy = Čěškecy*, 1886 *Čěškecy*. – Aoso. *Těškowici ›Siedlung der Leute des Těšk‹. Těšk ist eine KurzF von Těšimir oder ähnl. VollN mit dem Vorderglied aus urslaw. *těšiti, poln. cieszyć, tschech. těšit ›(er)freuen‹, urslaw. *těcha ›Feude, Trost‹, tschech. útěcha, poln. uciecha ›Trost‹.

Zittau/Žitawa Stadt ssw. Görlitz, 1238 f. *de Sitavia*, 1249 *de Syttauia*, 1250 *Sittaw*, 1290 *Sittaw*, um 1326 *von der Sytow*, 1348 *Sittavia*, 1350 *Zyttavia*, 1392 (Kop. 18. Jh.) *kein* (= gegen) *der Sittow*, 1399 *kein der Zittaw*, 1401 *keyn der Sittow*, 1424/36 *uff die Sittaw*, 1526 *Syttaw*, 1533 *Sittaw, Zittaw*,

1584 *Zitta*, 1719 *vulgo:* (= lat. ›volkssprach-lich‹) *Sitte*, 1732 *Zittau*. / 1719 *Žitawa*, 1843 *Žitawa*, 1866 *Žitawa*, 1886 *Žitawa*. – Aoso. **Žitawa* ›Siedlung, wo Getreide, Roggen angebaut wird‹, zu oso. *žito* ›Getreide, Roggen, Korn‹.

Zoblitz/Sobołsk nö. Löbau. Die Belege für diesen Ort sind nicht immer sicher von denen für Zoblitz r. d. Neiße n. Rothenburg, poln. Sobolice, zu trennen. 1345 *Ze-belusk, Zebulusk*, 1348 *Zscobelisk*, 1418 *Coblusk*, 1438 *Zobelosk*, 1454 *Czobelißk*, 1490 *Czobelliß*, 1513/14 *zum Czobeloß, Czobeloss*, 1525 ff. *Zobeliß, Zobellis, zum Zobliß*, 1533 *Zoboleß*, 1732 *Zoblitz*. / 1719 *Ssobusk*, 1800 *Sobolsk*, 1843 *Sobołsk*, 1886 *Sobołsk*. – Aoso. **Sobělusky*, zu urslaw. **seb-/*sob-* in oso. *sebje, sebi* ›sich‹ (Dativ Einzahl des Relativpronomens), poln. *sobie*, tschech. *sobě*, dass., sowie zu urslaw. **łuskati*, oso. *łuskać* ›dumpf schallen, knallen, knacken‹, poln. *łuskać* ›aushül-sen; knacken (Nüsse)‹, atschech. *luskati, lúskati* ›knacken, schnalzen‹. Die Bedeutung solcher Bewohnernamen, die man z. T. auch als SpottN bezeichnen kann, ist schwer anzugeben, hier vielleicht ›Siedlung, deren Einwohner dumpf schallende, knallende Laute von sich geben‹. Vgl. oben Krappe. Im Dt. erfolgte eine Angleichung an Zobel und die OrtsN auf *-itz*.

† **Zochau/Cochow** nw. Königsbrück, seit 1938 aufgelöst und dem Truppenübungsplatz Königsbrück zugeschlagen, 1350 *Zcoch*, 1374 *von der Czuchen*, 1378 *Zcoch*, 1398 *Czoche*, 1406 *Czoche*, 1484 *Zcochau*, 1510 *Zochaw*, 1555 *Zochenn*, 1791 *Zo-chau*. / 1886 *Cochow*. – Aoso. **Socha*, vielleicht ›Siedlung in Form eines Zwieselpfahls, gabelförmige Siedlungsanlage‹,

auch ›Siedlung am/im gabelförmigen Gehölz‹ wurde erwogen, zu oso. nso. *socha* ›Pfahl, Zwieselpfahl; Stemmleiste; Runge am Wagen‹, poln. *socha* ›Gabelholz‹, urslaw. **socha* ›Gabelholz, Zwieselpfahl‹. / Die späte oso. Form ging aus der dt. hervor.

Zockau/Cokow wsw. Bautzen, 1238 *de Zokowa*, 1241 *Zocowe, Zocou*, 1364/78 *Czokaw*, um 1400 *de Czokaw*, 1430 *Czo-kaw, Zokaw*, 1509 *Zccocke*, 1555 *Czuckaw*, 1559 *Zucke*, 1574 *Tzoken*, 1575 *Szocka*, 1588 *Tzockaw*, 1791 *Zockau, Zucka*. / 1835 *Czokow*, 1866 *Cokow*, 1886 *Cokow*. – Aoso. **Sokow* ›Siedlung des Sok‹. Sok ist ein recht häufiger sorb. FamN, in Horka 1536 *Sock*, zu oso. *sok* ›Linse (Frucht und Pflanze)‹, deshalb kaum ›Siedlung, wo Linsen angebaut werden‹.

Zodel n. Görlitz, um 1325 *von deme Zco-del*, 1342 *von dem Czodil*, 1390 *Czodil*, 1411 *Codel*, 1442 *zum Zodel*, 1450 *zu dem Czodel*, 1518 *zcum Tczodel*, 1533 ff. *Zodel*, 1791 *Zodel, Ob. u. Nied.* – Aoso. **Sedło*, später **Šodło* ›Siedlung‹, zu oso. *sydło* ›Sitz, Wohnsitz, Wohnung‹, älter auch *ßedwo* ›Sitz, Hof u. dgl.‹, atschech. *sedlo* ›Siedlung, Wohnsitz‹. Vgl. in der Niederlausitz † Starzeddel, **Stare sedło* ›Alte Siedlung‹ und † Nossedil **Nowe sedło* ›Neue Siedlung‹.

Zscharnitz/Čornecy wnw. Bautzen, 1361 ff. *de Czornewicz, Tschornewicz*, 1419 *Czornewitz*, 1569 ff. *Tzornitz, Tzarnitz, Tschornitz*, 1580 *Zscharnitz, Tscharnetz*, 1658 *Tzschornitzsch*, 1703 *Tzornitz*, 1791 *Zscharniz*, 1825 *Zscharnitz*. / 1800 *Czar-nezy*, 1835 *Cżarnecy*, 1848 *Tżornecze*, 1866 *Čornecy*. – Aoso. **Čornowici* ›Siedlung der Leute des Čorn oder Čorna‹. Beide PersN, die öfters in der Oberlausitz als

FamN vorkommen, beruhen auf oso. čorny ›schwarz‹.

Zschillichau/Čelchow nö. Bautzen, 1360 *Czelchowe, Czelchow*, 1408 *Zilchau*, 1419 *Czelschaw*, 1499 *zu Schillichen*, 1519 *Czelschaw*, 1658 *Tzöhlichau*, 1733 *Zschilche*, 1759 *Zyllichau*, 1791 *Zschillge*, 1810 *Zschillichau*. / 1684 ff. *z Čelchowa, z Čželchowa*, 1800 *Czelchow*, 1835 *Cżerchow, Cżelchow*, 1843 *Čelchow*, 1866 *Čeŕchow, Čelchow*, 1959 *Čelchow*. – Aoso. *Čelichow ›Siedlung des Čelich‹. Der PersN, im Poln. als Czelech, Czelik u. dgl. vertreten, beruht auf urslaw. *čelo, oso. čoło, poln. czoło, tschech. čelo ›Stirn‹.

Zschorna/Čornjow sw. Weißenberg, 1381 *Czornau*, 1419 *Czornum*, 1448 *Zcorn*, 1478 *Czerne*, 1517 *Czerna*, 1519 *Czorna*, 1557 *Czscherne*, 1562 *Tscharne*, 1572 *Tzornn*, 1604 *Tschirna*, 1613 *zu Zscharne*, 1618 *Tzschorna*, 1730 *Zschorna*. / 1800 *Wulki Tschornow*, 1843 *Čornow*, 1866 *Čorna*, 1886 *Čornjow*. – Aoso. *Čorna, wahrscheinlich ›Siedlung am schwarzen Bach‹, also ein ursprünglicher GewN *Čorna (zu ergänzen woda ›Wasser‹, rěčka, rěčica ›Flüsschen‹), zu oso. čorny ›schwarz‹. ›Siedlung an einem dunklen, schwarzen Ort (Wald)‹ kommt weniger in Frage. Die Siedlung liegt heute in der Nähe eines kleinen Baches. / Die Formen Čornow und Čornjow beruhen auf Angleichung an andere Namen auf -ow. Der Zusatz Wulki ›Groß-‹, erklärt sich daraus, dass es eine Nebensiedlung *Klein-Zschorna/Mały Tschornow* gab.

Zschornau/Čornow nnö. Kamenz, 1225 *Tschorne*, 1374/82 *Czorne*, 1404 *czu der Czorne*, 1419 *Czornaw*, 1476 *Tzschornaw*, 1476/80 *Czornaw, Czornow, Tschorna*, 1553

tzur *Czorne*, 1572 *Zornaw*, 1597 *von Tschornaw*. / 1843 *Čorna*, 1886 *Čornow*. – Aoso. *Čorna, siehe oben Zschorna sw. Weißenberg. Auch hier dürften wir es ursprünglich mit einem GewN zu tun haben, der sich wahrscheinlich einst auf das *Schwosdorfer Wasser* bezog, an dem die Siedlung liegt.

Zweibrücken/Zamosty nnw. Niesky, Ortsteil von Viereichen, 1759 *Zweybrück*, 1791 *Zweybrücken*, 1831/45 *Zweibrück*. / 1800 *Smostow*, 1835 *Smostow*, 1843 *Zamosty*, 1866 *Zamosty*, 1885 *Zamosty*. – Dt., ›Siedlung an den zwei Brücken (über den Weißen Schöps)‹. / Zamosty beruht auf oso. za ›hinter‹ und most ›Brücke‹.

3. Orts- und Personennamenverzeichnisse

3.1. Obersorbisch-deutsches Ortsnamenverzeichnis

Adolfowa Hěta/Adolfshütte

Baćon/Storcha
Bałdanecy/Belmsdorf
Bambruch/Bernbruch
Banecy/Pannewitz
Bart/Baruth
Bartecy/Baarsdorf
Bejerecy/Beiersdorf
Běčicy/Pietschwitz
Běhany/Biehain
Běła/Biehla
Běła Hora/Belgern
Běła Woda/Weißwasser
Bělecy/Bellwitz
Bělšecy/Ebendörfel
Běžik/Biesig
Běžnica, Wulka/Biesnitz, Groß-
Běžnica, Mała/Biesnitz, Klein-
Biskopicy/Bischdorf
Biskopicy/Bischheim
Biskopicy/Bischofswerda
Bjedrichecy/Friedrichsdorf
Bjedrusk/Bederwitz
Bjernaćicy, Stare/Bernsdorf, Alt-
Bje(r)nadźicy/Bernstadt
Bjerwałd/Bärwalde
Bjezdowy/Partwitz, Klein-
Błócany/Plotzen
Błohašecy/Bloaschütz
Bluń/Bluno
Bobolcy/Boblitz
Bobolcy, Małe/Boblitz, Klein-
Bódricy/Boderitz
Bójswecy/Postwitz, Klein-

Bolborcy/Bolbritz
Bónjecy/Binnewitz
Boranecy/Bornitz
Bórk/Burg
Bórk/Burk
Bórkhamor/Burghammer
†Borow/Bohra
Boršć, Dołha/Förstgen
Boršć, Hornja/Förstchen, Ober-
Boršć, Křiwa/Förstchen, Kron-
Boršć, Mała/Förstchen, Klein-
Boršć, Słona/Salzenforst
Borštka/Sandförstgen
Bošecy/Baschütz
Bóšericy/Buscheritz
Bóšicy/Puschwitz
Bozankecy/Basankwitz
Brěmjo/Brehmen
Brětnja/Bröthen
Brěza/Birkau
Brězecy/Brießnitz
Brěznja/Wiesa
Brězow/Blösa
Brězowka/Halbendorf
Brězyna/Brösa
Brězynka/Briesing
Brězynka/Brösang
Brězyśćo/Birkenrode
Brěžki/Brischko
Bronjo/Brohna
Brunow/Brauna
Brusy, Delnje/Prauske, Nieder-
Brusy, Hornje/Prauske, Ober-
Budestecy/Postwitz, Groß-
Budyšin/Bautzen

Budyšink/Bautzen, Klein-
Bukecy/Hochkirch
Bukojna/Buchwalde
† Bukojna/Buchwalde
Bukowc/Bocka
Bukowka/Bocka
Byčin/Pietzschen

† Cochow/Zochau
Cokow/Zockau
Cyhelnica, Nowa/Ziegelscheune, Neue
Cyhelnica, Stara/Ziegelscheune, Alte
Cyžecy/Zieschütz
Cympl/Zimpel

Časecy/Tschaschwitz
Čelchow/Zschillichau
Čelno/Tzschelln
Černsk/Tschernske
Čěškecy/Zischkowitz
Čikecy/Peickwitz
Čorna Woda/Schwarzbach
Čornecy/Zscharnitz
Čornjow/Zschorna
Čornow/Zschornau

Ćemjercy/Temritz
Ćěchorjecy/Techritz
Ćětow/Tetta
Ćichońca/Teichnitz
Ćisk/Zeißig
Ćisow/Zeißholz
Ćisow/Zeisholz

Dalicy/Dahlowitz
Darin/Dahren
Daški/Döschko
Dažin/Dehsa, Groß-
Dažink/Dehsa, Klein-
Debiškow/Döbschke

Debricy/Döbra
Debrikecy/Döberkitz
Debsecy/Döbschütz, Groß-
Debsecy, Małe/Döbschütz, Klein-
Delany/Döhlen
Demjany/Diehmen
Deško/Deschka
Dobranecy/Dobranitz
Dobrik/Dobrig
Dobrošecy/Doberschütz
Dobrošicy/Doberschütz
Dobruša/Doberschau
Dobšicy/Döbschütz
Dołhaćicy/Dolgowitz
Domswałd/Thomaswalde
Drěnow/Thräna
Drětwja/Zerre
Drěwcy/Driewitz
Drječin/Dretschen
Drjewnica, Wulka/Drebnitz, Groß-
Droby/Droben
Droždźij/Drehsa
Družkecy/Drauschkowitz
Dubo/Dauban
Dube/Daubitz
Dubrawa/Waldhof
Dubrawa, Mała/Dubrau, Klein-
Dubrawa, Wulka/Dubrau, Groß-
Dubrawka/Dubrauke
Dubrawka, Holešowska/Dubrau, Holsch-
Dubrawka, Łupjanska/Dubrau, Luppe-
Dubrjenk/Dubring
Dyrbach/Dürrbach

Dźenikecy/Denkwitz
Dźěwin/Düben, Groß-
Dźěže/Diehsa
Dźěžnikecy/Singwitz
Dźiwoćicy/Siebitz
Dźibrachćicy/Geißmannsdorf

Girsecy/Gersdorf

Habraćicy/Ebersbach
Habrachćicy/Ebersbach
Habrachćicy/Ebersdorf
Hajnicy/Hainitz
Halštrow/Elstra
Hamor/Boxberg
Hamoršć/Hammerstadt
Haslow/Dreikretscham
Haslowk/Häslich
Hat/Teicha
Hatk/Teicha
Hbjelsk/Gebelzig
† Hendrichecy/Hennersdorf
Hermanecy/Hermsdorf
Hermanecy/Hermsdorf
Hěrkecy/Herwigsdorf
Hlina/Gleina
Hlinka/Cunnersdorf
Hłupońca/Glaubnitz
Hłušnica/Glauschnitz
Hłušina/Glossen
Hnašecy/Gnaschwitz
Hněwšecy/Nimschütz
Hodźij/Göda
Hołbin/Taubenheim
Hola/Haide
Holca/Golenz
Holešow/Holscha
Hora/Berg
Hora/Guhra
Hórka/Gurigk
Hórka/Horka, Nieder-
Hórka/Horka, Ober-
Hórka, Delnja/Gurig, Nieder-
Hórka, Hornja/Gurig, Ober-
Hórki/Horka
Hórnikecy/Knappenrode
Hóršow/Horscha

Hory/Bergen
Hózk/Hoske
† Hosćilecy/Goßwitz
Hóznica/Petershain
Hóznja/Hosena
Hrabowka, Nadrózna/Gräbchen, Straß-
Hrabowka, Zelena/Gräbchen, Grün-
Hrabowa/Großgrabe
Hrańca/Gränze
Hrodźišćo/Gröditz
† Hronowy/Röhnau
Hrubjelčicy/Grubschütz
Hruboćicy/Grubditz
Hućina/Guttau
Hunćericy/Günthersdorf
Huska/Gaußig, Groß-
Huska, Mała/Gaußig, Klein-

Chanecy/Cannewitz
Chasow/Quoos
Chelno/Cölln
Chemberk/Callenberg
Chójnica/Kunitz, Groß-
Chójnica, Stara/Cunnewitz, Alt-
Chójnička/Kunitz, Klein-
Chołm/Kollm
Chołmc, Běły/Kollm, Weiß-
Chołmc, Čorny/Kollm, Schwarz-
Chortnica/Cortnitz
Chrapow/Krappe
Chromoła/Kromlau
Chrósćicy/Crostwitz
Chróst/Crosta
Chróstawa/Crostau
Chwaćicy/Quatitz
Chwalecy/Quolsdorf

Jabłońc/Gablenz
Jama/Grube
Jamno/Jahmen

Janecy/Jannowitz

Janecy/Jannowitz

† Janowy Doł/Johannisthal

Jaseńca/Jeßnitz

Jaseńca/Jeßnitz

Jaseńca, Nowa/Jeßnitz, Neu-

Jatřob/Jetscheba

Jawora/Jauer

Jawornik/Jauernick

Jawornik/Jauernick

Jelenjow/Gelenau

Jenkecy/Jenkwitz

Jeńkecy (Němske)/Jänkendorf

† Jeńšecy/Jenschwitz

Jeńšecy/Johnsdorf

Jerchecy/Jerchwitz

Ješicy/Jeschütz

Jedlica/Jiedlitz

Jědlow/Gödlau

Jězor/See

Jěžow/Jesau

Jiłocy/Eulowitz

Jiłow/Halbau

Jitk/Eutrich

Jitro/Milstrich

Kamjenc/Kamenz

Kamjenc/Kemnitz

Kamjenej/Camina

Kamjenej/Caminau

Kanecy/Cannewitz

Kanjow/Reichendorf

Karlicy/Carlsdorf

Karlowa Studnja/Carlsbrunn

Kašecy/Kaschwitz

Ketlicy/Kittlitz

Kij/Keula

Kinajcht/Kühnicht

Kina, Delnja/Kaina, Nieder-

Kina, Hornja/Kaina, Ober-

Kinč/Kynitzsch

† Kinč/Kindisch

Kinspork/Königsbrück

Kislica/Geißlitz

† Kisylk, Kiselk, Kislik/Geißlitz

Klětno/Klitten

Klukš/Klix

Kobjelin/Köbeln

Kobjelń/Göbeln

Koblica/Köblitz

Koblicy/Coblenz

Koblicy/Koblenz

Koča/Kötschau

Kočica/Katschwitz

Koćina/Kotten

† Kołpin/Kolpen

Kołpica/Kolbitz

Kołwaz/Kohlwesa

Komorow/Commerau

Komorow/Commerau

Konjecy/Cunnewitz

Konjecy/Canitz-Christina

Koporcy/Kuppritz

Kopšin/Kopschin

† Korbjelcy/Körbigsdorf

Korecy/Georgewitz

† Kortecy/Kortitz

Korzym/Kirschau

Kosarnja/Cossern

Koslow/Caßlau

Košla/Kaschel

Kotecy/Kotitz

Kozarcy/Caseritz

Kózło/Kosel

Kózły/Cosul

Kózły/Cosel

Krakecy/Kreckwitz

† Krakow/Krakau

† Kralowski Młyn/Königsteich

Krjebja/Kreba

Krěpjecy/Kriepitz
Křidoł/Schiedel
Křišow/Buchholz
Krobnica/Kröbnitz
Kromola/Kromlau
Krónca/Krinitz
Krušwica/Krauschwitz
Krynhelecy/Kringelsdorf
Kubšicy/Kubschütz
Kukow/Kuckau
Kulow/Wittichenau
Kulowc/Keula
Kumšicy/Kumschütz
Kumwałd/Cunewalde
Kundraćicy/Kunnersdorf
Kundraćicy, Serbske/
    Cunnersdorf, Wendisch-
Kupoj/Kauppa
† Kuty/Hermannsdorf
Kwětanecy/Quitzdorf

Łahow/Loga
Łask/Laske
Łaz/Lohsa
Łomsk/Lomske
Łomsk/Lomske
Ług/Sagarlug
Łuh/Luga
Łuh/Luga, Sommer-
Łukecy/Hausdorf
Łupoj/Luppa
Łusč/Lauske
Łusč, Nowy/Lauske, Neu-
Łusk/Lauske
Łuty/Lauta
Łućo/Merzdorf
Łuwoćicy/Lautitz

Ledźborecy/Taschendorf
Lejno/Lehn

Lejno/Lehn
Lejno/Lehndorf
Lejno/Geierswalde
Lemišow/Lömmischau
Lešawa/Löschau
Lěpkarjecy/Lückersdorf
Lewałd/Lawalde
Lěska/Lieske
Lěskej/Lieske
Lětoń/Litten
Liboń/Liebon
Lichań/Spreewiese
Lipinki/Leipgen
Lipiny/Lippen
Lipič/Lippitsch
Liša Hora/Lissahora
Lipoj/Leippe
Lubhozdź/Liebegast
Lubij/Löbau
Lubij Stary/Löbau, Alt-
Lubjenc/Mehlteuer
Lubnjow/Liebenau
Lubochow/Lubachau
Luboĺń, Nowy, Stary/Liebel, Neu-, Alt-
Lubow/Lauba
† Luboz/Lubas
Lubuš/Laubusch
Luchow/Laucha
Lutobč/Luttowitz
Lutyjecy/Leutwitz

Małsecy/Malsitz
Malećicy/Maltitz
Malešecy/Malschwitz
Manjow/Mönau
Marijina hwězda, klóšter/
    Marienstern, Kloster
Marijiny doł, klóšter/
    Marienthal, Kloster
Měrjow/Melaune

Měrkow/Merka

Michałki/Michalken

Mikow/Mücka

Miłkecy/Milkwitz

Miłoćicy/Miltitz

Miłoraz/Mühlrose

Minakał/Milkel

Mjedźojz/Medewitz

Mješicy/Meschwitz

Mnišonc/Mönchswalde

Mochowc/Mochholz

Mortkow/Mortka

Motydło/Weifa

Mučnica/Mauschwitz

Mučow/Maukendorf

Mułkecy/Mulkwitz

Mužakow/Bad Muskau

Mysłecy/Meuselwitz

Myšecy/Muschelwitz

Nadźanecy/Nadelwitz

Napadź/Nappatsch

† Napojka/Tränke

Narć/Nardt

Nechow/Buschbach

Něćin/Niethen

Němcy/Dörgenhausen

Niska/Niesky

Niža Wjes/Niesendorf

Njebjelčicy/Nebelschütz

Njedźichow/Bernsdorf

Njechań/Nechen

Njechorń/Nechern

Njeradecy/Neraditz

Njeswačidło/Neschwitz

Njezdašecy/Nedaschütz

Njeznarowy/Eiserode

Nosaćicy/Nostitz

Noslicy, Běłe/Naußlitz, Weiß-

Noslicy, Čerwjene/Naußlitz, Roth-

Noslicy, Čorne/Naußlitz, Schwarz-

Nowa Łuka/Neuwiese

Nowa Wjes/Naundorf

Nowa Wjes/Neudorf

Nowa Wjes/Neudorf

Nowa Wjes/Neudorf

Nowa Wjes/Neudorf

Nowa Wjes/Neudorf, Burg-

Nowa Wjes/Neudorf, Klösterlich-

Nowa Wjeska/Neudorf

Nowa Wjeska/Neudörfel

Nowa Wjeska/Neudörfel

Nowe Město/Neustadt

Nowe Město/Neustädtel

Nowoslicy/Naußlitz

Nowy Dwór/Neuhof

Nowy Hamor/Neuhammer

Nuknica/Nucknitz

† Nydej/Neida

Nydej, Wulka, Mała/Neida, Groß-, Klein-

Oćicy/Attendorf

Ochranow/Herrnhut

Pakosnica/Schadendorf

Palow/Pohla

Pančicy/Panschwitz

Panecy/Pannewitz

† Parcow/Partwitz, Groß-

Pawlecy, Němske/Paulsdorf, Deutsch-

Pawlecy, Serbske/Paulsdorf, Wendisch-

Pazlicy, Němske/Baselitz, Deutsch-

Pazlicy, Serbske/Baselitz, Wendisch-

Pěchč/Pechern

Pěškecy/Piskowitz

Plusnikecy/Pließkowitz

Póckowy/Putzkau

Počaplicy/Pottschapplitz

Podlipa/Linda

Podróźdź/Podrosche

Połčnica/Pulsnitz
Połpica/Halbendorf
Pomorcy/Pommritz
Porchow/Burkau
Poršicy/Purschwitz
Pozdecy/Paßditz
Praha, Mała/Praga, Klein-
Praskow/Preske
Prawoćicy/Prautitz
Přěčecy/Prischwitz
Prochnow/Prachenau
Protecy/Prietitz
Přezdřeň, Mały/Brösern, Klein-
Přezdřeň, Wulki/Brösern, Groß-
Přibuzk/Priebus, Klein-
Přišecy/Preuschwitz
Přiwćicy/Preititz
Psowje/Oppitz
Ptačecy/Tätzschwitz
Publik/Publick

Rabocy/Rabitz
Rachlow/Rachlau
Rachlow/Rachlau
Radměrcy, Małe/Radmeritz, Klein-
Radska/Ratzen
Radšow/Radisch, Groß-
Radšowk/Radisch, Klein-
Radwor/Radibor
Rakecy/Königswartha
Rakojdy/Rakel
Ralbicy/Ralbitz
Ramnow/Rammenau
Rančik/Rehnsdorf
Rašow/Rascha
Ratarjecy/Rattwitz
Rěčicy/Rietschen
Rodecy/Rodewitz
Roholń/Riegel
† (H)ronowy/Röhnau

Rowne/Rohne
Rozwodecy/Rodewitz
Rózbork/Rothenburg/O.L.
Róžant/Rosenthal
Róžany/Rosenhain
Rudej/Rauden
Rušica/Rauschwitz
Rychbach/Reichenbach
Rychwałd/Reichwalde
Rynar/Ringenhain

Salow/Saalau
Sćijecy/Stiebitz
Sedlik/Zedlig
Semichow/Semmichau
Sernjany/Zerna
Skanecy/Cannewitz
Skarbišecy/Skerbersdorf
Skaskow/Skaska
Słónkecy/Schlungwitz
Slěpe/Schleife
Smělna/Schmölln
Smječkecy/Schmeckwitz
Smjerdźaca/Schmerlitz
Smochćicy/Schmochtitz
Sobołsk/Zoblitz
Sokolca/Soculahora
Sowrjecy/Soritz
Spale/Spohla
Spaleno/Brand
Splósk/Pielitz
Sprjejcy/Spreewitz
Sprjewje/Spree
Sprjojcy/Sproitz
Sprjowje/Sprey
Spytecy/Spittwitz
Stachow/Stacha
Stanojśćo/Stannewisch
Stróža/Wartha
Stróža/Wartha

Stróžišćo/Strohschütz

Stwěšin/Peschen

Sulšecy/Sollschwitz

Sulšecy/Sollschwitz

Supow/Suppo

Swinjarnja/Schweinerden

Swónca/Schweidnitz, Groß-

Swónca, Mała/Schweidnitz, Klein-

Šćeńca/Steinitz

Šekecy/Scheckwitz

Šeps/Schöps

Šepšecy/Schöpsdorf

Šešow/Zescha

Šěrachow/Schirgiswalde

Šiboj/Scheibe

† Šildowski Młyn/Schilda

† Škodow/Skado

Šmorkow/Schmorkau

Špikały/Spittel

Špikowy/Pickau

Špital/Spittel

Šprjejcy/Spreewitz

Štyri Duby/Viereichen

Šumborn/Schönbrunn

Šunow/Schönau

Torhow/Torga

Tornow/Torno

Torońca/Daranitz

Tradow/Trado

Tranje/Drehna

† Trebišče/Trebista

Trjebin/Trebendorf

Trjebjeńca/Steindörfel

Trjebuz/Trebus

Trjechow/Tröbigau

Trupin/Truppen

Trušecy/Trauschwitz

Třělany/Strehla

Tři Žony/Dreiweibern

Tućicy/Tautewalde

Tuchoricy/Tauchritz

Tumicy/Thumitz

Turjo/Tauer

Tyhelk/Tiegling

Wadecy/Waditz

Walow/Wohla

Walowy/Wohla

Warnoćicy/Arnsdorf

Warnołćicy/Arnsdorf

Warnołćicy/Arnsdorf

Wawicy/Wawitz

Wbohow/Halbendorf

Wbohow/Übigau

Wěteńca/Wicknitz, Dürr-

Wětnica/Wiednitz

Wětrow/Wetro

Wichowy/Weicha

Wiki/Petershain

Wjazońca/Neukirch

Wjelećin/Wilthen

Wjelkow/Welka

Wjelkow, Mały/Welka, Klein-

Wjelkow, Wulki/Welka, Groß-

Wjelkowy/Wölkau

Wjernarjecy/Wehrsdorf

Wjesel/Wessel

Wódrjeńca/Oedernitz

Wochozy/Nochten

Wojerecy/Hoyerswerda

Wołbramecy/Wolmsdorf, Steinigt-

Wolešnica/Oelsa

Wolešnica/Oelsa, Klein-

Wolšina, Delnja, Horna/
   Oelsa, Nieder-, Ober-

Wólšina/Oehlisch

Wólšinka, Kamjeńtna/Oelsa, Stein-

Womjatk/Womjatke

Wopaka/Oppach

Wopaleń/Oppeln

Worcyn/Wurschen

Worklecy/Räckelwitz

Wosliča Hora/Eselsberg

Wóslin/Ossel

Wóslink/Oßling

Wóspork/Weißenberg

Wostrowc/Ostritz

Wosyk, Mały/Hänchen, Klein-

Wosyk, Němski/Ossig, Deutsch-

Wosyk, Wulki/Hänchen, Groß-

Wostašecy/Irgersdorf

Wotlěhań/Ottenhain

Wotpočink/Ruhetal

Wotrow/Ostro

Wownjow/Oehna

Wučkecy/Auschkowitz

Wudwor/Höflein

Wuhančicy/Weigsdorf

Wuhelc/Moholz

Wujer/Unwürde

Wuježk/Wuischke

Wuježk/Wuischke

Wujězd/Breitendorf

Wujězd, Delni/Uhyst (Klein)

Wujězd, Horni/Uhyst a. Taucher

Wukrančicy/Weigersdorf

Wukrańcicy/Weickersdorf

Wunjow, Delni/Uhna, Nieder-

Wunjow, Horni/Uhna, Ober-

Wunšow/Wunscha

Wuricy/Auritz

Wurps/Wurbis

Wuskidź/Weißkeißel

Wutołčicy/Weidlitz

Wylemecy/Wilhelmsfeld

Wysoka/Weißig

Wysoka/Weißig

Wysoka/Weißig

Zabrod/Sabrodt

Zagor/Sagar

Zahor/Berge

Zajdow/Seidau, Klein-

Załhow/Salga

Załom/Sohland

Załom/Sohland

Załom, Serbski/Sohland, Wendisch-

Zamosty/Zweibrück

Zarěč/Saritsch

Zdźar/Särchen

Zdźar/Sora

Zdźarki/Särichen

Zdźěr/Sdier

Zejicy/Siebitz

Zemicy/Demitz

Zhorjelc/Görlitz

Złyčin/Litschen

Zrěšin/Rieschen

Zubornica/Saubernitz, Groß-

Zubornička/Saubernitz, Klein-

Žarki/Särka

Ždźary, Wulke/Särchen, Groß-

† Želnja/Sella

Želnje/Sella

† Žič/Zietsch

Žičeń/Seitschen, Groß-

Žičeńk/Seitschen, Klein-

Židow/Seidau

Židźino/Seidewinkel

Žitawa/Zittau

Žornosyki/Sornßig

Žuricy/Säuritz

3.2. Verzeichnis der rekonstruierten altobersorbischen Ortsnamen

Das Verzeichnis soll dem Laien den ganzen Reichtum des aoso. Ortsnamenbestandes an einer Stelle vor Augen führen, gleichzeitig aber auch dem slawistischen Namenforscher leicht auffindbares Vergleichsmaterial bereitstellen. Um die Wortbildungsstruktur deutlicher hervortreten zu lassen, werden neben den aoso. OrtsN in einigen Fällen, so z. B. bei den Suffixen *-ьсь, *-jь, *-ьje, auch hypothetische urslaw. Namenformen dargeboten, aus denen oder nach deren Wortbildungsmodellen sich die betreffenden aoso. OrtsN entwickelten. Das Zeichen < gibt dabei an, aus welcher angenommenen urslaw. Form der aoso. Name hervorging. So beruht der OrtsN † Ratzen auf einem aoso. *Rač´e, das aus einem allgemein vorauszusetzenden urslaw.*Račьje und dieses wiederum aus *Rakьje entstanden war. Bei gleichlautenden Namen wird die urslaw. Form nur einmal angegeben. Unsichere Deutungen werden mit einem Fragezeichen versehen. In einigen Fällen ist es fraglich, ob man schon von aoso. Formen oder nicht eher von früh-obersorb. Formen sprechen sollte, so bei *Biskopici*. Aufnahme fanden auch MischN vom Typ *Janowici*, *Hajnici* u. dgl. Sie sind zwar ebenfalls erst nach der deutschen Landnahme aufgekommen, die ihnen zu Grunde liegenden PersN, von Deutschen vermittelt, standen aber schon bei den Sorben in Gebrauch und waren von ihnen entsprechend umgeformt worden, also *Johannes* zu *Jan*, *Hein(e)* zu *Hajna*. Hinzu kommt, dass OrtsN auf *-ici* und *-owici* wie auch auf *-ow* nur von Sorben gebildet sein können. Sie erscheinen zusammen mit allen anderen MischN nochmals in Kap. 3.4. OrtsN, von denen man annehmen darf, dass sie auf GewässerN beruhen, werden unterstrichen, um so der Gewässernamenforschung leicht zugängliches Material zur Verfügung zu stellen.

Bagnowica – Pannewitz

Bartica? – Partwitz, Groß-, Klein-

Barut? – Baruth

Batin – Storcha/Baćoń

Bečici? – Pietzschwitz

Bedrowici – Bederwitz

Běgań < Běganjь – Biehain

Běła – Biehla

Běła – Bühlau

Běła gora – Belgern

Bělanowici, Běłowici – Bellwitz

Bělina, Bělna, Bělno – Biehlen

Bělišowici, Běłošowici – Ebendörfel

Bezďak, Bežak? – Biesig

Biskopici – Bischdorf

Biskopici – Bischheim

Biskopici – Bischofswerda

Blezow – Blösa

Błocane – Plotzen

Błogašowici – Bloaschütz

Bluń – Bluno

Bobolici – Boblitz

Boleborici – Bolbritz

Boranowici – Bornitz

Bork – Burg

Bork – Burk

Borow – Bohra

Bosławici – Postwitz, Klein-

Bošowici – Baschütz

Bozankowica – Basankwitz

Bratin? – Bröthen

Bren – Brehmen

Brezina – Briesing

Brezina – Brösa

Brezina, Brezka – † Bresen

Brezinka – Brösang

Brezoług – Halbendorf/Brězowka

Brezowica – Brießnitz

Brežk – Brieschko

Brodica, Broďc – † Broditz

Broń, Bronow? – Brohna

Brusk – Prauske, Nieder-, Ober-

Budostowici – Postwitz/O.L., Groß-

Budyšin – Bautzen

Budyšink – Bautzen, Klein-

Bukow – Bocka

Bukow, Bukowc – Bocka

Bukow – Bocka, Hohen-

Bukowc, siehe Bukowica – Hochkirch

Bukowica – Bockwitz

Bukowica, Bukowc – Hochkirch

Bukowina, Bukowńa? – Buchwalde

Bukowina, Bukowńa? – Buchwalde

Bularici – Bulleritz

Bunowici – Binnewitz

Byšerici – Buscheritz

Byšici – Puschwitz

Čakowici – Scheckwitz

Častici – Tschaschwitz

Čelichow – Zschillichau

Čelno – Tzschelln

Čerńsk – Tschernske

Češow – Zescha

Čorna – Zschorna

Čorna – Zschornau

Čornowici – Zscharnitz

Dalici, Dalowici – Dahlowitz

Damici – Demitz

Danikowici – Denkwitz

Darin – Dahren

Dašikow – Döschko

Dažin – Dehsa, Groß-, Klein-

Debiškow – Döbschke

Děža – Diehsa

Dibin – Düben, Groß-

Diwotici – Siebitz

Dłupišow? – Lipsa

Dobišici – Döbschütz

Dobišici – Döbschütz, Groß-, Klein-

Dobŕ < Dъbrь – Döbra

Dobŕak, Dobrik – Dobrig

Dobranowici – Dobranitz

Dobrikowici – Döberkitz

Dobrašowici – Doberschütz

Dobrošowici – Doberschütz

Dobruš – Doberschau

Dolane – Döhlen

Dołgowici – Dolgowitz

Dračin – Dretschen

Dren´e < Dernьje – Drehna

Drenow – Thräna

Drewica, Drewce – Driewitz

Drewńica – Drebnitz, Groß-, Klein-

Drobin – Droben

Drogobudowici – † Drogobudowitz

Drožow – Drehsa

Družkowici – Drauschkowitz

Duban, Duban, Dubane? – Dauban

Dubc – Daubitz

Dubrawa – Dubrau, Groß-, Klein-

Dubrawa – Dubrau, Holsch-

Dubrawa – Dubrau, Luppe-

Dubrawa – Waldhof

Dubrawka – Dubrauke

Dubŕnik – Dubring

Dymina – Diehmen

Gbelsk, Gbělsk < Gъbělьskъ – Gebelzig

Gelutici – †Gelutitz

Glina – Gleina

Głuponici – Glaubnitz

Głušina – Glossen

Głušnica – Glauschnitz

Gnašowici – Gnaschwitz

Gněwotici – Nimschütz

Godějow – Göda

Godějowica? – Langes Wasser

Golica – Golenz

Gološow, Gołyšow – Holscha

Gora – Guhra

Gorišow – Horscha

Gorka – Gurig, Nieder-, Ober-

Gorka – Gurigk

Gorka – Horka

Gorka – Horka, Mittel-, Nieder-

Goŕnica – Hörnitz, Alt-, Neu-

Gostin – Gottschdorf

Gostyłowici – Goßwitz

Goščici, Gošici – †Goschwitz

Gozdk – Hoske

Gozďna – Hosena

Gozďnica – Petershain/Hóznica

Grabowa – Gräbchen, Grün-

Grabowa – Gräbchen, Straß-

Grabowa – Grabe, Groß-

Grabowica, Grabowc – Rabitz

Granica – Gränze

Grěšin? – Rieschen

Grodišče – Gröditz

Grubošici, Grubyšici – Grubschütz

Grubotici – Grubditz

Gustk – Gaußig, Gaußig, Klein-

Gutina – Guttau

Hajnici – Hainitz

Chojač?, Chojica – Koitzsch

Chojnica – Kunitz, Groß-, Klein-

Chołm – Kollm

Chołm – Kollm, Schwarz-

Chołm – Kollm, Weiß-

Chotin – Kotten

Chrapousty, Chrapuš? – Krappe

Chrostawa – Crostau

Chrostici – Crostwitz

Chrost(y) – Crosta

Chwałowici? – Quolsdorf

Chwatici – Quatitz

Chynič, Chynč? – Kynitzsch

Jabłońc – Gablenz

Jama – Grube

Jaḿno – Jahmen

Janišowici – †Jenschwitz

Jankowici – Jänkendorf

Jankowici – Jenkwitz

Janowici – Jannowitz

Janowici – Jannowitz

Jasenica < Jasenьnica – Jeßnitz

Jasenica – Jeßnitz, Dürr-

Jastreb´e < Jastrębьje – Jetscheba

Jašici – Jeschütz

Jawor, Jawora – Jauer

Jawoŕnik – Jauernick

Jawoŕnik – Jauernick

Jedl´e < Jedlьje – Gödlau

Jedlica – Jiedlitz

Ježow – Jesau

Jiłowica, Jiłowc – Eulowitz

Jutrik – Eutrich

Kalawa, Kaława, Kałow – †Kalau

Kameńc – Kamenz

Kamenica < Kamenьnica – Kemnitz

Kameńna < Kamenьna – Camina

Kameńna – Caminau

Kanow, Kańow? – Reichendorf/Kanjow

Kanowici, Kańowici – Cannewitz

Kanowici, Kańowici – Cannewitz
Kanowici, Kańowici – Cannewitz
Kasow – Quoos
Kašici – Kaschwitz
Kijina, Kijna – Kaina, Nieder-, Ober-
Kiselica – Geißlitz
Kiselica – †Geißlitz
Kitalici – Kittlitz
Klěťno – Klitten
Klukuš – Klix
Kobylica – Coblenz
Kobylica – Köblitz
Kobylin – Köbeln vgl. Kobylna
Kobylna, Kobylno – Göbeln
Kobylna, Kobylno – Köbeln
Kobylna, Kobylno – Koblenz
Koč´e < Kočьje – Kötzschau
Kočici, Koččici – Katschwitz
Kołbica? – Kolbitz
Kolna, Kolno – Cölln
Kołówazy – Kohlwesa
Kołpin – †Kolpen
Komorow – Commerau
Komorow – Commerau b. Klix
Komorow – †Kommerau
Końaŕowici – Kunnerwitz
Końowica – Canitz-Christina
Końowica – Cunnewitz, vgl. Kunowici
Końowica – Cunnewitz, Alt-,
   vgl. Kunowici
Koprica – Kuppritz
Kopriwin, Kopriwna, Kopriwno –
  Kopschin
Korgowici – Georgewitz
Korytica – †Kortitz
Koryťnica – Cortnitz
Korzym? – Kirschau
Kosorin – Cossern
Košela, Košele – Kaschel
Kotowici – Kotitz (Nieder-, Ober-)

Kozarici – Caseritz
Kozłow – Caßlau
Kozel´e < Kozьlьje – Cosel
Kozel´e – Cosul
Kozel´e – Kosel, Nieder-, Ober-
Krakow – †Krakau
Krakowici – Kreckwitz
Krěpici – Kriepitz
Krišow – Buchholz
Krob, Kroba? – Kreba
Krobonosy – Krobnitz
Kromołow – Kromlau
Kropin? oder Krupin – Kroppen
Kruš´e < Krušьje – Krauscha, Groß-
Kruš´e – Krauscha, Klein-
Krušwica – Krauschwitz
Krynica – Krienitz
Kukow – Kuckau
Kula – Keula
Kula – Wittichenau/Kula
Kula – Keula
Kunišici, Kunišowici – Kumschütz
Kunowici – Cunnewitz, vgl. Końowica
Kunowici – Cunnewitz, Alt-,
   vgl. Końowica
Kupa – Kauppa
Kupćici, Kupišici – Kubschütz
Kwětanowici? – †Quitzdorf

Łagow – Loga
Łaz – Lohsa
Łazk – Laske
Łomśk – Lomske
Łomśk – Lomske
Łub´e < Lubьje – Lauba
Ług – Lug, Sagar-
Ług – Luga
Ług – Luga, Sommer-
Łunica? – †Lunze, Lunitz
Łupa? – Luppa

Łut´e < Lutьje – Merzdorf

Łužica – Lauske

Łužk – Lauske

Łužnica – Laußnitz

Łysa gora – Lissahora, vgl. Liša gora

Ledźborici, Ledźborowici –
   Taschendorf/Ledźborecy

Lemešow, Lemišow – Lömmischau

Lěsk – Lieske

Lěsk – Lieske

Lešow – Löschau

Lešowici – Weinhübel, Leschwitz

Lětonin – Litten

Lichań < Lichanjь – Spreewiese/Lichań

Lip´e < Lipьje – Leippe

Lip´e? – Lippen, vgl. Lipina

Lipič – Lippitsch

Lipina? – Lippen

Lipka – Leipgen

Liša gora? – Lissahora, vgl. Łysa gora

Lubanici, Lubenici? – Mehltheuer

Lubawa? – Löbau, vgl. Lubow

Lubel < Ľubeljь – Leuba

Lubobyl < Ľubobyljь – Liebon

Lubogošč – Liebegast

Lubochow – Lubachau

Lubolin – Liebel, Alt-, Neu-

Luboš < Lubochjь, Lubošjь – † Laubusch

Lubow? – Löbau, vgl. Lubawa

Lubow? – Löbau, Alt-

Lobowěź – † Lubas

Luchow – Laucha

Lutici – Lautitz

Lutowici – Leutwitz

Lutowici – Luttowitz

Mališowici, Małyšowici – Malschwitz

Mališici, Małyšici – Malsitz

Małotici, Maletici < Malętici – Maltitz

Manějow – Mönau

Medowica? – Medewitz

Medwědici? – Medewitz

Měšici – Meschwitz

Michałki – Michalken

Mikow – Mücka

Miłkowici – Milkwitz

Miłoraź < Miloradjь – Mühlrose

Miłostryj < Milostryjjь – Milstrich

Miłotici – Miltitz

Miły kał – Milkel

Mirkow – Merka

Mirow – Melaune

Młod´e < Moldьje – Lodenau

Młynica – † Lunze, Lunitz, vgl. Łunica

Mochoŵc – Mocholz

Mojbin? – Oybin

Mortkow – Mortka

Mulkowici – Mulkwitz

Mušnica – Mauschwitz

Mužakow – Muskau, Bad

Mysławici – Meuselwitz

Myslišowici – Muschelwitz

Nadělowici – Nadelwitz

Napadź? – Nappatsch

Napojka – † Tränke

Narť – Nardt

Nebyłčici – Nebelschütz

Nedašowici – Nedaschütz

Nechań < Nechanjь – Nechen

Nechorin – Nechern

Nechow – Buschbach (Niecha)

Němći – Dörgenhausen

Němći – Niemtsch

Neradici, Neradowici – Neraditz

Neswaź, Niswaź < Ne-, Niswadjь –
   Neschwitz

Netin, Nětin? – Niethen

Nezděchow? – Bernsdorf

Neznamirow – Eiserode

Nikrošin – Hagenwerder (Nickrisch)

Niža weś – Niesendorf

Nižichow – Bernsdorf

Nosatici – Nostitz

Nižichow – Bernsdorf

Nowa weś – Noes

Nowosedlici – Naußlitz

Nowosedlici – Naußlitz, Roth-

Nowosedlici – Naußlitz, Schwarz-

Nowosedlici – Naußlitz, Weiß-

Nuknica – Nucknitz

Obyčow – Oppitz

Oběgow – Uebigau

Odrenica? – Ödernitz

Odrenici? – Ödernitz

Odrowica? – Oderwitz, Mittel-,
   Nieder-, Ober-

Ochoźa < Ochodja – Nochten

Oleš´e < Olьšьje – Oelisch

Oleš´e?, Olšina – Oelsa, Nieder-, Ober-

Oleš´e, Olšina? – Oelsa

Olešnica – Oelsa, Klein-

Olša – Oelsa, Stein-

Olšina – Oelsa, Nieder-, Ober-

Opaka – Oppach

Opal – Oppeln

Osěk – Hänchen, Groß-, Klein-

Osěk – Ossig, Deutsch-

Osel´e < Osъlьje – Ossel

Oslink – Oßling

Ostrow – Ostro

Ostrožna – Ostritz

Ostrožica, Ostružica – † Otterschütz

Otołowici – † Ottelwitz

Oẃnow – Oehna

Pakosṫnica – † Schadendorf/Pakosnica

Palow – Pohla

Pančici – Panschwitz

Panowici – Pannewitz

Parotici? – † Partwitz, Groß-,
   Partwitz, Klein

Paslica? – Baselitz, Deutsch-,
   Wendisch-

Paslici – Baselitz, Deutsch-, Wendisch

Paškowici – † Paschkowitz

Pečici? – Pietzschwitz

Pěskowica? – Piskowitz

Pěšin? – Peschen

Petow – Pethau

Pičici? – Pietzschwitz

Pičin? – Pietschen

Pikow – Pickau

Pikowici – Peickwitz

Plusnikowica? – Pließkowitz

Počapalici – Pottschapplitz

Podgrodici – Boderitz

Podgroᵈź´e < Podgordьje – Podrosche

Podmoklica – Praga, Klein-

Połźnica – Pulsnitz

Pomirowici – Pommritz

Porady?, Porody – Borda

Porkow – Burkau

Poršici – Purschwitz

Pozdici – Paßditz

Praskow – † Praskau

Praskow – Preske

Prawotici – Prautitz

Prebuź < Perbudjь – Priebus, Klein-

Predišowici – Prischwitz

Presěč – Prietitz

Prezdrěń? – Brösern, Groß-, Klein-

Priwětici, Priwitici – Preititz

Prišowici – Preuschwitz

Prochonow – Prachenau

Psow´e < Pьsovьje – Oppitz

Ptačowica, Ptačkowica? – Tätzschwitz

Ptačowici, Ptačkowici? – Tätzschwitz

Puckow – Putzkau, Nieder-, Ober-

Puplik? – Publik

Rač´e < Rakьje – †Ratzen

Radišow – Radisch, Groß-, Klein-

Radoboŕ < Radoborjь – Radibor

Radołowici – Ralbitz

Radomirici – Radmeritz, Klein-

Rachlow – Rachlau

Rachlow – Rachlau

Rakel < Rakъljь – Rackel

Rakojědy – Rackel/Rakojdy

Rakowici – Königswartha

Ramenow – Rammenau

Rašow – Rascha

Ratowici – Rattwitz

Rěčica – Rietschen

Reńow? – †Röhnau

Rodowici – Rodewitz

Rogulin – Riegel/Roholń

Rokalowici, Rokelowici – Räckelwitz

Rowna, Rowno – †Rohna

Rowna, Rowno – Rohne

Rozwadowici – Rodewitz/Spree

Ruđna?, Ruđno – Rauden

Rušowici – Rauschwitz

Sěč – †Zietsch

Sedło – Zodel

Sěmichow – Semmichau

Sern´e < Sьrnьje – Zerna

Sěwerica? – Soritz

Siwici – Siebitz

Skazkow – Skaska

Skerbišowici? – Skerbersdorf

Skopc – Schöps

Slep´e < Slepьje – Schleife

Słonkowici – Schlungwitz

Smerđač – Schmerlitz

Smokotici – Schmochtitz

Smolin – Schmölln/O.L.

Soběłusky – Zoblitz

Socha – †Zochau

Sokow – Zockau

Spal´e < Spalьje – Spohla

Sprewica – Spreewitz

Sprewica – Sproitz

Spytowici – Spittwitz

Stachow – Stacha

Stajnica? – Steinitz

Stanowišče – Stannewisch

Stawica – Stiebitz

Sťbolsk < Stьbolьskъ? – Pielitz/Splósk

Stradow – Trado

Strělane – Strehla

Strežowici – Zieschütz

Strožici – Strohschütz

Strupin – Truppen

Sulišowici – Sollschwitz

Sulišowici – Sollschwitz

Sup´e < Sǫpьje – Suppo

Swepeťnica? – Schwepnitz

Swińaŕńa – Schweinerden

Swojanici – Schweidnitz, Groß-, Klein-

Synkowici? – Singwitz

Sypišowici? – Schöpsdorf/Šepšecy

Ščenica? – Steinitz

Ščenica? – Stenz

Šidło, Šidłow? – Schiedel

Těchorowici – Techritz

Těmirici – Temritz

Těškow – Deschka

Těškowici – Zischkowitz

Tetow – Tetta (Groß-)

Tichonici – Teichnitz

Tisk – Zeißig

Tisow – Zeisholz

Tisow – Zeißholz

Tomici? – Thumitz

Torgonici – Daranitz
Torgow – Torga
Tornow – Torno
Trebichow, Trebikow – Tröbigau
Trebin – Trebendorf
Trebišče – † Trebista
Trebnica – Steindörfel/Trjebjeńca
Trebobuź < Terbobudjь – Trebus
Truskowici – Trauschwitz
Tśikowici – Peickwitz/Čikecy
Tuchoraź < Tuchoradjь – Tauchritz
Tupotici – † Teupitz, Teutitz
Tur´e < Turьje – Tauer

Uhelc? – Moholz
Ujězd – Breitendorf
Ujězd – Uhyst (Klein)
Ujězd – Uhyst a. Taucher
Ujězd – Wuischke
Ujězd – Wuischke
Uněwěř – Unwürde
Unišow – † Wunscha
Uńow – Uhna, Nieder-, Ober-
Uškowici – Auschkowitz
Uwěrici – Auritz
Uwirica? – Auritz

Wadowici – Waditz
Wal? – Wohla
Wawici – Wawitz
Ẃazowńica – Neukirch/Lausitz
Weletin < Velętinъ – Wilthen
Welkow < Vъlkovъ – Welka
Welkow – Welka, Groß-
Welkow – Welka, Klein-
Welkow – Wölkau
Wesel´e < Veselьje – Wessel
Wětanici – Wicknitz, Dürr-
Wětrow – Wetro
Wichow – Weicha

Witanici – Wiednitz
Witolici – Weidlitz
Womjetk – Womjatke
Worčin – Wurschen
Wropyš? – Wurbis
Wyskyď – Weißkeißel/Wuskidź
Wysoka – Weißig
Wysoka – Weißig
Wysoka – Weißig

Zabrod – Sabrodt
Zagor´e < Zagorьje – Sagar
Zagor´e – Berge
Załom, Załom´e – Sohland a. Rotstein
Załugow – Salga
Zarěč´e < Zarěkьje – Saritsch
Zawidow – Seidau, Klein-
Zďer´e? – Sdier
Zgorělc – Görlitz
Złyčin – Litschen
Zmetkowici? – Schmeckwitz
Zmorkow – Schmorkau
Zubŕnica – Saubernitz, Groß-, Klein-

Žalow – Saalau
Želn´e < Žьlnьje – † Sella
Želn´e – Sella
Židawa – Seidau
Židčane – Seitschen, Groß-, Klein-
Židino – Seidewinkel
Žińkowici?, Žizńkowici? – Singwitz
Žitawa – Zittau
Žornosěky – Sornßig
Žurici – Säuritz
Žžar < Jьzžarъ – Särchen
Žžar – Särchen, Groß-
Žžar – Särichen
Žžar – Sora
Žžark, Žžarki – Särka

3.3. Rückläufiges Wörterbuch der rekonstruierten altobersorbischen Ortsnamen

Im Unterschied zu einem gewöhnlichen Wörterbuch, in dem die alphabetische Abfolge der Wörter von links nach rechts, d. h. vom Wortanfang her bestimmt wird, ist ein rückläufiges Wörterbuch in umgekehrter Richtung, also von rechts nach links, d. h. vom Wortende her nach dem Alphabet geordnet. Im Gegensatz zum vorangehenden Register steht deshalb *Běla* vor *Batin*, denn *a* kommt in der alphabetischen Reihenfolge lange vor *n*. Ein solches Wörterbuch leistet ausgezeichnete Dienste bei der Untersuchung der Wortbildung der OrtsN. Auf diese Weise erscheinen alle OrtsN mit einem bestimmten Suffix an ein und derselben Stelle, z. B. alle Namen mit dem Suffix *-ici*, dem Suffix *-in*, dem Suffix *-sk*, dem Suffix *-ow* usw. Dadurch gewinnt man gleichzeitig einen Einblick in die Häufigkeit der einzelnen Suffixe, in ihre Produktivität. Des Weiteren schafft das rückläufige Wörterbuch die notwendigen Voraussetzungen für die Kartierung der Namen nach bestimmten Bildungstypen, für die Namengeographie und -stratigraphie sowie deren Auswertung für die Siedlungsgeschichte. Ein solches Verzeichnis ist zwar vor allem für den Fachwissenschaftler bestimmt, denn es ermöglicht Vergleiche zwischen einzelnen Ortsnamenlandschaften, aber auch ein Laie kann interessante Erkenntnisse aus einer derartigen Auflistung der OrtsN gewinnen.

Um die einzelnen Ortsnamensuffixe besser hervortreten zu lassen, werden sie durch einen Schrägstrich von der Ableitungsbasis getrennt, z. B. *Bat/in*. Suffixkombinationen, die historisch gesehen aus zwei Einzelsuffixen bestehen, wie z. B. *-owici*, *-ьnica*, *-ьnikъ*, werden als ein einheitliches Ganzes behandelt und nicht durch einen zusätzlichen Schrägstrich markiert. Die Ausgliederung einiger Suffixe im rückläufigen Wörterbuch erweist sich dann als schwierig, wenn ein Suffix auf Grund bestimmter Lautveränderungen mit dem vorangehenden Konsonanten verschmilzt und ihn dabei wesentlich verändert. Das betrifft vor allem das Suffix *-jь*, so bei *Tuchoraź* < *Tuchoradjь* (Tauchritz). Aus diesem Grunde wird bei allen Namen auf ein ursprüngliches *-jь* dieses in Klammern hinten mit angefügt, also *Tuchoraź (jь)*. Leichter lassen sich die Namen auf *-ьje* feststellen, die wir im Wörterbuch mit *-´e* wiedergeben, also *Jastreb/´e* < *Jastrebьje* (Jetscheba). Keine Probleme bereiten die Namen auf *-jane*, obgleich *-j-* mit dem vorangehenden Konsonanten verschmilzt und diesen wesentlich verändern kann, so *Błoc/ane* < *Boltjane* (Plotzen). Manchmal lässt sich das Suffix nicht genau bestimmen, so bei Cölln, rekonstruiert als *Kolna* und *Kolno*. In solchen Fällen wird von der einen auf die andere Form verwiesen, also *Kol/na*, vgl. *Kol/no*, und umgekehrt. Unsichere oder mehrdeutige Namen sind mit einem Fragezeichen versehen. Um eine im rückläufigen Wörterbuch aufgeführte rekonstruierte Namenform mit dem heutigen OrtsN zu identifizieren, ist auf das vorangehende Verzeichnis zurückzugreifen.

Schon ein erster Blick in das nachfolgende Register zeigt, dass in Bezug auf die

Häufigkeit die Suffixe -*ow* und -*in* die ersten Plätze belegen, in den zentralen Gebieten der Oberlausitz herrschen, wie auf den Karten 2 und 3 zu sehen, die Namen auf -*ici* und -*owici* vor. Zahlreicher als bisher angenommen sind die Namen auf -´*e* < *-ьje vertreten, relativ selten die Bildungen auf *-*jane*. Die räumliche Verbreitung vieler Suffixe zeigen uns die Karten 1–10 in Kap. 5.

-a	Głuš/nica	Buk/owica	vgl. Košele
Kołb/ica	Muš/nica	Buk/owica	Kula
Rěč/ica	Swepeť/nica	Jił/owica	Kula
Brod/ica,	Pakosť/nica	Bagn/owica	Kula
vgl. Broď/c	Koryť/nica	Koń/owica	Jama
Choj/ica,	Łun/ica?,	Koń/owica,	Ruď/na,
vgl. Chojač	vgl. Młyn/ica	vgl. Kun/owici	vgl. Ruď/no
Jedl/ica	Dreŵ/nica	Koń/owica,	Gozd/na
Kisel/ica	Ŵaz/ownica	vgl. Kun/owici	Kij/ina,
Kisel/ica	Młyn/ica,	Odr/owica	vgl. Kij/na
Podmokl/ica	vgl. Łun/ica	Brez/owica	Běl/ina
Gol/ica	Krynica	Krušw/ica	Glina
Pasl/ica?,	Połź/nica	Ostrož/ica,	Dym/ina
vgl. Pasl/ici	Łuž/nica	vgl. Ostruž/ica	Lip/ina?
Kobyl/ica	Sěwer/ica?	Łuž/ica	Olš/ina
Kobyl/ica	Uwirica?,	Ostruž/ica,	Głuš/ina
Granica	vgl. Uwěr/ici	vgl. Ostrož/ica	Gut/ina
Treb/nica	Kopr/ica	Socha	Kopriw/ina,
Gozď/nica	Bartica?	Opaka	vgl. Kopriŵ/na,
Ščen/ica?	Koryt/ica	Brez/inka	Kopriŵ/no,
Ščen/ica?	Staw/ica	Wysoka	Kopriw/in
Kamen/ica bzw.	Drew/ica,	Wysoka	Buk/owina
Kameń/nica	vgl. Dreŵ/ce	Wysoka	Buk/owina
Odren/ica,	Sprew/ica	Lipka	Brez/ina
vgl. Odren/ici?	Sprew/ica	Gorka	Brez/ina
Jasen/ica bzw.	Grab/owica	Gorka	Brez/ina,
Jaseń/nica	Ptač/owica,	Gorka	vgl. Brez/ka
Jasen/ica	vgl. Ptačk/owica,	Gorka	Kij/na,
Staj/nica?	vgl. Ptač/owici,	Dubrawka	vgl. Kij/ina
Choj/nica	vgl. Ptačk/owici	Brěz/ka,	Běl/na,
Nuknica	Med/owica?	vgl. Brez/ina	vgl. Běl/no,
Zubř/nica	Plusnik/owica	Běła	vgl. Běl/ina
Goŕ/nica	Bozank/owica	Běła	Kol/na,
Oleš/nica	Pěsk/owica	Košela,	vgl. Kol/no

Kobyl/na,
  vgl. Kobyl/no
Kobyl/na,
  vgl. Kobyl/no,
  Kobyl/in
Kobyl/na,
  vgl. Kobyl/no
Kameńna
Kameńna
Swińaŕńa
Čorna
Čorna
Kopriw/na,
  vgl. Kopriw/ina
Row/na,
  vgl. Rowno
Row/na,
  vgl. Row/no
Ostrož/na
Kupa
Łupa
Gora
Běła gora
Łysa gora
  oder Liša gora?
Jawora
Olša
Lub/awa?,
  vgl. Lub/ow
Žid/awa
Kal/awa bzw.
  Kał/awa
Dubrawa
Dubrawa
Dubrawa
Dubrawa
Žit/awa
Chrost/awa
Grab/owa
Grab/owa

Grab/owa
Ochoźa
Děža

-b
Krob

-c
Dub/c
Brod/c
Uhel/c?
Zgorěl/c
Kameń/c
Jabłoń/c
Skopc
Grab/owc,
  vgl. Grabowica
Moch/owc
Buk/owc
Buk/owc

-č
Smerd /ač
Chojač
Sěč
Presěč
Chynič (jь)?
Lip/ič
Lubogošč (jь)

-d, -ď
Zabrod
Wyskyď
Ujězd
Ujězd
Ujězd
Ujězd
Ujězd

-e
Drew/ce
Treb/išče
Grod/išče
Košele
Dub/ane?,
  vgl. Dub/an,
  Dub/an
Błoc/ane
Židč/ane
Strěl/ane
Dol/ane

-´e < *-ьje
Jastreb/´e
Łub/´e
Rač/´e
Zarěč/´e
Koč/´e
Młod/´e
Spal/´e
Jedl/´e
Wesel/´e
Osel/´e
Kozel/´e
Kozel/´e
Kozel/´e
Załom/´e
  oder Załom
Dren/´e
Želn/´e
Želn/´e
Sern/´e
Slep/´e
Lip/´e
Lip/´e
Sup/´e
Zďer/´e?
Zagor/´e
Zagor/´e

Tur/´e
Oleš/´e
Oleš/´e
Oleš/´e
  oder Olš/ina?
Kruš/´e
Kruš/´e
Łut/´e
Psow/´e
Podgrodź/´e

-g
Ług
Ług
Ług
Brezoług

-i
Kočč/ici,
  vgl. Koč/ici
Beč/ici?
Peč/ici?,
  bzw. Pič/ici?
Nebyłč/ici
Panč/ici
Koč/ici,
  vgl. Kočč/ici,
Kupč/ici,
  vgl. Kupiš/ici
Gošč/ici,
  vgl. Goš/ici
Nerad/ici bzw.
  Nerad/owici
Medwěd/ici?
Podgrod/ici
Pozd/ici
Dal/ici,
  vgl. Dal/owici
Počapal/ici
Kital/ici

Nowosedl/ici
Nowosedl/ici
Nowosedl/ici
Nowosedl/ici
Bobol/ici
Witol/ici
Pasl/ici, vgl. Paslica
Dam/ici
Tom/ici?
Luban/ici,
 vgl. Luben/ici?
Swojan/ici
Wětan/ici
Witan/ici
Luben/ici?,
 vgl. Luban/ici
Odren/ici?,
 vgl. Odren/ica
Hajn/ici
Torgon/ici
Tichon/ici
Głupon/ici
Krěp/ici
Biskop/ici
Biskop/ici
Biskop/ici
Bular/ici
Kozar/ici
Byšer/ici
Uwěr/ici
Těmir/ici
Radomir/ici
Bolebor/ici
Ledźbor/ici, vgl.
 Ledźbor/owici
Žur/ici
Jaš/ici
Kaš/ici
Měš/ici
Dobiš/ici

Dobiš/ici
Mališ/ici,
 bzw. Małyš/ici
Kuniš/ici,
 vgl. Kuniš/owici
Kupiš/ici,
 vgl. Kupč/ici
Gruboš/ici,
 vgl. Grubyš/ici
Goš/ici,
 vgl. Gošč/ici
Porš/ici
Byš/ici
Grubyš/ici,
 vgl. Gruboš/ici
Nosat/ici
Chwat/ici
Malet/ici,
 vgl. Małot/ici
Priwět/ici
 bzw. Priwit/ici
Grubot/ici
Smokot/ici
Małot/ici,
 vgl. Malet/ici
Miłot/ici
Tupot/ici
Parot/ici?
Prawot/ici
Gněwot/ici
Diwot/ici
Čast/ici
Chrost/ici
Lut/ici
Gelut/ici
Bosław/ici
Mysław/ici
Waw/ici
Siw/ici
Ptač/owici,

vgl. Ptačk/owici
Ptač/owica,
 Ptačk/owica
Nerad/owici
 bzw. Nerad/ici
Wad/owici
Rozwad/owici
Rod/owici
Drogobud/owici
Dołg/owici
Korg/owici
Čak/owici
Rak/owici
Krak/owici
Ptačk/owici,
 vgl. Ptač/owici
Danik/owici
Pik/owici
Dobrik/owici
Tśik/owici
Miłk/owici
Mulk/owici
Jank/owici
Jank/owici
Słonk/owici
Synk/owici?
 bzw. Žińk/owici,
 Žizńk/owici?
Trusk/owici
Pašk/owici
Těšk/owici
Ušk/owici
Zmetk/owici?
Družk/owici
Dal/owici,
 vgl. Dal/ici
Rokal/owici
 bzw. Rokel/owici
Chwał/owici?
Běł/owici,

vgl. Bělan/owici
Naděł/owici
Radoł/owici
Otoł/owici
Gostył/owici
Jan/owici
Jan/owici
Kan/owici
 bzw. Kań/owici
Kan/owici
 bzw. Kań/owici
Kan/owici
 bzw. Kań/owici
Bělan/owici,
 vgl. Běł/owici
Pan/owici
Dobran/owici
Boran/owici
Kwětan/owici?
Čorn/owici
Bun/owici
Kun/owici?,
 vgl. Koń/owica
Kun/owici?,
 vgl. Koń/owica
Końař/owici
Bedr/owici
Pomir/owici
Ledźbor/owici,
 vgl. Ledźbor/ici
Těchor/owici
Błogaš/owici
Nedaš/owici
Gnaš/owici
Dobraš/owici
Leš/owici
Skerbiš/owici?
Prediš/owici
Mališ/owici,
 vgl. Małyš/owici

Běliš/owici,
   vgl. Běloš/owici
Mysliš/owici
Suliš/owici
Suliš/owici
Janiš/owici
Kuniš/owici,
   vgl. Kuniš/ici
Sypiš/owici?
Priš/owici
Boš/owici
Běloš/owici,
   vgl. Běliš/owici
Dobroš/owici
Ruš/owici
Małyš/owici,
   vgl. Mališ/owici
Rat/owici
Kot/owici
Budost/owici
Lut/owici
Lut/owici
Spyt/owici
Strež/owici
Strož/ici
Němci
Němci
Michałki
Žžar/ki,
   vgl. Žžar/k

-j
Miłostryj (jь)

-k
Bezďak,
   vgl. Bežak
Dobř/ak,
   vgl. Dobr/ik
Bežak

Gozd/k
Osěk
Osěk
Publik?
Dubř/nik
Jawoř/nik
Jawoř/nik
Dobr/ik,
   vgl. Dobř/ak
Jutr/ik
Osl/ink
Budyš/ink
Žžar/k,
   vgl. Zžar/ki
Bor/k
Bor/k
Bor/k
Lěs/k
Lěs/k
Tis/k
Gbel/sk
   bzw. Gběl/sk
Sťbol/sk
Łoḿ/sk
Łoḿ/sk
Čerń/sk
Brus/k
Womjet/k
Gust/k
Łaz/k
Brež/k
Łužk

-ł, -l
Miły kał
Opal
Wal
Lubel (jь)
Rakel (jь)
Lubobyl (jь)

-m
Chołm
Chołm
Chołm
Załom
   oder Załom/´e
Korzym?

-n
Dub/an, Duḃ/an,
   vgl. Duḃ/ane
Běgań (jь)
Nechań (jь)
Lichań (jь)
Bren
Prezdřěń?
Treb/in
Dib/in
Mojbin?
Drob/in
Drač/in
Pič/in?
Worč/in
Złyč/in
Lubol/in
Smol/in
Rogul/in
Kobyl/in,
   vgl. Kobyl/na,
   Kobyl/no
Lěton/in
Kołp/in
Krop/in
   bzw. Krup/in
Strup/in
Dar/in
Nechor/in
Kosor/in
Pěš/in?
Grěš/in?

   bzw. Grešin
Nikroš/in
Budyš/in
Bat/in
Brat/in?
Welet/in
Net/in, Nět/in
Gost/in
Chot/in
Kopriw/in,
   vgl. Kopriẃ/na,
   Kopriẃ/no
Daž/in
Broń, vgl. Bronow
Bluń

-o
Sedło
Šidło,
   vgl. Šidł/ow?
Ruđ/no,
   vgl. Ruđ/na
Žid/ino
Čel/no
Kol/no, vgl. Kol/na
Kobyl/no,
   vgl. Kobyl/na,
   Kobyl/in
Kobyl/no,
   vgl. Kobyl/na
Kobyl/no,
   vgl. Kobyl/na
Jaḿ/no
Klěť/no
Kopriẃ/no,
   vgl. Kopriw/in
Roẃ/no,
   vgl. Roẃ/na
Roẃ/no,
   vgl. Roẃ/na

-r, -ŕ
Žžar
Žžar
Žžar
Žžar
Dobŕ
Uněwěŕ (jь)
Radoboŕ (jь)
Zagoŕ
   vgl. Zagor´e
Jawor, vgl.
   Jawora

-ś
Niža weś
Nowa weś

-š
Luboš (jь)
Klukuš
Chrapuš? (jь)
Dobruš (jь)
Wropyš?

-t, -ť
Narť
Chrost,
   vgl. Chrosty
Barut?

-w
Lub/ow?,
   vgl. Lub/awa
Lub/ow?
Obyč/ow
Strad/ow
Zawid/ow
Łag/ow
Oběg/ow
Torg/ow

Załug/ow
Stach/ow
Nezděch/ow?
   bzw. Nizděch/ow
Nech/ow
Trebich/ow,
   vgl. Trebik/ow
Čelich/ow
Sěmich/ow
Wich/ow
Nižichow
Luboch/ow
Luch/ow
Godej/ow
Manej/ow
Krak/ow
Mužak/ow
Puck/ow
Trebik/ow,
   vgl. Trebich/ow
Mik/ow
Pik/ow
Dašik/ow
Welk/ow
Welk/ow
Welk/ow
Welk/ow
Sok/ow
Mirk/ow
Zmork/ow
Pork/ow
Prask/ow
Prask/ow
Těšk/ow
Debišk/ow
Mortk/ow
Buk/ow
Buk/ow
Buk/ow
   vgl. Buk/owć

Kuk/ow
Skazk/ow
Kał/ow,
   vgl. Kalawa
Pal/ow
Žal/ow
Šidł/ow?, vgl. Šidło
Rachl/ow
Rachl/ow
Kromoł/ow
Kozł/ow
Kan/ow
   bzw. Kańow
Ramen/ow
Reń/ow?
Dren/ow
Prochon/ow
Bron/ow?,
   vgl. Broń
Torn/ow
Uń/ow
Own/ow
Mir/ow
Neznamir/ow
Bor/ow
Komor/ow
Komor/ow
Komor/ow
Wětr/ow
Ostrow
Tis/ow
Tis/ow
Raš/ow
Češ/ow
Leš/ow
Lemeš/ow
   bzw. Lemiš/ow
Radiš/ow
Goliš/ow,
   vgl. Gołyš/ow

Uniš/ow
Dłupiš/ow?
Goriš/ow
Kriš/ow
Gołyš/ow,
   vgl. Goliš/ow
Pet/ow
Tet/ow
Blez/ow
Jež/ow
Drož/ow

-y
Porady?
   vgl. Porody
Rakojědy
Porody,
   vgl. Porady?
Žornosěky
Sobělusky
Krobonosy,
Chrosty,
   vgl. Chrost
Chrapousty?
Kołówazy

-z, -ź
Łaz
Tuchoraź (jь)
Miłoraź (jь)
Napadź?
Neswaź (jь) bzw.
   Niswaź(jь)
Lubowěź(jь)
Prebuź(jь)
Trebobuź(jь)

3.4. Verzeichnis der Mischnamen

Erst später aus früh überlieferten dt. OrtsN von Sorben gebildete MischN wie z. B. *Warnoćicy* für *Arnsdorf* sind hier nicht mit erfasst.

Blösa?	Jänkendorf	Kumschütz	Quolsdorf
Brauna	Jannowitz	Maukendorf	† Quoosdorf
Cunnewitz?	Jannowitz	Michalken	Radgendorf
Demitz	Jenkwitz	Mücka	Rehnsdorf?
Drausendorf	† Jenschwitz	Mulkwitz	Rieschen?
Dreikretscham	Jerchwitz	Niesendorf	Skerbersdorf
Gottschdorf	Kodersdorf	Paulsdorf,	Taschendorf?
† Grechsdorf	Kottmarsdorf	*Wizlawindorf*	Trebendorf
Hainitz	Krischa, jetzt	Pethau	Wawitz
Holtendorf	Buchholz	† Quitzdorf	Zentendorf?

3.5. Verzeichnis der deutschen Ortsnamen

Adolfshütte	Bernsdorf	Bretnig	Ober-
Altmarkt	a. d. Eigen, Alt-	Buchholz	Cunnersdorf,
Altstadt	Bernstadt	Buchwalde	Wendisch
Arnsdorf	a. d. Eigen	Buchwalde	
Arnsdorf	Berthelsdorf	Burghammer	Diebsdorf
Arnsdorf	Bertsdorf	Burkersdorf	Diebsdörfel
Attendorf	Berzdorf	Burkersdorf	Dittelsdorf
	a. d. Eigen	Buschbach	Dittersbach
Baarsdorf	Birkau		Dittmannsdorf
Bärwalde	Birkenrode	Callenberg	Dittmannsdorf,
Behmsdorf	Bischdorf	Carlsberg	Klein-
Beiersdorf	Bischheim	Carlsbrunn	Dörgenhausen
Belmsdorf	Bischofswerda	Carlsdorf	Dreiweibern
Berg	Bleichenau	Carlsruhe	Dürrbach
Berge	Boxberg	Cunewalde	
Bergen	Brand	Cunnersdorf	Ebendörfel
Bernbruch	Brandhofen	Cunnersdorf,	Ebersbach
Bernsdorf	Breitendorf	Nieder-	Ebersbach/Sa.
Bernsdorf	Bremenhain	Cunnersdorf,	Ebersdorf

Tiefendorf	Waldhof	Weißwasser/O.L.	Wolmsdorf,
Tiegling	Waltersdorf	Werda	Steinigt-
Tränke	Wartha	Werdeck	Wunschhausen
	Wartha	Werminghoff	
Uhsmannsdorf	Wehrsdorf	Wickersdorf	Zerre
Ullersdorf	Weickersdorf	Wiesa	Ziegelscheune,
	Weifa	Wiesa	Alte
Viereichen	Weigersdorf	Wiesdorf	Ziegelscheune,
Vogelhain	Weigsdorf	Wildfelde	Neue
Vollung	Weinhübel	Wilhelmsfeld	Zieglerthal
	Weißbach	Wittgendorf	Zimpel
Walddorf	Weißbach	Wittichenau	Zischelmühle
Walddorf	Weißenberg	Wolfsfurt	Zweibrücken

3.6. Verzeichnis der in den Ortsnamen enthaltenen altobersorbischen Personennamen

Aufnahme fanden auch aus dt. und christl. RufN hervorgegangene, sorabisierte PersN jüngeren Datums vom Typ *Hajna, Jan, Janka.*

Baťa – Storcha

Beč(a)? – Pietzschwitz,
 vgl. Bek(a), Pika

Bedro – Bederwitz

Běgan – Biehain

Bek(a)? – Pietzschwitz
 vgl. Beč(a), Pika

Běł, Běła, Bělan – Bellwitz

Běliš, Běłoš – Ebendörfel

Błogaš – Bloaschütz

Bobol, Bobola – Boblitz

Bog? – Halbendorf/
 Gebirge/Wbohow

Bolebor – Bolbritz

Boran – Bornitz

Bosław – Postwitz,
 Klein-

Boš – Baschütz

Brat?, Brata? – Bröthen

Bron? – Brohna

Budost – Postwitz/O.L.,
 Groß-

Budych(a), Budyš(a) –
 Bautzen; Bautzen,
 Klein-

Bulař – Bulleritz

Bun, Buna – Binnewitz

Bych, Byš – Puschwitz

Byšer – Buscheritz

Čak – Scheckwitz

Čast – Tschaschwitz

Čelich – Zschillichau

Češ – Zescha

Čorn, Čorna –
 Zscharnitz

Daga – Dehsa, Groß-,
 Klein-

Dal – Dahlowitz

Danik – Denkwitz

Dara – Dahren

Dašik – Döschko

Debišk – Döbschke

Diba – Düben, Groß-

Diwota – Siebitz

Dłupiš? – Lipsa

Dobiš – Döbschütz

Dobiš – Döbschütz, Groß-

Dobran – Dobranitz

Dobraš – Doberschütz

Dobrik – Döberkitz

Dobroš – Doberschütz

Dobruch, Dobruš –
 Doberschau

Dołg – Dolgowitz

Drač – Dretschen

Droba – Droben

Drogobud –
   Drogobudowitz

Drož – Drehsa

Druž, Druža –
   Drausendorf

Družk – Drauschkowitz

Gelut, Geluta – Gelutitz

Głupon – Glaubnitz

Gnaš – Gnaschwitz

Gněwota – Nimschütz

Goděj – Göda

Golata – Holtendorf

Goliš, Gołyš – Holscha

Goriš – Horscha

Gost, Gosta – Gottschdorf

Gostoł, Gostył – Goßwitz

Goš, Gošk – Goschwitz

Grěch, Grěcha?, Grech,
   Grecha – Rieschen

Gruboš – Grubschütz

Grubota – Grubditz

Hajna – Hainitz

Chota – Kotten

Chotěmir – Kottmarsdorf

Chrapuch, Chrapuš? –
   Krappe

Chrost – Crostwitz

Chwał – Quolsdorf

Chwat – Quatitz

Chynik, Chynk – Kynitzsch

Jaš – Jeschütz

Jež – Jesau

Jan – Jannowitz

Jan – Jannowitz

Jan? – Johnsdorf

Janiš – Jenschwitz

Jank – Jenkwitz

Janka, Janko – Jänkendorf

Jerich – Jerchwitz

Kan – Reichendorf
   (Kaana)

Kan, Kańa – Cannewitz

Kan, Kańa – Cannewitz

Kan, Kańa – Cannewitz

Kas – Quoos

Kaš – Kaschwitz

Kital(a), Kitał(a) –
   Kittlitz

Koča, Kočka –
   Katzschwitz

Komor – Commerau

Komor – Commerau
   b. Klix

Komor – Kommerau

Końař – Kunnerwitz

Kopriwa – Kopschin

Korg – Georgewitz

Kosoř – Cossern

Kot – Kotitz
   (Nieder-, Ober-)

Kozař – Caseritz

Kozoł – Caßlau

Krak – Krakau

Krak – Kreckwitz

Krěp – Kriepitz

Kriš – Buchholz

Kromoł – Kromlau

Kropa oder Krupa –
   Kroppen

Kuk – Kuckau

Kuniš – Kumschütz

Kupc, Kupiš – Kubschütz

Kwas – Quoosdorf

Kwětan – Quitzdorf

Łag – Loga

Ledźbora – Taschendorf/
   Ledźborecy

Lemeš, Lemiš –
   Lömmischau

Leš – Löschau

Leš – Weinhübel
   (Leschwitz)

Lětoń, Lětońa – Litten

Lichan – Spreewiese/
   Lichań

Lub? – Löbau, Löbau, Alt-

Luban – Mehlteuer

Lubel, Lubeł – Leuba

Lubobył – Liebon

Lubogost – Liebegast

Luboch – Lubachau

Luboch, Luboš – Laubusch

Lubola, Luboła –
   Liebel, Alt-, Neu-

Lobowěd – Lubas

Luch – Laucha

Lut – Lautitz

Lut – Leutwitz

Lut – Luttowitz

Mališ, Małyš – Malschwitz

Mališ, Małyš – Malsitz

Maleta, Małota – Maltitz

Maněj – Mönau

Medwěd? – Medewitz

Měš – Meschwitz

Michałk – Michalken

Mik – Mücka

Miłk – Milkwitz

Miłorad – Mühlrose

Miłostryj – Milstrich
Miłota – Miltitz
Mir – Melaune
Mirk – Merka
Muka – Maukendorf
Mulka – Mulkwitz
Mužak – Muskau, Bad
Mysław – Meuselwitz
Mysliš – Muschelwitz

Naděł, Naděła – Nadelwitz
Nebyłk – Nebelschütz
Nedaš – Nedaschütz
Nech – Buschbach,
    früher Niecha
Nechan – Nechen
Nechora – Nechern
Nerad – Neraditz
Neswad oder Niswad –
    Neschwitz
Neť – Niethen
Nezděch, Nizděch? –
    Bernsdorf/Njedźichow
Neznamir – Eiserode/
    Njeznarowy
Nikrocha – Hagenwerder,
    Nickrisch
Niswad, s. Neswad
Nižich? –
    Bernsdorf/Njedźichow
Nosat, Nosata – Nostitz

Obyč – Oppitz
Odren? – Ödernitz
Otoła? – Ottelwitz

Pan – Pannewitz
Pank – Panschwitz
Parota? – Partwitz,
    Groß-, Klein-

Pasł, Pasła, Pasło? –
    Baselitz, Deutsch-,
    Wendisch-
Pašk – Paschkowitz
Peča – Pietzschwitz,
    vgl. Pika, Beča
Pet – Pethau
Pik – Pickau
Pika – Peickwitz
Pika? – Pietzschen
Pika? – Pietzschwitz
Počapał, Počapała –
    Pottschapplitz
Pomir – Pommritz
Porad? – Borda, vgl. Porod
Porch – Purschwitz
Pork – Burkau
Porod – Borda, vgl. Porad?
Pozd, Pozda – Paßditz
Prask – Praskau
Prask – Preske
Prawota – Prautitz
Prebud – Priebus, Klein-
Prediš – Prischwitz
Priš – Preuschwitz
Priwět, Priwit – Preititz
Prochon – Prachenau
Ptače?, Ptačk? –
    Tätzschwitz
Puck – Putzkau,
    Nieder-, Ober-

Radiš – Radisch,
    Groß-, Klein-
Radka – Radgendorf
Radobor – Radibor
Radoła – Ralbitz
Radomir – Radmeritz,
    Klein-
Rach(e)l – Rachlau

Rach(e)l – Rachlau
Rak – Königswartha/
    Rakecy
Rakel – Rackel
Raniš? – Rehnsdorf
Raš – Rascha
Rat – Rattwitz
Rod – Rodewitz
Rogula – Riegel
Rokał, Rokeł, Rokuła –
    Räckelwitz
Rozwad – Rodewitz/Spree
Ruš, Ruša – Rauschwitz

Sěmich – Semmichau
Sěnota? – Zentendorf
Siw, Siwa – Siebitz
Skazk – Skaska
Skerbiš – Skerbersdorf
Słońk, Słońka –
    Schlungwitz
Smokot, Smokota –
    Schmochtitz
Smoła – Schmölln/O.L.
Sok – Zockau
Spyt, Spyta – Spittwitz
Stach – Stacha
Strad – Trado
Strež – Zieschütz
Strog, Stroga – Strohschütz
Strup, Strupa – Truppen
Suliš – Sollschwitz
Suliš – Sollschwitz
Swojan – Schweidnitz,
    Groß-, Klein-
Synk? – Singwitz, vgl. Žińk
Sypiš? – Schöpsdorf

Taša? – Taschendorf
Těchor – Techritz

Těmir – Temritz
Těšk – Deschka
Těšk – Zischkowitz
Tet, Teta – Tetta
Tichon, Tichoń –
Teichnitz
Toma? – Thumitz
Torgon – Daranitz
Treba – Trebendorf
Trebich, Trebik –
Tröbigau
Trebobud? – Trebus
Trusk – Trauschwitz
Tśik, Tśika – Peickwitz
Tuchorad – Tauchritz
Tupota – Teupitz

Uń – Uhna, Nieder-,
Ober-
Uněwěr – Unwürde
Uniš – Wunscha
Uško – Auschkowitz
Uwěr – Auritz

Wad – Waditz
Wawa – Wawitz
Welęta – Wilthen
Wětan – Wicknitz, Dürr-
Wětr? – Wetro
Wich – Weicha
Wilk – Welka
Wilk – Welka, Groß-,
Klein-

Wilk – Wölkau
Wisław – Paulsdorf,
Deutsch-
Witan – Wiednitz
Witoł, Witoła – Weidlitz
Worča – Wurschen

Zawid – Seidau,
Klein-
Złyka – Litschen
Zmetk? – Schmeckwitz
Zmork – Schmorkau
Žal – Saalau
Žińk, Žizńk? – Singwitz,
vgl. Synk
Žur – Säuritz

3.7. Verzeichnis der in den Ortsnamen enthaltenen deutschen Personennamen

Das Verzeichnis beinhaltet auch PersN aus christl. RufN wie z. B. *Bar*, sowie aus Herkunfts- bzw. StammesN wie *Böhm(e)*, *Schwabe* u. dgl.

Adolf – Adolfshütte
Arnold – Arnsdorf
Arnold – Arnsdorf
Arnold – Arnsdorf

Baldewin, Baldewig –
Belmsdorf
Bar – Baarsdorf
Bayer – Beiersdorf
Bern, Bernhard –
Bernsdorf
Bernhard – Bernsdorf
Bernhard – Bernsdorf
a. d. Eigen, Alt-
Bernhard – Bernstadt

a. d. Eigen
Bero? – Bärwalde
Bero? – Bernbruch
Bertold – Berthelsdorf
Bertold – Berzdorf
a. d. Eigen
Bertold – Herwigsdorf,
Ober-
Bertram – Bertsdorf
Böhm(e) – Behmsdorf
Brun – Brauna
Burghard – Burkersdorf

Dietlieb – Dittelsdorf
Dietmar – Dittmannsdorf

Dietrich – Dittersbach
Dietwin – Dittmansdorf,
Klein-
Eber(hard) – Ebersbach
Eber(hard) – Ebersbach/
Sa.
Eberhard – Ebersdorf
Eckehart – Eckartsberg
Ellenbrecht – Ellersdorf
Erger? – Irgersdorf
Erich? – Irgersdorf
Friedrich – Friedersdorf
Friedrich – Friedersdorf
Friedrich – Friedersdorf
Friedrich – Friedersdorf

Geier? – Geierswalde

Gerhard – Gersdorf

Gerhard – Gersdorf, Alt-

Gerhard – Gersdorf,
 Neu-

Gerlach – Gersdorf,
 Nieder-, Ober-

Gerwig – Girbigsdorf

Giselbrecht –
 Geißmannsdorf

Gunter – Günthersdorf

He(i)lwig – Helwigsdorf

Heinrich – Heinersdorf

Heinrich – Hennersdorf

Heinrich – Hennersdorf,
 Dürr-

Heinrich – Hennersdorf,
 Groß-

Heinrich- Hennersdorf,
 Seif-

Hermann – Hermannsdorf

Hermann – Hermsdorf
 b. Ruhland

Hermann – Hermsdorf/
 Spree

Herwig – Herwigsdorf

Herwig – Herwigsdorf,
 Mittel-

Herwig – Herwigsdorf,
 Ober-

Hildebrand – Hilbersdorf

Hoiko – Höckendorf

Hoyer – Hoyerswerda

Hug – Hausdorf

Hug – Hauswalde

Iso – Eiserode

Jan, Johannes – Jonsdorf

Johannes – Johannisthal

Joseph – Josephsdorf

Karl – Carlsberg

Karl – Carlsbrunn

Karl – Carlsdorf

Karl – Carlsruhe

Karl – Karlsdorf

Kiesling – Kiesdorf
 a. d. Eigen

Klinge – Kringelsdorf

Konrad – Cunnersdorf

Konrad – Cunnersdorf,
 Nieder-

Konrad – Cunnersdorf,
 Ober-

Konrad – Cunnersdorf,
 Wendisch-

Konrad – Kunnersdorf

Konrad – Kunnersdorf
 a. d. Eigen

Konrad – Kunnersdorf,
 Spitz-

Konstantin – Kunzensdorf

Korber – Körbigsdorf

Kreuel – Kreuelsdorf

Kuno – Cunewalde

Liebe – Liebesdörfel

Liebger – Lückersdorf

Liutbrand – Leppersdorf

Liutger – Leutersdorf

Lücke – Lückendorf

Ludwig – Ludwigsdorf,
 Nieder-, Ober-

Markwart – Markersdorf

Martin, Mertin – Merzdorf

Meinhart – Möhrsdorf

Menger – Mengelsdorf

Osan – Uhsmannsdorf

Otto, Otte – Attendorf

Otto? – Ottelwitz

Otto – Ottenhain

Paul – Paulsdorf,
 Deutsch-

Paul – Paulsdorf,
 Wendisch-

Peter – Petershain

Peter – Petershain

Reichart – Reichersdorf

Rein? – Rehnsdorf

Reinger – Rengersdorf

Reinhard – Reinhardsdorf

Reinher – Rennersdorf,
 Nieder-, Ober-

Richo – Reichwalde

Ringo – Ringenhain

Rüdiger – Röhrsdorf

Rüdiger – Röhrsdorf,
 Groß-

Rüdiger – Röhrsdorf,
 Klein-

Ruprecht – Ruppersdorf

Ruprecht – Ruppersdorf/
 O.L.

Salmann – Salmannsdorf

Scherge – Schirgiswalde

Schwab(e) – Schwosdorf

Siegfried – Seifersdorf

Siegfried – Seifersdorf,
 Nieder-

Siegfried – Seifersdorf,
 Ober-

Thomas – Thomaswalde

Timo – Thiemendorf

Timo – Thiemendorf
Tuto – Tautewalde

Ulrich – Ullersdorf

Walter – Waltersdorf
Werner – Wehrsdorf
Wicker – Wickersdorf
Wiegand – Weigsdorf
Wigger – Weickersdorf
Wignand – Weigersdorf
Wilhelm – Wilhelmsfeld
Witticho – Wittgendorf
Witticho – Wittichenau
Wolfram – Wolmsdorf,
   Steinigt-

4. Literaturverzeichnis

4.1. Literatur zu Ortsnamen

Den mit * (einem Sternchen) versehenen Titeln entstammen die historischen Ortsnamenbelege für das Wörterbuch.

Atlas altsorbischer Ortsnamentypen. Studien zu toponymischen Arealen des altsorbischen Gebietes im westslawischen Sprachraum. Hrsg. v. EICHLER, E., Unter der Leitung von I. Bily bearb. v. I. Bily, B. Breitfeld u. M. Züfle. Hefte 1–5. Stuttgart 2000–2004.

BILY, I., BÖSSELMANN, K., Zu den Strukturtypen altsorbischer Ortsnamen im Gebiet zwischen Neiße und Bober/Queis. I. Deanthroponymische Bildungen. In: Namenkundliche Informationen, Beiheft 20 (1999), 33–54.

EICHLER, E., *Studien zur Frühgeschichte slawischer Mundarten zwischen Saale und Neiße.* Berlin 1965.

EICHLER, E., *Beiträge zur deutsch-slawischen Namenforschung (1965–1981).* Leipzig 1985.

*EICHLER, E., *Slawische Ortsnamen zwischen Saale und Neiße.* Ein Kompendium. Bde. I–III. A–S. Bautzen 1985, 1987, 1993.

*EICHLER, E., WALTHER, H., *Ortsnamenbuch der Oberlausitz.* Bde. I, II. Berlin 1975, 1978.

Historisches Ortsnamenbuch von Sachsen. Hrsg. v. EICHLER, E. u. WALTHER, H. Bearb. v. E. Eichler, V. Hellfritzsch, H. Walther u. E. Weber. Bde. I–III. Berlin 2001.

*Historisches Ortsverzeichnis von Sachsen. Hrsg. v. BLASCHKE, K. Bearb. von S. Baudisch u. K. Blaschke. Bde. I, II. Leipzig 2006.

LIETZ, G., *Zum Umgang mit dem nationalsozialistischen Ortsnamen-Erbe in der SBZ/DDR.* Leipzig 2005.

MESCHGANG, J., *Die Ortsnamen der Oberlausitz.* Bautzen o. J. (1973).

MUKA, A., *Serbski zemjepisny słowničk.* Bautzen 1927 (fotomech. Neudruck 1979).

WENZEL, W., *Probleme der Ortsnamentypologie, -geographie und -stratigraphie.* In: Onomastica 50, Kraków 2005, 135–150.

WENZEL, W., *Niederlausitzer Ortsnamenbuch.* Mit einem Exkurs zur Siedlungsgeschichte und 8 mehrfarbigen Karten. Bautzen 2006.

WENZEL, W., *Neue Deutungen Oberlausitzer Ortsnamen.* In: Lětopis 55 (2008) 1, im Druck.

4.2. Literatur zu Personennamen

CIEŚLIKOWA, A., SZYMOWA, J., RYMUT, K., *Słownik etymologiczno-motywacyjny staropolskich nazw osobowych* (Wörterbuch zur Etymologie und Motivation altpolnischer Personennamen). Cz. I. Odapelatywne nazwy osobowe (Tl. I. Deappellativische Personennamen). Kraków 2000.

KOHLHEIM, R., KOHLHEIM, V., *Duden. Das große Vornamenlexikon.* 3. Aufl. Mannheim–Leipzig–Wien–Zürich 2007.

KOHLHEIM, R., KOHLHEIM V., *Duden. Familiennamen. Herkunft und Bedeutung von 20 000 Nachnamen.* Mannheim–Leipzig–Wien–Zürich 2005.

MOLDANOVÁ, D., *Naše příjmení.* Prag 2004.

NAUMANN, H., unter Mitarbeit von HELLFRITZSCH, V., NAUMANN, M., SCHULTHEIS, J., WENZEL, W., *Das große Buch der Familiennamen.* Niedernhausen 1994.

RYMUT, K., *Nazwiska Polaków* (Die Familiennamen der Polen). Bde. I, II. Kraków 1999, 2001.

WENZEL, W., *Studien zu sorbischen Personennamen.* Tl. I. Systematische Darstellung. Tl. II/1. Historisch-etymologisches Wörterbuch A–L. Tl. II/2. Historisch-etymo-logisches Wörterbuch M–Ź. Rückläufiges Wörterbuch. Suffixverzeichnis. Tl. III. Namenatlas und Beiträge zur Siedlungsgeschichte. Bautzen 1987, 1991, 1992, 1994.

WENZEL, W., *Lausitzer Familiennamen slawischen Ursprungs.* Bautzen 1999.

WENZEL, W., *Niedersorbische Personennamen aus Kirchenbüchern des 16. bis 18. Jahrhunderts.* Mit 16 mehrfarbigen Karten. Bautzen 2004.

4.3. Wörterbücher

PFEIFFER, W., zus. mit einem Autorenkollektiv, *Etymologisches Wörterbuch des Deutschen.* Bde. I–III. Berlin 1989.

SCHUSTER-ŠEWC, H., *Historisch-etymologisches Wörterbuch der ober- und niedersor-bischen Sprache.* Bde. I–IV. Bautzen 1978–1989.

VÖLKEL, P., *Prawopisny słownik hornjoserbskeje rěče* (Rechtschreibwörterbuch der obersorbischen Sprache). Wobdź. (bearb. v.) T. Meškank. Bautzen 2005.

4.4. Literatur zu Geschichte und Landeskunde

Atlas zur Geschichte und Landeskunde von Sachsen. Hrsg. von der Philologisch-Historischen Klasse der Sächsischen Akademie der Wissenschaften zu Leipzig in Verbindung mit dem Landesvermessungsamt Sachsen. Projektleiter Prof. Dr. KARLHEINZ BLASCHKE. Leipzig–Dresden 1998 ff.

BLASCHKE, K., *Geschichte Sachsens im Mittelalter.* Berlin 1990.

BLASCHKE, K., *Ortsformen.* In: Atlas zur Geschichte und Landeskunde von Sachsen, Karte B II 2 und Beiheft. Leipzig und Dresden 1998.

BLASCHKE, K., *Flurformen.* In: Atlas zur Geschichte und Landeskunde von Sachsen, Karte B II 3 und Beiheft. Leipzig und Dresden 1998.

BLASCHKE, K., *Beiträge zur Geschichte der Oberlausitz.* Görlitz 2000.

BLASCHKE, K., *Die geschichtliche Leistung des sorbischen Volkes im germanisch-slawischen Berührungsraum Ostmitteleuropas.* In: Im Wettstreit der Werte. Hrsg. v. D. SCHOLZE. Bautzen 2003, 61–81.

BRANKAČK, J., MĚTŠK, F., *Geschichte der Sorben.* Bd. I. Von den Anfängen bis 1789. Bautzen 1977.

FÖRSTER, F., *Verschwundene Dörfer.* Die Ortsabbrüche des Lausitzer Braunkohlenreviers bis 1993. 2. Auflage, Bautzen 1996.

HUNGER, W., WEISE, A., WÜNSCHE, M., *Die Böden im Freistaat Sachsen.* In: Atlas zur Geschichte und Landeskunde von Sachsen, Karte A 4 und Beiheft. Leipzig und Dresden 2000.

STAMS, W., *Böden nach Bodenwerten.* In: Atlas zur Geschichte und Landeskunde von Sachsen, Karte F IV 1 und Beiheft. Leipzig und Dresden 1998.

WALTHER, H., *Historische Gewässernamenschichten.* In: Atlas zur Geschichte und Landeskunde von Sachsen, Karte G II 4 und Beiheft. Leipzig und Dresden 2004.

5. Exkurs: Die Besiedlung der Oberlausitz im Lichte der Ortsnamen

Um den OrtsN Erkenntnisse für die Siedlungsgeschichte abzugewinnen, sind diese in Bezug auf ihre Herkunft, Bildung, räumliche Ausbreitung und zeitliche Abfolge hin allseitig zu untersuchen. Das geschieht mit Hilfe der Namenetymologie, der Namentypologie, der Namengeographie und der Namenstratigraphie. Die siedlungshistorische Betrachtung verlangt des Weiteren die Berücksichtigung der geographischen Verhältnisse, also Höhenlage, Niederschlagsmenge und Vorhandensein von Wasser, Jahresdurchschnittstemperatur, Bodenqualität usw. Die methodischen Grundlagen für die siedlungsgeschichtliche Ausdeutung slaw. OrtsN schufen im Anschluss an STANISŁAW ROSPOND (Polen) und VLADIMÍR ŠMILAUER (Tschechien) ERNST EICHLER und HANS WALTHER (beide Leipzig) in mehreren richtungsweisenden Aufsätzen. Danach spiegelt sich die zeitliche Aufeinanderfolge der slaw. Ortsnamentypen in Abhängigkeit von den geographischen Gegebenheiten in einem gestaffelten räumlichen Nebeneinander wider. Die von ihnen entwickelten methodischen Prinzipien liegen auch unseren Untersuchungen der Oberlausitzer Ortsnamenlandschaft zugrunde, wobei wir uns durch eine stärkere Differenzierung der Ortsnamenstrukturen mit Berücksichtigung ihrer lexikalischen Basen sowie deren anschaulichere Wiedergabe auf mehrfarbigen Karten unter Einbeziehung der Bodenwerte um eine weitere Verfeinerung der Methode bemühten. Die nachfolgende Beschreibung der slaw. und dt. Besiedlung der Oberlausitz erfolgt auf der Grundlage der im Anhang angefügten Karten. Vorauszuschicken sind einige allgemeine Bemerkungen zur slaw. Landnahme und der dt. Ostsiedlung.

Die Einwanderung der Slawen in das Gebiet der heutigen Oberlausitz erfolgte nach den Erkenntnissen der Archäologie und Geschichtswissenschaft im 7. Jahrhundert. Von den Slawen zwischen Elbe und Saale berichtet die Chronik des Fredegar bereits z. J. 631/32, dass die Wenden viele Male in Thüringen und in die verlassenen und verheerten Gaue des Frankenreiches einfielen, und sie nennt in einem anderen Zusammenhang auch einen ihrer Anführer: *Dervanus dux gente Surbiorum* ›Dervanus, der Fürst vom Stamme der Sorben‹. Ihre Vorfahren waren aus der Urheimat der Slawen gekommen, die nach den neuesten Erkenntnissen der Namenforschung in einem Raum zu suchen ist, den man, grob gesprochen, mit »Südostpolen – Nordwestukraine« umschreiben kann. Von dort führte ihr Weg nördlich der Karpaten in Richtung Westen, durch die Mährische Pforte in den Böhmischen Kessel und elbeabwärts in das Land zwischen Elbe und Saale. Andere slaw. Stämme zogen dagegen in das Flussgebiet der Oder und diese abwärts bis weit nach dem Norden, um schließlich die Ostsee zu erreichen. Die Vorfahren der heutigen Obersorben aber bogen bald nach Westen ab, in die Landstriche an der Neiße sowie dann in westlicher Richtung weiter in die fruchtbare Offenlandschaft mit dem späteren Bautzener Land als Mittelpunkt. Man bezeichnet

diese historische Epoche gewöhnlich als »Völkerwanderungszeit«. Die damals in Bewegung geratenen Stämme und Stammesteile stellten kleinere oder größere Bevöl-
kerungsgruppen dar, zusammengehalten durch verwandtschaftliche Beziehungen, die
gleiche Sprache (späturslaw. Dialekte) und das Bestreben, gemeinsam neues Land zu
erschließen und die Lebensgrundlagen zu verbessern. Sie befanden sich auf der Stufe
der ausgehenden Stammesgesellschaft (Gentilgesellschaft). Diese in Familienverbän-
den organisierten und stammesmäßig gebundenen Bauernkriegerscharen rückten unter der Leitung ihrer Stammesführer und Sippenältesten etappenweise vorwärts. Die
Aufsiedlung des in Besitz genommenen Landes erfolgte nicht sogleich großflächig, sondern eher kleinräumig, wobei man zuerst die siedlungsgünstigen Standorte auswählte,
stets an kleineren oder größeren Flussläufen, Bächen oder Seen, auf ertragreichen Böden, in geschützten Lagen. Diese Bedingungen erfüllte in fast idealer Weise ein sich
bald verengender, sich bald bis zu ca. 15 km verbreiternder Streifen fruchtbaren Landes
mit Bodenwerten von 50 bis 70 Punkten, der sich aus dem Raum von Görlitz bis
vor Kamenz erstreckte (siehe hierzu die Karten unten). Es war dies eine weitgehend
waldfreie Offenlandschaft mit solch siedlungsgünstigen Parametern (um Bautzen)
wie einer Meereshöhe um 200 m, einer Jahresniederschlagsmenge von 695 mm und
einer Jahresdurchschnittstemperatur von 8,4 °C. Gemieden wurde nicht nur das Oberlausitzer Bergland im Süden, sondern vorerst auch das sich dem Ostlausitzer, Bautzener und Westlausitzer Lößhügelland nördlich einer Linie Kamenz–Görlitz anschließende Oberlausitzer Heide- und Teichgebiet, die Muskauer Heide im Nordosten und
die Königsbrücker Heide im Nordwesten, alles Altmoränen- und Talsandgebiete des
Tieflandes mit bedeutend geringeren Bodenwerten. Die einwandernden Slawen kamen in ein fast menschenleeres Land, denn die hier vor ihnen siedelnden Germanen
waren im 5. Jahrhundert nach dem Westen abgezogen. Es dürften aber einige wenige
Restgruppen verblieben sein, denn nur von ihnen konnten die Neuankömmlinge solche vorslawische, d. h. alteuropäische oder germanische GewässerN wie *Neiße*, *Spree*,
Elster, *Röder* übernommen haben. Die Einwanderer, Ackerbauern und Viehzüchter, legten in den welligen bis hügeligen Lößgebieten an geeigneten Stellen in Quellmulden
und an Wasserläufen weilerartige Siedlungen an, die entsprechend der auf der Groß-
familie beruhenden Gesellschaftsordnung jeweils den Namen des Sippenältesten erhielten. Hier haben die auf den Karten 2 und 3 verzeichneten patronymischen OrtsN
ihren Ursprung. Über diese ältesten Besiedlungsvorgänge geben nur die OrtsN sowie
archäologische Quellen Auskunft. Die historische Überlieferung setzt erst mit dem
sog. Bayrischen Geographen (um 850) ein. In seiner Beschreibung slawischer Stammesgebiete führt er die *Milzane* mit *XXX ciuitates* (Burgbezirken) und die *Besunzane*
mit *II ciuitates* an. Erst über ein Jahrhundert später treten die Urahnen der Obersorben
und das von ihnen bewohnte Land wieder in das Licht der Geschichte: 971 *Milzsane*,
992 *in terram Milze et a fine Milze*, 1000–1004 *Milzini*, *Milzieni*, *Milzanie* u. dgl., 1007
in pago Milzani, 1071 *in pago Milsca*, 1091 *in regione Milce*. Die *Besunzane* finden

keine Erwähnung mehr. Ihr sicher bedeutend kleineres Stammesgebiet ist im Raum um Görlitz zu lokalisieren und erstreckte sich wahrscheinlich vom Weißen Schöps im Westen bis zur Wasserscheide zwischen Neiße und Queis im Osten. Der sich im Westen anschließende Wohngau der *Milzener* lässt sich am besten mit Hilfe der OrtsN auf *-ici* und *-owici* umgrenzen, siehe Karten 2, 3. Beide StammesN geben der Forschung nach wie vor Rätsel auf. Man dachte an **Milčane* ›Bewohner des flachen Landes‹, eine Ableitung mit dem Suffix *-jane* von urslaw. mundartl. **milъkъ* ›flach, seicht‹, oso. niłki, nso. mělki, miłki, dass., aber auch an einen vorslaw. GewässerN sowie an einen slaw. PersN **Milъkъ* als Grundlage. Bei *Besunzane* besteht wahrscheinlich ein Zusammenhang mit dem OrtsN *Biesnitz*, für den eine überzeugende Deutung ebenfalls noch aussteht (siehe oben im Wörterbuch). Wir werden unten bei der Betrachtung der Karten sehen, wie sich die beiden ursprünglich eng begrenzten Stammesgebiete im Laufe der Jahrhunderte erweiterten und nach der deutschen Eroberung und Ostsiedlung in einem territorial-politischen Gebilde aufgingen, das wir heute »Oberlausitz« nennen.

5.1. Kommentare zu den Karten

Im Unterschied zum »Niederlausitzer Ortsnamenbuch« wird außer der Karte 6 allen anderen Karten eine mehrfarbige räumliche Darstellung der Bodenwerte untergelegt, denn gerade von der Qualität des Bodens hängt in entscheidendem Maße die Attraktivität einer Region für ihre Besiedlung ab. Durch diese Vorgehensweise ergeben sich bessere Voraussetzungen für die siedlungsgeschichtliche Interpretation der Namenkonstellationen, die Beurteilung der räumlichen Ausbreitung und zeitlichen Schichtung der Namentypen. Zu Grunde gelegt wurde die Karte F IV 1 »Böden nach Bodenwerten« von WERNER STAMS aus dem »Atlas zur Geschichte und Landeskunde von Sachsen«. Die mehrfarbige Skala der Bodenwertzahlen reicht von 10 bis 100 und wurde in unsere Karten mit aufgenommen. Mehrdeutige Namen werden in den Karten durch ein Fragezeichen (?) markiert, Wüstungen durch ein Kreuz (†).

Karte 1. Die OrtsN mit dem Suffix *-jь*, die nach den Erkenntnissen der slaw. Namenforschung mit zu den älteren Namenschichten gehören, finden sich in loser Streuung von der Neiße bis zur Schwarzen Elster. *Tauchritz* und *Leuba* im Süden, wahrscheinlich zum Gau *Besunzane* gehörend, zeigen, zusammen mit *Kleinpriebus* und *Priebus*, poln. *Przewóz*, im Norden, dazwischen *Trebus* und *Biehain*, eine der frühen Besiedlungswellen an. Eine gewisse Konzentration der *-jь*-Bildungen ist im Großraum um Bautzen zu beobachten, mit Ausläufern nach dem Nordwesten. Weit im Norden liegt *Mühlrose*, das möglicherweise mit der nso. Namenlandschaft in Verbindung steht. Ein solcher Verdacht liegt auch bei *Laubusch* und *Liebegast* nahe. Das in *Lubogošč < *Lubogostjь *(Liebegast)* enthaltene Personennamenhinterglied -*gost* kommt in den OrtsN der Oberlausitz außer in *Gostin *(Gottschdorf)* sonst nicht vor, dafür aber in *Suligošč *(Sallgast)* in der südwestl. Niederlausitz. Mehrere der -*jь*-Namen liegen, wie auf der Karte deutlich zu erkennen, nicht in den zentralen Gebieten mit den fruchtbarsten Böden der Oberlausitz, womit sie sich in ihrer Verbreitung auffallend von den OrtsN auf -*ici* und -*owici* unterscheiden. Ein deutliches Areal in der Mitte zwischen Görlitz und Bautzen bilden die zusammengesetzten Namen auf -*y* mit *Krobonosy *(Krobnitz),* *Sobělusky *(Zoblitz),* *Žornoséky *(Sornßig),* *Kołówazy *(Kohlwesa)* und *Rakojědy *(Rackel/Rakojdy),* vielleicht auch *Chrapousty *(Krappe).* Diese altertümlichen Bildungen, BewohnerN, die ursprünglich bald als BerufsüberN auf eine handwerkliche Tätigkeit Bezug nahmen, bald als ÜberN eine spöttisch-charakterisierende Haltung der Namengeber zum Ausdruck brachten, liegen alle auf siedlungsgünstigem Terrain und markieren eine der ältesten Siedlungskammern des *pagus Milska*. Die BewohnerN auf -*jane* stellen ebenfalls einen sehr alten Namentyp dar, vertreten durch *Błocane *(Plotzen),* *Dolane *(Döhlen)* und *Židčane *(Seitschen)* sowie das wohl jüngere *Strělane *(Strehla)* und das etwas fragliche *Dubane *(Dauban).* Sie befinden sich bis auf *Dauban* alle in der Mitte der fruchtbaren Gefildelandschaft.

Karte 2. Die patronymischen OrtsN auf -*ici* und -*owici* gehören, wie schon oben in Kap. 1.5.1. ausgeführt, zu den ältesten Namenschichten und lassen in der Oberlausitz zahlenmäßig alle anderen Namentypen weit hinter sich. Die starke Konzentration dieser beiden Typen, die man gewöhnlich zusammen kartierte und nicht deutlich voneinander trennte, zwang aus technischen Gründen zu ihrer Verteilung auf zwei Karten. Die -*ici*-Namen versammeln sich in großer Dichte auf den fruchtbaren Landstrichen vom oberen Schwarzen Schöps im Osten bis nahe an den Oberlauf der Schwarzen Elster im Westen. Fast alle Siedlungen liegen auf Böden mit Werten von 51 bis stellenweise 70 Punkten. Eine Ausnahme bildet lediglich *Wiednitz* nw. Kamenz sowie das etymologisch fragliche *Partwitz*, *Gr.*, *Kl.*, nw. Hoyerswerda. Zur Bestimmung der ältesten Siedelkerne ist die Unterscheidung von OrtsN aus VollN, Kurz- und Koseformen sowie PersN mit Ne-, ferner von ÜberN von Belang. Als früheste Niederlassungen dürfen wir die voll rot gekennzeichneten OrtsN (aus VollN) ansehen, so im Osten *Meuselwitz*, *Radmeritz*, in der Mitte *Temritz*, *Bolbritz*, am Nordrand *Preititz*, im Süden *Kleinpostwitz*. In ihrer näheren und weiteren Umgebung finden sich stets die halb rot markierten OrtsN (aus Kurz- und Koseformen). In eine sehr frühe Zeit weisen auch die aus Abwehrnamen (siehe oben Kap. 1.5.1.) hervorgegangenen OrtsN zurück, vertreten durch *Neraditz* und *Nebelschütz*. Die auf ÜberN beruhenden OrtsN liegen dagegen mehr an der Peripherie des -*ici*-Großareals, nicht selten auf weniger fruchtbaren Böden. Ähnliches war schon in der Niederlausitz zu beobachten. Die Namen vom Typ *Nowosedlici ›Neusiedler‹ mussten wegen Überlastung der Karte 2 auf der unter-

besetzten Karte 5 verzeichnet werden. Sie befinden sich dort alle im westl. und südwestl. Randgebiet des ältesten Siedlungsraumes und zeugen von dessen Ausbau und
ersten Erweiterung.

Karte 3. Ein ähnliches Bild wie die -ici-Namen bieten die OrtsN mit dem Suffix -owici.
Sie bedecken fast die gleiche Fläche, nur dass einige wenige erste Vorstöße in Richtung
Norden unternehmen. Zu ihnen gehören *Doberschütz*, *Ralbitz* und *Königswartha/Ra-
kecy*. Die ganz im Nordwesten gelegenen *Peickwitz* und *Tätzschwitz*, letzteres nicht
eindeutig als -owici-Bildung identifizierbar, stammen möglicherweise von den nach dem
Süden drängenden *Luzici*, den späteren Niedersorben. Während zwei der drei aus VollN
hervorgegangenen OrtsN – †*Drogobudowitz* und *Pommritz* – sich im Zentrum posi-
tionieren, ließen sich die *Razwadowici, die ›Leute des Rozwad‹ *(Rodewitz)* in durchaus
noch siedlungsgünstiger Lage ganz im Süden an der Spree nieder. Die Mehrzahl der
-owici-Namen aber beruht auf Kurz- und Koseformen und konzentriert sich um und
besonders westl. von Bautzen. Die aus ÜberN gebildeten OrtsN bevorzugen wiederum
des Öfteren Randpositionen des Areals.

Zusammenfassend lässt sich auf der Grundlage der oben beschriebenen ersten drei
Karten feststellen, dass die auf ihnen verzeichneten OrtsN, darunter besonders die patronymischen Bildungen, die Namen auf -*jane* sowie die Komposita auf -*y*, deutlich die
frühesten Niederlassungen der eingewanderten Slawen erkennen lassen. Wir bezeichnen deshalb diese Landstriche als *slawischen Altsiedelraum* und stellen ihn den später
eingenommenen *slawischen Neusiedelgebieten*, in denen andere Ortsnamentypen vor-
herrschen, gegenüber. Der Unterschied zwischen diesen beiden Großräumen hängt,
wie unsere Karten zeigen, in entscheidendem Maße von der Bodenqualität ab. Der auf
diese Weise abgesteckte Altsiedelraum dürfte sich weitgehend mit dem *pagus Milska*,
also dem *Milzenergau*, sowie dem Wohngau *Besunzane*, soweit er sich westl. der Neiße
erstreckt, decken.

Karte 4. Die possessivischen OrtsN auf -*ow*, die ursprünglich eine Siedlung nach ihrem
Gründer oder ersten Ansiedler benannten, begegnen nicht nur im Altsiedelraum, sondern dringen bis weit nach dem Norden vor, aber auch nach dem Westen und auf kürzere Entfernung nach dem Südwesten, also in Gegenden mit deutlich geringeren Bodenwerten, und in ehemalige Waldregionen. Sie stellen erste Zeugnisse für die Aufsiedlung
der bisher unberührten Oberlausitzer Heide- und Teichlandschaft, einschließlich der
Muskauer und Königsbrücker Heide dar. Der einzige -*ow*-Name, *Kleinseidau*, der mit
einem VollN, allerdings einem unechten, gebildet ist, liegt im Zentrum, wo sich auch
mehrere OrtsN aus Kurz- und Koseformen versammeln. Solche gelangen in loser Streuung mit *Döschko* bis weit nach dem Norden, als besonders expansiv aber erweisen sich
die auf ÜberN zurückzuführenden OrtsN, die im Norden, Westen und Südwesten die
äußersten Ränder besetzen, so mit *Putzkau* und *Pickau* im Südwesten, mit *Krakau* und

Schmorkau im Westen, mit *Kromlau* und *Bad Muskau* ganz im Norden, hier schon in der Grenzzone zur Niederlausitz. Im Altsiedelraum tauchen sie nur in der Westhälfte mehrmals auf. Die blau markierten Namen, *Eiserode/Njeznarowy* und *Bernsdorf/Nje-dźichow*, spät überliefert und mit unsicherer Deutung, vermögen siedlungsgeschicht-lich nicht viel auszusagen.

Karte 5. Die hier aus technischen Gründen mit untergebrachten OrtsN vom Typ **No-wosedlici* wurden schon oben bei der Kommentierung der Karte 2 mit besprochen. Die possessivischen Namen auf *-in* kennen im Vergleich zu den vorangehenden Bildungs-typen nur Ableitungen von KurzF und ÜberN sowie von PersN mit der Negationspar-tikel *Ne-* und *Ni-*. Das Fehlen von VollN als Basis lässt auf einen jüngeren Namen-typ schließen. Diese Schlussfolgerung wird bestätigt durch die räumliche Ausbreitung bis weit nach dem Norden und Westen, obgleich auch im Altsiedelraum, darunter mit *Bautzen* im Zentrum, diese Bildungen vorkommen. Beachtenswert sind die Ableitun-gen von ÜberN, die oft Außenposten beziehen, so mit *Schmölln* und *Dehsa, Gr., Kl.*, im Süden, *Kroppen* im Westen, *Riegel/Roholń* und *Groß Düben* im Norden. Die blau ge-kennzeichneten OrtsN *Nechern* und *Nickrisch*, heute *Hagenwerder*, darf man nach den bisherigen Erkenntnissen der Namenstratigraphie einer etwas älteren Schicht zuord-nen. Beide liegen im Grenzbereich des Altsiedelraumes.

Karte 6. Ein Hauptproblem der slaw. Ortsnamenforschung besteht bekanntlich darin, dass es in einer beträchtlichen Anzahl von Fällen nicht gelingt, die betreffenden Na-men eindeutig von einem PersN oder einem Appellativum herzuleiten. Diese Zwei-oder gar Mehrdeutigkeit führt zu fehlerhaften Schlussfolgerungen in Bezug auf die Ortsnamentypologie und die siedlungsgeschichtliche Auswertung des Namengutes. Es ist deshalb nach Verfahren zu suchen, um zu einigermaßen zufriedenstellenden Lö-sungen zu kommen, wenn auch nicht in jedem Einzelfall absolute Sicherheit zu erzie-len sein wird. Es sind im Sorb. folgende Namentypen, bei denen eine Ableitung von einem PersN mit einer Ableitung von einem Appellativum konkurriert: die OrtsN auf *-ici* und *-owici* einerseits mit den Bildungen auf *-ica* und *-owica* andererseits, die alle mit *-itz* bzw. *-witz* eingedeutscht wurden, ferner die OrtsN auf *-ow* und *-in*. Aus diesem Grunde soll auf Karte 6 anhand von 9 Beispielen, die man bisher fast ausschließlich auf Appellative zurückführte, versucht werden, die betreffenden OrtsN allein von PersN abzuleiten. Dabei stützen wir uns nicht nur auf die entscheidende Tatsache, dass in unmittelbarer Nähe die in den OrtsN vorausgesetzten PersN in den Quellen des 14. bis 18. Jh. als Bei- und FamN vorkommen, sondern auch auf VergleichsN aus dem Poln. und Tschech. Da alle auf der Karte verzeichneten OrtsN bereits im Wörterbuch, Kap. 2.2., behandelt wurden, können wir uns auf drei ausführlicher zu diskutierende Fälle beschränken. 1) *Crostwitz/Chróścicy*, sö. Kamenz, wurde bisher als **Chrostica* ›Siedlung, wo es Gesträuch gibt‹, zu oso. *chróst* ›Gesträuch, Reisig‹, gedeutet. Zutreffender ist sicherlich *Chrostici ›Siedlung der Leute des Chrost‹, denn wie die Karte ausweist, liegen ganz in der Nähe *Nebelschütz* und *Ralbitz*, wo der angenommene PersN, ein ÜberN, vorkommt, und das schon im 14. und 15. Jh.! Der auf obigem *chróst* beruhende ÜberN bezog sich vielleicht auf einen struppig oder zerzaust aussehenden Menschen, falls er nicht anders motiviert ist. Er hat genaue Parallelen in poln. *Chrost* und *Chrosta* sowie in tschech. *Chrást*, *Chrasta* und *Chrásta*. Unsere Deutung des OrtsN kann sich auf poln. *Chróścice Wielkie* und auf tschech. *Chrastice* berufen. Für eine patronymische Bildung zeugen des Weiteren die seit 1634 auf uns gekommenen oso. Formen sowie die Lage der Siedlung im *-ici*-Areal. 2) *Säuritz/Žuricy*, ssö. Kamenz, erklärte man bislang als *Žurica ›Siedlung auf sumpfigem Gebiet‹, zu *žur ›Sauerteig‹, tschech. mundartl. žour auch ›Kot, Sumpf‹. Man zog aber auch *Žurici ›Siedlung der Leute eines Žur‹ in Erwägung, des Weiteren eine Wurzel *žur- ›brennen‹ und daraus schlussfolgernd einen RodungsN! Wir plädieren ausschließlich für ein patronymisches *Žurici, denn *Žur* ist ein häufiger oso. FamN, der u. a. in den Nachbarorten *Kaschwitz*, *Schweinerden* und *Dürrwicknitz* vorkommt. Im Poln. gibt es als genaue Entsprechung *Żurzyce*, ebenfalls mit dem ÜberN *Żur*, der mit verschiedenen Ableitungen heute als FamN oft in Gebrauch ist, auch das Tschech. kennt diesen PersN. *Säuritz* liegt, wie auf Karte 2 zu sehen, noch in den Grenzen des Altsiedelraumes. 3) *Lömmischau/Lemišow*, nnö. Bautzen, rekonstruierte man als *Lemešov- ›Siedlung, die von gepflügten (bestellten) Feldern umgeben ist‹, zu einem im Sorb. verlorengegangenen Wort *lemeš ›Pflugschar, Pflugeisen‹, poln. lemiesz, russ. lemech, lemeš, dass., ein PersN werde wohl nicht vorliegen. Gerade dafür aber spricht, dass in sechs Orten – in und um Bautzen – der FamN *Lemiš* vorkommt, bereits 1416 *Lemischs*, ursprünglich wohl *Lemeš, dann angeglichen an die vielen PersN auf *-iš*. Zu *Lemiš* bzw. *Lemeš*, einem BerufsüberN, gesellen sich zahlreiche VergleichsN aus anderen slaw. Sprachen, und im Poln. gibt es den OrtsN *Lemieszów*, abgeleitet von diesem PersN. Außer den auf der Karte 6 verzeichneten OrtsN mit den ihnen zu Grunde liegenden PersN begegnen in der Oberlausitz zahlreiche weitere Fälle, wo mit Hilfe des hier veranschaulichten Verfahrens bisher von Appellativen abgeleitete OrtsN auf PersN zurückgeführt werden konnten. Bei appellativischen Deutungen ist, wie gerade die Beispiele *Säuritz* und *Lömmischau* zeigen, eine sinnvolle Motivation bei der Namengebung oft nicht zu erkennen.

Karte 7. Die hier und auf den nächsten beiden Karten verzeichneten, von Appellativen abgeleiteten OrtsN sind sowohl nach Wortbildungstypen als auch nach ihrer ursprünglichen Grundbedeutung geordnet, um sie so in ihrer räumlichen Verbreitung detaillierter erfassen und für die Siedlungsgeschichte besser auswerten zu können. Die OrtsN mit dem Suffix *-´e < *-ьje*, das auf das Vorhandensein einer Menge von etwas in der Siedlung oder ihrer Umgebung hinweist, haben oft Tier- und Baumbezeichnungen zur Grundlage, so z. B. das bisher verkannte *Želn´e ›Siedlung in einer Gegend, wo es (viele) Spechte gibt‹ *(Sella)* sowie das ganz in der Nähe gelegene *Lip´e ›Siedlung bei den

Linden‹ *(Leippe),* beide nw. Kamenz. Besonders interessant ist der mit einem Präfix gebildete Typ **Zagor´e* ›Siedlung hinter dem Berge‹ (*Sagar*, ganz im Nordosten), der auch in der Niederlausitz mehrmals vertreten ist. Alle diese (rot markierten) Namen meiden fast völlig den Altsiedelraum, kommen aber an seinen Rändern und verstärkt in den Neusiedelgebieten vor, wobei sie die auf den vorangehenden Karten fast immer ausgesparte Peripherie im Westen, Norden und Osten mit besetzen. Das weist sie als jüngere Bildungen aus, vor allem auch wegen ihrer Lage auf schlechteren Böden. Ähnliches gilt für das Suffix *-k*, das zwar drei OrtsN im Altsiedelraum bildet, sonst aber nur in den Neusiedelgebieten zu finden ist, konzentriert im Westen nördl. und nw. von Kamenz. Weniger häufig sind die Namen auf *-´c < *-ьcь*, zu denen *Kamenz* im Westen und *Görlitz, Moholz, Mocholz, Daubitz* sowie *Gablenz* im Osten gehören, bis auf den BrandrodungsN *Görlitz* alle im Neusiedelgebiet gelegen. Zu den selteneren Ableitungselementen gehört *-sk < *-ьskъ*, gebraucht lediglich in den beiden *Lomske* nw. Bautzen und in *Gebelzig* sowie in *Tschernske* nö. Bautzen, alle außerhalb des Altsiedelraumes. Nur dreimal diente zur Ableitung aus Baumbezeichnungen das Suffix *-´nik < *-ьnikъ*, so in den zwei gleichnamigen *Jauernick* im Südosten sowie in *Dubring* n. Kamenz. Der Typ **Běła gora* ›Siedlung am weißen Berge‹ kommt nur vereinzelt vor, mit *Belgern, Lissahora* und *Milkel* im nördl. Randgebiet des Altsiedelraumes nnö., nördl. und nw. von Bautzen. Zusammenfassend bleibt festzuhalten, dass die auf Karte 7 eingetragenen OrtsN charakteristisch für die Neusiedelgebiete sind und jüngeren Namenschichten angehören.

Karte 8. Zu den OrtsN, die den Landesausbau durch Rodung des Waldes und Urbarmachung bisher ungenutzten Landes nach der Zeit der Landnahme und nach Aufsiedlung der fruchtbarsten Gegenden widerspiegeln, gehören die rot ausgewiesenen BrandrodungsN mit den urslaw. Wurzeln **gor-, *žar- < *gēr-* und **pal-*, deren Grundbedeutung sich allgemein mit ›(ab-, ver)brennen‹ angeben lässt. Sie legen Zeugnis ab von einer speziellen Art der Gewinnung von Neuland durch Abbrennen des für die damalige Zeit sonst nur schwer zu beseitigenden Waldes. Erwartungsgemäß finden wir die meisten von ihnen in den Neusiedelgebieten, drei von ihnen aber auch im Altsiedelraum, was zusammen mit einigen anderen Rodungs-, Baum- und Waldnamen darauf hindeutet, dass es in der sonst freien Offenlandschaft noch einzelne Waldbestände gab. Die RodungsN mit den urslaw. Wurzeln **terb-* ›roden‹ in † *Trebista*, sw. Bautzen, **sěk-* ›hauen‹ in *Dt. Ossig*, s. Görlitz, **lazъ* in *Laske*, nö. Kamenz, um nur einige von ihnen zu nennen, liegen alle am Rande des Altsiedelraumes oder in kürzerer oder weiterer Entfernung davon. Aufnahme fand in der Gruppe der RodungsN der Typ **Ujězd*, der wahrscheinlich aus einer etwas späteren Zeit stammt und der nur mittelbar Bezug auf die Rodungstätigkeit nimmt. Aus diesen Namen geht hervor, dass das Abgrenzen und die damit wahrscheinlich verbundene Inbesitznahme des für die Urbarmachung vorgesehenen Waldstückes durch dessen »Umreiten« erfolgte. Hierher gehören *Uhyst a. T.* westl.

Bautzen, zweimal *Wuischke* und *Breitendorf* ö. Bautzen sowie *Uhyst* nnö. Bautzen. Einen ähnlichen Vorgang drückt *Nochten* s. Weißwasser, aus: Hier grenzte man die betreffende Waldfläche durch »Umgehen, d. h. Abschreiten« ein. Die 60 aus Baum- und Waldbezeichnungen hervorgegangenen OrtsN zeugen vom weiteren Vorrücken in bisher unberührte Waldregionen, in die Oberlausitzer Heide- und Teichlandschaft sowie die Königsbrücker und Muskauer Heide, sie finden sich aber auch im Altsiedelraum, aus dem sie nur auf kurze Entfernung gegen Süden vordringen, dabei aber das Bergland meiden. Den Baumnamen sowie den speziellen Waldnamen wie z. B. *Dubrawa* ›Eichenwald‹ liegen zugrunde: *bor ›Kiefer‹ in *Bohra, Burg, Burk*; *breza ›Birke‹ in †*Bresen, Halbendorf/Břězowka, Briesing, Brießnitz, Brösa, Brösang*; *buk ›Rotbuche‹ in *Bocka, Hohenbocka, Hochkirch/Bukecy*; *dub(r) ›Eiche‹ in *Daubitz, Dubrau, Gr., Kl., Dubrauke, Holschdubrau, Luppedubrau, Dubring, Waldhof/Dubrawa*; *grab ›Weißbuche‹ in *Grüngräbchen, Großgrabe, Straßgräbchen, Rabitz*; *chojca ›Kiefer‹ in *Koitzsch, Kunitz, Gr., Kl.*; *jabłoń ›Apfelbaum‹ in *Gablenz*; *jaseń ›Esche‹ in *Dürrjeßnitz, Jessnitz*; *jawor ›Ahorn‹ in *Jauer, Jauernick, Jauernick*; *jedla ›Tanne‹ in *Jiedlitz, Gödlau*; *kruša ›Birnbaum‹ in *Krauscha, Gr., Kl., Krauschwitz*; *lipa ›Linde‹ in *Leipgen, Leippe, Lippen, Lippitsch*; *łub ›Baumrinde‹ in *Lauba*; *łut ›(Linden)bast‹ in *Merzdorf/Łućo*; *olša ›Erle‹ in *Oelisch, Oelsa, Oelsa, Nieder-, Ober-, Klein-Oelsa, Steinoelsa*; *tis ›Eibe‹ in *Zeisholz, Zeißholz, Zeißig*, *ẃaz ›Ulme‹ in *Neukirch/Wjazońca*. Es sind zusammen 17 Baumbezeichnungen, wobei sich *łub und *łut nur indirekt auf Bäume beziehen. Die häufigsten von ihnen sind *breza, *dub(r) und *olša, davon *dub(r) siebenmal vertreten. Sie geben einen aufschlussreichen Einblick in den früheren Baumbestand der Oberlausitz. Einige von ihnen neigen zu kleinen Arealbildungen, so die *grab- und *tis-Namen sw. und bei Hoyerswerda, einige *dubrawa-Namen nnw. und nö. von Bautzen, mehrere Bildungen mit *breza nördl. und östl. von Bautzen; Ableitungen von *olša sind in der Osthälfte der Oberlausitz zu finden. Eine weitere Gruppe von OrtsN ging aus Bezeichnungen hervor, die den Wald nur allgemein oder typische Erscheinungsformen von ihm charakterisieren: *drewo ›Holz‹ in *Drebnitz, Driewitz*; *gozd ›trockener Wald, Bergwald‹ in *Hosena, Hoske, Petershain/Hóznica*; *głuchy ›taub‹ bzw. *głušina ›dichter, finsterer Wald‹ in *Glauschnitz, Glossen*; *gustk ›Waldesdickicht‹ in *Gaußig*; *gutina ›Dickicht, Gestrüpp‹ in *Guttau*; *lěs ›(Laub)wald‹ in *Lieske, Lieske*; *młod´e ›Jungwald‹ in *Lodenau*. Die zahlreichen Wald- und Baumnamen dokumentieren die große Bedeutung des Waldes im Leben der damaligen Menschen. Er bildete nicht nur die Grundlage für die Gewinnung neuer Ackerflächen durch Rodung, sondern bot auch viele weitere Nutzungsmöglichkeiten zur Sicherung des Lebensunterhaltes.

Karte 9. Die topographischen OrtsN nehmen auf die geographische Beschaffenheit des Landes Bezug, auf Gewässer (Quellen, Bäche, Teiche, Sümpfe, Flussübergänge), die Bodenbeschaffenheit (lehmig, sandig, steinig, sauer), auf Bodenerhebungen (Berge, Hügel, Anhöhen) sowie auf Bodenvertiefungen (Täler, Schluchten, Gruben, Mulden,

Senken). Die auf Gewässerbezeichnungen fußenden OrtsN wurden in Kap. 3.2., dem Verzeichnis der rekonstruierten aoso. OrtsN, jeweils durch Unterstreichung hervorgehoben, um sie so leicht auffinden zu können. Es sind entsprechend der Landschaft recht viele Namen, die mit dem Wasser in Zusammenhang stehen, weniger im Altsiedelraum, mehr an seinen Rändern, besonders im Norden. Die Bodenbeschaffenheit spielt eine geringere Rolle in der Namengebung. Sie kommt fast nur in den nördlichen Neusiedelgebieten zur Geltung. Bodenerhebungen können Anlass zur Benennung einer Siedlung geben, ohne immer eine besonders auffallende Höhe erreichen zu müssen, manchmal genügt schon eine leichte Erhebung im sonst flachen, oft sumpfigen Umland. Bodenvertiefungen nehmen an der Gestaltung des topographischen Namenrepertoirs einen bescheideneren Anteil.

Die oben besprochenen 9 Karten, die die meisten der insgesamt im Wörterbuch behandelten 537 aoso. Namen erfassen, spiegeln die Entwicklung des Ortsnamenbestandes und die fortschreitende Erschließung des Landes von der Zeit der Landnahme bis zum Beginn der dt. Eroberung und Ostsiedlung wider, wobei es nach diesen tiefgreifenden Veränderungen im Verlaufe des nun verstärkt einsetzenden Landesausbaues auch zu einer Anzahl von sorb. Siedlungsneugründungen gekommen sein mag, gewöhnlich im Auftrage dt. Grundherren und der Kirche, die nach der Unterwerfung der Einwohner das Land in Besitz genommen hatten. Das freie und ungestörte Eigenleben der Sorben endete mit den Slawenfeldzügen Heinrichs I., der 929 den Sorbenstamm der *Daleminzer* besiegte. Im gleichen Jahre eroberte er die Burg *Liubusua*. Diese wird von der neueren Forschung überzeugend mit dem Burgwall von *Löbsal*, nw. Meißen, identifiziert. 932 zog Heinrich gegen die Lausitz, unterwarf die *Milzener* und machte sie tributpflichtig, aber erst nach 986 gelang es dem Meißener Markgrafen Ekkehard I., sie endgültig untertänig zu machen und fest in das Deutsche Reich einzugliedern. Nach der militärischen Eroberung und der Sicherung der besetzten Gebiete durch Burgwarde, d. h. Burgbezirke, in denen die Dörfer eines Territoriums zu Abgaben und Diensten für die Burg und ihre Besatzung herangezogen wurden, begann die Christianisierung der Sorben und der Aufbau einer Kirchenorganisation. Zu Herrschaftsmittelpunkten und Zentren des gesellschaftlichen und politischen Lebens im Milzenerland wurden die in Göda, Bautzen, Doberschau, Kittlitz, Jauernick und Ostritz errichteten Burgen und Kirchen. In Seitschen nutzte man eine alte sorbische Herrenburg als Burgwardmittelpunkt. Die einheimische slawische Bevölkerung hatte sich im Laufe der Jahrhunderte vor der Unterwerfung von der ursprünglichen Gentilgesellschaft allmählich zu einer Feudalgesellschaft entwickelt, wobei sich eine Führungsschicht herausgebildet hatte und es zu einer mehr oder weniger ausgeprägten sozialen Differenzierung der Bevölkerung gekommen war. Teile der alten Führungsschicht waren nun in den Dienst der neuen Herren getreten, um sich an der Machtausübung und dem Einbringen von Tributleistungen zu beteiligen. Zu grundlegenden Veränderungen kam es seit Beginn des

12. Jh., als die dt. Ostsiedlung einsetzte. Die bis dahin noch nicht oder nur dünn besiedelten Waldgebiete, die das Milzenerland weiträumig umgaben, wurden von dt. Bauern
landwirtschaftlich erschlossen, die Wälder in harter Arbeit gerodet, Sümpfe trocken-
gelegt, von den ins Land gekommenen Kaufleuten und Handwerkern im Zusammen-
wirken mit den Landesfürsten und der herrschenden Oberschicht Städte gegründet.
Bald überzog ein Netz von Kirchen das ganze Land. Für die Entfaltung des religiösen
und geistigen Lebens sowie die Verbreitung der Schriftkultur hatte die Gründung von
Klöstern große Bedeutung. Um und nach 1230 entstanden Franziskanerklöster in Bautzen, Görlitz und Zittau, das 1248 eingerichtete Zisterzienser-Nonnenkloster Marienstern verdankt seine Entstehung den Reichsministerialen von Kamenz, das gleichge-
artete Kloster Marienthal an der Neiße nördl. von Zittau wurde vor 1234 von der böhmischen Königin Kunigunde gegründet. Wie aus dem Zinsregister des Klosters Marienstern v. J. 1374–82 hervorgeht, gehörten zum Kloster zahlreiche sorb. Dörfer. Durch
die Errichtung von Kirchen und Klöstern, von Rathäusern und Bürgerhäusern in den
Städten sowie von Burgen und Wirtschaftsgebäuden nahm die Baukunst einen unge-
ahnten Aufschwung. Die dt. Ostsiedlung verlief auf friedlichem Wege, wobei man die
Einheimischen weder verdrängte noch vertrieb, sie wurden aber zu unmittelbaren
Untertanen der dt. Ministerialen, Adeligen und Ritter, hatten ständig Abgaben in Na-
turalien sowie später auch in Geld zu leisten und waren zu verschiedenen Diensten
verpflichtet. Die Deutschen brachten nicht nur ein neues Recht mit, sondern auch fort-
geschrittenere Wirtschaftsformen. Sie legten ihre Siedlungen entlang von Bächen, Wegen und entstehenden Straßen in Gestalt langer Dörfer an und trieben die Rodung
planmäßig in die umgebenden Wälder voran, wobei neue Orts- und Flurformen aufkamen, von denen besonders die Waldhufendörfer und -fluren für den ganzen Süden
der Oberlausitz charakteristisch sind. Während die sorb. Siedlungen, Weiler mit 3 bis
5 Gehöften und damit nur relativ wenigen Einwohnern, ursprünglich lediglich die fruchtbare Gefildelandschaft bedeckten, überzogen die langgestreckten dt. Dörfer mit bis zu
30 Bauernhöfen bald eine viel größere Fläche der Oberlausitz und schufen so ein großes Übergewicht in der Bevölkerungszahl. In den intensiv voranschreitenden Landesausbau, der überwiegend auf geringeren Böden stattfand, bezogen die dt. Grundherren
in erheblichem Umfange Sorben mit ein. Das ist nicht nur aus den unten behandelten
MischN ersichtlich, sondern insbesondere aus den Untersuchungen zu den Siedelformen der Oberlausitz von KARLHEINZ BLASCHKE, zuletzt niedergelegt im »Atlas
zur Geschichte und Landeskunde von Sachsen«, sowie den Karten des sorbischen
Personennamenatlasses in den »Studien zu sorbischen Personennamen« von WALTER
WENZEL. So entstand, besonders in der nördl. des Altsiedelraumes gelegenen Heide-
und Teichlandschaft stellenweise eine sorb.-dt. Mischbevölkerung, wobei bald das sorb.,
bald das dt. Element überwog und es zu gegenseitiger sprachlicher Angleichung kam.
Auf diese Weise konstituierte sich das sorbische Sprachgebiet, wie es uns auf der Karte
des BARTHOLOMÄUS SCULTETUS 1593 entgegentritt, das dann in den nachfolgenden

Jahrhunderten bis auf den heutigen Umfang schrumpfte. In den Städten hatten durch die zugezogenen Handwerker und Kaufleute, die weltlichen Herren und kirchlichen Würdenträger mit ihren Dienstleuten die Deutschen die Oberhand. Die nachfolgenden Karten werden uns zeigen, wie sich diese historischen Prozesse in der Gestaltung der Namenlandschaft niederschlugen.

Karte 10. Die auf der Karte eingetragenen 38 MischN, Bildungen aus zwei ihrer sprachlichen Herkunft nach unterschiedlichen Elementen (siehe oben Kap. 1.5.1. und 3.4.), gliedern sich in mehrere Gruppen. Die umfangreichste von ihnen bilden die Namen mit einem aoso. Ruf- oder ÜberN als Bestimmungswort und dem dt. Grundwort *-dorf*, z. B. *Kottmarsdorf*, ›Dorf des Chotěmir‹. Der aoso. PersN benannte den Ortsältesten, den Lokator, der, meist im Auftrage eines dt. Grundherrn, Ansiedler zur Urbarmachung des zugeteilten Landes heranzog und planmäßig ein neues Dorf anlegte. Die sprachliche Struktur solcher Namen verrät uns zwar, dass die Namengeber wahrscheinlich Deutsche waren, sie sagt jedoch nichts Genaueres über die ethnische Herkunft der Neusiedler aus. In den meisten Fällen werden wir es mit Sorben zu tun haben. Die Namen dieses Typs sind über das gesamte Untersuchungsgebiet verstreut und liegen gewöhnlich auf weniger fruchtbaren Böden, sie fehlen verständlicherweise im Altsiedelraum, der ja schon von den Sorben dicht besetzt war. Viele dieser MischN befinden sich in der Nachbarschaft der auf den Karten 11 und 12 eingetragenen dt. OrtsN. Eine etwas andere räumliche Verbreitung zeigen die MischN auf *-ici* und *-owici*, die nur von Sorben gebildet sein können, denn sie beruhen nicht nur auf einem slaw. Suffix, sondern auch auf einem meist schon sorabisierten dt. oder christl. RufN, weshalb sie manche Forscher zu den sorb. OrtsN rechnen. Mit großer Wahrscheinlichkeit weisen sie auf sorb. Ansiedler hin, angesetzt möglicherweise von dt. Grundherren. Diese Siedlungen entstanden kaum ohne Erlaubnis der Deutschen, der Herren des Landes. Einige MischN dieses Typs kommen im Altsiedelraum oder an dessen Rändern vor, andere greifen weiter nach dem Norden aus. Ähnliches trifft hinsichtlich ihrer Verbreitung auf die Namen mit dem Suffix *-ow* zu, denen dt. oder christl. RufN, oft sorabisiert, zu Grunde liegen. Die als »sonstige« bezeichneten fünf MischN gehören verschiedenen Typen an und deuten eher auf sorb. als auf dt. Einwohner hin.

Karte 11. Die Karte zeichnet ein anschauliches Bild vom Umfang der nach 1100 einsetzenden dt. Ostsiedlung, in deren Verlauf Tausende dt. Bauernfamilien ins Land kamen. Die von ihnen eingenommene Landfläche überstieg bei Weitem die Ausdehnung des alten Milzenergaues, und es überwog schließlich auch in erdrückender Weise die Bevölkerungszahl der Deutschen. Die Karte lässt deutlich zwei große Ballungsräume der aus dt. RufN gebildeten OrtsN auf *-dorf* erkennen, einen westl. einer Linie Bischofswerda–Kamenz–Senftenberg und einen zweiten, noch ausgedehnteren und dichteren östl. vom Schwarzen Schöps und oberen Löbauer Wasser bis zur poln. Grenze im Osten und der tschech. Grenze im Süden. Beide verbindet ein Gürtel von -dorf-Namen im Oberlausitzer Bergland. Die Heide- und Teichlandschaft der mittleren und nördl. Oberlausitz bleibt von diesem Namentyp weitgehend unberührt. Als Bestimmungswörter fungieren in diesen OrtsN größtenteils zweigliedrige VollN, solche wie *Konrad* (7 mal), *Heinrich* (5 mal), *Friedrich* (4 mal), *Arnold*, *Bernhard*, *Bertold* und *Gerhard* kommen je 3 mal vor, andere weniger oft. Sie alle sind oben in Kap. 3.7. aufgelistet. Die aus christl. RufN hervorgegangenen OrtsN lassen sich nur vereinzelt in der Osthälfte des Untersuchungsgebietes ausmachen. Die auf Stammes-, Über- und BerufsN fußenden OrtsN zeigen eine gewisse Häufung westl. und sw. von Görlitz. Für die relativ wenigen *Naun*- und *Neu(n)dörfer* ist eine weiträumige Streulage charakteristisch. In einigen ihrer Belegreihen löst *Neu(n)*- des Öfteren das Bestimmungswort *Naun*- mit seinem etwas älteren und mundartlichen Lautstand ab. Keine Aufnahme fanden auf der Karte mehrere *Neudorf* und *Neudörfel* aus jüngerer Zeit. Fast alle dt. Siedlungen liegen auf Böden mit Werten lediglich zwischen 20 und 50 Punkten, hinzu kommt im Bergland eine niedrigere Jahrestemperatur sowie verstärkt Niederschläge, jahreszeitlich bedingt als Schnee, was eine kürzere Vegetationsperiode als im Flachland mit sich bringt. Das war schließlich auch der entscheidende Grund dafür, dass die Slawen die Mittelgebirgsregionen mieden.

Karte 12. Die Verteilung der dt. OrtsN mit den Grundwörtern -berg, -bach, -au, -walde und -hain unterscheidet sich etwas von der Ausbreitung der -dorf-Namen auf der vorangehenden Karte. Eine starke Konzentration ist zwar auch diesmal westl. der Linie Bischofswerda–Kamenz sowie südl. und sö. von Bautzen zu beobachten, nicht hingegen im Görlitz-Zittauer Raum. Sonst zeigen alle Namengruppen eine weiträumige Streuung. Beachtenswert ist jedoch eine gewisse Tendenz zur Bildung von kleinen Arealen durch einige Grund- oder Bestimmungswörter. Es sind dies westl. Kamenz die OrtsN auf -*bach*: *Schwarzbach* (ganz im Norden), *Schönbach*, *Rohrbach*, *Weißbach*, *Reichenbach*, *Weißbach*, *Mittelbach* und *Goldbach* sowie *Lauterbach* (beide ganz im Süden). In derselben Gegend häufen sich Namen auf -*au*: *Lichtenau*, *Ober-* u. *Nieder-*, *Reichenau*, *Gelenau*, *Liebenau*, *Schönau* sowie *Wittichenau*, das aber deshalb aus der Reihe fällt, weil es als Bestimmungswort kein Adjektiv, sondern einen PersN enthält, und zwar den Namen des Grundherren *Wittigos I.* von Kamenz, der kurz vor 1248 die Siedlung anlegte. Es ist ein schönes Beispiel für die Analogiewirkung eines Namentyps auch in etwas späterer Zeit, denn man wird die Entstehung der meisten dieser Siedlungen für das 12. Jh. annehmen können. Eine ähnliche Tendenz wie bei -*bach* und -*au* gibt sich südl. und sö. von Bautzen mit dem Grundwort -*walde* zu erkennen: *Mönchswalde*, *Tautewalde*, *Schirgiswalde*, *Cunewalde*, *Lawalde*, *Strahwalde*, *Hainewalde*. Die anderen -*walde*-Namen liegen verstreut, mit *Geierswalde* und *Grünewalde* sogar weit im Nordwesten. Ähnliches trifft auf die Bildungen mit -*hain* zu, die nur im Osten mit *Bremenhain*, *Petershain*, *Mückenhain*, *Königshain*, *Rosenhain* und *Ottenhain* ein langgezogenes

Areal bilden. Kennzeichnend für die Benennungsweisen der damaligen Zeit sind des Weiteren Paare von OrtsN mit den gleichen Bestimmungswörtern, so in der Nähe von Kamenz, *Reichenau* und *Reichenbach*, *Lichtenau* und *Lichtenberg*, *Schönau* und *Schönbach*, dazu auch *Schönbrunn* (aus der Gruppe »Sonstige OrtsN«, siehe unten); ssö. Bautzen liegen nicht weit von einander entfernt gleich drei solcher OrtsN: *Schönberg*, *Schönbach*, *Schönau, Gr.* Namen mit *Lieben-, Lichten- Reichen-, Schön-* und ähnlichen positiven Bestimmungswörtern verfolgten das Ziel, neue Siedler anzulocken. Diese Namen wurden von dt. Grundherren und ihren Lokatoren, die mit der konkreten Leitung des Siedelwerkes beauftragt waren, geprägt. 74 Namen bilden eine weitere, als »Sonstige OrtsN« bezeichnete, recht umfangreiche Gruppe, die sich aber wegen zu geringer Anteile an den einzelnen Typen nicht weiter untergliedern lässt. Sie verstärken den Ballungsraum westl. von Bischofswerda–Kamenz, aber auch den dt. Namenbestand im Bergland. Ein kleines Areal kommt um Hoyerswerda zum Vorschein. Mehrere Namen begegnen im sorb. Altsiedelraum, darunter *Lehn* südl. und sö. Bautzen sowie *Lehndorf* wnw. Bautzen. Auffällig sind die *Forst*-Namen bei Bautzen: *Salzenforst, Oberförstchen, Kleinförstchen, Kronförstchen* und weit nö. davon *Förstgen*, die auf Rodung hinweisen, ausgeführt wahrscheinlich von Sorben unter der Leitung dt. Grundherren. Die dt. OrtsN dürfen nicht darüber hinwegtäuschen, dass im Altsiedelraum und nördl. davon die Einwohner dieser Dörfer meist Sorben waren, denn nach den Quellen des 16. und 17. Jh. ist der Anteil der sorb. PersN in vielen dieser Siedlungen sehr hoch, so in *Weißwasser* und in den südl. davon gelegenen *Bärwalde* und *Merzdorf* fast 100 %, in *Boxberg* über 75 %, in *Eselsberg* und dem eben erwähnten *Förstgen* über 50 %, die beiden in der Nähe befindlichen *Neudorf* bringen es jeweils auf knapp 75 %, was nicht Wunder nimmt, denn sie alle sind von sorb. Dörfern mit einem hohen bis sehr hohen Prozentsatz an sorb. PersN umgeben. Ganz anders verhält es sich in der südl. und westl. Oberlausitz, wo die vielen dt. OrtsN und PersN zusammen mit den Waldhufendörfern für eine kompakte dt. Besiedlung sprechen. Für die Beurteilung der ethnischen Zusammensetzung der Bevölkerung im ausgehenden Spätmittelalter sind also, wie schon oben erwähnt, unbedingt die einschlägigen Karten des Sorbischen Personennamenatlasses sowie die Karten zu den Siedelformen aus dem Atlas zur Geschichte und Landeskunde von Sachsen mit heranzuziehen. Von den insgesamt 378 dt. OrtsN der Oberlausitz halten die Karten 11 und 12 nicht weniger als 254 in ihrer räumlichen Verteilung fest und vermitteln so ein anschauliches Bild vom Umfang der dt. Ostsiedlung. Bei den nicht erfassten Namen handelt es sich um Bildungen aus späterer Zeit, zu denen z. B. mehrere *Neudorf, Neudörfel, Neusorge* u. dgl. gehören, Namen von Ausbausiedlungen, Vorwerken etc., aber auch Umbenennungen sorb. Dörfer aus der Zeit des Nationalsozialismus wie z. B. *Buschbach*, bis 1936 *Niecha*.

Überblickt man abschließend die Karten 1–12 unter siedlungshistorischem Aspekt, so spiegeln sich auf ihnen drei Besiedlungswellen oder -etappen mit zeitlich und räumlich nicht genau bestimmbaren Übergängen wider. Eine erste umfasst die Zeit der slawischen Landnahme und die Jahrzehnte danach mit der Anlage von Siedlungen in günstigen Lagen und auf den besten Böden (z. T. Karte 1, besonders aber die Karten 2 und 3), eine zweite zeigt uns die Verdichtung des ursprünglichen Siedlungsraumes und dessen Ausdehnung, wobei der weitere Besiedlungsgang weit nach dem Norden in vordem unberührte Waldgebiete bis in die Nähe der niedersorb. Namenlandschaft führt. Dabei nimmt man bedeutend weniger ertragreiche Böden mit Werten zwischen 21 und 50 Punkten in Kauf (Karten 4 und 5). Diese Siedelbewegung findet ihren Niederschlag auch auf den Karten 7, 8 und 9 mit den zahlreichen dort verzeichneten OrtsN aus Appellativen, von denen viele jüngeren Namentypen angehören. Es sind besonders die Rodungs- und Waldnamen auf Karte 8, die von der Urbarmachung größerer Waldflächen für Ackerbau und Viehzucht zeugen. Ein bei der Auswertung der slaw. Namen auftretendes methodisches Problem, die Unterscheidung von OrtsN aus PersN oder Appellativen, versucht Karte 6 zu lösen. Eine dritte Besiedlungsepoche, die im 10. Jh. mit der dt. Eroberung einsetzt und im 13. Jh. mit der dt. Ostsiedlung ihren Höhepunkt erreicht, findet ihren räumlichen Ausdruck auf den Karten 10–12. Sie führt schließlich zur Herausbildung der heutigen Oberlausitzer Kulturlandschaft, einer gemeinsamen historischen Leistung von Sorben und Deutschen.

Keine Berücksichtigung finden konnte in unserem siedlungsgeschichtlichen Abriss die Beseitigung vieler oso. OrtsN in der Zeit des Nationalsozialismus und ihr Ersatz durch meist künstlich gebildete und ideologisch motivierte deutsche OrtsN sowie die Devastierung zahlreicher Siedlungen infolge des Braunkohlentagebaues. Siehe hierzu die diesbezüglichen Untersuchungen von GERO LIETZ und FRANK FÖRSTER im Literaturverzeichnis unter 4.1. und 4.4. Nicht weiter eingegangen sind wir des Weiteren auf die Anlage von Neben- und Ausbausiedlungen, oft hervorgegangen aus Vorwerken, in der frühen Neuzeit bis hin zur Gegenwart.

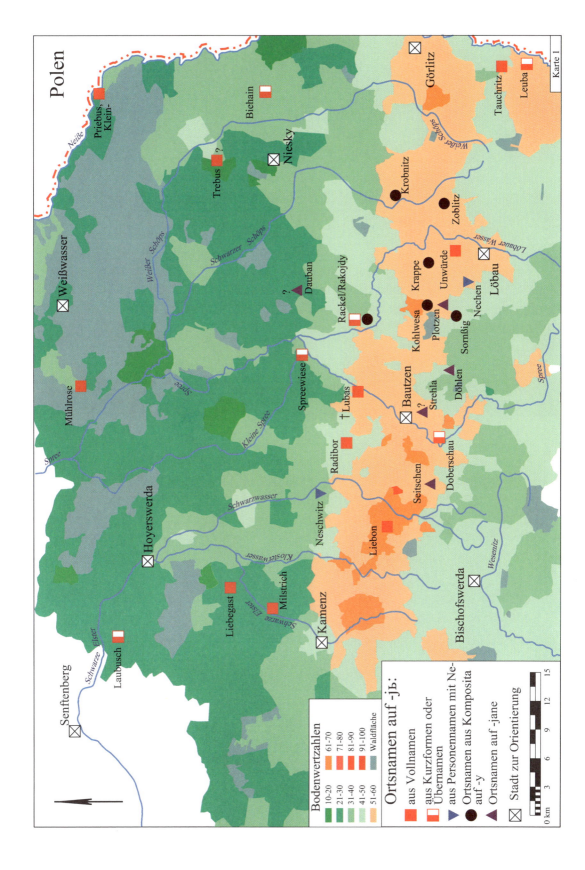

Karte 1

Polen

Ortsnamen auf -jь:

Bodenwertzahlen
- 10-20
- 21-30
- 31-40
- 41-50
- 51-60
- 61-70
- 71-80
- 81-90
- 91-100
- Waldfläche

aus Vollnamen

aus Kurzformen oder Übernamen

aus Personennamen mit Ne-

Ortsnamen aus Komposita auf -y

Ortsnamen auf -jane

Stadt zur Orientierung

0 km 3 6 9 12 15

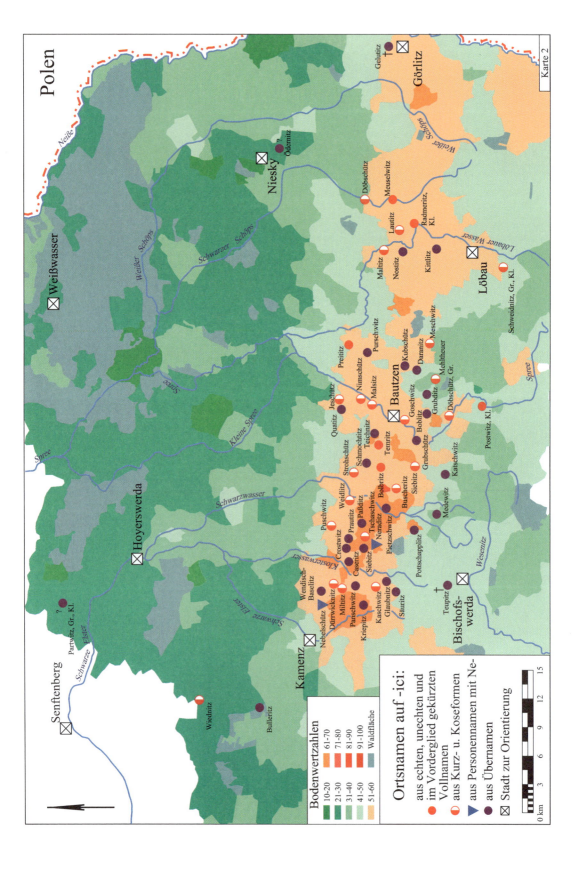

Polen

Karte 2

Ortsnamen auf -ici:

aus echten, unechten und im Vorderglied gekürzten Vollnamen

aus Kurz- u. Koseformen

aus Personennamen mit Ne-

aus Übernamen

Stadt zur Orientierung

Bodenwertzahlen

10-20
21-30
31-40
41-50
51-60
61-70
71-80
81-90
91-100
Waldfläche

0 km   3   6   9   12   15

Senftenberg

Weißwasser

Hoyerswerda

Kamenz

Niesky

Görlitz

Bautzen

Löbau

Bischofs-werda

Partwitz, Gr., Kl. ?

Wiednitz

Bulleritz

Nebelschütz
Dürrwicknitz
Miltitz
Panschwitz
Kriepitz
Kaschwitz
Glaubnitz
Säuritz
Wendisch-Baselitz
Crostwitz
Prautitz
Caseritz
Siebitz
Neradtiz
Pietzschwitz
Tschaschwitz
Paßditz
Weidlitz
Puschwitz

Teupitz †

Pottschapplitz
Medewitz
Buscheritz
Siebitz
Bolbritz
Temritz
Teichnitz
Schmochtitz
Strohschütz
Jeschütz
Quatitz
Nimschütz
Malsitz
Preititz
Purschwitz
Kubschütz
Daranitz
Meschwitz
Mehltheuer
Grubditz
Döbschütz, Gr.
Goschwitz
Bobritz
Grubschütz
Katschwitz
Postwitz, Kl.

Kittlitz
Nostitz
Maltitz
Lautitz
Radmeritz, Kl.
Meuselwitz
Döbschütz
Schweidnitz, Gr., Kl.

Ödernitz ?

Gelutitz †

Neiße

Weißer Schöps

Schwarzer Schöps

Weißer Schöps

Spree

Kleine Spree

Spree

Spree

Schwarzwasser

Klosterwasser

Schwarze Elster

Schwarze Elster

Wesenitz

Löbauer Wasser

Weißer Schöps

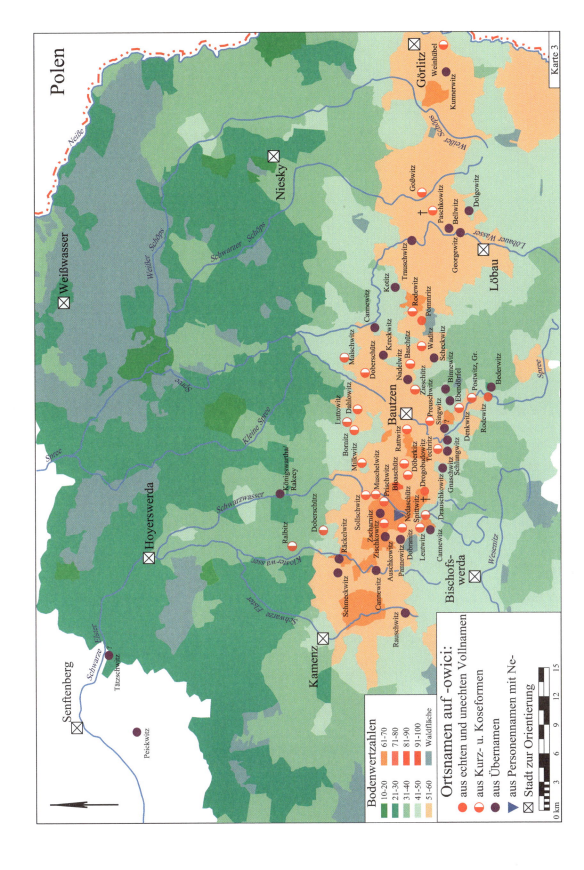

Polen

Neiße

Görlitz

Weinhübel
Kunnerwitz

Niesky

Weißer Schöps

Goßwitz

Paschkowitz
Bellwitz
Dolgowitz

Weißwasser

Weißer Schöps

Schwarzer Schöps

Trauschwitz

Georgewitz

Löbauer Wasser

Löbau

Camewitz

Kotitz
Rodewitz

Pommritz

Malschwitz
Doberschütz
Kreckwitz
Baschütz
Waditz
Scheckwitz

Spree

Sprec

Luttowitz
Dahlowitz
Nadelwitz
Zieschütz

Binnewitz
Postwitz, Gr.
Bederwitz

Kleine Spree

Bornitz
Milkwitz

Bautzen

Preuschwitz
Singwitz
Ebendörfel

Rodewitz

Königswartha/
Rakecy

Muschelwitz
Prischwitz
Bloaschütz
Rattwitz
Döberkitz
Drogobudowitz
Techritz

Gnaschwitz
Schlungwitz

Denkwitz

Spree

Schwarzwasser

Doberschütz

Sollschwitz
Nedaschütz
Spittwitz

Drauschkowitz

Wesenitz

Hoyerswerda

Ralbitz

Räckelwitz
Zscharnitz
Zischkowitz
Auschkowitz
Pannewitz
Dobranitz
Leutwitz
Camewitz

Bischofs-
werda

Klosterwasser

Schmeckwitz
Cannewitz

Senftenberg

Schwarze Elster

Tätzschwitz

Rauschwitz

Peickwitz

Kamenz

Schwarze Elster

Karte 3

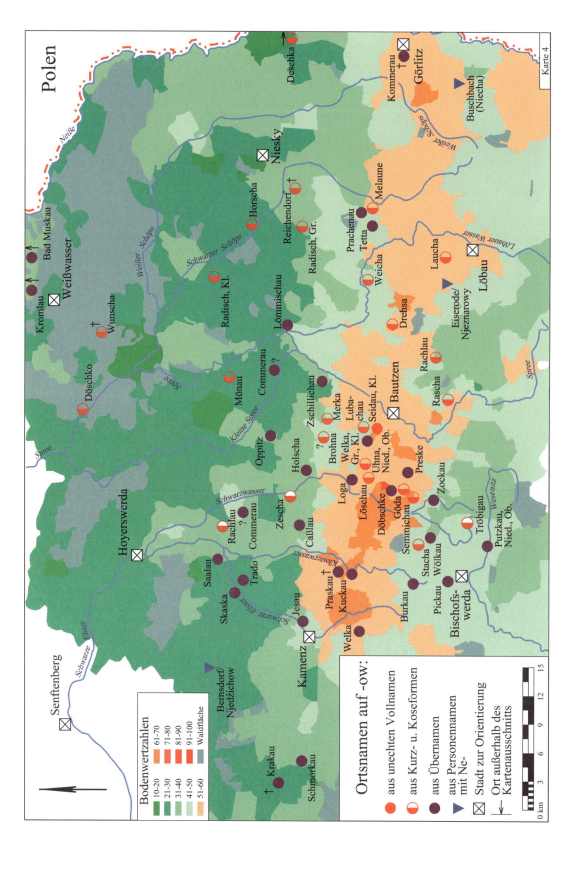

Karte 4

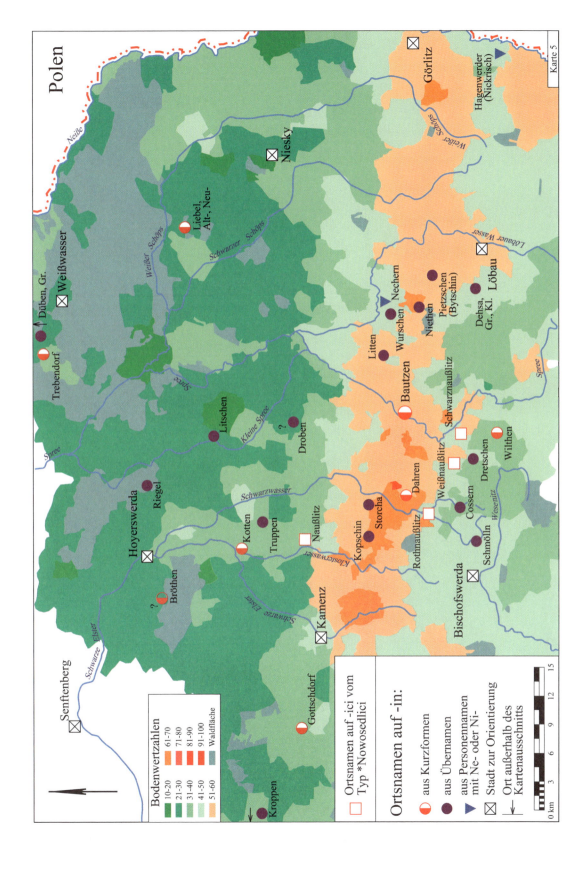

Polen

Karte 5

Görlitz

Hagenwerder (Nickrisch)

Niesky

Weißwasser

Liebel, Alt-, Neu-

Düben, Gr.

Trebendorf

Weißer Schöps

Schwarzer Schöps

Weißer Schöps

Nechern

Wurschen

Litten

Niethen

Pietzschen (Bytschin)

Dehsa, Gr., Kl. Löbau

Löbauer Wasser

Bautzen

Schwarznaußlitz

Spree

Litschen

Spree

Kleine Spree

Droben

?

Schwarzwasser

Riegel

Hoyerswerda

Dahren

Weißnaußlitz

Dretschen

Cossern

Wilthen

Wesenitz

Kotten

Truppen

Naußlitz

Klosterwasser

Storcha

Kopschin

Rothmaußlitz

Schmölln

Bischofswerda

Bröthen

?

Kamenz

Schwarze Elster

Senftenberg

Schwarze Elster

Gottschdorf

Kroppen

Bodenwertzahlen

10-20
21-30
31-40
41-50
51-60
61-70
71-80
81-90
91-100
Waldfläche

Ortsnamen auf -ici vom Typ *Nowosedlici

Ortsnamen auf -in:

aus Kurzformen

aus Übernamen

aus Personennamen mit Ne- oder Ni-

Stadt zur Orientierung

Ort außerhalb des Kartenausschnitts

0 km   3   6   9   12   15

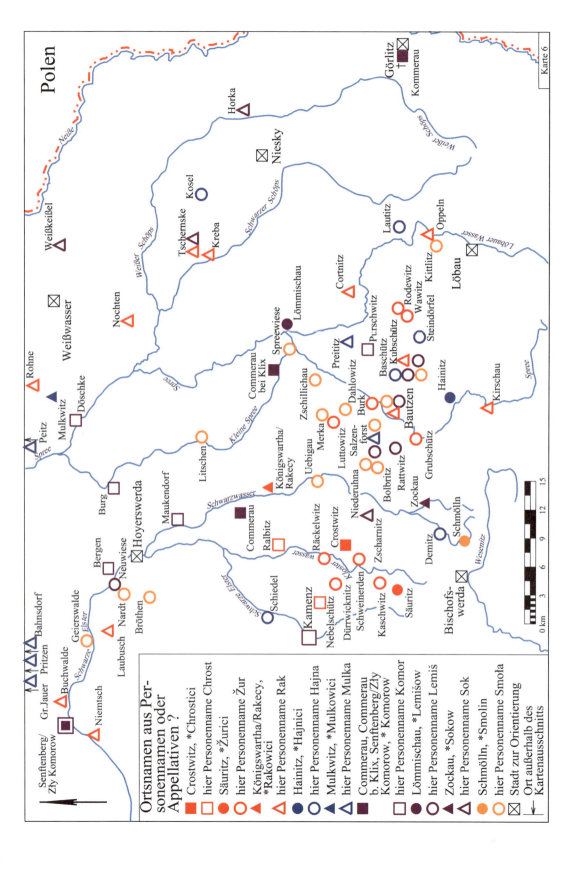

Karte 6

Polen

Ortsnamen aus Per-
sonennamen oder
Appellativen?

Crostwitz, *Chrostici
hier Personenname Chrost
Sauritz, *Žurici
hier Personenname Žur
Königswartha/Rakecy,
*Rakowici
hier Personenname Rak
Hainitz, *Hajnici
hier Personenname Hajna
Mulkwitz, *Mulkowici
hier Personenname Mulka
Commerau, Commerau
b. Klix, Senftenberg/Złý
Komorow, * Komorow
hier Personenname Komor
Lömmischau, *Lemišow
hier Personenname Lemiš
Zockau, *Sokow
hier Personenname Sok
Schmölln, *Smolin
hier Personenname Smoła
Stadt zur Orientierung
Ort außerhalb des
Kartenausschnitts

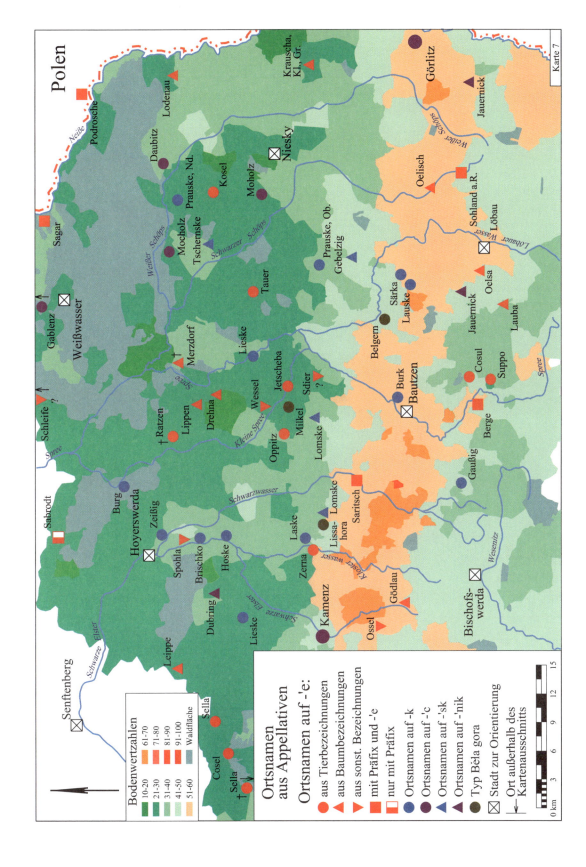

Karte 7

Polen

Ortsnamen aus Appellativen
Ortsnamen auf -'e:

	aus Tierbezeichnungen
	aus Baumbezeichnungen
	aus sonst. Bezeichnungen
	mit Präfix und -'e
	nur mit Präfix
	Ortsnamen auf -k
	Ortsnamen auf -'c
	Ortsnamen auf -'sk
	Ortsnamen auf -'nik
	Typ Běla gora
	Stadt zur Orientierung
	Ort außerhalb des Kartenausschnitts

Bodenwertzahlen
61-70
71-80
81-90
91-100
Waldfläche
10-20
21-30
31-40
41-50
51-60

0 km   3   6   9   12   15

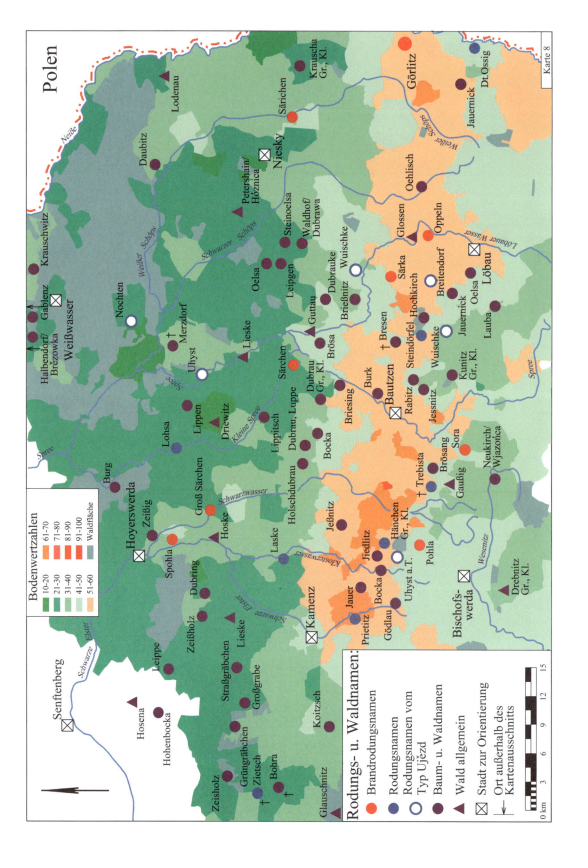

Polen

Karte 8

Bodenwertzahlen
- 10-20
- 21-30
- 31-40
- 41-50
- 51-60
- 61-70
- 71-80
- 81-90
- 91-100
- Waldfläche

Rodungs- u. Waldnamen:
- Brandrodungsnamen
- Rodungsnamen
- Rodungsnamen vom Typ Ujězd
- Baum- u. Waldnamen
- Wald allgemein
- Stadt zur Orientierung
- Ort außerhalb des Kartenausschnitts

0 km 3 6 9 12 15

Senftenberg

Hoyerswerda

Kamenz

Bischofs-werda

Bautzen

Niesky

Weißwasser

Görlitz

Löbau

Neiße

Schwarze Elster

Schwarzer Schöps

Weißer Schöps

Spree

Kleine Spree

Schwarzwasser

Klosterwasser

Wesenitz

Löbauer Wasser

Weißer Schöps

Spree

Halbendorf/Brzówka
Krauschwitz
Gablenz
Krauschwitz
Daubitz
Lodenau
Krauscha Gr., Kl.
Särichen
Petershain/Hóznica
Steinoelsa
Waldhof/Dubrawa
Oehlisch
Jauernick
Dt. Ossig
Oppeln
Glossen
Sárka
Breitendorf
Hochkirch
Steindörfel
Oelsa
Lauba
Jauernick
Kunitz Gr., Kl.
Wuischke
Oelsa
Leipgen
Dubrauke
Wuischke
Brießnitz
Guttau
Brösa
Bresen
Rabitz
Jessnitz
Burk
Briesing
Sora
Brösang
Neukirch/Wjazonica
Gaußig
Trebista
Hänchen Gr., Kl.
Pohla
Uhyst a. T.
Drebnitz Gr., Kl.
Jeßnitz
Jiedlitz
Bocka
Jauer
Prietitz
Gödlau
Bocka
Holschdubrau
Laske
Hoske
Zeißig
Spohla
Dubring
Burg
Lohsa
Lippen
Driewitz
Groß Särchen
Lippitsch
Dubrau, Luppe
Bocka
Dubrau Gr., Kl.
Särchen
Lieske
Merzdorf
Uhyst
Nochten
Oelsa
Zeißholz
Leippe
Straßgräbchen
Lieske
Großgrabe
Koitzsch
Grüngräbchen
Zietsch
Bohra
Glauschnitz
Zeisholz
Hosena
Hohenbocka

Schwarze Elster
Schwarzer Schöps

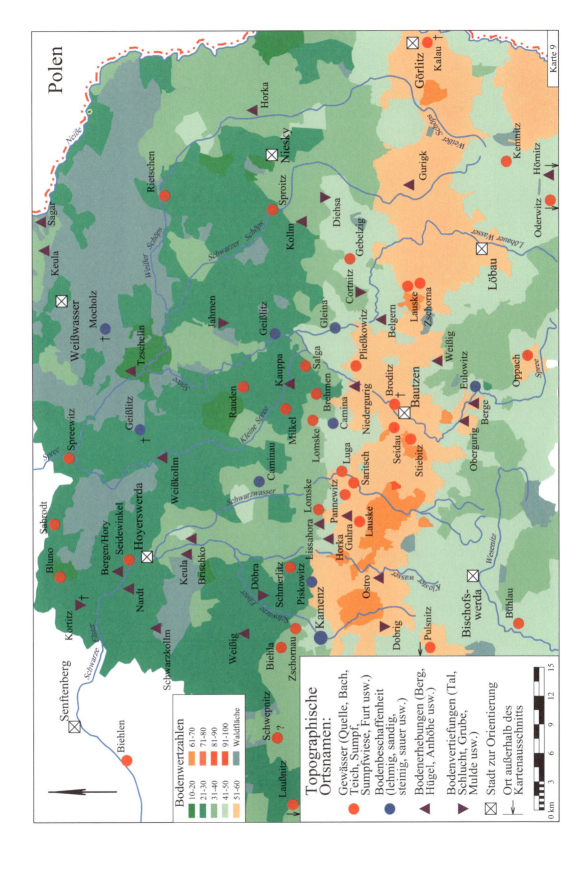

Polen

Karte 9

Topographische Ortsnamen:

Gewässer (Quelle, Bach, Teich, Sumpf, Sumpfwiese, Furt usw.) ●

Bodenbeschaffenheit (lehmig, sandig, steinig, sauer usw.) ●

Bodenerhebungen (Berg, Hügel, Anhöhe usw.) ▲

Bodenvertiefungen (Tal, Schlucht, Grube, Mulde usw.) ▶

Stadt zur Orientierung ⊠

Ort außerhalb des Kartenausschnitts ↓

Bodenwertzahlen

■	10-20
■	21-30
■	31-40
■	41-50
■	51-60
■	61-70
■	71-80
■	81-90
■	91-100
■	Waldfläche

0 km 3 6 9 12 15

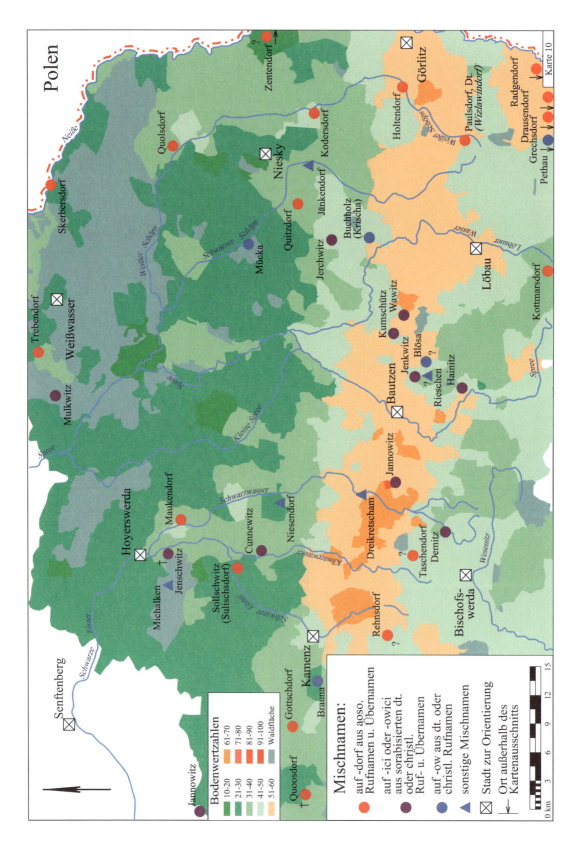

Polen

Karte 10

Mischnamen:

● auf -dorf aus aoso. Rufnamen u. Übernamen

● auf -ici oder -owici aus sorabisierten dt. oder christl. Ruf- u. Übernamen

● auf -ow aus dt. oder christl. Rufnamen

◀ sonstige Mischnamen

⊠ Stadt zur Orientierung

↙ Ort außerhalb des Kartenausschnitts

Bodenwertzahlen

10-20
21-30
31-40
41-50
51-60
61-70
71-80
81-90
91-100
Waldfläche

0 km   3   6   9   12   15

Senftenberg

Jannowitz

Quoosdorf †

Gottschdorf

Kamenz

Brauna

Rehnsdorf ?

Bischofswerda

Taschendorf ?

Demitz

Dreikretscham

Wesenitz

Jannowitz

Hoyerswerda

Maukendorf

Schwarzwasser

Cunnewitz

Niesendorf

Klosterwasser

Sollschwitz (Sulischsdorf)

Schwarze Elster

Michalken

Jenschwitz †

Schwarze Elster

Elster

Bautzen

Kumschütz

Wawitz

Jenkwitz

Blösa ?

Rieschen ?

Hainitz

Spree

Kottmarsdorf

Löbau

Löbauer Wasser

Jerchwitz

Buchholz (Krischa)

Jänkendorf

Mücka

Quitzdorf

Niesky

Schwarzer Schöps

Weißer Schöps

Spree

Kleine Spree

Mulkwitz

Weißwasser

Trebendorf

Skerbersdorf

Neiße

Quolsdorf

Zentendorf ?

Kodersdorf

Holtendorf

Görlitz

Weißer Schöps

Paulsdorf, Dt. (Wizlawindorf)

Radgendorf

Drausendorf

Grechsdorf

Pethau ↙

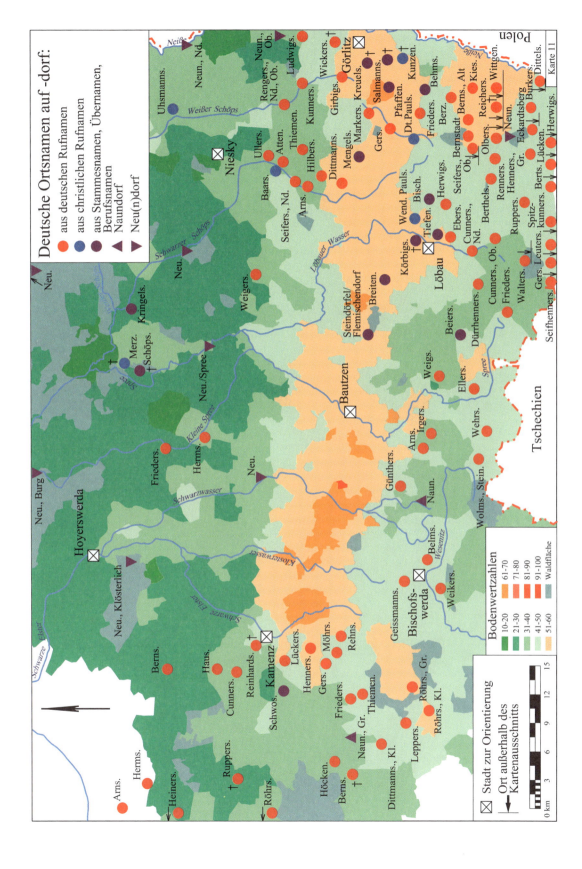

Karte 11

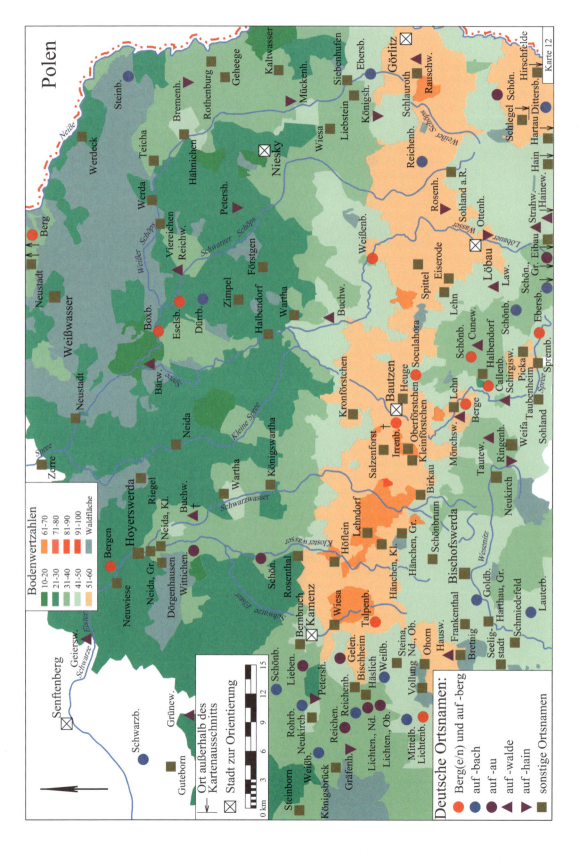

Karte 12